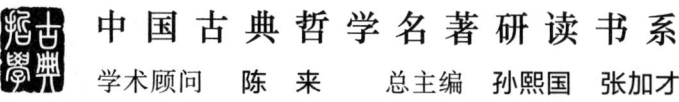

中国古典哲学名著研读书系

学术顾问 陈 来　　总主编 孙熙国 张加才

中华文化的源头
《易经》

孙熙国　董 艺 ◎著

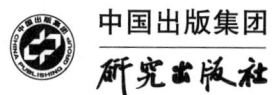

中国出版集团

研究出版社

图书在版编目（CIP）数据

中华文化的源头：《易经》/ 孙熙国，董艺著. -- 北京：研究出版社，2022.4
ISBN 978-7-5199-1097-6

Ⅰ.①中… Ⅱ.①孙…②董… Ⅲ.①《周易》-研究 Ⅳ.①B221.5

中国版本图书馆CIP数据核字(2021)第258059号

出 品 人：赵卜慧
出版统筹：张高里　丁　波
责任编辑：朱唯唯

中华文化的源头：《易经》

ZHONGHUA WENHUA DE YUANTOU：YIJING

孙熙国　董艺　著

研究出版社 出版发行

（100006　北京市东城区灯市口大街100号华腾商务楼）
北京中科印刷有限公司印刷　新华书店经销
2022年4月第1版　2022年11月第2次印刷
开本：710毫米×1000毫米　1/16　印张：40.25
字数：501千字
ISBN 978-7-5199-1097-6　定价：99.00元
电话（010）64217619　64217612（发行部）

版权所有·侵权必究

凡购买本社图书，如有印制质量问题，我社负责调换。

中国古典哲学名著研读书系
编委会名单

学术顾问：陈　来

总　主　编：孙熙国　张加才

编　　　委（以姓氏笔画为序）：

　　　　　　王英杰　化　涛　白　奚　朱　岚　刘成有

　　　　　　李　琳　李良田　李道湘　肖　雁　宋立卿

　　　　　　张旭平　张艳清　林存光　董　艺

总序

著名哲学家、哲学史家
清华大学国学研究院院长

中华优秀传统文化是中华民族的"根"和"魂",是中华民族的精神命脉,是涵养社会主义核心价值观的重要源泉,也是我们在世界文化激荡中站稳脚跟的坚实根基。在这一意义上说,丢弃了中华优秀传统文化就等于割断了我们的精神命脉。党的十八大以来,习近平总书记多次强调中华优秀传统文化之于中华民族的重要意义,强调中华优秀传统文化积淀着中华民族最深沉的精神追求,包含着中华民族根本的精神基因,代表着中华民族独特的精神标识。

"文以载道,文以化人。当代中国是历史中国的延续和发展,当代中国思想文化也是中国传统思想文化的传承和升华,要认识今天的中国、今天的中国人,就要深入了解中国的文化血脉,准确把握滋养中国人的文化土壤。"这是 2014 年 9 月 24 日习近平总书记在纪念孔子诞辰 2565 周年国际学术研讨会暨国际儒学联合会第五届会员大会开幕会上的讲话中提出的一个重要论断。千百年来,中华优秀传统文化已深深地植根在中国人的内心和血液之中,潜移默化地影响着中国人的思想方式和行为方式。因此,要了解中国,做一个真正意义上的中国人，必须学习中华优秀传统文化，明白我们从哪里来，将来要到哪里去。

学习中华优秀传统文化，最有效的方式就是读中华文化经典，学中华文化原文，悟中华文化原理。但是，中华文化典籍浩如烟海，究竟应该读哪些典籍，从哪些典籍入手学习中华优秀传统文化呢？德国哲学家雅斯贝尔斯在《历史的起源与目标》一书中提出，公元前800年至公元前200年是人类文明的"轴心时代"，是人类文明精神的重大突破时期。这一时期产生于古代希腊、古代中国、古代印度等国的伟大思想家的著述和思想塑造了人类文化的不同传统，直到今天还影响着人类的生活和实践。因此，本丛书选取了中华文明"轴心时代"具有重要代表意义的典籍《易经》《老子》《论语》《孙子兵法》《墨子》《大学·中庸》《孟子》《庄子》《荀子》《韩非子》，请相关专家进行注释、梳理和阐释，最后形成了《中华文化的源头：〈易经〉》《道法自然的境界：〈老子〉》《儒家思想的奠基：〈论语〉》《兵家圣典的智慧：〈孙子兵法〉》《兼爱天下的情怀：〈墨子〉》《止于至善的诠释：〈大学·中庸〉》《内圣外王的追寻：〈孟子〉》《天地精神的融通：〈庄子〉》《礼法并举的方略：〈荀子〉》《经世治国的谋略：〈韩非子〉》等十项成果。

我理解，本套丛书所做的这一工作，不仅仅是让读者读懂和了解中国先秦时期的思想和文化，还希望读者在学习和阅读的过程中，领会中华优秀传统文化的主要内容和独特创造，思考中华优秀传统文化的价值理念和鲜明特色，把握中华文化的历史渊源、发展脉络、基本走向。正如恩格斯所说："在希腊哲学的多种多样的形式中，差不多可以找到以后各种观点的胚胎、萌芽。"中国也是一样。在中国先秦哲学的多种多样的形式中，差不多可以找到后来中国哲学演变发展的各种观点的胚胎、萌芽。只有学习了解和把握了先秦哲学，才能进一步了解和把握汉唐以来的中国哲学乃至整个中华文化的演变和发展。

参加本套丛书撰写的作者都是中国哲学专业的博士、有多年教学和研究经验的专家学者。我在阅读他们的初稿时，感受到他们有强烈的社会责任感、民族自信心和文化自豪感。他们的工作力图达到两个目的，一是让读者通过阅读中国古典哲学名著学习中华优秀传统文化，了解中华优秀传统文化是我们这个古老民族的"根"和"魂"，二是力图用当代中国的生活和实践激活中国古典哲学名著中所蕴含的思想智慧与合理内容，实现中华优秀传统文化的创造性转化和创新性发展，从而服务于当代中国的文化建设和文化发展。

不忘本来才能开辟未来，善于继承才能更好创新。我愿意向各位读者郑重推荐本套丛书，并期待着本套丛书能够为各位读者了解中华优秀传统文化，增强文化自觉和文化自信，坚定道路自信、理论自信、制度自信，发挥应有的作用。

2022 年 3 月于清华园

目　录

导　言	01
一　动以其时　自强不息 [乾]	001
二　柔顺守正　厚德载物 [坤]	013
三　创生万物　建侯开国 [屯]	025
四　启蒙发稚　学而后立 [蒙]	035
五　长养万物　敬信待时 [需]	047
六　止讼免争　和谐相处 [讼]	057
七　师出以律　正众而行 [师]	067
八　相比相亲　合和安宁 [比]	079
九　积蓄力量　谋求发展 [小畜]	091
十　循礼而行　无往不利 [履]	101
十一　天地交通　上下志同 [泰]	109
十二　居安思危　休否求通 [否]	117
十三　无偏无党　和同于人 [同人]	125
十四　富而好礼　万物归焉 [大有]	135
十五　衰多益寡　称物平施 [谦]	143
十六　顺天而动　处乐思忧 [豫]	153

十七	随时合宜 择善而从 [随]	161
十八	拯弊除腐 振民育德 [蛊]	173
十九	敦知临民 刚柔相济 [临]	181
二十	观民知君 观化知政 [观]	193
二十一	明罚敕法 以法治国 [噬嗑]	205
二十二	洗尽铅华 天然雕饰 [贲]	217
二十三	硕果不食 终将回复 [剥]	229
二十四	一阳初动 生气更发 [复]	239
二十五	天下雷行 无妄守正 [无妄]	249
二十六	以刚蓄健 蓄德养贤 [大畜]	259
二十七	自求口实 兴民之利 [颐]	269
二十八	力挽倾颓 独立不惧 [大过]	283
二十九	阳刚信实 恒行不舍 [坎]	295
三十	重明丽正 天下化成 [离]	305
三十一	无心之感 以正相交 [咸]	315
三十二	变则能久 持之以恒 [恒]	325
三十三	进退有止 韬光养晦 [遁]	335

三十四	壮而用正	刚而能柔 [大壮]	343
三十五	道德光明	顺以上行 [晋]	353
三十六	光明损伤	贞守待时 [明夷]	363
三十七	男外女内	夫刚妻柔 [家人]	371
三十八	柔推缓行	化乖合异 [睽]	379
三十九	通权擅守	共济时艰 [蹇]	389
四　十	排险解难	清除隐患 [解]	397
四十一	损下益上	损己利人 [损]	405
四十二	损上益下	本固邦安 [益]	415
四十三	以阳决阴	正必胜邪 [夬]	423
四十四	以正相遇	天下大行 [姤]	433
四十五	正德聚人	元以永贞 [萃]	441
四十六	顺性上长	柔以时升 [升]	451
四十七	养晦自守	困而求通 [困]	459
四十八	修美自身	养人惠物 [井]	469
四十九	革当其时	顺天应人 [革]	477
五　十	自新新人	正位凝命 [鼎]	485

五十一　因恐自振　由惧修省　[震]……493

五十二　时止时行　其道光明　[艮]……501

五十三　礼备渐行　循序渐进　[渐]……509

五十四　男女正位　人之终始　[归妹]……517

五十五　丰隆日盛　持盈防亏　[丰]……525

五十六　失居寄旅　柔顺持中　[旅]……535

五十七　巽而持正　顺而有为　[巽]……543

五十八　刚柔有度　欣悦有节　[兑]……553

五十九　涣而求合　济散成聚　[涣]……561

六　十　行止有度　苦节不可　[节]……569

六十一　诚实有信　孚乃化邦　[中孚]……577

六十二　处下居柔　小事可过　[小过]……587

六十三　万事皆成　居安思危　[既济]……595

六十四　终始相续　生生不已　[未济]……605

参考书目……613

后记……615

导言

《易经》和我们的关系

《易经》是一本极难读的书,在某种程度上说,它是一本"天书"。但是,为什么会有那么多人关注它。它为什么能够引古今中外无数圣贤竞相折腰呢?从汉代开始以至于清,中国古代重要的思想家,大多都是借《易》来建构阐衍自己的思想。司马迁说孔子"读《易》,韦编三绝",(韦是指熟牛皮,编是指穿织竹简的皮条和绳索。)又说孔子"晚而喜《易》,序《彖》《系》《象》《说卦》《文言》"。(《史记·孔子世家》)孔子自己也说:"假我数年,若是,我于《易》则彬彬矣。"(《史记·孔子世家》,此话不见于《论语》)《论语·述而》篇则说:"加我数年,五十以学《易》,可以无大过矣。"

不仅仅是孔子,历史上那么多的思想家,都是借《周易》来阐衍己说。汉代的经学自不待言,从汉代开始,《易》被看作群经之首,大道之源。魏晋玄学、宋明理学、清代朴学等,皆援《易》以成己说。据《中国古籍总目提要》载,古今治《易》仅成书者,截至1911年就达2000多部。吕绍刚《易学大辞典》收入的《易经》著作从1911年开始截至

1991 年，计有 140 余部。近 30 年来，就更多了。

朱伯崑先生说：中国哲学就其所依据的思想资料来说，有四种类型：周易、四书、老庄、佛学。在这一意义上，有人说：不懂周易，就很难懂中国哲学；不懂周易，就不能真正理解中国文化。

有人说，周易神秘，所以这么多人关注它。对不对呢？也对，也不对。说它对，是因为神秘吸引着人们去追寻，去探索。但是，从根本上说，这种说法是不对的。神秘是导致人们关注《易经》的一个原因，但不是根本原因。历史上有许多神秘的东西，如堪舆、相术、命理等，人们为什么不去像关注《易经》一样关注这些术数的东西？

郭沫若说，《易经》是一座神秘的殿堂。这座神秘的殿堂又是由神秘的砖块砌成的，同时又加上了三圣、四圣的塑造，所以，直到现在还散发着神秘的幽光。面对这样一个对象，我们无论盲目地推崇和赞扬，还是刻意地回避和躲闪，神秘其神秘，都是不对的。正确的办法是什么呢？就是要和它面对面，把它放到阳光下面，因为神秘最怕见阳光，神秘最怕面对面。所以，我们讲《易经》，我们学习《易经》，就是要直接面对《易经》原典，通过对《易经》六十四卦原文的逐字逐句的解读，领会《易经》思想的本义，领会《易经》跟中国文化的关系、跟我们的关系、跟当代社会发展的关系，从而撩开被一些人有意或无意地蒙在《易经》上面的神秘的面纱，还《易经》以本来面目。用郭老的话说，就是让《易经》自己来说《易经》，这时我们会看到怎样的一个原始人在作裸体舞蹈。

《易经》究竟是一本什么书？

（一）《易经》的呈现形式

《周易》包括《易经》与《易传》两个部分。

阴（--）、阳（—）两爻是构成《易经》的基本符号。《庄子·天下》说："易以道阴阳。"阴阳是构成《易经》的神秘的砖块。阴阳·八卦·六十四卦，这就是构成《易经》的基本要素。

首先，阴阳两爻两两组合构成了八卦。八卦是什么呢？朱熹《周易本义》有八卦取象歌，恭录如下：

乾三连☰，坤六断☷。震仰盂☳，艮覆碗☶。

离中虚☲，坎中满☵。兑上缺☱，巽下断☴。

八卦是存在于自然界的八种物质。其中：

  乾代表天，五行属性是金。

  坤代表地，五行属性是土。

  震代表雷，五行属性是木。

  艮代表山，五行属性是土。

  离代表火，五行属性是火。

  坎代表水，五行属性是水。

  兑代表泽，五行属性是金。

  巽代表风，五行属性是木。

其次，八卦再两两组合，形成了六十四卦。六十四卦分别代表着物质世界中六十四类不同的事物和现象。朱熹《周易本义》载有《易经》上下经卦名次序歌，亦恭录如下：

六十四卦卦名次序歌：

  乾坤屯蒙需讼师，比小畜兮履泰否。

  同人大有谦豫随，蛊临观兮噬嗑贲。

  剥复无妄大畜颐，大过坎离三十备。

  咸恒遁兮及大壮，晋与明夷家人睽。

  蹇解损益夬姤萃，升困井革鼎震继。

艮渐归妹丰旅巽，兑涣节兮中孚至。

小过既济兼未济，是为下经三十四。

这六十四卦又分为八宫，朱熹《周易本义》载有分宫卦象次序歌，恭录如下：

六十四卦分宫卦象次序

乾为天	天风姤	天山遁	天地否	风地观	山地剥	火地晋	火天大有
坎为水	水泽节	水雷屯	水火既济	泽火革	雷火丰	地火明夷	地水师
艮为山	山火贲	山天大畜	山泽损	火泽睽	天泽履	风泽中孚	风山渐
震为雷	雷地豫	雷水解	雷风恒	地风升	水风井	泽风大过	泽雷随
巽为风	风天小畜	风火家人	风雷益	天雷无妄	火雷噬嗑	山雷颐	山风蛊
离为火	火山旅	火风鼎	火水未济	山水蒙	风水涣	天水讼	天火同人
坤为地	地雷复	地泽临	地天泰	雷天大壮	泽天夬	水天需	水地比
兑为泽	泽水困	泽地萃	泽山咸	水山蹇	地山谦	雷山小过	雷泽归妹

以上说的是《易经》。除了《易经》之外，还有《易传》。《易传》是对《易经》的解释，共有十篇。《易传》十篇也称作《十翼》。《十翼》包括：《彖传》(上下)、《象传》(上下)、《系辞》(上下)、《文言》《说卦》《序卦》《杂卦》。这就是《易传》的基本内容。

以上是从呈现形式的角度来看《易经》，那么，从内容上看，《易经》是一本怎样的书呢？

（二）《易经》的基本性质

《易经》究竟是一部什么样的书，似乎是一个不需要讨论的问题。但是，正是在这一问题上，存在着重大的分歧。正是这些分歧使得我们不能正确认识和把握《易经》。概括地说，关于《易经》一书，主要有以下看法。

《易经》是卜筮之书吗？

这似乎是一个铁案，翻不了了。这一说法，在当代有北大三先生的定论。冯先生说："从来源上说，《周易》完全是一部算卦的书，"张先生说："《周易》是中国历史上最古老的一部算卦的书，其中也有一些哲学思想，"朱先生说："《周易》最初是占筮用的一部迷信的书，可是后来随着对它的理解，演变为一部讲哲理的书。"

古人亦多谓《易》为卜筮之书。《左传》《国语》中就有占筮的大量例证。《管子·山权》："易者，所以字吉凶成败也。"明确把《易经》定为占筮之书的是《汉书·艺文志》和《儒林传》。《艺文志》说："及秦燔书，而易为卜筮之事，传者不绝。"《儒林传》说："及秦禁学，而易为卜筮之书独不禁。"朱熹也说，易本为卜筮而作，至孔子作传，乃要说出道理来，"易所以难读者，盖易本是卜筮之书，今却要就卜筮中推出讲学之道，故成两节功夫。"

但问题在于既是卜筮为什么能推出讲学之道？既是卜筮为什么会对中国的哲学和文化产生如此深远的影响？若《易经》果为卜筮之书，那么，《易经》的研究就是卜筮的研究，迷信的研究。国家支持《易经》研究就成了支持卜筮迷信研究了。如此一来《易经》的价值恐怕就要大打折扣了。

《易经》是哲学之书吗？

杨荣国、冯契、金景芳、黄寿祺等，皆持有此种主张。黄寿祺说：

《周易》一书的性质，就经传大旨分析，应当视为我国古代一部特殊的哲学著作。"余敦康先生说它是"性命之书"，实质是说《易经》是哲学之书。但近年来余敦康先生又说《易经》是"决策管理之书"。

《易经》中有丰富的哲学思想是毫无问题的。但仅仅用哲学来概括《易经》无疑是偏颇的。《易经》中不仅有哲学，还有文学、史学、民俗、文化各方面的内容。就文学来说，《易经》中有许多精美的诗歌。《明夷·初九》："明夷于飞，垂其翼。君子于行，三日不食。"（《诗经·邶风·燕燕》："燕燕于飞，差池其羽。之子于归，远送于野。"和《易经》相比，《诗经》的这段话多了些浪漫，少了些悲凉。）《中孚·九二》："明鹤在阴，其子和之。我有好爵，吾与尔靡之。"也是诗中的上品。所以，早在20世纪30年代就有人指出，《易经》中的这些短歌"是中国诗歌的先声，也是吾国文学的鼻祖"。（《中国诗坛之原始》，《朔风》1937年11月第15期）因此，仅仅把《易经》归到哲学一家的名下是不公道的。

《易经》是历史之书吗？

最早透露出这一信息的是宋代杨万里的《诚斋易传》。该书言易，参证史事，但没明确讲《易经》就是史书。最早提出这一主张的是20世纪20年代沈竹礽撰写的《周易余说》。后来章太炎在1933年的一次演讲中也说："至于《周易》，人皆谓之研究哲理之书，似与历史无关，不知《周易》实是历史之结晶。"至1942年胡朴安自己出资印刷200本《周易古史观》，把六十四卦作为史书加以全面系统的解释，并形成了较为完整的周易古史体系。

正如把《易经》说成是哲学之书有其片面性一样，把《易经》说成是历史书也有其片面性。当然广义的历史书，我们同意。如章学诚在《文史通义》开篇所说："六经皆史也"。在这一意义上，讲《易经》是史书，是可以成立的。

还有人说《易经》是兵书，是一部字典等，皆为失之偏颇之论。

那么，《易经》究竟是一部什么样的书？究竟该如何表述这部书的基本性质？

我们的看法是：在《周易》的时代，学科还远没有发展到分化的程度，不同的学派也远未形成，因此，《易经》是一部具有综合性的文化典籍，用我们今天的话说，它既具有原初性，又具有百科性。对这样一部书如何定性呢？我们有三句话：

1.《周易》是对我们祖先的生存方式和实践经验的记录和总结；

2.《周易》是我们祖先对他们生活其中的世界的整体认知和直观把握；

3.《周易》是我们的祖先认识和把握世界的第一个思想模式，是古人的科学和真理。

我们的理由有三：

1.《易经》产生是古人认识和改造世界的需要，所以，它不是迷信意义上的卜筮。

我们的祖先为什么要创造《易经》？按照《系辞下》的说法："古者包牺氏之王天下也，仰则观象于天，俯则观法于地，观鸟兽之文，与地之宜，近取诸身，远取诸物，于是始作八卦，以通神明之德，以类万物之情。"《系辞上》则说："仰以观于天文，俯以察于地理，是故知幽明之故。原始反终，故知死生之说。"《易经》作者"立象以尽意""设卦以尽情伪""系辞焉以尽其言""变而通之以尽利""鼓之舞之以尽神"。

一句话，我们的祖先之所以创造《易经》，就是为了满足人类认识和改造世界的需要。《易纬·乾凿度》说："故易者，所以经天地，理人伦，明王道。"陆贾《新语》说："图画乾坤，以定人道，民始开悟……于是，百官立，王道乃生。"清人焦循对此大为推崇，他说："读陆氏之言，乃恍然悟伏羲所以设卦之故。"

概言之，《易经》产生的根本目的就是：定人道（序人伦），开民智，立百官（立制度），生王道。在产生《周易》的时代，生产力还非常不发达，真正意义上的科学技术还没有出现，但人类还要生存下去，还要从大自然中索取人类所需要的物质和生活资料。《易经》就是在这样的背景下产生的。

2.《易经》是古人生存方式和实践经验的记录和总结，不是神启的产物和结果。

古人是怎样记录他们的社会生活呢？《系辞上》说："天地变化，圣人效之。""圣人有以见天下之赜，而拟诸其形容，象其物宜，是故谓之象。圣人有以见天下之动，而观其会通，以行其典礼。"

郭沫若《周易时代的社会生活》，认为《周易》主要讲三类事情：一是生活的基础，包括渔猎、畜牧、商旅、耕种、工艺；二是社会的结构，包括家庭、政治组织、行政事项、阶级；三是精神生产，包括宗教、艺术、思想。闻一多则分为四类：一是关于经济事类；二是关于社会事类；三是关于心灵事类；四是余类。其划分与郭氏大致相同。闻、郭二先生对《易经》的这一研究，亦足证《易经》是古人社会生活的记录。

阴（--）与阳（—）是《易经》的基本符号，称为爻。我们的祖先为什么用--代表阴，用—代表阳，近人有诸多不同的解释。冯友兰先生认为，--、—符号实际上是对龟兆（煅烧龟壳时出现的裂纹）的模仿，他说："周人为八卦，又重之为六十四卦，以仿龟兆。"又说："卦及卦爻等于龟卜之兆，卦辞爻辞等于龟卜之繇辞。"但是，阴阳爻为什么要模仿龟兆？阴阳爻与龟兆之所以能够出现的最根本和现实的社会历史原因是什么？冯先生似未明言。郭沫若先生在他的《中国古代社会研究》中认为，阴阳符号是男女生殖器的象征，他说："八卦的根柢我们很鲜明地可以看出是古代生殖器崇拜的孑遗。画一以象男根，分而为二以象女阴，所以由此而演出男女、父母、阴阳、刚柔、天地的观念。"高亨先生则认为，阴阳符号是古人占筮时的竹棍的象形，他说："竹棍有两种：一种是一节，用来象征阳性，'—'象一节竹之形；一种是两节，用来象征阴性，'--'象两节竹之形，这和奇数为阳、偶数为阴的概念分不开的。"但是，高说的困难在于他无法说明这样一个事实，这就是当我们的祖先开始用竹棍进行占筮活动时，阴阳观念就已经产生了。也就是说，阴阳、八卦、六十四卦的生成在先，据此进行的占筮活动在后。因此，比较以上三说，我们认为郭沫若先生的观点应更接近事实的真相。

我们认为，《易经》的基本符号：阴（--）与阳（—），应源于对天地万物的抽象和模拟，正如《易传·系辞下》所说："易者，象也。象也者，像也。"因此，阴（--）与阳（—）不一定如郭先生所言是男女性器的象征，但却是对宇宙间具有对立统一关系的两种不同事物和属性的反映，如男与女、刚与柔、强与弱、上与下、左与右、黑与白、雄与雌、寒与暑，等等。在此意义上，我们似乎更推崇高先生说的另一句话："阴阳两爻的创造反映了古人认识到宇宙事物的阴阳两性矛盾对立的现象，这是古人对宇宙事物的初步分析，也是他们的辩证法观点的初步体现。"

由阴与阳两个符号两两重叠而成四象。四象，学界多解为四时，对此刘文英先生曾有过详尽的考证。阴与阳每三个一组进行组合，便形成了八经卦，也就是我们通常所说的八卦。今人言八卦，往往把它同占筮迷信联系到一起。但在八卦的创制者那里，它仅仅是八种不同事物的象征和代表。如，乾代表天，坤代表地，震代表雷，巽代表风，坎代表水，离代表火，艮代表山，兑代表泽。因此，八卦最早是构成世界的八种物质，由此八种物质不断向外延伸，八卦又代表了八类不同的物象。对此，《易传·说卦》有详尽的论述。

因此，所谓八卦，并不像有的人所想象的那样仅仅同占筮迷信相关联，实际上，它是我们的祖先思考宇宙奥秘的最早尝试，是我们的祖先对宇宙现象所做的最早的形而上的思考。我们祖先的这一思想，可以从《易传·系辞》的许多话语中得到论证和说明。《系辞下》在谈到八卦之产生时说："古者包牺氏之王天下也，仰则观象于天，俯则观法于地，观鸟兽之文，与地之宜，近取诸身，远取诸物，于是始作八卦，以通神明之德，以类万物之情。"《系辞上》则云："仰以观于天文，俯以察于地理，是故知幽明之故。原始反终，故知死生之说。""圣人有以见天下之赜，而拟诸其形容，象其物宜，是故谓之象。圣人有以见天下之动，而观其会通，以行其典礼，系辞焉以断其吉凶，是故谓之爻。""圣人立象以尽意，设卦以尽情伪，系辞焉以尽其言，变而通之以尽利，鼓之舞之以尽神。""是故天生神物，圣人则之。天地变化，圣人效之。天垂象，见吉凶，圣人象之。"

可见，无论是构成《易经》的基本要素阴和阳两种符号，还是由阴阳两种符号两两重叠而生成的四象：春、夏、秋、冬，又或是由阴阳符号每三个重叠而生成的八经卦：乾、坤、离、坎、巽、震、艮、兑，以及由此进一步形成的六十四别卦，都是对客观存在着的物象的概括和反映。

3.《易经》是我们的祖先认识和把握世界的第一个思想模式，是古人的科学和真理。

为什么说第一个呢？思考宇宙，追问人生，《周易》之前肯定就有了。因为人之所以为人就在于人能够思考，人能够把自己的知情意传达出来。但是以理论的形式来表达人类对世界的思考，《易经》是我们今天能够看到的第一个。

郭沫若先生是最先认识到"易"是中华民族进行哲学抽象的第一个

范畴的近世学者。他说:"在我们的原始的时代,我们的祖先,就把宇宙的实体这个问题深深考察过了。'易'这个观念,好像便是这最先的一个。"刘文英先生则明确指出:"'易'是中国哲学的第一个范畴,由'易'推演出的符号系统,就是中国哲学把握世界的第一个思想模式。"并从西周天文气象的角度论证了"易"是用来概括阴阳消长的一个哲学范畴。对两位前辈学者的思想,我们补充论证如下:

"易"在中国思想史上是一个先于"道"而存在的最高哲学本体概念。甲骨文中,"易"的字形和本义都是把满杯中的水倒入另一相对不满的杯中。从"易"的这一本义中,我们可以看出,"易"所反映的是大自然中损益、盈缺的原理和法则,它富有深刻的哲学内涵。据《周礼》记载:"太卜掌三易之法,一曰连山,二曰归藏,三曰周易。"根据郑玄《易赞》的说法,"夏曰连山,殷曰归藏,周曰周易。"可见,作为对天地自然和人类社会之理的概括和反映的"易"的发展经历了三个阶段,即夏代为连山易,殷代为归藏易,周代为周易。若《周礼》与郑氏之说成立的话,那么,早在夏代,甚至更早的时候,"易"作为我们祖先思考宇宙实体的一种观念就已经出现了。

《易传》是关于《易经》的最早的也是最权威的一个注本,《易传》的作者就认为"易"是一个哲学范畴,其云:"易之为道也","易与天地准,故能弥纶天地之道。""易者,象也。象者,像也。""生生之谓易。""易有太极,是生两仪。两仪生四象,四象生八卦。八卦定吉凶,吉凶生大业。""乾坤,其易之缊邪?乾坤成列,而易立乎其中矣。乾坤毁,则无以见易。易不可见,则乾坤或几乎息矣。""夫易广矣大矣,以言乎远则不御;以言乎迩则静而正;以言乎天地之间则备矣。""易,其至矣乎!夫易,圣人所以崇德而广业也。知崇礼卑,崇效天,卑法天。天地设位,而易行乎其中矣。成性存存,道义之门。"(《系辞上》)《易纬·乾凿度》

曰："视之不见，听之不闻，循之不得，故曰易也。易，无形埒也。易变而为一……一者，形变之始，清轻上为天，浊重下为地。"意谓"易"乃无形无象、生化万物之本体。桓谭《新论》也视"易"为最高的哲学范畴，他说："扬雄作《玄书》，以为玄者，天也，道也。言圣贤制法作事，皆引天道以为本统，而因附续万类、王政、人事、法度，故宓羲氏谓之易，老子谓之道，孔子谓之元，而扬雄谓之玄。"孔颖达亦云："夫易者，变化之总名，改换之殊称。自天地开辟，阴阳运行，寒暑迭来，日月更出，孚萌庶类，亭毒群品，新新不停，生生相续，莫非资变化之力，换代之功。然变化运行，在阴阳二气，故圣人初画八卦，设刚柔两画，象二气也；布以三位，象三才也。谓之为易，取变化之义。"凡此等等，皆说明了"易"是统摄物质世界的最高原理和法则，是中国哲学中的第一个本体范畴。以"易"为最高范畴所形成的六十四卦的认知系统，则是中华民族认识和把握世界的第一个思想模式。

《易经》作者是谁

《周易》包括两部分，一为《易经》，一为《易传》。《易经》由六十四卦构成，分上、下经。《易传》是对《易经》的解释，共有十篇，故称"十翼"。《易经》不可能成于一时一人之手，但它的主要作者应该是伏羲和文王父子。《易传》的主要作者应是孔子。所以，《汉书·艺文志》说："易道深矣。人更三圣，世历三古。"三圣就是伏羲、文王、孔子。三古是上古、中古、下古。

（一）伏羲画八卦。

此说见于《系辞下》："古者包牺氏之王天下也，仰以观象于天，俯则观法于地，观鸟兽之文，与地之宜，近取诸身，远取诸物，于是始作八卦，以通神明之德，以类万物之情。"

《汉书》几乎一字不差地抄了这段话。司马迁在《史记》也肯定了这一说法，他说："余闻之先人曰：'伏羲至纯厚，作《易·八卦》。'"（《史记·太史公自序》）

八卦和六十四卦究竟出现于何时？千百年来人们一直认定是伏羲画八卦。但是，到了近代，这种看法发生了变化。近人容肇祖、郭沫若提出了疑义。容肇祖《占卜的源流》说："以殷墟卜辞文字证之，知殷以前绝无画卦。"郭沫若《青铜时代》说："伏羲画八卦之说见于《系辞下传》，为先秦文献所未见。"容公和郭老都是大家，但是，我们细想一下，甲骨卜辞中无八卦，是不是就可以断定殷以前没有画八卦呢？显然这样的推论是武断的。

如果我们相信《易传》的说法，那么，我们基本上就可以断定殷以前不仅已经画出了八卦，而且已经有了六十四卦。如此一来，文王重卦的说法恐怕就靠不住了，六十四卦很可能在伏羲时代就有了。《系辞下》说："作结绳而为网罟，以佃以渔，盖取诸《离》。包牺氏没，神农氏作，斫木为耜（sì，铲），揉木为耒（lěi，柄），耒耨（nòu，锄）之利，以教天下，盖取诸《益》。日中为市，致天下之民，聚天下之货，交易而退，各得其所，盖取诸《噬嗑》。神农氏没，黄帝、尧、舜氏作，通其变，使民不倦，神而化之，使民宜之。《易》穷则变，变则通，通则久，是以'自天祐之，吉无不利'。黄帝、尧、舜垂衣裳而天下治，盖取诸《乾》《坤》。刳（kū）木为舟，剡（yǎn）木为楫，舟楫之利，以济不通，致远以利天下，盖取诸《涣》。服牛乘马，引重致远，以利天下，盖取诸《随》。重门击柝（tuò），以待暴客，盖取诸《豫》。断木为杵（chǔ，捣米的棒槌），掘地为臼，杵臼之利，万民以济，盖取诸《小过》。弦木为弧，剡木为矢，弧矢之利，以威天下，盖取诸《睽》。上古穴居而野处，后世圣人易之以宫室，上栋下宇，以待风雨，盖取诸《大壮》。古之葬者，厚衣之以薪，葬之中野，不封不树，丧期无数，后世圣人易之以棺椁，盖取诸《大过》。上古结绳而治，后世圣人易之以书契，百官以治，万民以察，盖取诸《夬》。"

若《易传·系辞》的说法成立，那么，早在伏羲时就有了重卦。《周礼·春官·太卜》的记载亦可为证："太卜……掌三易之法，一曰连山，二曰归藏，三曰周易。其经卦皆八，其别卦皆六十有四。"

郑玄《易赞》《易论》也说："夏曰连山，殷曰归藏，周曰周易。"若《周礼》、郑玄的说法可信，则六十四卦在文王之前，在三代甚至三代以前就已经存在了。因此，我们倾向于伏羲时代就有了八卦和六十四卦的说法。但是，如此一来，文王父子又做了什么工作呢？

（二）文王演周易。

《周易》和文王有重大关系，这一点是毫无疑义的。但是，文王在《周易》方面的主要贡献是什么？这是问题的关键。根据《系辞》的说法，有人推断文王所做的工作，主要是勘定卦序，并作六十四卦的卦辞和爻辞。《系辞下》："《易》之兴也，其于中古乎？作《易》者，其有忧患乎？""《易》之兴也，其当殷之末世，周之盛德邪？当文王与纣之事邪？"当然，《易传》作者的叙述不是完全肯定，其语气是委婉犹豫的。但到了司马迁和班固时，文王演易的说法就被肯定下来了。司马迁说："昔西伯拘羑里，演周易；孔子厄陈蔡，作春秋；屈原放逐，著离骚；左丘失明，有国语。"（《太史公自序》）这里还只是说文王"演周易"。"演"是什么意思啊？是说文王把《易经》由八卦推演为六十四卦，还是推演出了六十四卦的卦爻辞呢？应该是后者。因为把八卦推演为六十四卦的工作早在伏羲那里就完成了。

值得注意的是，对六十四卦的卦爻辞的创制，不可能是文王一人完成的，而是经历了一个漫长的过程。有人推断，整理卦爻辞、勘定卦序，并把卦爻辞系于六十四卦的卦和每一爻的后面，这应该是文王父子所做的工作。《史记·周本记》说："西伯盖即位五十年，其囚羑里，盖益易之八卦为六十四卦。"《汉书·艺文志》说："至于殷周之际，纣在上位，逆天暴物，文王以诸侯顺命而行道，天人之占可得而效，于是重易六爻，作上下篇。"这里的"重易六爻，作上下篇"，《淮南子·要略》说："伏羲为之六十四变，周室增之以六爻。"意思是说伏羲画六十四卦，周室增加了六爻的爻辞，当然也应该包括卦辞。这一说法应当是靠得住的。

至于文王作上下篇，应该是勘定卦序，系之以辞。这里面周公也做了很多事情。孔颖达说："卦辞文王，爻辞周公。""所以只言三圣，不数周公者，以父统子业故也。"《左传·昭公二年》载，韩宣子到了鲁国，见易象，云"吾乃今知周公之德"，也有力支持了上述观点。

（三）孔子作十翼。

孔子作十翼的说法最早见于司马迁的《史记·孔子世家》："晚而喜《易》，序《彖》《系》《象》《说卦》《文言》。读《易》，韦编三绝。"《汉书》承袭了史记的说法，"孔氏为之《彖》《象》《系辞》《文言》《序卦》之属十篇。"孔子自己也说："加我数年，若是，我于易则彬彬矣。"（《史记·孔子世家》）《论语·述而》载孔子语："加我数年，五十以学《易》，可以无大过矣。"

孔子作《易传》，这原本是没有任何问题的，但是，到宋代的欧阳修那里，问题就出来了。欧阳修写《易童子问》，提出了疑义，认为《系辞》《文言》《说卦》《序卦》《杂卦》皆"非圣人之作"，因为"其言繁衍丛脞而乖戾也。""至于'何谓''子曰'者，讲师言也"。老师在说话时，不可能自己称自己为老师。由此，欧阳氏认定《系辞》诸篇不是孔子的作品。

清人崔述更进一步认为,《彖》《象》也不是孔子作的,因为《象》中"君子思不出其位",在《论语》中是曾子语,岂有老师抄学生的道理。

今人金景芳《周易讲座》、李学勤《周易经传溯源》认为,《易传》是孔子作的,主张为孔子翻案。李学勤先生认为,孔子对于《易经》不仅仅是读者,而是有所领悟和阐发。儒家的基本思想,如"中庸""正名""仁""礼"等,皆见于《易传》。但由于孔子述而不作,故《易传》应是孔子弟子对孔子思想的转述。

金、李二先生的意见值得我们重视。仔细推敲欧阳修和崔述二公的说法,就会发现它是站不住的。众所周知,《论语》是"孔子应答弟子时人及弟子相与言而接闻于夫子之语也。""当时弟子各有所记。夫子既卒,门人相与辑而编纂,故谓之《论语》。"(《汉书·艺文志》)既是门人所记,有"子曰""子谓"也就毫不奇怪。至若"君子思不出其位",在《论语》中是曾子语,在《象传》中是孔子,亦不足怪。学生述老师之语当是常事。故《易传》为孔子作,恐不能轻率否定。

由于《易传》是解释《易经》的,因此,我们学习《周易》首先要学好的是《易经》。只有把《易经》学好了,掌握了,然后才能进一步学习《易传》。下面我们就对《易经》六十四卦一一进行阐释。在这一过程中,我们将会看到,我们的祖先究竟是怎样认识和把握世界的?面对各种纷繁复杂的社会现象和社会问题,我们祖先又是如何面对,如何选择,如何处理的?也许正是在这里,我们会有意想不到的收获。

一

动以其时　自强不息 [乾]

　　《乾》《坤》是六十四卦的父母卦，在《易经》中具有重要的地位。《易纬·乾凿度》说，乾坤是"阴阳之根本，万物之祖宗"。乾为天，为父；坤为地，为母。乾为天道，坤为地道。所以，《乾》《坤》居六十四卦之首。

　　《乾》卦通过中华民族的重要象征物"龙"在不同季节和环境中的不同的活动方式，说明人在不同时空条件下应采取的不同的应对策略。在时空条件皆不适宜时，该如何？在时机渐显、初出茅庐时，该如何？在酝酿发展时，该如何？在具备了一定的发展空间时，该如何？在事业辉煌时，该如何？发展过头了以后，又该如何？《乾》卦从第一爻到第六爻昭示给我们的，就是这样的一个道理。

乾：元，亨，利，贞。
初九：潜龙勿用。
九二：见龙在田，利见大人。
九三：君子终日乾乾，夕惕若厉，无咎。
九四：或跃在渊，无咎。
九五：飞龙在天，利见大人。
上九：亢龙有悔。
用九：见群龙无首，吉。

【原文】

乾①：元②，亨③，利④，贞⑤。

【译文】

乾的意思是刚健有为，自强不息。这一卦告诉人的基本思想有四：一是"仁"，有仁善之心才能开创一番事业。二是"礼"，循礼而行，才会万事亨通。三是"义"，合于道义才会获"利"。四是"信"，有信守正，才会使自己的事业牢固稳定。

【注释】

① 乾：刚健。《说卦》云："乾，健也。"《象传》曰："天行健，君子以自强不息。"孔颖达曰："健是乾之训也，顺者坤之训也。"朱

熹说:"乾只是健,坤只是顺。纯阳所以健,纯阴所以顺。至健者唯天,至顺者唯地。"帛书《周易》作《键》卦。

② 元:开始,引申为"仁""善"。

③ 亨:亨通、通达,引申为"礼"。

④ 利:合乎道义的事情,引申为"义"。

⑤ 贞:正、牢固,引申为"信"。

【品鉴】

乾只是健,但具体地说,它的属性有四,这就是卦辞中的四个字:"元""亨""利""贞"。这四个字古人多释为"仁""礼""义""信"。但问题在于"仁""礼""义""信"与"元""亨""利""贞"是什么关系?

孔颖达说:"元则仁(仁厚方能生物)也,亨则礼(亨通方能合礼)也,利则义(有利方合于义)也,贞则信(贞正牢固方能有信)也。"其实,在我看来孔颖达的这段话恰恰是颠倒了因果关系。因为这里的"元""亨""利""贞",是"果"不是"因";"仁""礼""义""信"是"因"不是"果"。也就是说"仁"是"元"的因,"元"是"仁"的果;"礼"是"亨"的因,"亨"是"礼"的果;"义"是"利"的因,"利"是"义"的果;"信"是"贞"的因,"贞"是"信"的果。

为什么"仁(元)"就能开创事业呢?因为只有具有仁德和善心的人,才有可能担负起"开始"一番事业的使命。一个没有善心的人是不可思议的,是不可能开创事业的。

为什么"礼"就能保证行事亨通("亨")呢?因为"礼"是"天地之序",它反映了物质世界的基本秩序和规律,因此,循礼而行就会无往而不利。

为什么"义"就会导致在经济活动中获"利"呢?孔子说:"义以生利,利以平民。"(《左传·成公二年》)南宋哲学家朱熹说得更为清楚明白:"利是从那义里面生出来底。""正其谊则利自在,明其道则功自在。专去计较利害,定未必有利,未必有功。"(《朱子语类》卷三七)

为什么"信"会导致自己的事业牢固稳定("贞")呢?因为人"无信不立",人而无信,就相当于"大车无輗,小车无軏",很快就会完蛋的。

所以,孔颖达的这句话应该倒过来说,才是对的,即"仁则元也,礼(秩序)则亨也,义(义以制利)则利也,信则贞(有信方能贞牢固)也。"有仁厚之德才能产生万物,符合客观规律和必然秩序才会通达顺利,合于道义才会实现和谐,诚信才会可靠贞固。这就是《乾》卦卦辞告诉我们的基本道德和规范。

【原文】

初九[1]:潜龙[2]勿用。

【译文】

初九:潜于渊中的龙,不可随意妄动。

【注释】

[1]初九:学者多称之为"爻题",亦可谓"爻名"。六十四卦每卦有六爻,最下面一爻称为"初爻",最上面一爻称为"上爻"。初爻若是阳爻就称为"初九",若是阴爻则称为"初六"。上爻若是阳爻称为"上九",上爻若是阴爻称为"上六"。为何称阳爻称九,阴爻称六,而不称七八或其他呢?有两种解释,一种解释是"乾体有三画,

坤体有六画，阳得兼阴，故其数九；阴不得兼阳，故其数六"。另一种解释是"老阳数九，老阴数六，老阴老阳皆变，周易以变者为占……故称九称六"。（见孔颖达《周易正义·乾》）

② 潜龙：潜于渊中不敢妄动的"龙"。《说文解字》说："龙，鳞虫之长，能细能巨，能短能长，春分而登天，秋分而潜渊。"秋分以后，因为气候不宜，龙只好潜于渊中（秋分而潜渊），待来年天气变暖时再出来（春分而登天）。以此喻君子在条件不宜时，应深居简出，韬光待时。

【品鉴】

《乾》卦六爻皆阳，按象数学的观点，乾是由坤变来的。坤最下面的一爻变成阳爻时，就是乾之初九。坤下一阳始生，阳气已然萌动，为《复》卦，为十一月，正是冰冻天寒时。此时，龙如贸然妄行，就会因冻僵而招致灾患。以此喻君子屈居人下处于卑位时，就应韬光养晦、顺时待时。

程颐在解释这一爻时说："初九在一卦之下，为始物之端，阳气方萌，圣人侧微，若龙之潜隐，未可自用，当晦养以俟时。"

这时就应像《文言》所说："龙，德而隐者也。不易乎世，不成乎名。遁世无闷，不见是而无闷。乐则行之，忧则违之。确乎其不可拔，潜龙也。"

【原文】

九二①：见②龙在田③，利见④大人。

【译文】

九二：龙已经可以出现在田地上了，这时候应该去拜见贤明的统治者。

【注释】

① 九二：每卦中的六爻，除初爻和上爻外，中间还有四爻。自下往上，依次为：初爻、二爻、三爻、四爻、五爻、上爻。其中，二爻若为阳爻，称为九二；二爻若为阴爻，则称为六二。三爻若为阳爻，称为九三；三爻若为阴爻，则称为六三。四爻若为阳爻，称为九四；四爻若为阴爻，则称为六四。五爻若为阳爻，称为九五；五爻若为阴爻，则称为六五。

② 见（xiàn）：出现。

③ 田：耕种的土地。《释名·释地》说："已耕者曰田。"郑玄认为"能吐生万物者曰土，据人功作力竞得而田之则谓之田"。《玉篇·田部》说："田，土也，地也。"

④ 见（jiàn）：进见，会见。

【品鉴】

《周易》六爻，分内外卦，上三爻为外卦，下三爻为内卦。六爻又可划分为三才，最顶上两爻为天道，中间两爻为人道，最下两爻为地道。《系辞下》曰："易之为书也，广大悉备，有天道焉，有人道焉，有地道焉。兼三才而两之故六。六者非它也，三才之道也。"就《乾》卦来说，初九、九二为地道，九三、九四为人道，九五、九六为天道。

郑玄曰："二于三才为地道，地上为田。"龙见于田，就如同潜伏已久的圣人跃跃欲试，准备出山。但二爻虽有君德，而无君位。因为二是阴位，阳爻居之，是为"不当位"或"不得位"（阳爻居于阳位，阴爻居于阴位，就是"当位"，或称为"得位"）。这就如同孔子，有王者之德才，而无王者之位，故利见（应前往拜见）居于九五尊位的大人。

总之，九二有君德而无君位。说的是圣人久潜稍出，虽非君位而有君德，需要大人的携举。

【原文】

九三：君子终日乾乾①，夕②惕③若厉④，无咎。

【译文】

九三：君子终日刚健有为，勤奋努力，到了晚上还要谨慎小心像遇到危险一样保持警惕，这样不会有什么灾祸。

【注释】

① 乾乾：健健也，自强不息的意思。《文言》曰："居上位而不骄，在下位而不忧。故乾乾因其时而惕，虽危无咎矣。"
② 夕：夜，晚上。
③ 惕：警惕、戒慎。
④ 厉：危险、危厉。

【品鉴】

白天勤勤恳恳、任劳任怨、开拓耕耘，晚上还要谨慎小心，不敢懈怠。为什么会这么辛苦呢？因为九三是阳爻居于阳位，得位可称为大人。但他处在下卦之上、上卦之下，上不着天，下不着地，所以孔颖达说他："上不在天，未可以安其尊也；下不在田，未可以宁其居也。"处境如此尴尬，应该怎么办呢？这就需要进德修业啊！《文言》曰："君子终日乾乾，夕惕若厉，无咎。何谓也？子曰：君子进德修业。忠信所以进德也；修辞立其诚，所以居业也。"要做到"终日乾乾，与时偕行"（《文言》），这样才能终始有度，知至至之，知终终之。"知至至之，可与言几也；知终终之，可与存义也。"（《文言》）这需要一个长久的修炼功夫，故《象传》曰："终日乾乾，反复道也。"

帛书《周易》，"惕"作"沂"。廖名春先生认为，"沂"读为"析"，有解除之义，故可引申为休息。故"君子终日乾乾，夕惕若厉，无咎"，可理解为，君子白天奋发有为，自强不息，到了晚上则应解除警惕，好好休息，虽厉，无咎。可备一说。

【原文】

九四：或①跃②，（或）在渊③，无咎。

【译文】

九四：龙可以飞到天上，可以潜回深渊之中。无论怎样，都是没有灾祸的。

【注释】

① 或：或者。表示列举或选择。

② 跃：跳，跳跃。《广雅·释诂一》："跃，上也。"这里比喻"龙飞而未飞"的状态。

③ 渊：深潭，深渊。程颐解释说："渊：龙之所安也。"

【品鉴】

　　这一爻的特点是逡巡犹豫、进退不定。说的是龙一会儿跃起，飞到天上，一会儿又潜回到渊中。它为什么会这样呢？因为这时候的龙，按照《易传·文言》的说法，就是"上不在天，下不在田，中不在人"。上既不在于天，下又不在于地，中不当于人，上中下都无定位可处，可以说此爻处于进退无常之时，也是乾道将变未变之时。所以，说它"或跃"，"（或）在渊"。或，怀疑犹豫之象。所以，就一会儿进，一会儿退；一会儿上，一会儿下；一会儿上天，一会儿潜渊。当此之时，可以小试锋芒，皆无咎害。这一点与九三有别，九三还没到"上"的时候，没办法只能待在家里，勤勤恳恳，进德修业，积聚力量，但正是因为在九三阶段进德修业，才使得它升至九四时，既可以"跃"，也可以"在渊"。

【原文】

　　九五：飞龙在天，利见大人。

【译文】

　　九五：龙可以自由地翱翔于天上，这时候利于会见大人。

【品鉴】

　　我们常说"九五"之尊，就是指《易经》的这一爻。这一爻居上卦之中位，又是阳爻居于阳位，是得"正位"，称为"中正"。

　　"中正"或"正中"是中国传统伦理的一个基本原则，这一原则的明确提出始自《易传》。《文言》曰："德而正中者也。庸言之信，庸行之谨，闲邪存其诚，善世而不伐，德博而化。"这一段话可视为《易传》对"中正"或"正中"这一原则的基本阐释。高亨先生认为："中则必正，正则必中，中、正二名实为一义。"其实，"中"与"正"含义并不相同。在《易传》的解释系统中，"正"的基本含义是阳爻居于阳位、阴爻居于阴位，"中"则是说阳爻或阴爻居上卦之中位或下卦之中位，即凡居于每卦之第二爻和第五爻者即为得中。可见，只有阳爻居于阳位，阴爻居于阴位，而且又处于中位时，方可称为"中正"或"正中"。

九五爻有中正之德，居帝王之位（天位），自是嘉美之会，可以说天下之美尽在于斯。此时当见天下大德、大贤、大智之人。如果说前面讲九二要见的大人是九五，那么，在这里九五要见的大人，就是九二。人在尊位，就需有圣贤相扶。有无圣贤在自己身边，是一个人成功的标志和先兆。一个人的身边全是小人，是断无前程可言的。所谓"同声相应，同气相求""云从龙，风从虎"。人是社会关系的产物，从社会关系中见人。这话千真万确！故居于九五之尊，重中之重是用人，用什么样的人。所以，不要以为九五之尊，就不需见大人了。恰恰相反啊！

正因为此，王弼、孔颖达等易学家认为"九二"和"九五"都是大人。这就好比圣人"教于洙泗，利益天下，有人君之德，故称大人"。（《周易正义》）

【原文】

上九：亢①龙有悔②。

【译文】

上九：飞得很高的龙，就会有灾咎。

【注释】

① 亢：高，极，太过。《广雅·释诂一》说："亢，极也。"《广

雅·释诂四》说："亢，高也。"

② 悔：灾咎，灾祸，忧虞。

【品鉴】

上九应是农历四月之时，炎炎夏日，是龙活动的鼎盛期，可谓如日中天。但也正是它由盛转衰的时候，日中则昃，聪明的人这时就要找退路了，不能等到无路可退时再退。《象传》曰："亢龙有悔，盈不可久也。"说的就是这个道理。兵强则折，木强则灭，应该留有余地。故《文言》曰："亢之为言也，知进而不知退，知存而不知亡，知得而不知丧。其唯圣人乎！知进退存亡而不失其正者，其唯圣人乎！""亢龙有悔，与时偕极。"

【原文】

用九①：见②群龙无首，吉。

【译文】

用九：出现了群龙无首、各显神通的景象，这是吉利的。

【注释】

① 用九：《易经》有64卦，每卦有六爻，共384爻，但由于《乾》卦多出了"用九"，《坤》卦多出了"用六"，这样《易经》64卦就不是384爻，而是386爻。那么，《乾》《坤》二卦为什么会多出这两爻呢？意在说明，所有的阳爻都用"九"来表示，例如，初九、九二、九三、九四、九五、上九；所有的阴爻都用"六"来表示，例如，初六、六二、六三、六四、六五、上六，所以，称"用六"。

由于《乾》卦六爻都是阳爻，都用九来表示，所以，《乾》卦在六爻之外，加了"用九"一爻；由于《坤》卦六爻都是阴爻，都用"六"来表示，所以，《坤》卦在六爻之外，加了"用六"。

② 见（xiàn）：出现。

【品鉴】

为什么"群龙无首"反而吉利呢？这似乎与我们的生活常识不相符合。如何理解呢？《乾》卦是讲天道的，天道的特点就是"无首"，《象传》说："天德不可为首也。"所谓"无首"，就是说天道不是依靠某一个人来成就的，而应当调动每一个人的积极性，依靠大家的努力，共同完成。所以，孔颖达说："六爻皆俱九，乃共成天德，非是一爻之九，则为天德也。"

"见群龙无首，吉"，还有另一层含义，就是：乾发展到极致，应具有坤的品格和精神，宽厚和顺，厚德载物。这就如同最高明的人，如大学者、大领导、大企业家，往往没架子一样。相反，越是不行，越是不发达的时候，形式的东西就越多。发展到极致，就不需要依靠形式来证明什么了。

二

柔顺守正　厚德载物 [坤]

《易传·序卦》说："有天地然后万物生焉。"乾为天，为父；坤为地，为母。乾为天道，坤为地道。《乾》《坤》两卦是天地之始。天地相接，阴阳相和，万物才会化生。因此，只有天道还不行，只有阳刚也不行，在中国人的思维中，刚柔相济、阴阳和谐才是事物存在和发展的理想状态。

如果说《乾》卦告诉我们的是积极、阳刚和向上，那么，《坤》卦告诉我们的就是柔顺、宽厚和包容。《易传·系辞》说："乾坤，其易之蕴邪！""乾坤，其易之门邪！"天道和地道一起构成我们生活其中的大世界。

前面提到《易纬·乾凿度》的一句话，乾坤是"阴阳之根本，万物之祖宗"。这本书里还有一句话："乾坤相与俱生。"意思是说乾与坤是一对对立统一的范畴。

☷坤：元，亨，利牝马之贞。君子有攸往，先迷，后得主，利。西南得朋，东北丧朋。安贞吉。

初六：履霜，坚冰至。

六二：直方大，不习，无不利。

六三：含章可贞。或从王事，无成有终。

六四：括囊，无咎无誉。

六五：黄裳，元吉。

上六：龙战于野，其血玄黄。

用六：利永贞。

【原文】

坤：元，亨①，利牝②马之贞③。君子有攸往，先迷，后得主，利。西南得朋，东北丧朋。安贞吉。

【译文】

《坤》卦：地道最大的特点是仁（元）、礼（亨），体仁行礼，有利于像雌马一样恪守正道。君子出去做事情，抢先居首就会陷入迷途，自谦居后反而能够做主，获利。往西南方向会得到朋友，往东北方向会丧失朋友。安于正道就会吉利无比。

【注释】

① 元、亨：元，善也，这里释为"仁"。亨，亨通，这里释为"礼"。详见《乾》卦卦辞的注释。

② 牝（pìn）：雌性的兽类。牝马，即雌马。

③ 贞：忠诚，坚定，正。《广雅·释诂一》说："贞，正也。"

【品鉴】

乾有元亨利贞四德，坤也有元亨利贞四德。但是，乾之四德似乎没有限制，坤则不然。它只有顺承天，坚持正道，才有利。所以，《文言》说："坤道，其顺乎！承天而时行。"

《彖传》在解释这句话时也说："至哉坤元！万物资生，乃顺承天。坤厚载物，德合无疆；含弘光大，品物咸亨。"《象传》则说："地势坤，君子以厚德载物。"

卦辞里的"君子有攸往，先迷，后得主，利"一语，颇值得玩味。这一点和"天道"正好相反，《乾》卦讲天道时，主张自强不息，积极有为，主张"为先"和"冒头"。到了《坤》卦就不行了，坤的最大特点是"顺"，是"从"，唯有随乾、从乾，才不会迷失前进的方向和自我。

尽管天道和地道都是"阴阳之根本，万物之祖宗"，但是，在《易经》作者的世界里，坤比乾要低一格。《彖传》是《易传》中专门解释卦辞的，这一篇在谈到"天道"时，使用的词句是"大""始""统"，在谈到"地道"时，使用的词句是"至""生""顺"，语意轻重，跃然纸上（原话是"大哉乾元！万物资始，乃统天。至哉坤元！万物资生，乃顺承天"）。

【原文】

初六①：履②霜，坚冰至。

【译文】

初六：脚踩霜花的时候，坚冰就快要到来了。

【注释】

① 初六：每一卦的第一爻若是阳爻就称"初九"，第一爻若是阴爻就称"初六"。坤卦从第一爻到第六爻依次是：初六、六二、六三、六四、六五和上六。

② 履：践，踏，踩。

【品鉴】

《坤》卦是由《乾》卦变来的。乾如何变成坤呢？《易经》讲事物的变化都是从每一卦的最下一爻即初爻开始。《乾》卦自下往上，依次由阳爻变为阴爻，乾就变成坤了。当《乾》卦的最下一爻变为阴爻时，就成了《姤》。理解《坤》卦的初爻，应该联系《姤》卦。《姤》卦辞："女壮，勿用取女。"

就《坤》卦的初六爻来看，一阴始生于下，至微也。按说无大碍，但《易经》不这么看。看到阴始凝而为霜，就应该想到阴渐盛而至坚冰矣。就像小人一开始很微小，时间一长就渐至于盛。所以，《象传》曰："阴始凝也，驯至其道，至坚冰也。"《坤·文言》曰："积善之家必有余庆，积不善之家必有余殃。臣弑其君，子弑其父，非一朝一夕之故，其所由来者渐矣。"

可见，《易经》明白新生事物往往会具有无限的生机和活力，一个事物一旦出现了变化的端倪，往往就一发而不可收，朱熹《周易本义》说得很清楚："其端甚微，而其势必盛。"从积极的方面来说，代表事物发展规律和趋势的事物，会有远大的前途和无限的生命力。从消极的方面来看，不良的事物一旦出现苗头，往往非常可怕，要注意把它消灭在萌芽中。所以，千万不要看不起小事情，大问题的发生往往都是从小事情开始的。

【原文】

六二：直①方②大③，不习④，无不利。

【译文】

六二：坤道除了具有卦辞所说的特点外，还要具备正义、正直和博大的特点，但又不能刻意地有所作为，这样才会无所不利。

【注释】

① 直：刚直，正义。《广雅·释诂二》说："直，义也。"
② 方：方正，正直。《广雅·释诂一》说："方，正也。"
③ 大：巨大，引申为容载万物的博大胸襟。
④ 习：作为。不习，就是不要刻意去有所作为。王弼《周易注》的解释比较到位，他说："任其自然而物自生，不假修营而功自成，故不习焉而无不利也。"

【品鉴】

《易经》六十四卦，每一卦都有一个主爻。其他爻的含义往往都和主爻有关，或围绕主爻展开。所以，解卦时要注意抓住主爻。《乾》卦的主爻是九五，《坤》卦的主爻就是六二。理解六二爻是理解《坤》卦其他爻的关键。

六二爻讲的是《坤》卦应该有"直""方""大"的特点。这表明坤并不是无条件地讲"顺"。"直""方""大"，都是坤的优点，但你不能刻意去发扬自己的"直""方""大"。你自己看得再明白，再清楚，也必须在合适的时候和场合，自然而然地表现出来，而不能随意去展现。这就是"不习"，这就是"顺"。可见，《坤》卦讲的"顺"又不是盲目的"顺"，顺中有"直"，有"方"，有"大"。

由于六二爻是《坤》卦的主爻，对《坤》卦的理解，应注意把握这一爻的基本特性。这一爻给人总的感觉是循规蹈矩，若恂恂儒者。

【原文】

六三：含①章②可贞③。或④从王事，无成⑤有终。

【译文】

六三：内含美好的道德就可以恪守正道。或者跟从王者做事，不要把成功据为己有，这样就会有好的结果。

【注释】

① 含：包含

② 章：文采。这里引申为美德。《尚书·皋陶谟》说："天命有德，五服五章哉。"

③ 贞：正。

④ 或：或者。

⑤ 成：成功。

【品鉴】

经过涵养和修炼，直、方、大的特性已皆备于我，因此，六三可以说是含有美丽的文采而又恪守正道,但必须含蓄不露。因为你位不正也——阴居于阳,又处于下卦之最高位,故不宜动。

所以,这一爻虽颇有内秀,富文章之美,但因为自己处的位置不当,要求做事情就要低调,不可张扬,这样才会有好的结果。《文言》说得好:"阴虽有美,含之以从王事,弗敢成也。地道也,妻道也,臣道也。"按照《文言》的说法,六三之所以"无成",根本原因是因为这一爻乃"地道也,臣道也,妻道也"。

但是,值得注意的是这里的"无成"是说无成于己,但对于君主来说是"有成"的。可以说这一爻的基本意思是说,由于六三居位不正,故虽有内美,也不敢自是,不敢自必,不敢自专,必须谦虚谨慎,勤勤恳恳,任劳任怨,事情要自己做,功劳要归于君,这样才会有好结果("有终")。这就是坤道的特性。

【原文】

六四:括^①囊^②,无咎无誉。

【译文】

六四:束结囊口,则内无所出,外无所入,如此就不会得咎,也不会得誉。

【注释】

①括:束结。《广雅·释诂四》说:"括,结也。"
②囊:袋子,口袋。

【品鉴】

六四爻处上卦之下位，得正、当位，但不得中。为"多惧"之位。

从变化来看，坤是由乾最下一爻依次变成阴爻而成，当乾的第一至四爻就变为阴爻时，就成了《观》卦（☷☴），下卦为坤（☷），上卦就变成了巽（☴）。可见，从卦象上看，六四爻已到上巽下坤（《观》）之时。坤为布、为囊，巽为木、为绳。所以，爻意有束结囊口之意。高亨说："束结囊口，则内无所出，外无所入。人之于事不问不闻，有似于此。于事不问不闻，则无咎无誉。"专门解释《乾》《坤》两卦的《文言》说："天地变化，草木蕃。""天地闭，贤人隐。"说的就是这个意思。

【原文】

六五：黄裳①，元②吉。

【译文】

六五：有象征忠信的黄色下衣，又具有仁善之德，自然是吉利的。

【注释】

① 裳：下身的衣服。上曰衣，下曰裳。
② 元："仁"，"善"。孔颖达《周易正义》解释为"大"，他说："大也，以其德能如此，故得大吉也。"《广韵·元韵》说："元，大也。"但是，根据《左传·昭公十二年》的记载来看，把"元"理解为仁、善，似更妥。

【品鉴】

这一爻讲君子处于显位时，要有三种美德，一是"中正"，六五爻居上卦之中位，故要"中正"。二是善、仁（"元"）。三是"信"。黄裳，黄色衣服。黄为中色，也有居于中之意。信是由"中"引申出来的。

《左传·昭公十二年》记载，南蒯（kuǎi）造反，占筮时得到了这一爻，以为是吉利的卦，沾沾自喜，去请教子服惠伯。子服惠伯就是以六五爻的"三德"教育南蒯，说："中美能黄，上美为元，下美则裳。"认为南蒯造反，不"忠"，不"仁"（善），不"信"，故必败。原文恭录如下：

"南蒯枚筮之，遇坤（☷）之比（☵），曰：'黄裳元吉。'以为大吉也。示子服惠伯，曰：'即欲有事，何如？'惠伯曰：'吾尝学此矣。忠信之事则可，不然，必大败。'外强内温，忠也。和以率贞，信也。故曰'黄裳元吉。'黄，中之色也。裳，下之饰也。元，善之长也。中不忠，不得其色。下不共，不得其饰。事不善，不得其极。外内倡和为忠，率事以信为共，共养三德为善。非此三者，弗当。且夫易不可以占险，将何事也？且可饰乎？中美能黄，上美为元，下美则裳，参成可筮，犹有阙也。筮虽吉，未也。"

【原文】

上六：龙战于野①，其血玄②黄。

【译文】

上六：龙在野外争斗，其血青黄交杂。

【注释】

① 野：郊外。《说文解字》曰："距国百里为郊"，又说："野，郊外也。"《尔雅·释地》说："邑外谓之郊，郊外谓之牧，牧外谓之野。"

②玄黄：玄，天也。《释名·释天》说："天，又谓之玄。"黄，地也。玄黄，即天地。天为青为苍，故称玄。地多黄土，故称黄。所以，《文言》说："夫玄黄者，天地之杂也。天玄而地黄。"

另一解，玄，赤黑色。黑中带红的颜色。《说文解字》说："黑而有赤色者为玄。"

【品鉴】

乾发展到极致，需要阴；阴发展到极致，也需要阳。《坤》卦发展到这一爻，六爻就全变为阴了。事物的发展是，阴极返阳，阳极返阴。上六阴盛至极。《系辞》曰："穷则变，变则通。"事物再发展，就要从《坤》卦的最下一爻开始，阴爻变为阳爻，故阴阳相争，即天地相争，天玄地黄，故曰其血玄黄。

何故云"野"？穷途末路，迫不得已。《尔雅·释地》曰："邑外谓之郊。"《说文解字》曰："距国百里为郊。"段注《说文解字》引杜子春注《周礼》曰："五十里为近郊，百里为远郊。"宋人蔡渊曰："国外曰郊，郊外曰野。"《象》曰："龙战于野，其道穷也。"是说，阴发展到上六后，已经到了极点，到了非变不可的地步。这时候就会出现阴阳相争的局面。

【原文】

用六[①]：利永贞[②]。

【译文】

用六：坤道之利就在于永远恪守正信之道。

【注释】

①用六:《坤》卦六爻以外的爻辞。《坤》卦六爻都是阴爻,六代表阴爻,所以,称为"用六"。详见《乾》卦"用九"的注释。

②贞:正,信。详见《乾》卦卦辞注释。

【品鉴】

南宋哲学家朱熹说:"乾吉在无首,坤利在永贞。"也就是说乾的最高境界不是"自强不息",而是在自强不息基础上的宽厚和包容。也就是说,作为天地之始的乾道,既应自强不息,也应厚德载物。同样的道理,坤道最根本的内容也不是一味地柔顺、居后、亦步亦趋,而是永远恪守正道,秉持信诚,有自己坚定的信念。

三

创生万物　建侯开国 [屯]

　　天地相接，便有万物的产生，所以，在讲完天道和地道后就要讲万物的产生。《易传》中专门解释六十四卦排列次序的《序卦》说："有天地然后万物生焉。盈天地之间者唯万物，故受之以屯。屯者，盈也。屯者，物之始生也。"《屯》卦是讲万物产生的，是讲开创事业的，也是讲"君道"的。君道之始，犹万物初生，犹事业初创，犹姻缘初成。该卦以婚姻喻万物产生，以婚姻喻事业初创，以婚姻喻君道。以此告诫人们，该如何开创一番新事业。在开创新事业时应该注意些什么、这一卦的基本思想可以概括为"屯盈万物，建侯开国"。

　　从卦象上看，《屯》卦上卦为水为云，下卦为震为雷。这一卦说的是天地创造万物之始，春气萌发，云雷交加，无限的生机和活力皆包含在此。因此《屯》卦的特点是天地始生，事业初创，发展的机遇与挑战同在。当此之时，君子宜居正慎行，奋发图强，处屯求通，至于大亨。

屯：元亨，利贞。勿用有攸往，利建侯。

初九：磐桓。利居贞，利建侯。

六二：屯如邅如，乘马班如。匪寇婚媾，女子贞不字，十年乃字。

六三：即鹿无虞，惟入于林中。君子几，不如舍，往吝。

六四：乘马班如，求婚媾。往吉，无不利。

九五：屯其膏。小，贞吉；大，贞凶。

上六：乘马班如，泣血涟如。

【原文】

屯①：元亨，利贞。勿用②有攸③往，利建侯。

【译文】

《屯》卦：有仁就可以开创一番事业，有礼就会亨通顺利，有义则利自生，有信就会牢固稳定。虽有仁礼义信四德，但也不能外出有所前进，而应立足当下的事业，把自己眼前的事情做好。

【注释】

① 屯（zhūn）：积聚，蓄积。又有艰难、困难的意思。甲骨文和金文中的"屯"字，写法皆如草木初生、破土而出之形。《说文》曰："屯，难也。象屮木之初生，屯然而难，从屮贯一。一，地也。"所

以，《屯》卦象征万物初生。

②用：施行，奉行。

③攸：所，用在动词前的助词，构成名词性词组。

【品鉴】

《屯》卦讲的是乾坤相接，万物初生时候的状态。从卦象上看，这一卦的基本思想就是告诉人们，前面有危险了，我们应该怎么办？《屯》的卦象是上卦为"坎"，下卦为"震"。坎为"险"，震为雷、为"动"。所以，卦有动于险中的意思。万物初生，或创业之始，往往充满着艰难和危险。《易传》中专解卦辞的《象传》在解释"屯"时说："屯，刚柔始交而难生。动乎险中，大亨贞。雷雨之动满盈，天造草昧。宜建侯而不宁。"孔颖达《周易正义》认为，"刚柔二气始欲相交，情义未得，故难生也。若刚柔已交之后，物皆通泰，非复难也"。

《乾》卦讲元亨利贞，《屯》卦也讲元亨利贞，但《乾》卦的元亨利贞是无条件的，不受任何限制，而《屯》之元亨利贞是有限制的，这就是"勿用有攸往，利建侯"。《坤》《随》《临》《无妄》讲元亨利贞，皆可如此理解。

总的说，《屯》卦卦辞是说：天地始交，创生万物，会有艰难险阻，此时应涵养自我，积聚力量，推动事物的前进。以此喻君子在创业之初，机遇与挑战同在，此时应在艰难中积聚力量，成就伟业。《象传》云："云雷，屯，君子以经纶。"意思是说，上有云下有雷，云雷相交，雷雨交加，天地氤氲，巨大的变化正在生成，君子处此之时，应当经纬天下，整顿民务，建设国家，开创事业。

【原文】

　　初九：磐桓①。利居贞②，利建侯。

【译文】

　　初九：在流连徘徊时，利于守持正道，利于建立诸侯。

【注释】

　　①磐（pán）桓：盘桓，徘徊，流连不进。
　　②贞：正道。

【品鉴】

　　初爻为下卦"震"的主爻，也是全卦的主爻。主爻往往能说明这一卦的一些基本特点。震为诸侯，故利建侯。建国之初，稳定是首务，不可妄动。

　　《象传》曰："虽磐桓，志行正也。以贵下贱，大得民也。"初九为阳爻在三阴之下，就如同人有高贵的品质而屈居于下一样，以贵下贱，虽徘徊流连，但居正待时，所以，能够大得民心。这就如同文王用姜太公、刘备用诸葛孔明一样。所以，孔颖达说："初九虽磐桓不进，非苟求晏安，志欲以静息乱，故居处贞也。非是苟贪逸乐，唯志行守正也。"杨万里也说："磐桓不进，岂真不为哉？居正有待，而其志未尝不欲行其正也。故周公言居贞，孔子言行正。"

【原文】

　　六二：屯如①邅如②，乘马班如③。匪④寇婚媾，女子贞不字⑤，十年乃字。

【译文】

六二：创业之初，要想很快就取得突破性进展是极其困难的，很多时候只能在原地徘徊转动，就像骑在马上旋转不进一样。创业的开始阶段和婚姻初成的道理是一样的，女子恪守正道而不许嫁，经历了漫长的时光，才会迎来新婚的喜悦。

【注释】

①屯如：艰难的样子。屯，艰难。如，语气助词，可译为"样子"。

②邅（zhān）如：绕圈转动的样子。邅：转动，绕圈子，《玉篇》："转也，移也"。

③班如：盘旋不进的样子。班，盘旋不进。

④匪：非，不是。

⑤字：女子许嫁。不字，不许嫁。

【品鉴】

这一爻讲的是万物产生或事业初创时，往往会有许多困难和阻力，这就如同婚姻一样。六二中正，与五相应。九五爻是本卦的主爻，上卦坎为寇盗，但本卦九五爻以阳居阳，六二爻以阴居阴。六二、九五正好阴阳相应，为正应，故卦中以婚姻设喻。但是，二爻和五爻中间有六三爻、六四爻两阴爻相隔，互体为艮，为山。也就是说，六二和九五虽性情相投，姻缘美好，但因中有大山阻隔，故不能马上成功。正如卦中所说，九五乘马而来，欲求婚媾，然值此屯难之时，不宜轻动，宜守正待时，至十年困难消除了以后，方可前往成婚。这就如同创业做事，虽然合乎公道和正义，但因新事物在发展过程中会遇到各种各样的困难和问题，因此，必须经历一个艰难困苦的过程，才会到达成功的彼岸。

【原文】

六三：即①鹿无虞②，惟入于林中。君子几③不如舍，往吝④。

【译文】

六三：打猎逐鹿没有虞人作向导，只身一人进入茫茫林海中，这是极其危险的。君子与其前往追逐，不如舍弃。盲目前行，必有憾惜和困难。

【注释】

①即：就也。追逐，靠近。

②虞：掌管禽兽的官员。《尚书·舜典》孔传："虞，掌山泽之官。"《穀梁传·庄公二十八年》范注："虞，典禽兽之官。"

③几：接近。

④吝：行难，困难。"吝"与"遴"通，《说文解字》："吝，恨惜也。""遴，行难也。"尚秉和《周易尚氏学》说："凡言'往吝'者，宜从'行难'义；只言'吝'者，宜从'恨惜'义。"

【品鉴】

正如《三国志·魏志·陈琳传》所说："即鹿无虞，犹掩目捕雀。"这是极其危险的。打江山，创事业，一定要有贤能之士的辅佐，只是依靠外行，贸然行事，一定会让自己陷入危险和困境中。从卦象上看，六三爻处于王公之位，自己是阴爻居于阳位，德薄而位尊，力微而任重，其外部环境也不乐观，六三的应爻是上六（每卦的一与四、二与五、三与六，互相为应爻，若阴阳相应就是"正应"，若阴阴相应、阳阳相应就是"敌应"），六三是阴爻，上六爻也是阴爻，阴阴相斥，为"敌应"，表明六三没有"外援",孤军奋战。而且,六三之上是阴爻六四和阳爻九五,由此形成了艮象(☶),上卦又为坎,坎也为林。六三在面对高山和茫茫林海,尽管利益在前,但一己之力不足当之,明智的选择当然是舍弃。不顾主客观条件,执意前行,必有憾惜。

六三是以"即鹿无虞""往吝"警示人们,在创业做事情时不能只见其利,不见其险。利益财富总是和风险联系在一起,人做事情时应仔细分析自己的内部和外部条件、主观和客观条件。能为时才为,不能为则舍。

天地始成,事业初建,一切当以稳定为首务,故《屯》卦的前三爻(初九、六二、六三)反对冒进和妄动,但到了六四爻以后情况就发生了变化。

【原文】

六四:乘马班如①,求婚媾。往吉,无不利。

【译文】

六四:乘马而来,谨慎小心,盘旋前进。为追求美好的婚姻和高尚的事业而前往,自然吉祥,无所不利。

【注释】

①班如:盘旋不进的样子。班,盘旋不进。

【品鉴】

从初九到六三,这三爻皆警示人们不可妄动。但是,从六四爻开始,卦又要求人们当动时就必须动。为什么?离开了下卦,封侯建国已成,这时候就需要你有所作为。这里的一个关键字是"求"。"求"什么呢？求贤士。

从六二到六三，再到六四。六四处上卦坎之初，坎为险，故班如。六四处诸侯之位，下应于初，为正应，故为婚媾。引申为上尊礼求下贤，《程传》："居公卿之位，己之才虽不足以济时之屯；若能求在下之贤，亲而用之，何所不济哉？"但六四以诸侯之尊下求于初九贤能之士时，却面临六二和六三的阻隔，所以，求贤的路，并非一帆风顺，这就要求六四既要深思远虑，三思而后行（"班如"），又要刚毅果决，看准了的事情就要坚决地去做（"乘马"）。既"班如"，又"乘马"，十分生动形象地表达了这一思想。

总之，物生虽难，创业虽艰，但总有解决的办法，这就是求贤、礼贤，得贤能者得天下。历史上这样的事情非常多，如文王之求太公，刘备之求诸葛。创业之初，需得民心，得贤人，然后才能得天下，才会无所不利！故专门解释这一爻的《象传》说："求而往，明也。"有求于下而前往，是明智的。

【原文】

九五：屯①其膏②。小，贞吉；大，贞凶。③

【译文】

九五：屯的要义在积聚，而不可广泛布施。处在这样一个特殊的阶段，在进行物质生产分配时，小施则吉，大施则凶。

【注释】

① 屯：囤积，积聚。这一卦的要义是囤积和积聚。但事物的发展就

是这样，有"收"就有"施"。九五爻居于君位，位置特殊，肩负广施膏泽于天下的职责。虞翻说："坎雨称膏。《诗》云：'阴雨膏之'，是其义也。"其义为九五处屯之尊，下应六二，有中正之德，故具备打破屯难的能力，因而可以下施膏泽。崔憬曰："得屯难之宜，有膏泽之惠。"坎雨下降，即可广施膏泽。

② 膏：油汁。

③ 小，贞吉；大，贞凶：小的布施，持正则吉。大的布施，违背了屯道，虽正亦凶。

【品鉴】

"小，贞吉；大，贞凶。"此句争议最大。刘大钧先生认为，"少，占问则吉；大量屯积，此占则凶。"张善文先生则认为"自小，柔小而又恪守正固之道，自然是吉利的；自大，守持正固宜防凶险。"二先生之说，似不妥。

屯的要义在积聚，而不可广泛布施。广布则凶。就是说，创业之时，要勤俭持家，过苦日子。消费时，应量力而行，不能超前消费，不能过度消费。处在这样一个特殊的时期，在进行物质生产分配时，小施则吉，大施则凶。所以，王弼认为："处屯难之时，居尊位之上，不能恢弘博施，无物不与。""屯难其膏，非能广其施者。"

《象》曰："屯其膏，施未光也。"屯之时，所施膏泽，不能广大，广大则凶。广大就与屯义不合了。所以，我同意王弼的解释。

【原文】

　　上六：乘马班如，泣血①涟如②。

【译文】

上六：乘马而来，谨慎小心，盘旋前进。因为没有响应者，所以才致掩面而泣，泪水涟涟。

【注释】

① 泣血：无声泣哭。并非说哭泣至于流血。
② 涟如：泪流不断的样子。

【品鉴】

做任何事情都需要响应者，尤其是需要贤能之士来响应。这是成功的关键。上六爻欠缺的就是这一点。没有人，怎么做事情？没有人响应，谈什么开创事业？孤家寡人，有心无力，只能"泣血涟如"。

专门解释这一爻的《象传》说："泣血涟如，何可长也？"上六爻所说的"泣血涟如"的困难局面终会被打破。如何打破"泣血涟如"的局面呢？靠教育，靠人的物质和精神生产活动。《屯》卦之后就是《蒙》卦。

四

启蒙发稚 学而后立 [蒙]

这一卦是讲"师道"的,其基本意蕴是"启蒙发稚,学而后立。"

如果说《屯》卦讲的是在危险和困境中如何开创一番事业的话(《屯》卦的上卦为坎、为险,下卦为雷、为动,所以,有动于险中之意),那么《蒙》卦讲的是如何停止危险、打破困难的局面。因为《蒙》卦的上卦是艮,艮为止;下卦是水,水为险,所以,《蒙》卦围绕的核心问题就是如何使危险停止。

《易经》先言天道(《乾》卦),再言地道(《坤》卦),从第三卦开始就过渡到了社会中的人事。人事从哪里开始啊?从君道、师道开始。君道,是《屯》卦,师道则是《蒙》卦。《礼记·学记》曰:"玉不琢,不成器;人不学,不知道。"学习教育的卦,《易经》把它叫作《蒙》卦。

按照《易传》的说法,《序卦》曰:"物生必蒙,故受之以蒙。蒙者,蒙也,物之稚也。"《周易折中》引胡炳文的话说:"有天地即有君师,乾坤之后继以屯,主震之一阳而曰利建侯,君道也;又继以蒙,主坎之一阳而曰童蒙求我,师道也。君师之道皆利于贞。"

☲ 蒙：亨。匪我求童蒙，童蒙求我。初筮告，再三渎，渎则不告。利贞。

初六：发蒙，利用刑人，用说桎梏，以往吝。

九二：包蒙，吉。纳妇，吉，子克家。

六三：勿用取女，见金夫，不有躬，无攸利。

六四：困蒙，吝。

六五：童蒙，吉。

上九：击蒙，不利为寇，利御寇。

【原文】

蒙①：亨。匪②我求童蒙③，童蒙求我。初筮告，再三渎，渎则不告。利贞。

【译文】

《蒙》卦：启蒙发稚，必获亨通。就如同学习一样，不是老师求学生来学，而是学生求老师来教。初次占筮，我告之，若接二连三来问，就是亵渎了。如果亵渎就不告诉。利于做事。

【注释】

①蒙：愚昧，幼稚。《周易集解》引郑玄："蒙，幼小稚貌。齐人谓萌为蒙也。"

②匪：非。

③童蒙：幼小、无知的人。虞翻认为，这里的"童蒙"是指九五。

【品鉴】

《蒙》之卦象为上艮下坎，艮为山，坎为险。《象传》的解释："蒙，山下有险，险而止，蒙。"所以，从卦象上看，《蒙》卦的基本卦意是围绕遇到危险如何停止而展开的。那么，如何才能停止危险呢？启蒙教育，进德修业。《屯》卦上爻已经到了"泣血涟如"的危险和困难境地，意味着国家社稷或企业团体出问题了，出问题了该怎么办？靠教育。

《蒙》卦教人摆脱危险和困境的办法有三：

第一，做事情要遵循礼仪，要积极主动。卦辞"匪我求童蒙，童蒙求我"，说的就是这个意思。《礼记·曲礼上》："礼闻来学，不闻往教。"依照周礼，学习的事情是学生来求老师，老师不能跑到学生那里去主动教学生。从卦象来看，《蒙》卦以六五、九二为贵。能主导该卦走势的就是这两爻。《周易集解》引虞翻曰："童蒙谓五，我谓二。"九二为我，是发蒙启蒙者。六五居于尊位，有柔顺之德，但尚处在童蒙阶段，是个小皇帝，是蒙者。六五虽尊，但九二为师。九二居中，有刚中之德。小皇帝要想摆脱困境，谋求发展，就要下求九二。明人林希元说："童蒙不我求，则无好问愿学之心，安能得其来而使之信……待其求我而发之，则相信之深，一投而即入矣；待其诚至而发之，则求道之切，一启而即通矣。此蒙者所以得亨也。"朱熹还说："筮者明，则人当求我而其亨在人；筮者暗，则我当求人而其亨在我。"可见，主动下求是导致亨通的关键。

第二，忠诚专一。卦辞"初筮告，再三渎，渎则不告"，说的就是这个意思。这就如同请教问题一样，第一次诚心诚意问教，老师自然乐教，但如果对老师的回答不信任，再三问教以求证，老师就不再理会了。朱熹《朱子语类》说："有初筮之，诚则告之，再三烦渎则不告之也。"宋人俞琰说："初筮则其志专一，故告。再三则烦渎，故不告。"这就告诉我们，求人启蒙时应有忠诚、专一的态度。

第三，行"义"履"信"。行义才会获利，履信才能牢固。卦辞的最后两个字"利贞"，说的就是这个意思。在《乾》卦中，解释"元亨利贞"时，我们已经谈到《易经》作者"以果言因"的叙事方式，例如，能够开启事业（"元"）的原因是行"仁"，能够亨通发达（"亨"）的原因是循"礼"，能够获"利"致"功"的原因是践"义"，能够牢固稳定（"贞"）的原因是履"信"，因此，"元亨利贞"，实际上说的"仁礼义信"四德。卦辞中的"利贞"，自然指的就是"义"和"信"。

总之，《蒙》卦象征亨通和循礼。不是我去求童蒙，而是童蒙来求我。初次诚信来问可施教，再三烦渎则不施教。在此情况下，宜守义持信。《象传》的解释颇值得玩味："山下出泉，蒙。君子以果行育德。"山下流出泉水，泉水始出，涓涓之微，必为沙石草木所阻，然其果决而行，最终就会汇流成川。以此喻启蒙发稚是一个艰难曲折的过程，君子只有果决而行、百折不挠，才会化育美德、成就大业。

【原文】

初六：发①蒙，利用刑人②，用说③桎梏④，以往吝。

【译文】

初六：发蒙启稚，宜于树立典范、化育众人。若脱去桎梏，没了规范，必有憾惜。

【注释】

①发：启发。

②刑人：刑，通"型"。型是古代铸造器物的模子，引申为模范，楷模。程朱、王安石、胡炳文等把"刑"字释为"刑法"之刑，认为"刑人"的意思是说，发蒙之初，当威之以刑。甚为牵强。

③说：通"脱"。

④桎梏："桎，足械也。""梏，手械也。"（见许慎《说文解字》），引申为纪律和规范。

【品鉴】

型人就是按照一定的规范和模式来培养和塑造人，只有这样才是有利明智之举。《诗经·大雅·思齐》有一句话"刑于寡妻"，不能解释为打老婆，给老婆上刑，而是说给自己的老婆树立典范，然后才能"至于兄弟，以御于家邦。"《象传》说："利用刑人，以正法也。"

【原文】

九二：包①蒙②吉，纳③妇④吉，子克⑤家。

【译文】

包容蒙昧之人，是吉利的。以阳刚之德包容阴柔之人也是吉利的。年幼的儿子亦可成就家业。

【注释】

①包：包容，包纳。

②蒙：愚昧，幼稚。这里指愚昧幼稚之人。

③纳：吸纳，包纳，与包容同义。

④妇：女性，阴柔之人。与蒙昧同义。

⑤克：胜任，成就。

【品鉴】

这一爻是《蒙》卦的主爻，九二以刚正之德居于中位。虞翻说它"应五居初，与三四同体，包养四阴，故包蒙吉。"正如朱熹所说："九二以阳刚为内卦之主，统治群阴。然所治既广，物性不齐，不可一概取也。而爻之德刚而不过，为能有所包容之象。"虽如弟子之蒙昧，夫人之阴柔，亦当纳其所善。

所谓"纳妇吉"，并不是真的要娶媳妇，而是要容纳、包容阴柔、蒙昧的人。这是对师德的基本要求。包容蒙昧、包容学生是老师的基本素质。九二与六五正应，故可纳妇。六五居尊，有柔顺之德，下求于二，故二有纳妇之吉。"子克家"，原本是说虽为子女但却可以承担家庭的大业。这里的意思是说，只要能够做到"包蒙"和"纳妇"，就可以担当治家立业的职责。可见，子克家，是"包蒙"和"纳妇"的结果。《程氏易传》认为："五既阴柔，故发蒙之功皆在于二。以家言之，五，父也；二，子也。二能主蒙之功，乃人子克治其家也。"元人王申子曰："包蒙者，包众蒙而为之主也。纳妇者，受众阴而为之归也。""处卑而任尊者之事，子克家之象也。"

【原文】

六三：勿用取①女，见金夫②，不有躬③，无攸利。

【译文】

六三：不要娶这个女子，她见到男人，就失去礼仪，委身于人。娶她没有什么好处。

【注释】

① 取：娶。朱骏声《说文通训定声·需部》："取，假借为娶。"陆德明《经典释文》："取，亦作娶。"

② 金夫：男性，这里指上九爻。尚秉和先生从积极的方面把"金夫"释为"美男"，亦可备为一说。他说："金夫者，美称。《诗》：'有匪君子，如金如锡，如圭如璧'，《左传》：'思我王度，式如玉，式如金。'皆以金喻人之美。"《程氏易传》认为，金夫是指"多金"的九二，就是有钱有势的人，似不妥。

③ 不有躬：不顾礼仪。躬，自身。

【品鉴】

这一爻是以婚姻关系比喻师徒关系。师傅收徒弟的道理，在有些方面颇似于男人娶妻子。六三阴爻，为女，与她相对应的是上九。上九为阳刚，在《蒙》卦中指代发蒙的师傅，也可指代男性。六三居于上九之下，上九为男性高高在上。古人认为，婚姻皆应男求女，不管男方地位有多高，都要向女方下聘娶之礼，即便是贵为天子，也不例外。女若求男，有违事理。今观六三爻，与高高在上的上九相应，从爻象上看，女阴柔而居于阳位，是女主动上求于男，所以，是不利的。

以婚姻来比喻启蒙发稚，我们可以看到，六三的下面就是九二，九二为有德贤师。按说六三靠近贤师，应诚信好学。但问题就出在，她的上面还有一个"金夫"上九，于是六三便舍近求远。有贤师在身边，六三就是看不到，站在这山上总觉着那山是高的，正所谓"仆人眼里无英雄"。对这样的人来说，九二作为一代贤师，也不必强求，这样的弟子收到门下，也必无益。可见，《易经》作者主张，对弟子应有所选择，不能什么人都教。看来"有教无类"的思想，在《易经》那里还未形成。

王弼对这一爻的解释值得我们关注，他说："童蒙之时，阴求于阳，晦求于明，各求发其昧者也。六三在下卦之上，上九在上卦之上，男女之义也。上不求三，而三求上，女先求男者也。女之为体，行以待命者也。见刚夫而求之，故曰'不有躬'也。施之于女，行在不顺，故'勿用取女'，而'无攸利'。"孔颖达发挥了王弼的思想，进一步阐释说："女之为礼，正行以待命而嫁，今先求于夫，是为女不能自保其躬，固守贞信，乃非礼而动。行既不顺，若欲取之，无所利益，故云'不有躬，无攸利'也。"

【原文】

六四：困蒙，吝①。

【译文】

六四：困于蒙昧之中（找不到启蒙的老师），做事就会困难。

【注释】

① 吝：行难，做事困难。

【品鉴】

六四是一个孤独无所凭依的爻位，和老师对不上话。没有人对他发蒙启稚，故有困象。王弼说得好："独远于阳，处两阴之中，暗莫之发，故曰困蒙也。困于蒙昧，不能比贤以发其志，亦以鄙矣，故曰吝也。"元人胡炳文进一步发挥说："初与三比二之阳，五比上之阳，初、三、五接阳位，而三五又皆与阳应，唯六四所比、所应、所居皆阴，困于蒙者也。蒙岂有不可教者？不能亲师取友，其困而吝也，自取之也。"

教育、启蒙，贵在靠近（"比"）。所谓"学莫便乎近其人"（《荀子·劝学》)，说的就是这个道理。具体到这一卦，卦义尤为注重阳刚。因为蒙稚之物急需长大成刚。《象传》说："困蒙之吝，独远实也。"王弼曰："阳称实也。"尚秉和说："实为阳，初、三、五皆近阳，四独否，故曰独远实。"

这一爻昭示给我们的道理是：人一生最大的幸事是遇到一个真正的贤师！人一生走什么样的路，成为什么样的人，在很大程度上取决于自己遇到了一个什么样的老师！因此，人生一定要有一个好老师，要有一个好的引路人！

【原文】

六五：童蒙①，吉。

【译文】

六五：儿童蒙昧幼稚，是吉利的。

【注释】

① 童蒙：童，幼童。蒙，蒙昧幼稚。

【品鉴】

《易经》特别强调对具体问题做具体分析。成年人蒙昧幼稚不是好事情，但对幼童来说，幼稚蒙昧就是吉利的。为什么呢？《象传》的解释是"童蒙之吉，顺以巽也。"把六五之吉归于顺巽。顺是顺承上九，巽是谦逊于九二。六五爻在上九之下，自是谦恭卑顺；同时，又与九二贤师相应，虽处贵位，但深明自身蒙稚，故对自己的贤师颇为尊崇。

从象数学的观点来看，《蒙》卦上卦为艮（☶），为少男（幼童），六五阴爻居于天子阳刚之位，一动成阳，整个上卦就变为巽（☴）。巽的基本含义就是顺。虞翻在解释这一爻时说："艮为童蒙，处贵承上，有应于二，动而成巽，故吉也。"动而成巽是何意？动者，阳之象也，六五一动而变，即为阳，于是上卦艮即变为巽。荀爽在解释这一爻时说："顺于上，巽于二，似成王任用周召也。"《说文通训定声》曰："巽，叚借为愻。"愻即逊（逃遁、辞让、恭顺之意）。段玉裁曰："凡愻顺，字从心；凡愻遁，字从辵。今人'逊'专行而'愻'废矣。"

【原文】

上九：击蒙①，不利为寇，利御寇。

【译文】

上九：治理、克服蒙昧，如果是为了做盗寇等不义之事就是不利的，如果是为了做抵御盗寇等自卫之事就是有利的。

【注释】

① 击蒙：治理蒙昧。击，有治理的意思。陆德明《经典释文》引王肃说："击，治也。"

【品鉴】

　　这一爻说的是启蒙发稚要有正确的动机。如果启蒙发稚的目的是为了保护自己，而不是进攻别人。学了知识，用于发展自己，维护人类的和平事业，自然是有利的；相反，学了知识，用于侵略和掠夺，就无所利。王弼对这一爻的注释多为今人所忽视，他说："处蒙之终，以刚居上，能击去童蒙，以发其昧者也，故曰击蒙也。""为之捍御（卫），则物咸附之。若欲取之，则物咸叛矣。故不利为寇，利御寇。"

　　今人解读这一爻时多释为，以击打的方式启蒙发稚，不妥。对这一爻的误读可能始于宋代易学家项安世，他说："六爻之义，初常对上，二常对五，三常对四观之，则其义易明。初用刑以发之，上必至于用兵以击之；二为包而接五，则五为童而巽二；三为见二而失其身，则四为远二而失实。大约诸卦多然。终始见于初上，而曲折备于中爻也。"如此一来，这一爻的爻意就被理解为，不应施用寇盗的方式启蒙发稚，而应采用抵御寇盗的方式教育学生。即严师则可，暴师则不利。

　　总之，《蒙》卦六爻紧扣教与学，讲的是教和学的基本思想。其中，九二、上九两阳爻为师，初、三、四、五四阴爻为童蒙。程颐说："二阳为治蒙者，四阴皆处蒙者也。"从教的角度说，二阳之中，九二阳刚居中，启蒙群阴，乃大德贤师。上九刚健，居上卦之终，自然而然，垂范群阴，乃有道师表。从学的角度看，初六柔弱蒙稚，若循规蹈矩，好学深思，自会亨通无比；若没了规矩，放任自流，必有憾惜！六三妄动，失礼无范。六四远离其师，陷于困境。四阴之中，唯六五居尊谦下，以尊下卑，发奋好学，自是前程远大，吉不可言。

　　师道极其重要，"师"要行"师道"，"生"要明"师道"。有了"师"，才能解决通常情况下难以解决的问题。但，师道也不能解决一切问题。它只能解决精神问题（养心），物质财富（养身）的问题靠《需》卦。

五

长养万物　敬信待时 [需]

《易经》从天道入手，讲到地道，再讲到君道和师道。《屯》卦以"君道"比喻万物产生，《蒙》卦以"师道"比喻如何让初生万物摆脱"稚小蒙昧"状态，主要是从思想启蒙的角度切入。但是人摆脱蒙昧和稚小，仅靠精神的因素还不行，还必须要有物质的条件，《需》卦讲的就是人摆脱稚小和蒙昧所需要的物质条件。所以，《序卦》说："物稚不可不养也，故受之以需。需者，饮食之道也。"

有学者说，《需》卦是儒家思想之源头。徐仲舒1975年在《四川大学学报》撰文认为，甲骨文中的需字即古代的儒字。胡适《说儒》认为，儒是殷商遗民，是"文弱迂缓的人""需卦所说似是指一个受压迫的知识阶层，处在忧患险难的环境，待时而动，谋一个饮食之道。这就是儒。"郭沫若不同意胡适的观点，写了《驳说儒》一文，反驳胡适，认为儒义是"柔"，但不是精神的柔，而是筋骨的柔，文绉绉，酸溜溜，不稼不穑，摆臭架子，似寄生虫一般。其实，《易经》六十四卦都与儒家有这样或那样的关系，《需》自然也不例外，它讲饮食之道，讲正确处理个人和他人的关系，都同后来的儒家有着千丝万缕的联系。但是，若把儒家思想的源头仅仅归结为《需》卦就不准确了。

《蒙》卦论"师道"，主要是讲精神生产的，《需》卦论"饮食之道"，主要是讲物质生产的。董仲舒说："利以养其体，义以养其心。心不得义不能乐，体不得利不能安。义者心之养也，利者体之养也。"套用董仲舒的话说，《蒙》卦主要是"养心"；《需》则是"养身"。人不仅需要心灵的健康，也需要身体的健康。身心都要健康。

从卦象来看，《需》卦为上坎下乾。坎为险，乾为刚健。以乾之刚健而涉险，会如何呢？这就是《需》卦要告诉我们的。

䷄需：有孚，光，亨，贞，吉。利涉大川。
初九：需于郊，利用恒，无咎。
九二：需于沙，小有言，终吉。
九三：需于泥，致寇至。
六四：需于血，出自穴。
九五：需于酒食，贞吉。
上六：入于穴，有不速之客三人来，敬之终吉。

【原文】

需①：有孚②，光③，亨，贞④，吉。利涉大川。

【译文】

《需》卦的基本意蕴是：怀信、光明、循礼、守正，就会吉利。有利于从事涉越大川一类的险难之事。

【注释】

① 需：须也，期待、等待。《说文解字》说："需，须也。遇雨不进之须也。从雨，而声。"孔颖达《周易正义》说："需，待也。物初蒙稚，待养而成。"

② 孚：信。

③光：光明。

④贞：正。

【品鉴】

　　《彖传》说："需，须也。险在前也，刚健而不陷，其义不困穷矣。需：有孚，光亨，贞吉。"按照《彖传》的说法，"需"就是"须"。"须"有期待、等待的意思。《需》卦是长养万物的卦，卦象为上坎下乾。坎为"云"，乾为"天"，所以，《需》卦长养万物就像云居天上，待时而雨。《象传》曰："云上于天，需。君子以饮食宴乐。"李镜池认为："需，从雨从而。'而'是'天'的隶变。"

　　从卦象上看，《需》卦有"险在前也，刚健而不陷"之象。《需》的上卦为坎，坎为险，故曰"险在前"。《需》的下卦为乾，故曰"刚健而不陷"。对一般人来说，"有险在前，不可妄涉。故须待时然后动也。"（见李鼎祚《周易集解》引唐人何妥语）但于乾则例外，因为"乾体刚健，遇险能通，险不能险，义不穷也。"（见李鼎祚《周易集解》引唐人侯果语）可见，人类征服和改造自然，从自然界中获取物质生活资料是一个不断战胜险难的曲折过程。

【原文】

　　初九：需①于郊②，利用③恒，无咎。

【译文】

　　初九：在城市周围生产和生活，能够持之以恒地进行下去，就没有什么灾祸。

【注释】

① 需：期待，等待。这里引申为在某一空间中活动。

② 郊：城市周围的地方。《尔雅·释地》曰："邑外谓之郊。"《说文解字》曰："距国百里为郊。"段注《说文解字》引杜子春注《周礼》曰："五十里为近郊，百里为远郊。"宋人蔡渊曰："国外曰郊，郊外曰野。"

③ 用：施行，奉行。

【品鉴】

进行物质生产，需要有合适的场所和条件。古人认为，在城市周围（"郊"）是最适宜人的生存和发展的，因为城市周围既有较好的发展条件，又远离危险。《需》卦认为，人要想生活和发展得好，首要的条件就是远离"危险"，离危险越远，发展得就越好。明人梁寅说得好："《需》下三爻，以去险远近为吉凶。初以阳处下，最远于险，故为需于郊之象。郊，荒远之地也，而君子安处焉，故云利用恒。"所以初爻无咎。接下来，九二爻和九三爻离险就越来越近了。孔颖达《周易正义》说："难在于坎，初九去难既远，故待于郊。郊者，境上之地，去水远也。"

一句话，离险很远时，有和平发展的环境，所以无咎，故应抓住机遇，持之以恒，发展自己。所以，初九爻讲的是人如何在和平中发展自身。

【原文】

九二：需于沙①，小有言②，终吉。

【译文】

在靠近水边的沙地进行生产和生活，会有小的困难和麻烦，但最终是吉利的。

【注释】

① 沙：沙滩，靠近水边的沙地。《说文解字》认为"沙，从水，从少，水少沙见。"《集韵·支韵》说："沙，水旁。"
② 小有言：小的言语伤害。引申为小的困难和麻烦。

【品鉴】

如果说初九爻讲的是人如何在和平中发展，那么，九二爻讲的就是在困难中发展。《程氏易传》说："坎为水，水近则有沙。二去险渐近，故为需于沙。渐近于险难，虽未至于祸害，已小有言矣。"朱熹说："沙，则近于险矣。言语之伤，亦灾害之小者，渐进近坎，故有此象。刚中能需，故得终吉。"在这样的环境下生活，只是有小的闲话而已，并无大碍，而且最终是吉利的。

九二爻有优于初九爻的地方，也有不如初九爻的地方。优点是他处"中"，有好的品德，缺点是所处的空间场所接近危险地带，故不如初九。所以，《象传》说："需于沙，衍在中也。虽小有言，以吉终也。"衍有"宽"的意思。意思是说，宽厚居中，有好的品德，虽然会遇到小的困难和麻烦，但结果最终是吉利的。

【原文】

九三：需于泥①，致寇②至。

【译文】

九三：在靠近水边的地方生产和生活，会招致危险和麻烦。

【注释】

① 泥：含有水的半固体状的土，这里引申为靠近水边的地方。孔颖达《周易正义》说："泥者，水傍之地。"
② 寇：仇敌、盗贼，引申为危险和麻烦。

【品鉴】

这一爻讲的是在危险和斗争中发展。靠近水边的地方可以为人们的生活和生产提供较为有利的条件。但是，条件越好，觊觎的人也就越多，危险也就越大，这时候，就应该保持低调，保持平常心，知足常乐；若不满足于现状，还要贪求更多的物质利益而前行，就会遇到危险和麻烦。

《象传》说："需于泥，灾在外也。"险在前，这时候就要注意了，只有退而固守，才会使自己处于不败之地。孔颖达《周易正义》说："泥者，水傍之地，泥溺之处，逼近于难，欲进其道，难必害己。"《程氏易传》也说："三刚而不中，又居健体之上，有动之象，故致寇至也。"因此，这一爻警示人们，处在较好的生存环境中时，应谨慎自守，切忌贪多冒进，否则，就会把自己置于危险的境地。

【原文】

六四：需于血（位）①，出自穴②。

【译文】

六四：在自己居住的窑洞前的沟洫中生产和生活，逍遥闲适地从家里走出来。

【注释】

① 血：通"恤"，沟洫。

② 穴：洞穴，窑洞。古人居住的地方。《说文解字》说："穴，土室也。"

【品鉴】

《需》卦的前三爻侧重于讲生产，从第四爻开始，侧重于讲消费。第四爻说的是在自己居住的洞穴前面进行生产和生活，很是自由和方便。

这一爻的"需于血"的"血"字，原本作"位"，阮元说："宋本'位'作'血'"，由此便把"需于位"改为"需于血"。其实，"需于位"于卦义甚合。由于《需》卦是讲"饮食之道"的，饮食之道包括两个方面，一是生产，二是消费。我们认为，《需》卦的前三爻主要讲生产，后三爻主要讲消费。因此，"需于位，出自穴"，说的是在自己的位子上，自由自在地生活、成长。《象传》说："需于血，顺以听也。"说的就是这个意思。六四阴爻居于阴位，无欲无求，与九五为邻，像似朝臣一般，出入自如，逍遥自在，过着恬淡安然的生活。

对这一爻的解释，自古迄今多有讹误。前人时贤诸种说解，不复一一列出。

【原文】

九五：需于酒食，贞①吉。

【译文】

九五：生活在酒食宴乐之中，只要守正有度，就会吉利平安。

【注释】

①贞：正。

【品鉴】

九五爻是《需》卦的主爻，是需养的最高境界。《象传》说："酒食贞吉，以中正也。"以酒食长养自身，必须有中正之德。九五阳爻居于阳位，又是上卦之中位，既"得正"，又"居中"，在这样的条件下生活成长，自然吉利无比。所以，朱熹解释说："九五阳刚中正，需于善位，故有此象。"

总之，《需》卦发展到九五爻时，已经战胜了千难万险，修成正果了。这时已经可以享受美酒佳肴了。生活在这样的环境里，自是怡然自得，其乐融融！

【原文】

上六：入于穴①，有不速之客三人来，敬之终吉。

【译文】

上六：进到居室中，有不请自至的三位客人来访，恭敬地对待他们，最终是吉利的。

【注释】

① 穴：洞穴，窑洞。古人居住的地方。《说文解字》说："穴，土室也。"

【品鉴】

《序卦》说："需者，饮食之道也。""饮食之道"要求人们正确处理个人与他人的关系。恩格斯指出："如果一个人只同自己打交道，他追求幸福的欲望只有在非常罕见的情况下才能得到满足。"当我们有了一定的物质产品时，当我们自己在进行消费的时候，也要想到他人和社会，想到自己应该担负的社会责任。与人方便，就可以与己方便。相反，如果不能正确处理自己与他人、与社会的关系时，就会发生矛盾、争执甚至发展到诉讼和战争。接下来的《讼》卦和《师》卦就是告诉我们如何避免和克服这些不良现象的出现。

六

止讼免争　和谐相处 [讼]

《序卦》曰:"饮食必有讼,故受之以讼。"郑玄解释说:"讼犹争也,言饮食之会,恒多争也。"《需》卦所言"饮食之道"的饮食,我们不能仅仅理解为吃饭喝汤,应该看到《需》卦的"饮食"是一个包含了衣食住行等物质生活条件在内的极其广泛的范畴。具备了这些条件,人类才能生存和发展。但是,自从有人类以来,人们所创造的物质财富总是不能满足每个人的需要。因此,围绕物质财富的分配就会出现争夺和矛盾,争夺和矛盾发展到一定程度,就会去打官司。《讼》卦告诉人们的就是如何正确对待因物质的纷争而引起的诉讼问题。

从卦象上看,有两点值得我们注意。第一,《讼》卦的上卦为乾,下卦为坎。乾就是天,它的特性是轻而上行;坎就是水,它的特性是重而下行。一个往上升,一个向下降,二者恰好背道而驰,自然就会有对立和矛盾。《象传》说:"天与水违行,讼。"程颐也说"天阳上行,水性就下,其行相违,所以成讼也。"说的都是这种情况。第二,《讼》卦的上卦为乾,乾的特性是刚健;下卦为坎,为险,就是俗语所谓"外强中干"。自己软弱无力,外敌刚健强劲,发生争执和诉讼自是在所难免。朱熹在解释《讼》卦的卦象时说:"上乾下坎,乾刚坎险,上刚以制其下,下险以伺其上,又为内险而外健,又为己险而彼健,皆讼之道也。"程颐解释说:"上刚下险,刚险相接,能无讼乎?"又说:"人内险阻而外刚强,所以讼也。"

䷅讼：有孚。窒惕，中吉，终凶。利见大人。不利涉大川。
初六：不永所事。小有言，终吉。
九二：不克讼，归而逋，其邑人三百户，无眚。
六三：食旧德，贞厉，终吉。或从王事，无成。
九四：不克讼，复即命渝。安贞吉。
九五：讼，元吉。
上九：或锡之鞶带，终朝三褫之。

【原文】

讼①：有孚②。窒③惕④，中吉，终凶。利见大人。不利涉大川。

【译文】

《讼》卦表示：要诚信。是非未决而致窒塞，是非待决而致畏惧。若能守持中道就会有吉利，若争讼不息就会有凶险。利于拜见大人，不利于行涉越大川一类的险难之事。

【注释】

① 讼：争论，争辩，诉讼。《说文解字》说："讼，争也。"

② 孚：信诚，信用。《说文解字》说："孚，信也。"

③ 窒：堵塞。

④ 惕：畏惧。

【品鉴】

　　从言，公声。公开、明白。朱骏声《说文通训定声》曰："讼，假借为公。"公言，犹明言也。讼就是求辩其曲直于刚明中正之人。所以，求讼，必须有公心、有诚心、有明心。离开了诚信，就是诬妄。所以，讼必有孚。有孚，才可行讼。无信，就不要考虑诉讼了。

　　止讼免争首先在信，有信才可以行讼争之事。仅就有信来说，这一点和《需》卦同。但不同处在于，《需》卦是天地相通、阴阳相交。《讼》卦则是天地乖背阴阳相违。故曰窒惕。《需》和《讼》的关系是"覆"。此时宜中道而行，适可而止；而不可终究其事，争讼到底。这就是《讼》卦的要义。

　　孔颖达《正义》曰："凡讼者，物有不和，情相乖争而致其讼。"诚信丧失了，彼此之间，堵塞不通，此时若能怀惕惧之心，中道而行，适可而止，则可以得吉，故言"中吉"。若得理不饶人，终极其事，必致凶险，故言"终凶"。所谓冤家宜解不宜结，应见好就收，不可抓住不放。《讼》卦要求分辨是非曲直，这就需要有"刚明中正"的大人，故曰"利见大人"。又因为《讼》卦内凶险而外刚健，故切忌被表面的刚健所迷惑，任凭刚健而妄为，久居外地而不返，应择安地而处，避免使自己陷于险地，故曰"不利涉大川"。

【原文】

　　初六：不永所事①。小有言，终吉。

【译文】

　　初六：不能长时间纠缠于争执诉讼之事。即使会遭到些小的言语中伤，最终是吉利的。

【注释】

①不永所事：永，长时间。事，诉讼之事。《周易正义》："永，长也。不可长久为斗讼之事，以讼不可终也。"

【品鉴】

《讼》卦不是教人如何去"争讼"成功，而是教人止讼免争，以致和谐。所以，初六一开始就告诫人不要久缠于争讼之事，尽量将矛盾化解在萌芽状态中。这很类似今天民事纷争中的先调停和解，如果还达不成一致，方诉讼于法庭。初六略受言语中伤，来自九四，九四以阳刚居健体，以上凌下，无理取闹，但初六恭敬顺从，不与之对抗争执，本来"山雨欲来风满楼"的紧张氛围顷刻消弥散尽。否则，若起讼强争，即使得理终胜，也免不了一番坎坷辛劳。

《讼》卦倡导止讼免争，和谐相处的思想主旨在一开始就鲜明地体现出来。

【原文】

九二：不克①讼，归而逋②。其邑人三百户，无眚③。

【译文】

九二：打官司失败了，回到家中就逃跑了，他的邑人三百户没有受他牵连而蒙灾。

【注释】

①克：制胜，攻克。

② 逋（bū）：逃亡，躲避。

③ 眚（shěng）：目疾生翳，引申为灾难。

【品鉴】

九二为何不克讼？王弼说它："以刚处讼，不能下物，自下讼上，宜其不克。若能以惧，归窜其邑，乃可以免灾。"九二居下卦之中，以刚居柔，是下卦的主爻；上应九五，九五阳刚居尊，居中得正，气势如虹，势不可挡，故九二必败。九五为君，为义。九二阳刚，但位不正，难与九五相抗衡。九二若能权衡利弊，示以柔弱，归窜其邑，亦可无咎。

"其邑人三百户，无眚"一句，是承接"归而逋"来说的。"三百户"，是"小国下大夫之制也"。（见郑注《礼记》）程颐曰："三百户，邑之至小者。"这句话的意思是说国小，贫弱，就可以逃匿。如果食邑超过三百户的人，就是大国之主了，大国之主就是败了也不可逃匿。用今天的话说，穷人打官司，败诉后，主动示弱，示贫，不逞强，可以无咎。

总之，败诉时的关键是以卑小柔弱示人，不可逞强居大。《讼》卦忌刚，怕强。主动惹事，主动出击，必定遭殃。所以，《象传》曰："不克讼，归逋窜也。自下讼上，患至掇也。"意谓不自量力，自下讼上，就像拾掇小物一样，祸患必来。

【原文】

六三：食①旧德②，贞厉，终吉。或从王事，无成③。

【译文】

六三：享受旧日的德业，恪守正道，虽然处境危厉，最终也是吉利的。随从王者做事，功成而不据为己有。

【注释】

① 食：食用，享受。

② 旧德：旧有的俸禄。

③ 无成：无成于己，但有成于人。对自己来说是无成的，但对自己追随的王者来说是有成的。

【品鉴】

六三的特点是个老好人。也是一个既得利益者。柔弱居刚，属于既得利益者。顺从上九，与上九为应，这样就可以保全自己。处两刚之中，夹缝中求生存，只有顺应上九，才能安享原有的德业（"食旧德"）。

六三是阴爻，但他的位置好，处于刚位，有一定的实力，又有上九做靠山。在这样的背景下，若能守持正道，随从上九做事，而不敢先成。虽有危厉，最终也是吉利的。

【原文】

九四：不克讼，复①即②命③渝④，安贞吉。

【译文】

九四：打官司失败了，若能反躬自省复归于正道，改变原先主动争讼的心理，安分守正，就会吉利。

【注释】

① 复：回归，回复。

② 即：就。

③ 命：理，正道。

④ 渝：改变（原先诉讼的做法）。

【品鉴】

　　九二爻"不克讼"，九四又说"不克讼"，但这两个"不克讼"是不一样的。九二不克讼是因为它以下犯上，失时，所处位置不好。不克的原因是"力量"（势）不够。九四爻以阳刚居健体（乾体），与初六争讼，以上讼下，其势不可谓弱。然其失，在理而不在势。你看：它的上面是九五之君，不可能争讼；它的下面是柔弱的六三，也不会和他争讼；它的应爻初六恭敬顺从。所以，九四刚健欲讼，但找不到理由。

　　可见，九四所处位置极佳，不克讼，是因为他无理取闹。无理取闹，是讼道之大忌，不足取也。《象传》说："复即命，渝，安贞，不失也。"

【原文】

　　九五：讼，元①吉。

【译文】

　　九五：践履讼道，持中守正，至为吉祥。

【注释】

　　① 元：开始，引申为大。元吉，吉之尽善者也。

【品鉴】

　　《讼》卦六爻，只有这一爻处于九五之尊位，是治讼者，是判断是非曲直的法官，其余五爻皆"听讼者"，是参与诉讼的人。对于治讼者来说,需要做到两点,一是中,二是正,所以《象传》解释这一爻时,说:"讼,元吉,以中正也。"王弼在解释这一爻时也说:"处得尊位,为讼之主,用其中正以断枉直,中则不过,正则不邪,刚无所溺,公无所偏,故'讼元吉'。"

【原文】

上九:或锡①之鞶带②,终朝三褫③之。

【译文】

上九:打官司偶尔也会得到赏赐,但得到的赏赐往往一天之内多次被剥夺。

【注释】

① 锡:通"赐"赐予。

② 鞶(pán)带:带有大带的官服,朱熹解释为"命服之饰"。古时依据官品颁赐的不同的腰带。这里引申为厚重的赏赐。

③ 褫(chǐ):剥去,革除。许慎《说文解字》说:"褫,夺衣也。"

【品鉴】

古人认为,只有有钱有势的人才能打官司,柔弱无势者不讼。你看,初爻与三爻皆为柔爻,初爻因为"不永所事"而终吉,三爻因为"食旧德"而终吉。二爻与四爻皆为刚爻,二爻与五爻对应,揆势不敌而不讼;四爻与初爻对应,顾理不可而不讼。故二爻"无眚",四爻获"吉"。上九处卦之穷,以刚居上,虽讼而得胜("或锡之鞶带"),但结果还是不理想("终朝三褫之")。

看到《讼》卦，我们以为里面会有许多好看的热闹事，其实不然。《讼》卦恰恰要求人们止讼免争，和谐相处。上九虽胜犹败，虽锡之鞶带，但终朝三褫之。这就告诫人们尽量免于争讼，能和则和，实在不能和才讼。《论语·颜渊》云："听讼，吾犹人也，必也使无讼。"止讼免争，和谐相处，这才是《讼》卦思想的终极指归。

七

师出以律　正众而行 [师]

争讼再进一步发展就是打架，就是出师打仗，所以，《讼》之后就是《师》卦。《序卦》说："讼必有众，故受之以师。师者，众也。"李鼎祚《周易集解》引崔憬说："因争必起众相攻，故受之以师也。"从天地诞生（乾坤），到国家的建立（屯），到事物的成长发育（蒙需），再到经斗争而发展（讼师），通过矛盾的斗争维护矛盾统一体的稳定，实现社会的和谐发展。所以，这一卦是讲斗争性在事物发展过程的作用。

我们先来看看卦象。坤上坎下。地中有水，乃聚众之象。水又为财，也可以说是聚财之象。不管是聚人，还是聚财，往往都会和风险联系在一起。坤为地、为众，众人为险，众聚为险。聚人为险，聚财也为险。这一卦表明，事物的发展有机遇，也有挑战。收获是机遇，但也会遇到困难和问题。内卦为坎，故险；外卦为坤，故顺。其义为内险外顺，在险道之上而能顺行，这就是《师》卦的基本意蕴。

以斗争求和平，求团结，求和谐。如何才能做到行险而顺呢？卦辞说要"正"。

䷆师：贞。丈人吉，无咎。
初六：师出以律。否臧凶。
九二：在师中吉，无咎。王三锡命。
六三：师或舆尸，凶。
六四：师左次，无咎。
六五：田有禽，利执言，无咎。长子帅师；弟子舆尸，贞凶。
上六：大君有命，开国承家。小人勿用。

【原文】

师：贞①。丈人②吉，无咎。

【译文】

《师》卦的核心是正义。德高望重的将领统帅三军，就是吉利的，不会有什么灾祸。

【注释】

① 贞：正义。

② 丈人：德高望重的人。

【品鉴】

《师》道的核心思想是正义。贞者，正也。军旅兵众，行师打仗，应当以正为本。故程颐说:"师之道,以正为本。兴师动众以毒天下,而不以正,民弗从也,强驱之耳。故师以贞为主。"

但是,行兵打仗只是守正还不够,还必须有好的将领,即丈人。孔颖达《周易正义》说:"丈人谓严庄尊重之人,言为师之正,唯得严庄丈人监临主领,乃得吉无咎。若不得丈人监临之,众不畏惧,不能齐众,必有咎害。"

朱熹认为,丈人即"长老之称",认为"用师之道,利于得正,而任老成之人,乃得吉而无咎。"程颐则认为:"丈人者,尊严之称。帅师总众,非众所尊信畏服,则安能得人心之从。……所谓丈人,不必素居崇贵,但其才谋德业,众所畏服,则是也。"这是说用兵打仗,必须要有好的统帅,这个统帅应具有正众刚中之品德,能够容民富众,才会吉而无咎。

《彖传》解释说:"师,众也。贞,正也。能以众正,可以王矣。刚中而应,行险而顺,以此毒(役使)天下而民从之,吉又何咎矣!"朱熹《周易本义》释"师"为"兵众也",李鼎祚《周易集解》引何晏曰:"师,军旅之名,故《周礼》云:两千五百人为师也。"

《象传》说:"地中有水,师。君子以容民畜众。"为民除害,民众得宁。君子以此容纳其民,畜养其众。

【原文】

初六:师出以律①。否臧②凶。

【译文】

初六:出师打仗必须要有严明的纪律。丧失了纪律,必致凶险。

【注释】

① 律：法纪，纪律。
② 否臧：不善，引申为败坏法规，丧失纪律。否，不；臧，善。

【品鉴】

《易经》六十四卦之初爻代表的都是事物的开始。《易经》认为做任何事情开始一定要慎重，开局不好，很可能会导致满盘皆输的结果。但是，开局好了，只是为此后的胜利打下基础，并不意味着一定能够胜利。

若出兵打仗，必严谨律令，这是用兵之常道，做到了这一点，其胜负犹未可知，故爻辞中"师出以律"，不言吉也；但若出师失律，其凶必矣，故《象传》曰："师出以律。失律，凶也。"因此，《师》卦初爻申明了军纪、法令与道义在战争中的重要意义，要求将帅行师用兵一定要慎始，一定要严明律令。这里不能仅理解为军队。做事情也是一样。学校、企业、机关，概莫能外。

"师出以律，否臧凶。"这句话包含了两方面的意蕴，其一是说出兵打仗要有严明的军纪和法令。军纪整齐一致是治军之首务，而要做到整齐一致，就要严明纪律。故王弼《周易注》说："为师之始，齐师者也。齐众以律，失律则散，故师出以律。"孔颖达《周易正义》进一步解释说："初六师出以律者，律，法也。初六为师之始，是整齐师众者也。既齐整师众，使师出之时当须以其法治整齐之，故云师出以律也。"

其二，是说军队若丧失了纪律和号令，必致凶险。臧者，善也，有功也。否者，先儒多释为"不"，朱熹亦释为"不"。今人楼宇烈先生释为"恶也，败也"，甚得爻辞之意旨。故其意应为，军队打仗一旦失去了军纪和法令，结果必凶。王弼说得好，"律不可失，失律而臧，何异于否？失令有功，法所不赦。故师出不以律，否臧皆凶。"孔颖达《周易正义》曰："若弃失法律，不奉法而行，虽有功而臧，何异于否也？"意谓若失此法令，虽有功劳，军法所不容赦，故云"何异于否"。

【原文】

九二：在①师中，②吉，无咎。王三锡③命。

【译文】

九二：统率三军，若做到中和守正，必然吉利，没有灾祸。君王多次赐命嘉奖。

【注释】

① 在：居于，处于，引申为统率。
② 中：中正，中和。
③ 锡：赐。

【品鉴】

这一爻提出了统帅的基本素质。《师》九二爻和六五爻提出了将帅的基本素质问题。《师》卦只有九二是阳爻，余皆为阴爻。九二爻刚而有应，以刚居中，上应六五，就是卦辞中所说的丈人。故此爻为《师》卦之主。

九二所云"丈人"有二德：

首先，将帅宜有刚威之德。《师》卦上坤下坎，全卦唯九二一爻为阳，余者皆为阴爻，一阳御众阴，犹君御众臣，将御众兵。九二阳爻，其性为刚。五本为天位、君位，二本为臣位。臣当听命于君，但因为这一卦是《师》卦，言军旅之事，所以例外。所谓"将在外君命有所不受"

也。正如程颐《程氏易传》所说,"居下而专制其事,唯在师中则可。自古命将,阃(kǔn,门槛,郭门外曰阃)外之事得专制之。在师专制而得中道,故吉而无咎。""盖礼不称,则威不重而下不任也。《师》卦九二为六五所任者有矣,唯《师》专主其事,而为众阴所归,故其义最大。人臣之道,于事无所敢夺,唯阃外之事则专制之,虽制之在己,然因师之力而能致者,皆君所与而职当为也。"

其次,《师》卦要求将帅宜有中和之德。九二爻以阴刚之性居下卦坎之中位,上与六五阴柔之君相应,有君臣相和,阴阳相通之象。孔颖达《周易正义》说:"在师中吉者,以刚居中而应于五,是在师中吉也。无咎者,承上之宠,为师之主,任大役重,无功则凶,故吉乃无咎。"

做到中和(中庸之道)是极其不容易的。所以,九二在专制主事时应把握好一个合理的尺度,如果一味地专则失为下之道;相反,如果在帅位又谦让不专则无成功之理,故能够做到处中守和,自然吉利无咎。因此,这里的中和不妨作两方面的理解,一是与君主关系的合和,二是在专与不专之间的合和。这两者的关系处理好了,就具有了两个中和之道。爻辞中说:"王三锡命",君主以最高的奖赏赐予率兵的将领,就是因为他有刚正中和之德而致胜取功。

程颐说:"凡师之道,威和并至则吉也。"程颐所讲的"威"即刚也,"和"则是指和于六五君主,于是自然吉而无咎。

【原文】

六三:师或①舆②尸,凶。

【译文】

六三:打仗时会出现用车运载尸体而归的情况,必定是有凶险了。

【注释】

① 或：有时，表示或然。
② 舆：车，作动词，运载。

【品鉴】

这一爻提出了行师打仗的权计智谋问题。《师》卦的六三爻和六四爻涉及了用兵打仗的权计与智谋。六三爻有三个不利因素：第一，六三为阳位，阴爻居之，以阴居阳，是为不当位。第二，六三位居九二阳刚之上，这是以柔乘刚，以弱凌强。第三，与六三爻相应的上六爻也是阴爻，是为无应。出师打仗最看重的就是"应"，六三爻以阴居阳，乘刚而又无应，实犯兵家之大忌。以此用兵，必定是进不能克，退不能守。处于此种境遇的人行师打仗，其凶不言自知，故云"舆尸，凶"。

自古用兵贵在知己知彼，百战不殆。然六三既不自知，又不知人，力微而任重，志大而才疏，贪功而冒进，必自取其败也。

从正面来说，这一爻要求用兵者须找准自己的位置，明确自己的职责，有中正之德，做到上有所承，下有所应，进可以攻，退可以守，如此才能使自己立于不败之地。这是讲打仗的权计和谋略。

【原文】

六四：师左次①，无咎。

【译文】

六四：出师打仗必要时应主动列于左位示弱，撤退自守，免遭灾祸。

【注释】

① 左次：列师于左。古代兵家尚右，右为上，左为下，右为前，左为后，故列于左，有退舍、回撤之意。次，排列，编次。

【品鉴】

六四爻以阴居阴，是为"得位"。但六四的应爻初六也是阴爻，是为"无应"（和《讼》卦相反，《师》卦特别注重应，《讼》卦特别忌讳应）。行师打仗无应便难取胜。"无应"是这一爻的不利条件，"得位"是这一爻的有利条件。"得位"则表明六四的主、客观条件尚可，在这种情况下，回撤处下，以守为攻，则可自保。故云："师左次，无咎。"

六四爻要求将帅行师打仗时，应注意考察内、外各种条件，审时度势，可进时则进，不可进时则退。但是，退并非目的，而是一种策略。退的目的是韬光待时，等时机成熟时再去攻取。《易传》认为，在胜利的条件尚不具备时，可以暂且撤退自守以免咎害，这是用兵之常法，故《象传》云："左次无咎，未失常也。"

可见，六四爻所载，同六三爻一样，讲的都是兵家之权计智谋。只是六三从反面讲，六四从正面讲。六三既不自知，又不知人，类似于李德指挥的红军第五次反围剿，结果只能以失败告终。六四知己知彼，进退有止，打得赢就打，打不赢就跑，以消灭敌人有生力量为目的，类似于毛泽东指挥的游击战争，结果是吉而无咎。

【原文】

六五：田有禽①，利执②言③，无咎。长子④帅师；弟子⑤舆尸，贞凶。

【译文】

六五：田地里有鸟兽来犯，利于去捕获，没有什么灾祸。德高望重的将领可以统率三军，无德无才的弟子做将领只能是载尸而归，所以，虽守正也必凶。

【注释】

①禽：鸟兽的统称。《白虎通·田猎》说："禽者何？鸟兽之总名。"《说文解字》说："禽，走兽总名。"《尔雅·释鸟》"二足而羽谓之禽，四足而毛谓之兽。"
②执：捉拿，捕获。
③言：语气助词。
④长子：德高望重的将领，也就是卦辞中所说的丈人。元人胡炳文《周易本义通释》说："自众尊之则曰丈人，自君称之则曰长子，皆长老之称。"
⑤弟子：无德无才的将领。

【品鉴】

"田有禽"，是说有禽犯田。孔颖达认为，田中有禽来侵犯庄稼，主人前往捕猎，自然无咎无过。人之修田，非禽所犯，犹王者守国，非敌所乱。禽之犯苗，则可猎取，敌人乱国，亦可诛之。这一爻意在说明君王发动战争的前提是自己受到了外敌的侵犯。只有在这个时候才能行师用兵，战而胜之。正所谓人不犯我，我不犯人；人若犯我，我必犯人。

但是，六五虽居贵位，但自身阴柔，无刚武之性，故不可躬行，必定要委托一个将领来完成捕获犯敌的任务。若受命之将不合适，则众不服。因此，在这种情况下，必须让德长才高之人（如九二丈人）领兵御敌，而不能让德薄才疏之辈做将领。如果使用无德无才的弟子御敌，即便恪守用兵之正道，其结果也必然是载尸而归，故云："长子帅师；弟子舆尸，贞凶。"可见，《师》的卦辞："师，贞。丈人吉，无咎。"和该卦六五爻之爻辞："田有禽，利执言，无咎。长子帅师。弟子舆尸，贞凶。"说的都是行师打仗的前提，同时，六五爻又涉及了用帅的标准问题。所以，《象传》说："长子帅师，以中行也。弟子舆尸，使不当也。"

【原文】

上六：大君①有命②，开国③承家④。小人勿用。

【译文】

上六：天子颁布命令，封赏诸侯以开国，封赏卿大夫以承家。小人虽有功也不可用。

【注释】

① 大君：天子。

② 命：命令。

③ 开国：封为诸侯，谓之开国。

④ 承家：封为卿大夫，谓之承家。

【品鉴】

上六爻处于《师》之终，这时战斗已经结束，将士已经班师告捷。在这种情况下，就要论功行赏了。因此，上六爻谈的是论功行赏的问题。孔颖达《周易正义》说："若其功大，使之开国为诸侯；若其功小，使之承家为卿大夫。小人勿用者，言开国承家，须用君子，勿用小人也。"程颐《程氏易传》说："上，师之终也，功之成也。大君以爵命赏有功也。开国，封之为诸侯也。承家，以为卿大夫也。承，受也。小人者，虽有功不可用也，故戒使勿用。师旅之兴，成功非一道，不必皆君子也，故戒以小人有功不可用也，赏之以金帛禄位可也，不可使有国家而为政也。小人平时易致骄盈，况挟其功乎？"

按照通常的理解，有功必赏，有过必罚。但是，《师》卦提出的论功行赏原则是，对于一般性的赏赐，什么人皆可。但是，对于类似于"开国"和"承家"这样重大的赏赐，于君子可行，于小人则不可。正如《象传》所说："大君有命，以正功也。小人勿用，必乱邦也。"

总之，《师》卦言兵道，可看作是古代兵法思想的专卦。正如元代学者胡炳文所说："六爻中，出师驻师（笔者按：初六、六三），将兵将将（笔者按：九二、六五），罚罪赏功（笔者按：上六），靡所不载，其终始节次严矣。"(《周易本义通释》)初爻强调纪律在战争中的重要性，九二讲将帅的基本素质，六三讲失败的教训，六四讲成功的经验，六五讲天子择帅的标准，上六讲论功行赏的原则。卦辞则提出了用兵的基本前提是正义，择将的基本标准是"德高望尊"。

打天下不易，守天下、治天下更不易。如何才能把历经艰难和坎坷得来的天下治理好呢？这就是《比》卦所要阐述的内容。

八

相比相亲　合和安宁 [比]

　　《比》卦是由《师》卦变来的，所以，《序卦》说："众必有所比，故受之以比。"《师》卦的九二爻从下卦坎的中位上升到外卦坤的中位，变成了上坎下坤，就是《比》。《师》卦的九二爻以阳居阴，是为"失位"，上至居五，为"得位"。《比》之内卦为坤，坤为顺，所以，虞翻说："众阴顺从，比而辅之，故吉。"宋人郭雍则说："一阳之卦得位者，《师》《比》而已，得君位者为《比》，得臣位者为《师》。"

　　《比》的卦象是上坎下坤，为水行地上之象。这一卦以"水行地上"喻万物相比，亲密无间。人是社会关系的产物，如何协调人与人之间的关系，是自从人类产生以来就面临着的重大问题。《比》卦告诉我们，只有亲辅比和，团结合作，才会安宁平静，才能在征服和改造自然的活动中取得成功。

　　因此，如果说《师》卦是讲如何打天下，那么，《比》卦就是讲如何治天下。《比》卦中唯有九五爻以阳刚居君位，其余皆阴爻，五阴拥一阳，以此喻臣奉君、君御臣，君臣和顺，天下太平安宁。《易传·杂卦》说："比乐师忧。"程颐《程氏易传》说："《比》以一阳为众阴之主而在上，君之象也。《师》以一阳为众阴之主而在下，将帅之象也。"我们认为，《比》卦是《易经》作者所追求的和睦亲善和安定互助的社会环境的政治理想的显现，也是儒家所倡导的"合和"精神的源头。

䷇比：吉。原筮，元、永、贞，无咎。不宁方来，后夫凶。
初六：有孚比之，无咎。有孚盈缶，终来有它，吉。
六二：比之自内，贞吉。
六三：比之匪人。
六四：外比之，贞吉。
九五：显比，王用三驱，失前禽，邑人不诫，吉。
上六：比之无首，凶。

【原文】

比①：吉。原筮②，元、永、贞③，无咎。不宁方④来，后夫⑤凶。

【译文】

《比》卦象征亲和，是吉利的。推究考察占筮的结果，仁善、恒久、信诚，就不会有灾祸。不安宁的方国前来比附，后至者必凶。

【注释】

① 比：亲辅。《说文解字》说："比，密也。二人为从，反从为比。"
② 原筮：推究考察占筮的结果。原，推究，考察。筮，占筮，占卦。也有学者把"原筮"解释为"再筮"，即第二次占筮，似不妥。因为这一解释与《易经》的基本精神相悖，《易经》特别注重"初

筮",认为"再筮""三筮"就会亵渎神灵。

③ 元、永、贞：仁善、恒久、信诚。元，仁善，引申为君长之道。永，长久。贞，正也，引申为信诚。

④ 不宁方：不安宁的方国。方，殷、周时对邦国的称谓。《象传·观卦》："风行地上，观。先王以省方观民设教。"干宝说："方，国也。"

⑤ 后夫：迟来者，后至者。

【品鉴】

朱熹《周易本义》对卦辞的解释值得我们关注，他说："九五以阳刚居上之中，而得其正。上下五阴，比而从之。以一人而抚万邦，以四海而仰一人之象，故筮者得之，则当为人所亲辅。然必再筮以自审，有元善长永正固之德，然后可以当众之归而无咎。其未比而有所不安者，亦将皆来归之。若又迟而后至，则此交已固，彼来已晚，而得凶矣。"

程颐对"比"道内涵的揭示甚为简捷，他说："元，谓有君长之道。永，谓可以长久。贞，谓得正道。上之比下，必有此三者；下之从上，必求此三者，则无咎也。""人之不能自保其安宁，方且来求亲比，得所比则能保其安。当其不宁之时，固宜汲汲以求比。若独立自恃，求比之志，不速而后，则虽夫亦凶矣。夫犹凶，况柔弱者乎？"

"比"道是保障国家万民平安稳定吉利的基本方略，是古代领导者必须遵循的君长之道，得此正道就可保国治民安，因此，从《比》的卦象和《易经》作者立《比》卦的宗旨上看，《比》卦所彰显的基本精神无疑与儒家相通。

【原文】

初六：有孚①比之，无咎。有孚盈缶②，终来③有它④，吉。

【译文】

初六：心怀诚信去亲比，就不会有什么灾害。如果信诚像美酒盛满酒缸一样，他国就会前来亲辅，这自然是吉利的。

【注释】

① 孚：信，信诚。

② 缶：盛酒或水的瓦器。其形为大腹而小口，有盖。《说文解字》说："缶，瓦器，所以盛酒浆。"陆德明《经典释文》说："缶，瓦器也。""汲水瓦器。"

③ 来：来归，来亲辅。

④ 它：他方，他国。这里指的是卦辞中所说的"不宁方"。

【品鉴】

《比》卦的主爻是九五，从初六到上六都是九五的追随者和亲辅者。初六以阴居阳，处于失位不宁之时，离五最远，本在比辅之外，但其以信诚之心，上比于五，因变化得正而无咎。同时，九五圣王之信广被四海，于是，虽异域殊俗之人，亦来亲辅。

《易经》作者以"孚信"系于《比》卦之初爻，意在说明"相比之道，以诚信为本"。人与人之间的交往，互相亲辅，必须心怀信诚。必须以信待人。以信为始，亲辅于人，才不会有什么咎害。与人相亲辅时，如果你的诚信像装满于缶中的酒一样充盈的话，就必定是会万邦来服，吉利无比。

程颐《程氏易传》说："孚信，比之本也。""初六，《比》之始也。相比之道，以诚信为本，中心不信而亲人，人谁与之？故《比》之始，必有乎诚，乃无咎也。孚，信之在中也。诚信充实于内，若物之盈满于缶中也。"朱熹承袭程说，认为："《比》之初，贵乎有信，则可以无咎矣。若其充实，则又有他吉也。"

可见，"孚信"原则在《比》卦中是作为一种治国方略来使用的。与朋友交而止于有信，无信就不能交不能比。该爻强调信的重要性。

"信"是后世儒家的基本伦理范畴，亦为儒家伦常之一。因此，《易经》作者多次提到"孚"，表明了《易经》思想与儒家学说的贯通。但值得注意的是，从《易经》的"孚"既可以引申出后世道家的哲学路线，也可以引申出后世儒家的哲学路线。问题的关键在于如何理解"孚"。如果把"孚"仅仅视为主体存养的方式和方法，就走向了道家一途。如果不是把"孚"仅仅视为一种道德手段，而是落脚于对客观世界的改造，则走向儒家一途。事实上，后世儒家和道家对"孚"的不同诠释和践履，在《易经》里都以萌芽的形式存在了。

【原文】

六二：比之自内[1]，贞[2]吉。

【译文】

六二：居内时亲辅于有中正之德的人，守持正道，必获吉祥。

【注释】

[1] 内：内部。因六二爻处下卦之中位，与九五恰为正应，所以，两

者之间的亲辅应是内部的亲辅，所以爻辞说"比之自内"。

② 贞：正道，诚信。

【品鉴】

《比》六二爻居内卦坤之中位。坤为大地，故有国家之象。六二以阴居阴，是为得位。以内卦得位之六二爻，上应于外卦得位之九五爻，两爻皆居中得正，故云"比之自内，贞吉"。正是在这一意义上，《象传》曰："比之自内，不自失也。"

程颐释此爻说："二与五为正应，皆得中正，以中正之道相比者也。二处于内，'自内'谓由己也。择才而用，虽在乎上，而以身许国，必由于己。己以得君，道合而进，乃得正而己也。以中正之道应上之求，乃自内也，不自失也。汲汲以求比者，非君子自重之道，乃自失也。"朱熹亦曰："柔顺中正，上应九五，自内比外，而得其正，吉之道也。占者如是，则正而吉矣。"

总之，六二爻以阴居内卦之中位，柔顺，中正，又与外卦九五阳刚相应。《易经》作者以此立象，意在说明人与人之间的亲辅，应发自内心，首先应在群体内部注意和睦团结；对外亲辅时，则应坚持一定的主动性，坚持纯正的动机，如此结果定然吉利。

【原文】

六三：比之匪①人。

【译文】

六三：所亲辅的人都是不该亲辅的人。

【注释】

① 匪：非。帛书《周易》作"非"。李鼎祚《周易集解》引虞翻的话说："匪，非也。失位无应，三又多凶。体《剥》伤象，弑父弑君，故曰匪人。"

【品鉴】

《比》卦主要是围绕九五转，谁和九五搭上了关系，谁的前景就会看好。六三爻的困难就在于他和九五根本就搭不上边。六三以阴居阳，是为失位，其所应之上爻为阴，所承之六四爻亦阴，所乘之六二爻还是阴，阴阴相斥，因此，六三爻所亲辅的人，都不是应当亲辅之人。这自然令人伤痛不已。此卦从初爻到九五爻五画连互体《剥》，《剥》为伤象。再联系到《系辞下》所云："三多凶也"，此爻之困难和危厉，不言自知。

程颐《程氏易传》说："三不中正，而所比皆不中正。四，阴柔而不中；二，存应而比初。皆不中正，匪人也。比于匪人，其失可知，悔吝不假言也，故可伤。"朱熹说："阴柔不中正，承、乘、应皆阴，所比皆非其人之象，其占大凶，不言可知。"

六三爻表明人在不利的境况下，处于小人的围困之中，此时若盲目地汲汲以求比，定然有失，此非君子自重之道。故《象传》说："比之匪人，不亦伤乎！"因此，人与人之间的亲辅，应注意对象的选择和时机的把握，在无人可比，走投无路时，朋友都不见了。这时，千万不要去硬求。唯有华山一条路：待时而动！

【原文】

六四：外①比之，贞吉。

【译文】

六四：居外时亲辅于有中正之德的人，守持正道，必获吉祥。

【注释】

① 外：外部。《易经》六十四卦皆由八经卦两两组合而成。其中，下卦为内，上卦为外。宋人李过说："二与四皆比之于五，二应五，在卦之内，故言比之自内。四承五，在卦之外，故言外比之。外内虽异，而得其所比，其义一也，故皆言'贞吉'。"虞翻说："在外体，故称外。得位比贤，故贞吉也。"

【品鉴】

六四居《比》卦的外卦，与初六爻相应，同时它又靠近九五，与九五爻相比。在"比"的大环境下，"比"自然要重于"应"，所以，六四爻在有"应"有"比"的情况下，自然要舍"应"求"比"，而去亲辅九五爻，故云"外比之"。李光地《周易折中》在谈到这一爻时指出，"凡六四承九五者皆吉。况'比'时乎？"

六四爻以阴居阴，是为当位得正，居于外卦之初，所以它和九五的亲比就是在外而"比"，所以说："外比之，贞吉。"意思是说，居外亲比时，需要有纯正的动机。《象传》说："外比于贤，以从上也。"

程颐《程氏易传》说："四与初不相应，而五比之，外比于五，乃得贞正而吉也。君臣相比，正也。相比相与，宜也。五，刚阳中正，贤也，居尊位在上也。亲贤从上，比之正也，故为贞吉。以六居四，亦为得正之义。又阴柔不中之人，能比于刚明中正之贤，乃得正而吉也。又比贤从上，必以正道则吉也。"朱熹《周易本义》说："以柔居柔，外比九五，为得其正，吉之道也。占者如是，则正而吉矣。"

综上所论，六四爻以阴居阴，当位得正，又审时度势，舍弃初六，与阳刚中正位居九五的圣君相亲。但是，追随亲辅比自己贤明高尚的人，一定要有纯正的动机。只有心诚意正，恪守正道，才会吉利平安。

【原文】

九五：显①比，王用三驱②，失前禽③，邑人不诫④，吉。

【译文】

九五：亲辅团结要正大光明，不搞小集团。这就如同君王狩猎一样，三面围驱，网开一面，任前面的禽兽跑掉，而属下也无所戒备一样，至为吉祥。

【注释】

① 显：头部的明饰。《说文解字》说："显，头明饰也。从页，显声。"段玉裁注曰："引申为凡明之称。"显比，有光明正大、公正无私的亲辅之意。

② 三驱：天子狩猎只是从三面左、右、后围追禽兽，禽兽奔逃的一面不再堵截，从而舍弃前奔的逃命者。

③ 前禽：前面的禽兽。因天子三面围猎，网开的一面是前面，所以，前面的禽兽就跑掉了。正如朱熹《周易本义》所说，《比》卦之九五爻，"一阳居尊，则健中正，卦之群阴，皆来比己，显其比而无私，如天子不合围，开一面之网，来者不拒，去者不追，故为'用三驱，失前禽'，而'邑人不诫'之象。"

④ 诫：警戒，警备。

【品鉴】

和《师》卦一样，《比》卦中只有一个阳爻。九五阳爻为《比》卦卦主，为上下五爻所比附，所以，《比》卦之德全体现在九五爻中。《易经》以"天子不合围"（不斩尽杀绝），喻九五亲附之光明正大公正仁义之象。所谓"天子不合围"，是说天子狩猎只是从三面围追禽兽，从而舍弃前奔的逃命者，只捕杀迎面而来的投网者，有来者不拒，去者不追之意。所以，《象传》用"舍逆取顺"来说明九五有好生之德。虞翻在解释九五爻的这一特征时说："五贵多功，得位正中，初、三已变体重明，故'显比'，谓显诸仁也。"（李鼎祚《周易集解》）意谓《比》卦之初六爻、六三爻皆为以阴居阳，皆失位不正，当变而之正，于是下卦变为离，与上坎结合成《既济》卦，《既济》初九至九五连互体《离》，有重离之象。离为明，故为"重明"。正大光明，是仁德的象征。

程颐说："先王以四时之畋（tián, 狩猎）不可废也，故推其仁心，为三驱之礼，乃《礼》所谓天子不合围也。……天子之畋，围合其三面，前开一路，使之可去，不忍尽物，好生之仁也。只取其不用命者，不出而反入者也。禽兽前去者皆免矣，故曰失前禽也。王者显明其比道，天下自然来比。……若田之三驱，禽之去者从而不追，来者则取之也。""圣人以大公无私治天下，于显比见之矣。"

程颐认为，不仅君子治人事天应循此比道，人与人之间的相处，亦应循此比道。拿臣之比君来说，相比之时，当竭其忠诚，致其才力，才能彰显其比君之道。不可阿谀逢迎，汲汲以求君之比己也。自己竭诚尽忠，问心无愧，至于用与不用，则在于君。拿朋友之间的相比来说，相比之时，应修身诚意以待之，不可巧言令色，曲从苟合，以求人之比己也。至于朋友亲己与否，在人而已。亲戚、乡党、众人，莫不如此。

【原文】

上六：比之无首①，凶。

【译文】

上六：开始时不去亲辅团结，等到结束时必定凶险。

【注释】

① 无首：无始。无始者，不可能有终。开始时未去亲辅，等到事情快结束时才想起来去和人家亲辅，这就相当于平时不烧香，临时抱佛脚，怎能改变不好的结局呢？

【品鉴】

王弼《周易注》说："无首，后也。处卦之终，是后夫也。亲道已成，无所与终，为时所弃，宜其凶也。"元人王申子曰："王以一阳居尊，四阴比之于下，故《象传》曰：'下顺从也。'而上六孤立于外而不从，岂非后夫之象？"

《象传》在解释这一爻时说："比之无首，无所终也。"程颐《程氏易传》说："六居上，比之终也。首，谓始也。凡《比》之道，其始善则其终善矣。有其始而无其终者或有矣，未有无其始而有终者也。故比之无首，至终则凶也。""比既无首，何所终乎？相比有首，犹或终违。始不以道，终复何保？故曰：无所终也。"

可见，上六爻虽有亲附之意，但太晚了。出了问题以后才想到去亲辅，临时抱佛脚，如何获吉？恃才孤傲，行动迟缓，违背了亲辅的原则，故有凶险。

至此，我们可以得出结论说，《比》卦实际上讲的是人与人之间，领导者与被领导者之间亲密比辅的道理。它既是对个体修养的道德要求，也是古代统治者治理国家的基本方略。

贯彻《比》卦的主旨就是：和睦亲善，团结合作。初六爻告诉我们，亲辅团结必须有足够的信诚，最好能做到"有孚盈缶"，自然无咎；六二爻告诉我们，在统一体内部如果做到和睦亲善，就会吉利平安；六四爻告诉我们，在统一体外部如果能做到和睦亲善，守持正道，也会吉利平安。六三爻则告诉我们，违背比卦的基本精神，不去同任何人团结合作，自然就寸步难行。九五爻告诉我们，亲辅团结要正大光明，不搞小集团。君子团结，但不勾结。上六爻告诉我们，团结合作要有始有终，有始未必有终，无始则必无终。

张善文先生认为，"比道"有三大要素：一是选择比辅的对象必须慎重，即"原"情"筮"意而后比；二是应当比辅于有德长者，永守正道；三是亲比之时，宜速不宜缓。深得《比》卦之精要。

我们认为，《比》卦蕴涵着后世儒者孜孜以求的和睦亲善的大同社会的政治理论，也是后世儒家所倡导的"合和"精神的源头。

九

积蓄力量　谋求发展 [小畜]

《周易》讲万物的产生，从天地诞生（乾坤），到国家建立（屯），到事物成长（蒙需），到通过斗争而发展（讼师），再到实现统一体的和谐与安宁（比）。这样从《比》卦开始，事物又开始了新一轮循环。在新质的基础上开始新的量变。《比》卦之后是《小畜》卦。《序卦》说："比，必有所畜，故受之以小畜。物相比附则为聚。聚，畜也。畜，止也。"

从卦象上看，《小畜》卦的上卦为巽，下卦为乾。这一卦象有两方面含义：

一、风（巽）在天（乾）上，或说天上有风，风而成云，故有降雨之象，所谓山雨欲来风满楼。卦辞"密云不雨，自我西郊"，说的就是这个意思。

二、全卦五阳一阴，以一阴而畜五阳，靠什么啊？靠巽顺。畜养的关键在六四，它是这一卦的主爻。理解这一卦要围绕它展开。六四爻以一阴之力畜养群阳，虽有巽顺之德，但也免不了会力不从心，故在前进过程中就会有停顿，就需要经历一个积蓄力量的阶段，积蓄到一定程度然后再图发展。

此卦从《姤》卦变来，是《姤》之初六与九四换位而成。故《小畜》卦与《姤》有联系。

䷈小畜：亨。密云不雨。自我西郊。

初九：复自道，何其咎？吉。

九二：牵复，吉。

九三：舆说辐。夫妻反目。

六四：有孚，血去惕出，无咎。

九五：有孚挛如，富以其邻。

上九：既雨既处，尚德载。妇贞厉，月几望。君子征凶。

【原文】

小畜①：亨②。密云不雨。自我西郊。

【译文】

《小畜》卦表示小有积蓄，因而亨通。阴云自我西郊密布而来，但没有下雨。

【注释】

① 小畜：小的积蓄。小，少也。畜，积蓄。小畜，就是小有积蓄的意思。《杂卦》说："小畜，寡也。"

② 亨：亨通。但《周易》讲"元亨利贞"时，都是以结果言原因，亨的原因是循礼，因此这里有"以礼致亨"的意思。

【品鉴】

这一卦的要害在畜养，畜养的关键在循礼，循礼则亨。但卦辞为什么要说"密云不雨，自我西郊"呢？从卦象看，风行天上，云上行，故不雨。以此喻积蓄尚少。正如《九家易》所说："风者，天之命令也。令行天上，则是令未下行。畜而未下，小畜之义也。"一阴畜五阳，阴感而阳未应，故有不雨之象。宋人丘富国曰："凡云自东而西则雨，自西而东则不雨。"民间谚语说："云彩向东一阵风，云彩向南雨涟涟，云彩向北一阵黑。"

荀爽认为此卦指文王居于西岐，偏居一方，未做天子，故其德泽不能遍施。这时他所作的应该是正心诚意修身，故《象传》说："风行天上，小畜。君子以懿文德。"

【原文】

初九：复①自道②，何其咎？吉。

【译文】

初九：恢复到自身之正道，有什么灾祸？这是吉利的。

【注释】

① 复：恢复，复归。

② 道：正道。虞翻曰："乾，称道也。"这里的"道"已超越了"道路"的本义，具有伦理的意蕴。我们今天见到的最早的"道"字出现在西周早期的"貉子卣"里面(迄今出土的甲骨文中尚未发现"道"字)。到了西周晚年"道"的写法就出现了好多种，《金文诂

林》就载有六种写法。从"道"在西周晚年写法的骤然增多,可以推知,"道"在这一时期已被不同地域的人们广泛地应用。

【品鉴】

宋人俞琰解释这一爻时说:"复,返于本位也。"初九阳刚在下,与六四相应,如果因为六四畜养了自己,便毫无原则地倒向六四,失去了自身之道,就会有麻烦。相反,如能返回自身,以正道自守,就是吉利的,更不会有什么咎难。元人龚焕说:"初九以阳刚之才,位居最下,为阴所畜,知己不进,而自复其道焉。"总之,初九居下,力量还弱,虽为六四所畜养,但其道不可失,故曰:"复自道,何其咎?吉。"

【原文】

九二:牵①复,吉。

【译文】

九二:因牵连而返回正道,这是吉利的。

【注释】

① 牵:牵连,牵系。

【品鉴】

因牵连而返回正道。受谁牵连而返回正道呢?程颐认为,它与九五同类,原本相斥,但为六四所畜,所以有共同的利益,故为"同志"。"同患相忧,二五同志,故相牵连而复。二阳并尽,则阴不能胜,得遂其复矣。"利益相同，离六四而回复自身之正。程颐的观点来自王弼和孔颖达。

但朱熹、何楷等皆释为受初九牵连而复于正道。于初相牵连而复居于下。朱熹认为，下卦三个阳爻，其志相同，九二渐近于阴，但因为它有阳刚之性而居于中位，故能受初九牵连而复归于正道，自然是吉利的。我们同意朱熹的解释，因为牵连，往往多是就近邻来说的。离它近，才会受它牵连。

读这一爻，感觉六四很冤，畜养他人，还被视为红颜祸水。

【原文】

九三：舆①说②辐③。夫妻反目。

【译文】

九三：车子的辐条脱离了车身，夫妻反目成仇。

【注释】

① 舆：车。帛书《周易》作"车"。
② 说："脱"，脱离。
③ 辐：车轮的辐条。《老子》："三十辐共一毂(gǔ)"。

【品鉴】

九三居下卦之终，离六四最近，为六四所畜，两者可以说是舆与辐的关系。但四乘三,九三居下卦之终，和初九、九二不同的是，初九和九二离六四较远，可以保持自己的相对独立性。但九三就在六四身边，两者是很近的关系——舆与辐，而九三居下卦之最上，已经颇具刚性，故不甘心为六四所制，因此就导致了"舆说辐，夫妻反目"这样的局面。

《象传》说："夫妻反目，不能正室也。"是说九三处在被畜养的大环境下，离六四最近，被六四牢牢掌控，已不能独善其身，更谈不上规正妻室。

【原文】

六四：有孚①，血②去惕③出，无咎。

【译文】

六四：因为有信，所以，忧虑去掉了，惊恐排除了，没有什么灾祸。

【注释】

① 孚：信。有孚，有信。

② 血：恤，忧虑。

③ 惕：惊恐。

【品鉴】

以阴畜阳，必有其信。无信则乖背。六四爻为卦主，是《姤》☰之初六升至六四而成。《姤》卦最下一爻为阴爻，从二爻到上爻，皆为阳爻，所以形成了以一阴侵犯乃至消灭五阳的局面，甚为可怕。但就《小畜》卦来说，《姤》卦之初六上升至至六四，就成了《小畜》，这时六四阴爻就会与诸阳爻同心同德，上下有信，所以，忧虑去掉了，惊恐排除了，没有什么咎害。四乘三，三刚欲进，四欲止之，上九亦不喜欢三来犯，四与上九同心协力，则三不能犯，故血去惕出而无咎也。所以《象传》曰："有孚惕出，上合志"也。孔颖达认为，四与上同合其志，共恶于三。可谓同仇敌忾。

【原文】

九五：有孚①挛②如，富以③其邻。

【译文】

九五：心怀诚信，牵系群阳，与诸阳共享富有的果实。

【注释】

① 孚：诚信
② 挛：挛，牵系，从手挛声。《经典释文》："连也。"
③ 以：连及。清王引之《经传释词》说："以，犹及也。"

【品鉴】

"富以其邻"的"其邻"，孔颖达认为是指九二，李光地认为是指六四。就是说，其富有是因为六四的畜养或九二的志合。恐不妥。根据《象传》解释："有孚挛如，不独富也。"九五不独富，不独享果实，与诸阳共富，这才是天子的使命。

【原文】

上九：既①雨既处②，尚德③载④。妇贞厉，月几望⑤。君子征凶。

【译文】

上九：既然已经下雨了，畜养的使命也就完成了。阳德已经积聚到车载斗量的地步，这时，六四阴爻若仍然守正持信，畜养五阳，就极其危险了。月亮也快到既望完满之时了，六四阴爻已至鼎盛，这时君子若是贸然与阴争强，必有凶险。

【注释】

① 既：既然。

② 处：停止，隐退。

③ 尚德：阳德。

④ 载：积载。

⑤ 几望：农历每月十五为"望日"，十六日为"既望"。

【品鉴】

对"尚德载"一语的理解，分歧较大。闻一多训为"菑"，认为这里说的是"雨后耕田"的故事，初耕反草为菑。李镜池训为"栽"，栽种的意思。郭沫若训为"尚德载妇"，就是娶媳妇。高亨训为"乘也"，有车子坐。皆不妥。

《小畜》是不下雨的卦，但积聚到了极处，就下雨了；积聚到极处，大家都小富有了。因此，"尚德载"，应理解为上九阳德积聚，可以运载。"妇贞厉"，说的是上卦为巽，为妇，妇在夫之上，臣在君之上，这就是说六四以阴治刚，以阴畜阳，这就好比妇制其夫，臣制其君，在事物发展的一定阶段上是可以的。至畜道已成，天下已定，若仍然如此，仍然恪守一阴畜阳之道，就会危厉了。"月几望，君子征凶"，是说妇人不可争强，男人也不可争强。月亮到了既望之时，犹女人到了鼎盛时期，大臣到了与日争辉之时。当此之时，君子不可与臣争，所以，君子征凶。臣阴也不可与君争。当此之时，君臣阴阳皆应各就各位，谁也不犯谁。

　　总之，《小畜》的特点是积蓄力量，谋求发展。六四一阴畜养五阳。"小"有两方面的含义，可以说是畜养的程度很小，也可以是阴，阴为小。阴在畜养阳，程度又小，故名。从畜养的主体看，阴的职责是畜阳而不害阳，臣畜君而不害君，妻畜夫而不害夫，下之畜上，应适可而止，注意把握程度。从畜养的客体来看，一二爻力量微弱，这时好办，主客体都好办。最难的是三爻，已经有了力量，还未成年，还需要畜养，似立而未立时最难。五爻畜道已成，力量强大，这时就不需要畜养了，主体六四也不能再坚持畜养，客体上九也不应再继续被畜养。故"既雨既处，尚德载，妇贞厉。月几望，君子征凶。"此时应"观乎人文，以化成天下"。这就是接下来的履。

循礼而行 无往不利 [履]

从哲学上说，月望则昃，阴极则消，此自然之理。所以，小畜之后，当应谨慎小心，循礼而行，才会无往不利。《序卦》说："物畜然后有礼，故受之以履。"

《履》卦是讲礼仪的专卦。每一个人的成长，都需要亲人和社会的精心哺育和培养。但是，待长大成人以后，作为哺育者、培养者就不能再像以前那样以哺育和培养的功臣自居了，更不能动辄就对人家发号施令；作为被哺育者和被培养者，也不能因为自己羽翼已丰，就过河拆桥，甚至恩将仇报。这时最好的方式是循礼而行，哺育者功成而弗居，被哺育者则要时时牢记养育之恩，尽心尽力，做好自己分内的事情。

《礼记·乐记》说："礼者，天地之序也。"礼是天地万物的秩序，只有遵从天地万物的秩序，才会在认识和改造世界的活动中取得成功，所以，孔子才说："不学礼，无以立。"

☰履：履虎尾，不咥人。亨。

初九：素履往，无咎。

九二：履道坦坦，幽人贞吉。

六三：眇能视，跛能履，履虎尾，咥人凶，武人为于大君。

九四：履虎尾，愬愬，终吉。

九五：夬履，贞厉。

上九：视履考祥，其旋元吉。

【原文】

履①：履虎尾，不咥②人。亨。

【译文】

《履》卦说的是，即使遇到了踩踏虎尾这样危险的事情，也能不为虎所伤。因循礼而致亨通。

【注释】

①履：卦名，帛书《周易》作"礼"。从字义上说，履有践履、踩踏的意思，引申为循礼而行。

②咥（dié）：咬。

【品鉴】

《履》卦的核心思想是讲"礼"。其上卦（外卦）为乾，阳刚，乾为天，为虎；下卦（内卦）为兑，阴柔，兑为泽，为少女。孔颖达等认为卦辞中所说的"虎"就是下卦"兑"。但是，程颐、朱熹等认为，上卦乾为虎。程朱的说法是对的。兑为少女，至弱至柔，乾为虎，至刚至健。至弱至柔遭遇至刚至健，就像一个初涉世事的少女进入社会一样，自己社会阅历和生活经验都极其有限，如何才能做到在面对各种困难、危机，乃至陷阱时，正确应对，不为所伤，唯一正确的方法就是循礼而行。

礼的根本是谦柔，若能以谦柔处世待物，循礼而行，即便是遇到像踩老虎尾巴上的险难之事，也不会为虎所伤。

【原文】

初九：素履①往，无咎。

【译文】

初九：朴素无华、自然而然地做事情，就不会有灾祸。

【注释】

① 素履：朴素无华地做事。素，朴素，与"文"相对。

【品鉴】

"素履"，有学者释为"穿着白色的鞋子"，也有人说"素履，就是按照平时一贯的做法去做"，皆不妥。王弼说："处履之初，为履之始，履道恶华，故素乃无咎。"礼的要害在其内容而不在其形式。初爻处在"礼仪"开始的阶段，繁文缛节尚未出现，故为"素履"。我们常说，童言无忌，就是因为儿童处于刚刚开始学习的阶段，"礼"的观念和意识很少进入到心中，在这一意义上，李贽把孩童的心称作"妙明真心"，因其至纯至真，故无瑕无恶。

《易经》的这一思想为孔子所继承。孔子于"礼"皆取其实效，而不太关注礼的形式。鲁人林放曾经就"礼之本"问教于孔子，孔子高兴地说："大哉此问！"接着便回答说："礼，与其奢也，宁俭；丧，与其易也，宁戚。"（《论语·八佾》）《礼记·檀弓上》也有一段话，与此可互相印证，其云："子路曰：吾闻诸夫子，丧礼与其哀不足而礼有余也，不若礼不足而哀有余也。祭礼，与其敬不足而礼有余也，不若礼不足而敬有余也。"孔子的这一思想应该是对《履》卦初九爻的继承和发挥。

【原文】

九二：履道坦坦，幽人①贞吉。

【译文】

九二：循礼而行的道路一定是平坦宽阔，即便是幽居之人若能持信守正也是吉利的。

【注释】

① 幽人：幽居之人，泛指境遇困难的人。程颐释为"幽静安恬之人"，有学者释为"囚人"，也有学者释为"隐士"，还有学者释为"贞女"。

【品鉴】

礼道是平坦的，只要我们认真遵循，幽静安然处之，守正则吉。

九二以阳居阴，合乎"履"的根本精神——谦。幽人泛指囚人、隐士、贞女。九二互体有火泽《睽》。离火为目，兑泽为折，目折为"眇"，幽人即眇人。据此有学者把"幽人"释为"盲人"，进而引申为"身处幽暗的人"。

【原文】

六三：眇①能②视，跛③能履，履虎尾，咥人凶，武人④为于大君。

【译文】

六三：目眇还要勉强去看，足跛还要勉强去行，踩在老虎尾巴上，老虎咬人了，极其凶险，这就如同武夫偏要去做侍奉国君的事情一样。

【注释】

① 眇（miǎo）：盲，失明。宋代苏轼《日喻》有"生而眇者不识日"的说法。

② 能：而。古"能""而"互通。

③ 跛（bǒ）：走路不正。《说文解字》说："跛，行不正也。"只用一脚站立，称为"跛"，但这时"跛"要读为"bì"。

④ 武人：武夫。

【品鉴】

这一爻是全卦的主爻。六三应于上九（虎首）。兑口遇虎首，这是极其危险。"眇能视，跛能履。"眇了，还想视；跛了，还要履。做力不从心的事情，是很危险的。这就如同武夫却要做侍奉君主的事情一样。这一爻实际上是告诫人们，不要去做自己做不了和不能做的事情。扛不动的时候，就不要去扛。勉强硬扛，就出麻烦了。

【原文】

九四：履虎尾，愬愬①，终吉。

【译文】

九四：踩在老虎尾巴上，若能谦恭恐惧，最终是吉利的。

【注释】

① 愬愬（sù）：畏惧。

【品鉴】

《履》卦的上卦乾是虎，九四是虎尾，九五是虎身，上九是虎首。王弼认为，九四爻逼近至尊九五，以阳承阳，处多惧危险之地（犹如虎尾），但四为阴位，而阳爻居之，王弼说："以阳居阴，以谦为本。"这是这一爻最终吉利的原因，所以，爻辞说："履虎尾，愬（sù）愬，终吉。"

与这一爻以阳居阴相反，该卦六三爻则是以阴居阳，以柔居刚，故其凶险不言自知。由此可见，礼的根本是谦柔处下。

【原文】

九五：夬履①，贞②厉。

【译文】

九五：行为刚决果断，虽然能够做到持信守正，结果也一定是危险的。

【注释】

① 夬（guài）履：决然而行。夬，果决，坚定，果断。
② 贞：正，真诚，坚定不移。

【品鉴】

六十四卦的第五爻很少有危厉困难的，《履》卦的九五居然是"厉"，什么原因呢？孔颖达说："履道恶盈，而五以阳居尊，故危厉也。"也就是说，履卦（"礼"）的特点是尚柔不尚刚。九五虽有刚健中正之德，但若违礼专断，以刚行刚，夬决（刚决）而行，即便是守正持信，也难免危厉。

《履》卦九五爻反而有些问题，与常卦异，根本的原因在于人在高位，难免背礼，别人不敢说的话他敢说，别人不敢做的事他敢做。果决固然是他的优点，但刚愎自用，果决而行，则与礼道相背，所以，爻辞才说："夬履，贞厉。"由此可见，"富而好礼"何其难也。

【原文】

上九：视履①考祥②，其旋③元吉。

【译文】

上九：审视其履行，考察其祸患与吉祥，若能返回到其本然无华的状态，必获大吉。

【注释】

① 视履：审视其履行。视，审视。履，履行，所做的事情。
② 考祥：考察其福祥与祸患。考，考察。祥，吉祥，福祥。
③ 旋：返回，这里是指返回到原先的状态。

【品鉴】

这一爻是全卦的结论,意在说明《履》卦尚谦不尚盈,尚柔不尚刚,尚自然而不尚矫饰,尚内容而不尚形式。所以,王弼在解释这一爻时说:"祸福之祥,生乎所履。处履之极,履道成矣,故可视履而考祥也。"若能做到朴素无华,凭着人的本真之性去做事情(率性而为),就一定大吉大利。

我们来看一下是不是这样。初九、九二、九四、上九皆吉而无咎。六三、九五反而有危险和困难。初九因"素履"而无咎,九二以阳居阴,因"坦坦"而吉,九四也是以阳居阴,以谦为本,因"愬愬"而终吉,上九礼道已成,因能"旋"而元吉。相反,九五爻反而有些问题,与常卦异。为何?人在高位,难免背礼,别人不敢说的话他敢说,别人不敢做的事他敢做,由此导致危险和麻烦。六三爻,以阴居阳,自是礼卦大忌,自身柔弱,还在刚位,于礼、于《易》之谦柔精神相背,故此爻以"眇能视,跛能履,履虎尾,咥人凶,武人为于大君"相戒。因此,这一卦的结论就是:一个刚刚步入社会的人,一个刚刚开始开创一番事业的人,应该处谦居下,循礼而行。

十一

天地交通　上下志同 [泰]

《履》卦要求我们循礼而行。若天下皆和于礼，就会国泰民安，所以，《履》卦之后，就是《泰》卦。《序卦》说："履而泰然后安，故受之以泰。"

《泰》卦是一个好卦。其上卦是三个阴爻，为坤；其下卦是三个阳爻，为乾。坤为地，居于上，乾为天，居于下，看起来似乎是乾坤颠倒，其实不然。地在上，表明它要下行，天在下，表明它要上行，这就意味着天地相接，阴阳相交，上下相合，万物相生。这就是通泰。这一点和《咸》卦极其相近，《咸》卦上为兑，为少女，下为艮，为少男，卦象也是阴阳相感，万物化生。

下卦为三个阳爻，俗称"三阳开泰"。《泰》卦是十二消息卦中的正月卦。汉代孟喜最早提出十二消息卦，称十二辟卦。从复卦（11月）开始，经过临卦（12月）、泰卦（正月）、大壮卦（2月）、夬卦（3月），到乾卦（4月），阴去阳来，或者说，阳进阴退为息，这六卦称为息卦。自姤（5月）开始，经过遁卦（6月）、否卦（7月）、观卦（8月）、剥卦（9月），最后至坤卦（10月），阴进阳退，阴来消阳，称为消卦。十二消息卦为辟卦，其余为杂卦。君为辟卦，臣为杂卦。

☰☰ 泰：小往大来，吉，亨。

初九：拔茅茹，以其汇。征吉。

九二：包荒，用冯河。不遐遗，朋亡，得尚于中行。

九三：无平不陂，无往不复。艰贞无咎。勿恤其孚，于食有福。

六四：翩翩，不富以其邻，不戒以孚。

六五：帝乙归妹，以祉元吉。

上六：城复于隍，勿用师，自邑告命。贞吝。

【原文】

泰①：小②往大③来，吉，亨。

【译文】

《泰》卦表示：弱小者去，强大者来，吉利，因循礼而致亨通。

【注释】

① 泰：通达，通畅，极大，宽裕。《序卦》说："泰者，通也。"

② 小：阴爻，柔小者。引申为消极或不好的东西。

③ 大：阳爻，刚大者。引申为积极或有益的东西。

【品鉴】

《彖传》在解释卦辞时说:"泰:小往大来,吉,亨,则是天地交而万物通也,上下交而其志同也。内阳而外阴,内健而外顺,内君子而外小人。君子道长,小人道消也。"阳进阴退是息卦。阳来息阴。阴去,所以小往;阳来,故大来。

《泰》卦从卦象上看是内刚外柔,内君子而外小人。内方外圆,内君子而外小人,只是一种谋略。明代大儒王阳明曾以此方略招王畿(jī)为徒,王畿原本是放浪形骸的高人,不愿受世俗礼法约束,于是,阳明便派魏良器投壶雅歌,做给王畿看,以饮酒赌博引诱王畿,最后王畿投到阳明门下,成为一代大儒。

【原文】

初九:拔茅①茹②,以其汇③,征④吉。

【译文】

初九:拔出茅草而根系相连,因为它们志趣相同,前往做事是吉利的。

【注释】

① 茅:茅草

② 茹:根相牵连的样子。《经典释文》说:"茹,牵引也。"

③ 汇:汇集。这里有同类相汇的意思。《经典释文》说:"汇,类也。"

④ 征:征伐,夺取。《说文解字》说:"征,正行也。从辵,正声。"

【品鉴】

拔出茅草而根系相连，为何？这是因为从初九、九二、九三同类相连。初九欲上，二、三相随，同类相从。他们（三阳）共同的志向是前行息阴。《象传》曰："拔茅征吉，志在外也。"

【原文】

九二：包①荒②，用冯河③。不遐遗④，朋亡，得尚⑤于中行⑥。

【译文】

九二：有包容万物的胸襟，就可以徒步过河。不遗失远方的朋友，不结党营私，因行中道而获佑助。

【注释】

① 包：包容。

② 荒：边远的地方，如四荒，八荒。

③ 冯河：徒步过河。《尔雅·释训》曰："冯河，徒涉也"。所以，冯，这里读淜（píng），段注：淜是正字，冯是假借。《说文》："淜，无舟渡河也"。

④ 不遐遗：不遗失远方的朋友。遐，远。不遐遗，不遗遐。

⑤ 尚：佑助。

⑥ 中行：中道。行，可释为道。

【品鉴】

理解这一爻的关键是把握"包荒"的含义。荒，王弼、程朱等皆释为荒秽，即包容荒秽之意。然虞翻释为大川。包容大川，喻胸襟之宽广。

两说意思大致相同，皆为胸襟宽阔，包容宏大之意。有了这样的胸襟，有了中道而行的科学方法，不结党营私，就可以徒步过河，就可以得到远近朋友的帮助。

【原文】

九三：无平不陂①，无往不复②。艰贞无咎。勿恤③其孚④，于食有福。

【译文】

九三：没有只是平坦而不倾斜的，没有只是往而不复的。在艰难中守持正道就没有灾祸，不必担心信诚的力量，一定会在俸禄方面致福。

【注释】

① 陂（bì）：倾斜。

② 复：返回。

③ 恤：担忧。

④ 孚：信诚。

【品鉴】

这一爻，是由泰转否的关键，也是《泰》卦的主爻。在这一位置上，关系处理不好，就不能保泰，就会转否。为什么说这一爻至为关键呢？

项安世认为，"无平不陂"，说的是《泰》卦的下三爻，"无往不复"说的是《泰》卦的上三爻。九三爻居于下卦乾（天）的最上位，为天地之际，上应坤六，坤六是坤的最上位，也是天地之际。按理说，乾本上、坤本下，因此，九三爻已到了天地复位变化的时候，这时泰将变化成为否,所以,爻辞说:"无平不陂,无往不复。"《象传》在解释这一爻时说:"无往不复,天地际也。"

【原文】

六四:翩翩①,不富以其邻,不戒②以孚。

【译文】

六四:翩翩翻飞,虽与近邻一同不富,但彼此没有警惕和抱怨,因为都心怀诚信。

【注释】

① 翩翩:飞鸟之貌,飘飞的样子。《说文解字》说:"翩,疾飞也。"
② 戒:戒备,猜疑。

【品鉴】

乾的本性是上行,坤的本性是下行。今坤卦三爻在上,虽然处于和谐安乐之中,但皆失位而不富,都还有广阔的发展空间,所以,这时候大家不能互相猜忌,而应心怀信诚,同心协力,下应诸阳,团结各方面的力量,共同开创一番新事业。所以,《象传》说:"翩翩不富,皆失实也;不戒以孚,中心愿也。"

【原文】

六五:帝乙①归妹②,以祉③,元④吉。

【译文】

六五：帝乙嫁女，以此得福，因仁善而获吉。

【注释】

① 帝乙：一说为成汤，一说为纣王之父。子夏、京房、荀爽认为是商汤。虞翻认为是纣王之父。
② 归妹：少女出嫁。归，女子出嫁曰归。
③ 祉：福。
④ 元：仁、善。

【品鉴】

这一爻也是《泰》卦中极为关键的一爻。六五居尊，以贵女下嫁九二。以此得福，是因仁而致吉。说明居上位应主动下应，居下位应主动上求。这样才会交通化生，通泰吉象。谁也不理谁，麻烦就有了。

用归妹下嫁，犹如在上而求下！《象传》曰："以祉，元吉，中以行愿也。"六五的愿是什么呢？就是恢复到二位；九二的愿是什么呢？就是上升到五位。这样就成《既济》定，六爻皆当位，天下安泰康宁了。

所以，这一爻以帝乙嫁女喻礼贤下士。

【原文】

上六：城复①于隍②，勿用师，自邑③告命。贞吝。

【译文】

上六：城墙倒塌在干涸的城沟里，这时不可主动出兵打仗。从自己的城邑传来命令，恪守原先的规矩不变通，必有困难和麻烦。

【注释】

① 复：覆，倒塌。

② 隍（huáng）：城下沟壕。虞翻说：无水称隍，有水称池。

③ 邑：城邑。这里指自己所在之处。

【品鉴】

人处泰中，若不能好好保持，发展到最后，就会出现"否"的局面。王弼认为，泰道将灭，天地不交，上下不交，卑不上承，上不下施，故"城复于隍"。卑道崩也。

《泰》卦讲的是如何守江山，如何持盈保泰。所以，卦辞要求人们去努力，去奋斗。要奋斗就要有牺牲，所以，《泰》卦上面的三个阴爻应以大局为重，相信下三阳爻，与下三爻要同心同德，因时而变，交通感应，才会持盈保泰。

十二

居安思危 休否求通 [否]

如果说《泰》卦讲的是通达、通畅，那么，《否》卦讲的就是不通畅，有阻塞。《序卦》说："泰者，通也，物不可以终通，故受之以否。"

《否》卦的上三爻为阳爻，代表天，下三爻为阴爻，代表地。天（三阳爻）在上，地（三阴爻）在下，天清轻而升，地重浊而降，如此就形成了天地相背、闭塞不通的局面，所以，《否》卦的关键就是打破闭塞的局面，处"否"之时，必须动，不动就会麻烦。要变革，要"动"，这是君子的使命。若只图安逸，就会上下闭塞不通，陷入麻烦和困境中。

《象传》在描写这种状况时说："否之匪人，不利君子贞，大往小来，则是天地不交，而万物不通也；上下不交而天下无邦也。内阴而外阳，内柔而外刚，内小人而外君子，小人道长而君子道消也。"处在这种状况下，应该奋发努力，积极有为，而不可沉溺荣华富贵中，贪图安逸和享受，故《象传》说："天地不交，否。君子以俭德辟（避）难，不可荣以禄。"

䷋否：否之匪人，不利君子贞，大往小来。

初六：拔茅茹以其汇。贞吉，亨。

六二：包承，小人吉，大人否。亨。

六三：包羞。

九四：有命，无咎。畴离祉。

九五：休否，大人吉。其亡其亡，系于苞桑。

上九：倾否，先否后喜。

【原文】

否：否①之匪人②，不利君子贞，大③往小④来。

【译文】

《否》卦表示：阻塞不通，与人道相背。不利于君子守正持信而不变。大者去，小者来。

【注释】

① 否：阻塞，不畅通。

② 匪人：不合乎人道。

③ 大：阳爻，刚大者，引申为积极或有益的东西。

④ 小：阴爻，柔小者，引申为消极或不好的东西。

【品鉴】

"否之匪人"说的是，天地不交，万物乖背，不是人道所当为。故云非人。朱熹释为"非人道也"。"不利君子贞"说的是，上下相通、交融和会，是君子之道。否不是君子道，不利君子守正持信而不变。"大往小来"说的是，阳气往而阴气来，故云大往小来。

【原文】

初六：拔茅①茹②，以其汇③。贞④吉，亨⑤。

【译文】

初六：拔出茅草而根系相连，因为它们志趣相同，守正持信是吉利的，循礼而行就会亨通。

【注释】

① 茅：茅草

② 茹：根相牵连的样子。《经典释文》说："茹，牵引也。"

③ 汇：汇集。这里有同类相汇的意思。《经典释文》说："汇，类也。"

④ 贞：正固，信诚。

⑤ 亨：亨通，循礼。

【品鉴】

此爻辞和《泰》大致同，但其旨大异。《泰》初言进（征吉）；《否》初言退守（贞吉）。王弼认为，居否之初不可进，进就麻烦，这时需要休养生息，所以，他说："居否之时，动则入邪，三阴同道，皆不可进。"

这一解释实际上是不妥当的。王弼不知,《否》卦恰恰要求"动",但要把握在什么时候"动"、什么人"动"。天下初定不可大动。君子可以动,应该动,小人不可乱动。《易经》认为,处在最下层的老百姓若是乱动就会招致困难和麻烦。这一爻反映出来的实际是精英济世的英雄史观。

【原文】
　　六二:包①承,小人②吉,大人③否。亨。

【译文】
　　六二:包容、顺承,于百姓(小人)则吉,于大人君子则否。循礼而行则亨。

【注释】
　　① 包:包容。
　　② 小人:没有官位的人,也就是老百姓。
　　③ 大人:有官位的人,也就是领导者。

【品鉴】
　　这一爻实际上是告诉我们,不在其位不谋其政。不该你做的事,就别去做。做了,只会添乱。为什么同样是包容和顺承,百姓(小人)这么做就吉,大人君子这么做就否呢?因为大人君子的使命是济世救民,立心立命,若一味顺从于上,则天下就没有指望了。反思和批判是君子的使命,一般老百姓往往做不好。所以,这时候君子小人如能各安于其职分,就会天下安宁亨通。

【原文】

六三：包①羞。

【译文】

六三：包容于上而蒙羞。

【注释】

① 包：包容。

【品鉴】

三阴爻中，初六处于最下层，所以，只要安于职分，循礼而行，就不会有什么问题，但六三在三阴爻中居于最上层，又处在阳位，肩负承上启下的职责，此时若不明白自己不同于初六和六二的特殊位置，不知自己所负的特殊使命，一味因循守旧，后果自知。所以，六三爻是居位不正而受羞辱，大失使命。

《象传》解释这一爻时说："包羞，位不当也。"在阳位还一味逢迎顺从，可谓有辱使命，自是危厉丛生！

【原文】

九四：有命①，无咎。畴离祉②。

【译文】

九四：承载担负扭转"否"道的使命，没有灾祸。众人依附而同得福。

【注释】

① 命：必然性，规律。物质世界所具有的必然性或客观秩序。

② 畴离祉：众人依附于福祉。畴，众。离，附。祉，福。

【品鉴】

九四是负有大使命的人，是为领导堵漏洞的实干家。《否》卦下三爻都是阴爻，主要以顺承包容为主。但是，到了九四爻就根本不同了，九四爻是阳爻，肩负休否求通的使命。六三阳位，按说也该动，但其爻体阴，有辱使命啊！九四以阳刚健体居近君之位，负载着扭转否道的天命，故无咎。可见，在《易经》作者的心目中，扭转否道，只能靠君子。

好事变坏事容易，坏事变好事可就难了！所以，泰之变否在三，否之变泰在四。泰变否易，否变泰难。

【原文】

九五：休①否，大人吉。其亡其亡，系于苞②桑。

【译文】

九五：休止否闭局面，对于领导者来说是吉祥的。快要灭亡了，快要灭亡了，有这样的忧患意识，才会有系于桑苞之牢固。

【注释】

① 休：停止，完结。

② 苞：草木的根或茎干，这里有牢固、坚固的意思。苞桑，牢固的桑树。桑树多根，故以桑树喻牢固。孔颖达说："苞，本也。凡物系于桑之苞本，则牢固也。"

【品鉴】

"其亡其亡，系于苞桑。"这是告诫领导者必须要有忧患意识。许多领导，往往是等问题和危险出现后，才意识到问题的严重性。在凯歌高奏的时候，往往想不到歌舞升平之中会潜藏、孕育着一些危机和麻烦，甚至面对暂时的繁荣景象而得意忘形。九五居于天子之位，是领导者。相比于九五，九四是为领导堵漏洞的实干家。九五应支持九四，不能看到漏洞没有了，苦难消除了，就得意忘形。应见微知著，常怀"其亡其亡"之恐惧之心。见其生，要想到亡；见其盛，要想到衰；见其顺，要想到逆。如此才能使自己立于不败之地。所以，《系辞》说："危者安其位者也，亡者保其存者也……是故君子安而不忘危，存而不忘亡。"

【原文】

上九：倾①否，先否后喜。

【译文】

上九：结束闭塞的局面，先是闭塞而后喜悦。

【注释】

① 倾：倾倒，引申为结束。

【品鉴】

《泰》卦的上三爻是阴爻，以阴柔之爻作为《泰》卦的完结，因此就不能保泰，泰就变成否了。与《泰》卦相反，《否》卦上三爻是阳爻，以阳刚之爻作为否的完结，因此最终就能够结束阻塞不通的局面（"倾否"），于是，否也就转化为泰了。

总之，《否》卦下三爻是阴爻。初爻以阴柔平民之势处于最下层，审时度势，休养生息，因而获"吉"。六二爻阴爻居于下卦之中位，有包容顺承之美德，但在下位而包容顺承，对于一般老百姓来说尚可，对于有一定身份和职位的人来说就不行了。六三爻在三阴爻中居于最上层，又处在阳位，肩负承上启下的职责，若不积极进取，包容为非，就会导致羞辱。上三爻皆为阳爻，负载济民休否之职责，九四无咎，九五休否而吉，上九倾否而喜。所以，《否》卦的核心是让人居安思危，休否求通。处否之时，只有认清自己的职责，才能从闭塞不通走向通泰畅达。由否闭走向通泰的关键是同人。

十三

无偏无党 和同于人 [同人]

如何休否求通呢?《易经》认为,这要依靠广泛地团结一切可以团结的人,所以,《序卦》说:"物不可以终否,故受之以同人。"

《同人》的卦象上为乾天,下为离火。天在火上,火性炎上,上同于天,而且卦之六二爻与九五爻阴阳相应,上下相通,故为《同人》卦有上下相通之意。如果说《泰》卦是天地相交通,上下志同,那么,《同人》卦则是火上有天,上下相通。

和《同人》卦相比,《比》卦有私的成分,所以,孔子说:"君子周而不比。"同人则不然,《同人》卦的特点是大同于人,它强调公正无私,强调人心之公理,正如程颐所说,同人之道,利在君子之贞正。《同人》卦全卦只有六二是阴爻,其余皆为阳爻,五阳一阴,众阳和同于阴。《同人》卦所说的"同人"是指超越了狭隘的血缘亲情和具体的集团利益的天下之大同,故有"大同于人"之义。由此,我们认为同人卦是中国古代大同理想的最早萌芽。后来《礼记·礼运》说:"大道之行也,天下为公""故人不独亲其亲,不独子其子""是谓大同"。其思想渊源当在于此。

☰☰ 同人：同人于野，亨。利涉大川。利君子贞。
初九：同人于门，无咎。
六二：同人于宗，吝。
九三：伏戎于莽，升其高陵，三岁不兴。
九四：乘其墉，弗克攻，吉。
九五：同人，先号咷而后笑，大师克相遇。
上九：同人于郊，无悔。

【原文】

同人：同①人于野②，亨③。利涉大川。利君子贞④。

【译文】

《同人》卦：大同于天下之人，循礼而行就会亨通。利于涉越大川，利于君子守信持正。

【注释】

① 同：合会，聚集，和谐，安定。同人，有与人聚会、和同于人的意思。《说文解字》说："同，合会。"

② 野：郊外，旷远之处。《说文解字》说："野，郊外也。"《诗·郑风·野有蔓草》毛传曰："野，四郊之外。"古人认为，距国百里为郊，郊外曰野。因此，"野"有广远之义。

③ 亨：循礼，亨通。

④ 贞：诚信，持正，牢固。

【品鉴】

"同人于野"，说的是和同于人，不能划小圈子，拉小团体，而应和同于天下之民众，和同于军中之将士，如此才能涉险越难，亨通发达。"利涉大川，利君子贞"说的是，"能与天下大同，是天下皆同之也。天下皆同，何险阻之不可济，何艰危之不可亨？故利涉大川，利君子正。"因此，大同于天下之人，并非和同于一切人，并不是苟同于天下，而是以正求同于天下。"正"就是要保证"同人"。因此，同人卦所谓"同"，是君子之同，而非小人之苟同。

"同人"的基本原则有二：一是"大"同，二是"正"同。以"正"求"同"，是《同人》卦中应有之义。

【原文】

初九：同人于门①，无咎。

【译文】

初九：出门在外，与一切能够团结的人相和同，没有什么灾祸。

【注释】

① 门：门外。

【品鉴】

与人和同，其亲比之情达于门外。这是对卦辞所提出"大同于人"的思想的发挥，即认为与人和同不能厚亲薄疏、私昵偏党，而应和同于一切可同之人。一个人出门在外，心中没有私昵之情，没有亲近者与之和同，便可以与一切能够团结的人相和同，这自然没有什么灾祸。正如《象传》所云："出门同人，又谁咎也？"意为出门逢人皆同，又谁与之为咎呢？

初九的应爻是九四，都是阳爻，这种情况《易经》称为"无应"。在同人卦中，"无应"意味着还没有朋友，所以，谁都可能成为他的朋友。这一爻说的是，具有宽广的胸襟和无私的精神，广泛地和同于天下之人，是一个人能够涉险越难、取得成功的重要条件之一。这是同人之始。

【原文】

六二：同人于宗①，吝。

【译文】

六二：只是和同于自己的宗族，就会使自己陷于困难之中。

【注释】

① 宗：同一祖先的家族，引申为党派、派别。这里的"宗"特指与六二爻对应的九五爻。朱熹承袭程说，其云："宗，党也。六二虽中且正，然有应于上，不能大同而系于私，吝之道也，故其象占如此。"（《周易本义·同人》）

【品鉴】

六二爻是理解这一卦的关键，是这一卦的主爻。六二爻以阴居阴，又处下卦离之中位，与上卦之九五相应，可谓得位、得正而又有应，何以会有"吝"呢？因为在《易经》看来，真正的同人是和同于天下的大同人。六二于九五而言，虽忠心耿耿，公正无私，但这种和同只是和同于君主或将帅一人，而不是一种和同于天下的大和同，这样就使自己处于一种困难的境地。《同人》卦认为小和同便会导致生产、生活和行师打仗的困难与麻烦。一句话，六二爻的和同，与同人的基本精神和思想旨趣不相符合。

【原文】

九三：伏①戎②于莽③，升④其高陵，三岁不兴。

【译文】

九三：埋伏兵众于林莽之间，登上高陵察看敌情，三年不能兴兵打仗。

【注释】

① 伏：埋伏。
② 戎：兵戎，军队。
③ 莽：草莽。这里指丛林。
④ 升：登。

【品鉴】

对《易经》卦爻辞的理解不能仅仅拘泥于文字义理的阐释，而应结合象数来理解，始能得其深义。从卦象与爻象的角度看，九三爻所处的行师用兵的大环境要求他应当广泛地和同于人。但，九三以阳居刚，又无中正之德（不居中），欲与其下的六二相和同，然六二有中正之德，与九五相应和，九三居于六二与九五之间，与九五为敌，离间九五与六二的和同关系，但九五居上卦之中位，刚健得中而又有应，且其处君之位，含弘广大，包容上下，非九三所能敌，故九三频频窥视九五，以待机进攻，但力量悬殊对比实在太大，故不能兴兵用师。

《象传》说："伏戎于莽，敌刚也。三岁不兴，安行也？"意思是说，九五刚健中正，故九三只好潜伏兵于林莽之中。因畏惧九五，三年不敢兴兵，最终当然也不能兴兵。只有不兴师打仗，才能保证自己免遭咎难与凶险。

孔颖达解释得就更清楚了，他说："'伏戎于莽'者，九三处下卦之极，不能包弘上下，通夫大同，欲下据六二，上与九五相争也。但九五刚健，九三力不能敌，故伏潜兵戎于草莽之中。'升其高陵，三岁不兴'者，唯升高陵以望前敌，量斯势也，纵令更经三岁，亦不能兴也。"

因此，九三爻意在告诉人们在违背了和同原则的情况下，决不可贸然行师用兵，而只能小心谨慎，观察敌情，以求自保也。

【原文】

九四：乘①其墉②，弗③克④攻，吉。

【译文】

九四：登上了城墙，部队突然停止了进攻，这是吉利的。

【注释】

① 乘：登，升。
② 墉：城墙，高墙。《说文解字》说："墉，城垣也。"
③ 弗：不，没有。
④ 克：胜任，制胜，攻下。

【品鉴】

《同人》卦提出了迷途知返、过而能改的重要性。这一爻讲的是由战转和的事情。《易传》认为,这一爻所说的由战转和而致吉的原因是"困而反则也"。《象传》云:"乘其墉,义弗克也。其吉,则困而反则也。"意思是说,登上城墙,准备战斗,但九四违义背道而用兵,因而,所进行的并不是一场正义的战争,这时若能迷途知返,主动按照事物的本来面目与法则规律从事,自会吉利安定。

从象数的角度来看,九四爻处上卦之初,以阳刚之性居于阴位,欲与九三争夺六二,因九三离六二最近啊,但六二的真正归属在九五不在九三。也就是说九四爻的真正对手不是九三,而是九五。所以,此时若用兵于九三,可谓违义害理,大失同人之道。在这种情况下,出师用兵,其败绩不言自知。但九四如能充分认识到这一点,思过自反,认清时务,恪守法则,自会吉利平安。

总之,九四爻要求人们不能行不义之师。若因不义而使自己处于危厉和困难之中时,应善于反思自己,及时悬崖勒马,亡羊补牢,悔过自新,如此自会吉利平安。

【原文】

九五:同人①,先号咷而后笑,大师克②相遇。

【译文】

九五:大同于人,先是历经坎坷而号哭,而后才会获胜而大笑。战斗胜利,部队会师。

【注释】

① 同人：大同于人。
② 克：制胜，攻取。

【品鉴】

和谐大同中也会有矛盾和斗争，"先号咷而后笑"说的就是这种情况。《同人》卦的要害在于"同人"，要想同于人，须用柔，同人卦中唯六二为阴柔之爻，故《易传·象》说："柔得位得中而应乎乾，曰同人。"但是，九五爻以阳刚居至尊之位，有用刚用强之象，故兵众不服。不服则有号咷之象。但由于九五处中守正，大同于人，虽然和同于人的方式和方法存在一些问题，但毕竟符和同于人的基本原则，故其结果仍然是好的。可见，和同于人，并不是一帆风顺的，而是有磨难和委屈，有挫折和坎坷，但只要富有中正之德，恪守中和之道，就会无往而不胜；此处隐含着——和同于人也不是唯唯诺诺，毫无原则地求同，求同有时也需要斗争，需要用刚、用强和用直，如此才会吉利平安。

【原文】

上九：同人于郊①，无悔。

【译文】

上九：在郊外和同于人，不会有悔恨。

【注释】

① 郊：城市的外面。《尔雅·释地》曰："邑外谓之郊。"《周礼》说："五十里为近郊，百里为远郊。"宋人蔡渊曰："国外曰郊，郊外曰野。"

【品鉴】

"同人于郊，无悔。"是对卦辞"以正求同"思想的具体阐释。同人于郊的范围要小于野。但是，这里的问题还不仅仅是范围缩小了，因为上九爻居于《同人》卦之终，高而无位，贵而无应，实际上寻找不到和同的对象，但由于其无私昵之情，也算是做到了公正无私，以公正之心去求其和同，即便是实现不了和同的目的（亨、吉），亦可止于无悔。因此，行中和之道、守中正之德，是和同于人和兴师用兵的第二个基本条件。

十四

富而好礼　万物归焉 [大有]

《同人》是一个好卦，做到了同人，就会获得"大有"的局面，所以，《序卦》说："与人同者，物必归焉，故受之以大有。"大有就是大丰收，它是"同人"发展的必然结果，所以，也是一个好卦，甚至是比《同人》还要好的一个卦。

为什么会大丰收呢？从事物发展的过程来看，"大有"是许多人汇聚一起、同心协力、共同努力的结果，所以，《杂卦》说："大有，众也。"这里的"众"可以理解为人的"众"，也可以理解为物的"众"。

从卦象上看，《大有》卦是《同人》卦的覆卦，上卦为离火，下卦为乾天，仅从象数上看，《大有》卦包含二义：一是火在天上，其明高远，万物之众，无不照见，故有德泽普照之象；二是《大有》卦只有一个阴爻，这就是六五爻，六五居于尊位，五阳并应一阴，上下应之，可谓万物归焉。

☰☰ 大有：元亨。

初九：无交害，匪咎。艰则无咎。

九二：大车以载，有攸往，无咎。

九三：公用亨于天子，小人弗克。

九四：匪其彭，无咎。

六五：厥孚交如，威如，吉。

上九：自天祐之，吉，无不利。

【原文】

大有①：元②亨③。

【译文】

《大有》卦表示：因仁善而立业，因循礼而亨通。

【注释】

① 有：丰盛、众多，富有。古谓丰年曰"有"，大丰年曰"大有"。"有"字本义是手持月以耕植。月，指耒耜之类。

② 元：仁善，立业。

③ 亨：循礼，亨通。

【品鉴】

卦辞告诉我们两层意思。一是仁善立业；二是循礼亨通。《易经》认为，一个人要想开创和成就一番事业，必须要有仁善之心；一个人要想使自己的事业顺利发达亨通，就必须要循礼而行，富而好礼。和《乾》卦相比，《大有》只讲"元亨"，不言"利贞"，大概是因为《大有》卦只有下卦是"乾"，其上卦则为火。

《彖传》说："柔得尊位大中，而上下应之，曰大有。其德刚健而文明，应乎天而时行，是以元亨。"六五爻居于尊位而谦柔，有富而好礼之象，故言亨；下卦乾刚健有为，故有仁善立业之象。

《象传》说："火在天上，大有。君子以遏恶扬善，顺天休命。"遏恶扬善，顺天乐道（休，有"喜悦""欢乐""吉庆""福禄""美好"的意思），说的也是仁善成业，循礼而行。

【原文】

初九：无交①害，匪②咎。艰③则无咎。

【译文】

初九：无与人交往之害，也就没有什么灾难。身处艰难也能免去灾祸。

【注释】

① 交：交往。交害，是指因交往而受害。
② 匪：非。
③ 艰：艰苦，艰难。

【品鉴】

《大有》卦讲的是富者之事，说的是有钱人的事情。初九是阳爻，其应爻九四也是阳爻，这种情况叫"无应"，就是没有应和者。这就意味着富有的人若能做到不与人交往，就既无利害，也无祸患。试想，大凡富有者，哪有无害的，以子贡之贤尚且不能免除交往之害，一般的富有者就自不待言了。

人处富贵时，应多思富贵之难，多思富有之来之不易，这样就会避免灾难和祸患。因为富贵容易使人产生奢侈骄横之心，奢侈骄横之心就会导致咎害和祸患的产生。这一爻告诉我们的是"富而好礼"的道理，说明"礼"对于人的重要性。循礼而行，虽富而无咎，所以，《象传》说："大有初九，无交害也。"

【原文】

九二：大车以载①，有攸②往，无咎。

【译文】

九二：有车载斗量之富，而能循中道行，没有灾祸。

【注释】

① 载：运载。这里比喻财富之众足以车载。
② 攸：所。

【品鉴】

九二阳刚居中，具有刚健、居柔、中正之品德，故可胜大有之任，为六五之君所倚重。孔颖达认为，这一爻说的九二肩负重任，稳健而行，

"犹若大车之载物也"，于义亦通。但是，结合《大有》的卦义来说，大车以载是用来说明财富之众，似更合于卦义的整体思想。《象传》说："大车以载，积中不败也。"意思是说，有车载斗量之富，而能保持不败，原因就在于持中守正。

【原文】

九三：公用亨①于天子，小人②弗克③。

【译文】

九三：公侯向天子朝献贡品，但小人不能当此大任，不能做到。

【注释】

① 亨：通"享"，朝献。朱熹《周易本义》说："亨，读作'享'。亨，《春秋》作'享'，谓'朝献'也。古者，亨通之亨，享献之享，烹饪之烹，皆作亨字。"

② 小人：老百姓，与领导者相对应。

③ 克：胜任。

【品鉴】

九三处下卦之上，刚健居正，如同大有之时的王公，肩负着献礼天子的使命。孔颖达《周易正义》认为，王公诸侯能够认识到自己所拥有的实际上都为天子所有，是天子所赐，故率土之滨，莫非王臣。小人德劣，则专其富有以为私，不知公以奉上之道，不能胜任朝献之事，故小人弗克。这里的关键还是一个能否知"礼"的问题。

【原文】
　　九四：匪①其彭②，无咎。

【译文】
　　九四：不盛大自骄，则没有灾祸。

【注释】
　　① 匪：非，这里有限制、否定、规范、约束的意思。
　　② 彭：盛大，盛多。匪其彭，不以盛大骄人。

【品鉴】
　　《大有》是讲丰盛、富有的专卦。九四爻是上卦的第一爻，标志着事物的发展已由下卦发展到上卦，也就是说，丰盛、富有的发展业已过半，可以说是大有之盛。按照《周易》对事物的认识和理解，过盛就会出现"凶咎悔吝"等不良情况。这时应对的基本策略就是"非其彭"，也就是说限制盈满，谦损自抑，不致太盛。况且，九四爻处于近君之位，六五阴柔是谦虚好礼之君，九四以刚健近之，有僭逼之嫌，因此，过盛过强就会骄横失礼而致凶咎。若能"匪其彭"，也就是规范、限制、约束自己的盛大，做到贫而无谄，富而无骄，循礼而行，就会"无咎"。

【原文】
　　六五：厥孚①交②如③，威如④，吉。

【译文】
　　六五：诚信相交，又有威严，是吉祥的。

【注释】

① 厥孚：其诚信。厥，其。孚，诚信。

② 交：结交，交往，相并，和在一起。

③ 如：句末语助词，相当于"然"，即"样子"。"如"用在句末，也相当于"焉""乎"。

④ 威如：威严的样子。

【品鉴】

六五爻以阴柔居于上卦之中位，有中信之德，其特点是诚信待下，以信待人，故人亦以信待己。但六五居至尊之位，仅仅有阴柔自谦还远远不够，必须威严自重，别人才会敬畏你，所以，孔子才说："君子不重则不畏。"朱熹对这一爻的思想做了发挥，他说："大有之世，柔顺而中，以处尊位，虚己以应九二之贤，而上下归之，是其孚信之交也。然君道贵刚，太柔则废，当以威济之则吉。"

【原文】

上九：自天祐①之，吉，无不利。

【译文】

上九：得到上天的祐助，吉祥而无所不利。

【注释】

① 祐：护佑，保佑。

【品鉴】

　　上爻表示的是事物的结束，或事物发展到了极致。发展到了极致为什么还会得到上天的保佑呢？这是因为这一爻处在离卦的最上位，离卦为"火"。火的特点是越处高处，照得越远，犹如万里晴空，愈上愈明。所以，程颐《程氏易传》说："唯至明所以不居其有，不至于过极也。有极而不处，则无盈满之灾，能顺乎理者也。"

　　与上九爻的这一特点紧密相连，这一爻之所以得到上天的护佑，是因为它顺乎天道。《系辞》说："天之所助者，顺也，人之所助者信也。"朱熹《周易本义》认为，上九"以刚居上，而能下从六五，是能履信思顺而能尚贤也。满而不溢，故其占如此。"

　　杨万里《诚斋易传》在谈到《大有》时说："六爻亨一，吉二，无咎三。明主在上，群贤毕集。无一败治之小人，无一害治之匪德。"在这一意义上说，大有是盛世明治、合理安定的社会秩序的反映。

十五

裒多益寡　称物平施 [谦]

　　《大有》卦说的是明主在上，群贤毕集的盛世明治，是富庶安定的社会局面的反映。但大有之后最忌讳的是什么？这就是盈和满，所以，《序卦》说："有大者，不可以盈，故受之以谦。"程颐《程氏易传》："其有既大，不可至于盈满，必在谦损，故大有之后，受之以谦也。"

　　《易经》六十四卦中，不仅仅是三爻多凶险，四爻多危惧，而且，初爻因处卑下始生之地，上爻因居亢盛强极之位，故亦常常难以令人乐观。因此，在《易经》六十四卦中，我们要想找到一卦，其卦辞、爻辞皆吉，似乎很难。然而，《易经》中有一卦例外，不仅其卦辞吉，而且六爻爻辞亦皆吉，这便是《谦》。

　　据《韩诗外传》载，周公曾对他的长子伯禽说："易有一道，大足以守天下，中足以守国家，小足以守其身，谦之谓也。"(卷三)。

䷎谦：亨。君子有终。

初六：谦谦君子，用涉大川，吉。

六二：鸣谦，贞吉。

九三：劳谦，君子有终，吉。

六四：无不利，㧑谦。

六五：不富以其邻，利用侵伐，无不利。

上六：鸣谦。利用行师，征邑国。

【原文】

谦①：亨②。君子有终。

【译文】

《谦》卦表示：因循礼而亨通，君子会有好的结果。

【注释】

① 谦：卦名，其意为谦虚、谦让。

② 亨：循礼，亨通。

【品鉴】

《谦》的上卦是坤，为大地，下卦是艮，为山。试想，以山之高大而居于地下，这是何等的胸怀。郑玄说："艮为山，坤为地，山体高，今在地下。其于人道，高能下下，谦之象也。"刘表说："地中有山，以高下下，故曰谦。谦之为道，降己升人。山本地上，今居地中，亦降体之义，故为谦象也。"（见李鼎祚《周易集解》）

《谦》卦辞认为"循礼则亨"，原因何在？《九家易》解释说："谦者，兑世，艮与兑合，故亨"，意谓《谦》乃兑宫，兑与艮构成《咸》卦。"咸"的基本意蕴就是"感"。感而遂通，故得亨。

《象传》则认为《谦》卦之所以"亨"，是因为"天道下济而光明"。虞翻也说："天道下济，故亨。"就是说，《谦》卦是由于乾的上九来到了坤的六三，取代了六三以后形成的卦。从上九来到六三，就是我们平常所说的从上来到下。孔颖达著《周易正义》说："谦者，屈己下物，先人后己，以此待物，则所在皆通，故曰亨也。"

从上位来到下位，以高大之山而居于地下，只有君子才能做到，小人难以做到。因此，所谓"谦则亨"，此法宜君子而不宜小人。这是因为谦的本义乃是"自贬损以下人"，这一点小人是难以做到的。小人即便偶尔自谦，终亦难久。郑玄说："唯艮之坚固，坤之厚顺，乃能终之。故君子之人有终也。"程颐《程氏易传》说："君子……自卑而人益尊之，自晦而德益光显，此所谓君子有终也。在小人，则有欲必竞，有德必伐，虽使勉慕于谦，亦不能安行而固守，不能有终也。"

【原文】

初六：谦谦君子，用[①]涉大川，吉。

【译文】

初六：谦而又谦的君子，从事涉越大川一类的险难之事，是吉利的。

【注释】

①用：施行。可译为从事。

【品鉴】

《象传》在解释这一爻时说："谦谦，君子卑以自牧也。"初六爻是阴爻，又居于《谦》卦的最下位，可以说是谦之又谦，爻辞称为"谦谦"，谦之至也。能做到谦，就可以称为君子，而况谦谦乎？正因为"谦谦"极难做到，因此，一个人若做到了"谦谦"，虽遇大川之险难，也能涉越。

李鼎祚《周易集解》引荀爽的话说："初（六）最在下，为谦。二阴（指初六和六二）承阳（指九三），亦为谦。故二阴一阳相与成体，故曰君子也。九三体坎（九三爻与上下两爻互体为坎），故用涉大川吉也。"

朱熹《周易本义》说："（初六）以柔处下，谦之至也。君子之行也，以此涉难，何往不济？"

【原文】

六二：鸣①谦，贞②吉。

【译文】

六二：谦和而名声远扬，守正持中而获吉。

【注释】

①鸣：闻名，著名，著称。《广雅·释诂》："鸣，名也。"王弼《周易注》："鸣者，声名闻之谓也。得位居中，谦而正焉。"

②贞：守正，诚信。

【品鉴】

这一爻的基本意蕴有二：一是因谦和而声名远扬，二是因守正而获吉。孔颖达说得好，"鸣谦者，谓声名也。处正得中，行谦广远，故曰鸣谦。正而得吉也。"

从象数的角度看，六二爻阴爻居于阴位，是为"得位"，居于下卦之中位，是为"处中"。"得位处中"又上承九三阳爻，可谓"谦德积于内而流于外"，故云："鸣谦，贞吉。"

程颐《程氏易传》说："二以柔顺居中，是为谦德积于中。谦德充积于中，故发于外，见于声音、颜色，故曰鸣谦。居中得正，有中正之德也，故云贞吉。六二之贞吉，所自有也……中心所自得也，非勉为之也。"

也有人，把"鸣"释为"鸣叫"之"鸣"。姚信说："三（九三）体震，为善鸣，二亲承之，故曰鸣谦。得正处中，故贞吉。"（李鼎祚《周易集解》）意思是说，九三与六四、六五互体成《震》卦，震有"鸣"的意思。六二爻以中正谦德居于其下，故云："鸣谦，贞吉。"

【原文】

九三：劳①谦，君子有终，吉。

【译文】

九三：劳苦功高而又谦虚有加，君子会有好的结果，至为吉祥。

【注释】

① 劳：辛勤，劳苦，有功绩。

【品鉴】

此爻乃《谦》成卦之主，制约着整个卦义和爻义，故爻辞说："劳谦。"如果说行谦相对说来还比较容易的话，那么，要做到"劳而能谦"，就困难了，故君子能"劳谦"者，自会大吉。王宗传说："《谦》之成卦，在此一爻。故卦之德曰：君子有终，而九三实当中。"（李光地《周易折中》引）

荀爽释曰："体坎为劳，终下二阴，君子有终，故吉也"。

王弼《周易注》对这一爻做出了象数的阐释，他说："（九三爻）处下体之极，履得其位，上下无阳以分其民，众阴所宗，尊莫先焉。居谦之世，何可安尊。上承下接，劳谦匪懈，是以吉也。"

《象传》解释说："劳谦君子，万民服也。"《谦》卦中只有三爻为阳爻，九三阳爻居下卦之上，是有功劳之象焉。凡谦必有其终，而况有劳而谦？《谦》一阳居下卦之上，万民归附。万民归附是好事，但接引统治万民也是一件辛苦的事情，"劳谦"也就必不可免。

程颐《程氏易传》说："夫乐高喜胜，人之常情。平时能谦，固已鲜矣，况有功劳可尊乎？""三以阳刚之德而居下体，为众阴所宗，履得其位，为下之上，是上为君所任，下为众所从，有功劳而持谦德者也，故曰劳谦。古之人有当之者，周公是也。身当天下之大任，上奉幼弱之主，谦恭自牧，夔夔如畏然，可谓有劳而能谦矣。既能劳谦，又须君子行之有终，则吉。"

【原文】

六四：无不利，㧑[①]谦。

【译文】

六四：能够到处发挥谦和之美德，无所不利。

【注释】

① 扨：挥动，指挥。扨谦，可理解为无处不发挥其谦德。《说文解字》："扨，裂也。从手，为声。一曰手指也。"荀爽说："扨，犹举也。"

【品鉴】

通常情况下，四为"多惧"之爻，但《谦》之六四既居"多惧"之地（切近六五君位），又在贤臣之上（九三），处境实为尴尬、艰难，然此爻断语为"无不利"，究其根本，就在于"扨谦"。

《象传》解释这一爻说："无不利扨谦，不违则也。"按照事物的规律做事情，尽情发挥谦美之德，自然无所不利。朱熹说得好，六四爻"柔而得正，上而能下，其占无不利矣。然居九三之上，故戒以更当发挥其谦，以示不敢自安之意也"。（《周易本义》）

【原文】

六五：不富以其邻①，利用侵伐，无不利。

【译文】

六五：因邻居而不富，利于行征伐之事，无所不利。

【注释】

①邻：邻居。六五的邻居是六四和上六。

【品鉴】

《系辞》云："何以守位曰仁。何以聚人曰财。"但是，《谦》卦从六四往上，皆为阴爻，依照荀爽的说法，此卦"自四（爻）以上乘阳（九三），乘阳失实，故皆不富"。不富无财，何以聚人？王弼《周易注》回答说："居于尊位，用谦与顺，故能不富而用其邻也。"程颐云："以君位之尊而执谦顺以接于下，众所归也。故不富而能有其邻也……不富而得人之亲也。为人君而持谦顺，天下所归心也。"（《程氏易传》）

谦顺的对立面是"骄逆"，所以，这里所说的"侵伐"，当是侵伐"骄逆"之人，侵伐骄逆之心。六五爻虽失实不富，因其有谦顺之德，故天下归心，万民亲服，以此侵伐不服，无所不利。正如《象传》所说："利用侵伐，征不服也。"

《谦》卦比《大有》高明就高明在最后两爻。最后两爻告诉我们，有了谦，有了"顺"，能做到"舍"，就可以开创一番新事业，开辟一块新天地。相对于《谦》卦来说，《大有》缺乏积极有为的"侵伐"和"进取"。在一定意义上说，《大有》主"静"，《谦》尚"动"。《大有》不"动"，所以，出了问题。《谦》既谦顺又"侵伐"，所以，就不会出问题。

【原文】

上六：鸣谦①。利用行师，征邑国。

【译文】

上六：谦和而名声远扬。利于出兵，征伐都邑小国。

【注释】

① 鸣谦：谦和而名声远扬。

【品鉴】

上六爻的应爻是九三，九三为阳爻，自九三阳爻往上看，全是阴爻，故有"震"象（☳），震为"雷"，为"鸣"，为"行"。《谦》卦的上卦为坤，坤为"邑国"。所以，《谦》卦的上六爻有"谦和而闻名"，虽柔顺而征伐"邑国"之象。虞翻解释说："应在震，故曰鸣谦，谦体师象，震为行，坤为邑国，利五之正己得从征。故利用行师征邑国。"王弼《周易注》则认为，此爻"最处于外，不与内政，故有名而已，志功未得也。处外而履谦顺，可以征邑国而已"。

从《谦》全卦来看，不仅卦辞名之以"亨""有终"，卦的六二、六五两爻名之以"贞吉""无不利"，而且，初爻、九三爻、六四爻、上六爻亦分别名之以"吉""吉""无不利""利"。对此，前贤亦有所觉察。王弼就曾说过："(《谦》)六爻虽有失位、无应、乘刚，而皆无凶咎悔吝者，以谦为主也。谦尊而光，卑而不可踰，信矣哉！"《周易注》胡一桂亦云："《谦》一卦，下三爻皆吉而无凶，上三爻皆利而无害。《易》中吉利，罕有若是纯全者。谦之效，固如此！"（李光地《周易折中》引）

《易经》作者为什么要如此推崇《谦》？

孔颖达《周易正义》说："谦为诸行之善，是善之最极"，其义为"屈己下物，先人后己。以此待物，则所在皆通"，这便是《谦》从卦辞到爻辞无一不吉的秘密所在。

十六

顺天而动 处乐思忧 [豫]

《谦》是非常好的一卦,《谦》的前一卦《大有》也是好卦。既做到大有,又做到谦,这确是一种极高的境界,这时就可以"豫"(安和悦乐)了,所以,《序卦》说:"有大而能谦必豫,故受之以豫。"

《孟子·告子下》说:"生于忧患,死于安乐。"《豫》卦六爻昭示出来的基本思想就是居安思危,处乐思忧。就六爻来说,九四为《豫》卦之主爻,肩负济世安民之大责,故动而施豫。其余五个阴爻皆不同程度地处于欢愉之中,可谓乐不思蜀,乐而忘忧,如初六爻欢乐过渡、自鸣得意而致"凶",六二爻中正以处豫,六三爻媚上取豫而有"悔",六五爻居尊守正而防"疾",上六爻有冥豫改过而无咎。《豫》卦告诉我们的核心思想是:顺天而动,处乐思忧。

从卦象上看,《豫》卦上卦为震,下卦为坤,即雷地豫。震为雷,为动,下卦为坤,为顺。所以,《豫》卦有上动下顺之象。

九四爻是卦中唯一阳爻,上卦震之主爻,也是整个《豫》卦的主爻。《豫》卦有雷出地上之象。雷(震)在上,地(坤)在下是《豫》卦,相反,若雷(震)在下,地(坤)在上时是《复》卦。《复》卦的初九爻上升到六四爻的位置,和六四换位后,就成了《豫》卦。在这一意义上说,《豫》卦来自《复》卦。程颐《程氏易传》说:"及其动而出地,奋发其声,通畅和豫,故为豫也。"

从象数的角度看,如果我们把《谦》倒转过来(颠倒过来)看,就是《豫》。这样一种倒转、颠覆的关系,《易经》称为"正覆"关系,也就是说,《谦》是《豫》的覆卦,《豫》也是《谦》的覆卦。

䷏豫：利建侯，行师。

初六：鸣豫，凶。

六二：介于石，不终日，贞吉。

六三：盱豫，悔，迟，有悔。

九四：由豫，大有得，勿疑。朋盍簪。

六五：贞，疾恒不死。

上六：冥豫，成有渝。无咎。

【原文】

豫①：利建侯，行师。

【译文】

《豫》卦表示：利于封侯建国，出师征伐。

【注释】

①豫：卦名，其义为安乐、安逸。《尔雅·释诂》说："豫，乐也。"

【品鉴】

《豫》卦的卦辞是"利建侯，行师"。《豫》卦的上卦为震，震为建侯；下卦为坤，坤为行师。前面讲的《屯》卦（水雷屯，上坎下震）有震无坤，故只言建侯，不曰行师。《谦》卦（地山谦，上坤下艮）有坤无震，故只言行师，不言建侯。(《屯》："元亨利贞，勿用有攸往，利建侯。"《谦》上六："鸣谦，利用行师，征邑国。")《豫》卦既有震，又有坤，故既言建侯，又言行师。

《彖传》在解释卦辞时说："豫刚应而志行，顺以动，豫。豫，顺以动，故天地如之，而况建侯行师乎？天地以顺动，故日月不过而四时不忒；圣人以顺动，则刑罚清而民服。豫之时义大矣哉！"

概括地说，致豫之道有三：刚德以立，柔顺以应，志行而乐。

【原文】

初六：鸣豫①，凶。

【译文】

初六：欢乐过度，自鸣得意，有凶险。

【注释】

① 鸣豫：因乐而鸣。鸣，喊叫。

【品鉴】

九四爻为《豫》卦之主。初六"阴柔小人，上有强援，得时主事，故不胜其豫而以自鸣，凶之道也"。（朱熹、程颐、苏轼等）

从卦象看，《豫》卦初六爻是《谦》卦上六爻之反对，是《谦》的覆卦。《谦》卦上六爻爻辞是"鸣谦，利用行师，征邑国"，但是，作为《谦》的覆卦、与《谦》上六相对应的《豫》卦的初六爻爻辞则是"鸣豫，凶"。谦鸣而"利"，豫鸣而凶，同样是"鸣"，为什么吉凶会截然相反呢？"鸣"是人的内在心境的外显。自己高兴时，应该想到别人不一定会和你同乐，因此，切不可肆意而"鸣"，应该偷着乐。谦虚时，就应该表现出来，不能藏于心中，不言语。所以，《象传》说："初六鸣豫，志穷，凶也。"王弼《周易注》在解释这一爻时说："处豫之初，而特得志于上。乐过则淫，志穷则凶，豫何可鸣？"

【原文】

六二：介^①于^②石，不终日，贞^③吉。

【译文】

牢固如同磐石，不到一天就可断开，因诚信守正而吉祥。

【注释】

① 介：牢固，坚固。《正字通·人部》："凡坚确不拔亦曰介。"范仲淹《和谢希深学士见寄》："心焉介于石，可裂不可夺。"

② 于：如同，好像。《易传·系辞下》在解释这一爻时说："介如石焉，宁用终日，断可识矣。"王引之《经传释词》说："于，犹如也。"

③ 贞：诚信，守正。

【品鉴】

这一爻的关键是"中正"二字，所以，《象传》在解释这一爻时说："不终日，贞吉，以中正也。"蒋介石的"介石"二字就是从这一爻来的，取牢固如磐石之义。又因六二爻居于下卦之中位，是为"居中"六二阴爻居于阴位，是为"当位"，也称"正位"。既"当位"又"居中"，既"正"且"中"，就是"中正"。

朱熹《周易本义》在解释这一爻时说："豫卦虽主乐，然易以溺人，溺则反而忧矣！卦独此爻中而得正，是上下皆溺于豫，而独能以中正自守，其介如石也。"可见，六二爻吉利的原因在于，当他人沉溺于欢乐享受时，自己不去同流合污，不像常人那样一天到晚忙于娱乐，而是守中持正，能悟得此知几之道者，自是难乎其难！《豫》卦以无所系应者为吉。无所系应，就是不要随大流，不要和别人一起沉溺于宴乐酒食之中应中正自守，静则韬光养晦，动则见机而作。动静之间，皆不失正。能做到此，就会如爻辞所说，不待终日，自会吉利无比！孔子于此爻发挥说："知几其神乎？君子上交不谄，下交不渎，其知几乎！"

【原文】

六三：盱①豫，悔，迟②，有悔。

【译文】

六三：趋炎附势（热）而豫乐，就会有悔恨。迟疑不决，不能及时返正，必致后悔。

【注释】

① 盱（xū）：张目，得势喜悦之貌。"盱豫，悔"：仰视于上，以媚颜附势为乐，则有悔。

② 迟：迟疑不决。"迟，有悔"：迟疑不决，就会后悔。

【品鉴】

盱豫，即睢（huī）盱而豫。《说文解字》说："睢，仰目也"，"盱，张目也"。《经典释文》引向秀说："睢盱，小人喜悦之貌。"

朱熹《周易本义》和程颐《程氏易传》皆释"盱"为"上视也"。也就是说，眼睛往上看就是"盱"。具体到这一爻来说，往上看是指哪里呢？就是"九四"，六三爻上视于九四而求欢愉。六三是阴爻，九四是阳爻，阴动而求阳，是《易经》所反对的，因此，爻辞中两次出现了"悔"字。《周易》主张阳动而阴随，若阴动求阳，必致悔吝！

程颐认为，六三爻的"悔"是因为它迟迟不前造成的。这一说法，不妥。我们的看法正相反，六三之"悔"不是因为它迟迟不前，恰恰是因为它太主动了，太向前了，因此致悔。

《象传》在解释这一爻时说："盱豫有悔，位不当也。"六三居位不正而豫，其悔自知。

【原文】

九四：由①豫，大有得②，勿疑。朋盍簪③。

【译文】

九四：因随从和依赖而欢乐，大有所获。至诚不疑，朋友合聚。

【注释】

① 由：从，用。由豫，由之以豫。
② 大有得：大有所得，指丰盛富有。
③ 朋盍簪：朋友合聚。王弼《周易注》说："勿疑则朋合疾也。盍，合也；簪，疾也。"簪，古代用来绾头发的针形首饰。此引申为连合、聚会。

【品鉴】

《豫》卦六爻唯九四为阳爻，九四爻是《豫》卦的主爻。王弼说，九四"独体阳爻,众阴所从。莫不由之以得其豫,故曰由豫,大有得也"。《象传》说:"由豫,大有得,志大行也。"九四爻居大臣之位,承柔弱之君,当天下之任,其志大行。

【原文】

六五:贞①,疾恒不死。

【译文】

六五:持信守正,虽有疾而恒不死。

【注释】

① 贞:诚信,守正。

【品鉴】

天下之人皆处于豫乐之时,只有九四不豫,九四肩负天下之大任,立业兴国,奋发图强,所以,上下之心皆归于九四。六五以阴居五,虽得中但不正,故爻辞诫以"贞",意谓若能持信守正,则吉而无咎,疾而不死。

就六五爻和九四爻的关系说,九四尽人臣之责,一直在努力奋斗,故无大碍。但我们切不可忘记了,人在欢愉之时喜动而恶静,静逸则悔生焉。六五柔顺居尊,安于静逸,无所事事,威权皆失,故有疾。但是,若做到"贞",则虽有疾而恒不死。《象传》在解释这一爻时说:"六五贞疾,乘刚也;恒不死,中未亡也。"王弼《周易注》也说:"四以刚动,为豫之主。专权执制,非己所乘,故不敢与四争权。而又居中处尊,未可得亡,是以必常至于贞疾而恒不死而已!"

【原文】

上六：冥①豫，成②有渝③。无咎。

【译文】

上六：日暮仍在娱乐，必须使这种状况发生重大改变，才可避免灾祸。

【注释】

① 冥：幽暗昏昧，日暮天晚。

② 成：大也。成国，大国；成县，大县。前贤解为"最终""成功""事成"，皆不妥。

③ 渝：改变，变化。

【品鉴】

《礼记·曲礼上》说："志不可满，乐不可极。"《象传》解释这一爻时说："冥豫在上，何可长也？"为什么说一天到晚地娱乐，这样的局面不能长久地进行下去呢？上六爻以阴柔居《豫》卦之极，虽耽于逸乐，但有迷途知返之象。若能下定决心，痛改前非，从根本上改变先前耽于逸乐、纸醉金迷的状况，勤农耕，事桑蚕，节饮食，慎起居，就可无咎。

从表面上看，《豫》卦是讲欢愉、快乐和享受的专卦，但实际上它是在告诉我们，如何正确地对待快乐，对待欢愉和享受。这一卦昭示出来的基本思想就是，要求人们具有居安思危的忧患意识，具有济世安民的担当意识，先天下之忧而忧，后天下之乐而乐，常思自己的职责所在、使命所在。只有这样，才会在遇到困难和危机时，化险为夷，虽遇"疾而恒不死"。

十七

随时合宜 择善而从 [随]

《序卦》说:"有大而谦必豫,故受之以豫。豫必有随,故受之以随。"

先看卦象,有三义:一、《随》卦,下震上兑。兑上震下,震为雷,兑为泽,雷震于泽中,泽随而动。《周易集解》引郑玄"震,动也,兑,悦也。内动之以德,外悦之以言,而天下之人咸慕其行而随从之,故谓之随也。"二、兑为悦,雷为动,动而悦,悦而动。三、兑为少女,震为长男,少女从长男。

《随》揭示出来的基本思想是,以刚下柔,以上处下。这一点,首先可以从卦象上找到根据。按照朱熹的说法,凡是由三个阴爻和三个阳爻构成的卦都是从《泰》和《否》卦变化而来的。就《随》来说,他是由《否》卦变化而来的,《否》卦上为乾,下为坤。乾的上爻来到坤之初爻,坤之初来到乾之上,这样一来原本是上乾下坤的《否》卦,就变成了上兑下震的《随》卦。《杂卦传》云:"乾刚坤柔。"由《否》变《随》,乾上之坤初,即刚来而下于柔也。

李光地《周易折中》认为,《随》卦的上下象及诸爻处位都反映出了以刚下柔的意象。"以贵下贱",乃《随》卦之主旨,所以,他又说:"然则卦义所主,在以己随人。至于物来随己,则其效也。若以为物所随为卦名之本义,则非矣。"李说甚是,《随》卦乃以阳下阴,以刚下柔,以贵居贱,以上处下。以己随人,而非以人随己,以物随己。以人随己,乃以己随人之功效和结果。这是《易经》作者贵柔处下思想的彰显,这一点从《随》之爻辞中,也得到了清晰地展现。

天下随时。随时之义大矣哉!《周易集解》引虞翻曰:"《否》上之初,刚来下柔。初上得正,故元亨利贞,无咎。"意谓《随》卦乃《否》卦中的外卦乾的上爻下降到内卦坤的初爻而成,如此则初爻与上爻皆得位守正。

《随》卦的关键是让人要学会选择,要权衡轻重,要有是非之心!该随什么,不随什么,不要见好就上,见好就要。

十七　随时合宜　择善而从 [随] | 163

䷐随：元亨利贞，无咎。
初九：官有渝，贞吉。出门交有功。
六二：系小子，失丈夫。
六三：系丈夫，失小子。随有求得。利居贞。
九四：随，有获，贞凶。有孚在道，以明，何咎？
九五：孚于嘉，吉。
上六：拘系之，乃从维之。王用亨于西山。

【原文】

随①：元②亨③利④贞⑤，无咎。

【译文】

《随》卦的基本意蕴是，因有"仁"而立业，因循"礼"而亨通，因行"义"而获"利"，因守"信"而牢固。具有了"仁礼义信"四德，就不会有什么咎难。

【注释】

① 随：跟从。《说文解字》训"随"为"从也"。程颐《程氏易传》认为，随有三层含义，一曰："君子之道，为群所随"；二曰："己随于人"；三曰："临事择所随"。
② 元：开始，引申为"仁""善"。

③亨：亨通、通达，引申为"礼"。

④利：合乎道义的事情，引申为"义"。

⑤贞：正，引申为"信"。

【品鉴】

《随》卦是个好卦，但《随》卦的要义在于人必须有"仁礼义信"四德。有此四德，则随而无咎。无此四德，虽随必咎。《左传·襄公九年》记载，穆姜乃宣公之妻，成公之母，她与大夫叔孙侨如通奸。成公十六年她与叔孙侨如合谋推翻成公，失败后，迁于东宫。郁闷之际占得一卦，"是谓艮之随。"史官认为是好卦，便对她说："随，其出也，君必速出。"穆姜不同意史官的分析，说"有四德者，随而无咎。我皆无之，岂随也哉！我则取恶，能无咎乎？必死于此，不得出矣！"穆姜对《随》的理解可谓深得《随》卦之真意。

【原文】

初九：官①有渝②，贞③吉，出门交有功。

【译文】

初九：人的思想观念有了改变，应恪守正道才能获吉祥。走出门外，广泛地与他人交往，就能成功。

【注释】

①官：思想，观念。"官"有二解，《经典释文》曰："官，蜀才作馆"，即馆舍之馆也，这是一种说法。另一种说法，"官"亦可解为"心之官"。孔颖达《周易正义》认为，"官谓执掌之职。人心执掌，

与官同称，故人心所主谓之官。"《程氏易传》训"官"为"主守"，与此意同。故"官"译之今语，即为思想、意识、观念。联系《随》卦卦义，第二种说法似更妥。

② 渝：改变，变化。

③ 贞：诚信，牢固。

【品鉴】

卦辞说明追随的原则是元亨利贞，初九爻爻辞则是说如何追随。该爻是下卦的主体。凡一阳二阴卦，阳为主体；凡一阴二阳卦，阴是主体。震为动，动而随。思想观念的改变需要遵循一个重要的原则，这就是守正居义，守正则吉（"贞吉"）。

孔颖达《周易正义》说："初九既无其应，无所偏系，可随则随，是所执之志有能渝变也，唯正是从，故贞吉也。出门交有功者，所随不以私欲，故见善则往随之，以此出门，交获有功。"可见，"随"本身具有一定的原则性，这便是"正"和"公"，而非毫无原则地盲从，也不是一味阿谀奉迎。

《象传》在解释这一爻时说："官有渝，从正吉也。出门交有功，不失也。"也是讲随道的两条基本原则，一是正，一是公。"正"说的是思想的改变要"居义向善"（官有渝，从正吉也）。"公"说的是随从他人时，不能有私昵之心，应见善则随，毋以远近亲疏作分别。

【原文】

六二：系①小子②，失丈夫③。

【译文】

六二：就近跟随初九小子，就会失去了九五丈夫。

【注释】

① 系：拴结，捆绑。这里引申为随从，跟随。

② 小子：身高不足一丈的男子。引申为德才平平之人，这里指初九爻。

③ 丈夫：身高一丈或高于一丈的男人，引申为才高德馨之人，这里指九五爻。《说文解字》认为，身高一丈之男子为丈夫。小子应为未成年者，或虽已成人，但不及丈，亦不可谓之丈夫。

【品鉴】

人在相随时，往往喜近恶远，所谓近水楼台先得月。远处虽好，但解不了近渴。六二爻居下卦之中位，本与"九五"爻相应，但"九五"爻居上卦之中位，二者距离较远，于理虽合，于事则难。于是，六二爻恶劳求逸，贪图近利，与身下之初九爻相随和，从而失去了与正当的"九五"相随和的机会，也就是"系小子，失丈夫"。六二爻的本义是告诫人们在随从他人时应坚持原则，不可贪利求逸，苟且随和。孔颖达《周易正义》云："六二既是阴柔，不能独立所处，必近系属初九，故云'系小子'。既属初九，则不得往应于五，故云'失丈夫'也。"《象传》云："系小子，弗兼与也。"意谓六二既附系初九小子，就不可兼与九五相随，以此喻人不可能多方附和，于此既有所得，于彼则必有所失。

【原文】

六三：系丈夫①，失小子②。随有求得。利居贞。

【译文】

六三：跟随才高德馨的丈夫，就会失去了德才平平的小子。跟随德高才厚之人，有求必有得。利于守正持信。

【注释】

① 丈夫：身高一丈或高于一丈的男人，引申为才高德馨之人，这里指九四爻。

② 小子：身高不足一丈的男子。引申为德才平平之人，这里指初九爻。

【品鉴】

此处丈夫指九四爻，小子指初九爻。九四与九五相比，自然不及九五，应为小子，但与初九相比，则为丈夫。因九四在上，故为丈夫，初九在下故为小子。六三爻在内卦之上爻，按理应于外卦之上爻相应随，但由于外卦兑之上爻为阴，故无正应。内卦初九虽为阳爻，但由于随的原则是就近不就远。六三爻与近邻九四爻亲近，因此，也就只能舍弃初九爻了。这便是《象传》所说的"系丈夫，志舍下也"。

与六二相比，六三追求比自己优秀的九四，因而有利。但六三之正应毕竟为上六，故六三追随九四必须具有诚信中正之德。故云"利居正"。正是在此意义上，王弼《周易注》说："（六三爻）虽体下卦，二已据初，将何所附？故舍初系四，志在丈夫。四俱无应，亦欲于己随之，则得其所求矣。故曰'随有求得'也。应非其正，以系于人，何可以妄？故利居贞也。"王弼《周易注》的这一解释可谓深得此爻之要旨。

【原文】

九四：随①，有获②，贞③凶。有孚④在道，以明，何咎？

【译文】

九四：随从，有所收获，虽然自己牢固稳定也会有凶险。持信而行，光明磊落，又有什么灾祸呢？

【注释】

① 随：跟随，随从。

② 有获：有所收获。这里指收获了六三。

③ 贞：坚贞，牢固。

④ 孚：诚信。

【品鉴】

九四爻原本是九五爻的臣子，因其靠近六三，所以，六三就近相随。但是，九四不能忘了作为臣子的职责，臣子所做的一切事情都是为了君主，如果因为自己近水楼台，就敢贪天之功，尽管自己力量强大，基础牢固，也必致凶险。如果做到了持守信道，坦坦荡荡，光明磊落，就不会有什么问题。所以，《象传》认为，处在臣子的位置上，"随有获，其义凶也。有孚在道，明功也。"

从象数学的角度来看，《随》卦三爻至上爻四画互体成《大过》。《大过》为棺椁，三四爻皆在《大过》中，有死象焉。故虞翻曰："死在《大过》，故凶也。"但是，由于六三爻以阴居阳、九四爻以阳居阴，两爻的位皆不正，若三、四交换位置，则《随》卦六爻皆正，成《既济》定。《既济》上坎下火，坎为"孚"，离为明。由于《既济》卦乃是

《随》九四爻降至下卦震六三爻之位而成，而震又为"大途"，为"道"，故云"有孚在道，以明，何咎。"此爻表明，六三之随九四，虽有所得，但必须居正；九四之获六三，虽有获而有凶，故应明进退之道，在获三之后，应归功于君，将自己所获悉数奉君，主动降低自己的姿态和位置，以柔处下，忠信守正，安于本分，止于礼义，如是则前程光明，何咎之有？

【原文】

九五：孚①于嘉②，吉。

【译文】

九五：施信于美善之人，吉祥。

【注释】

① 孚：诚信。名词活用为动词，可译为"施信"。
② 嘉：美，善。《说文解字》说："嘉，美也。"《尔雅·释诂》说："嘉，善也。"

【品鉴】

六二原本是个好人，但因贪图安逸随了初九。也是一时困惑迷茫或惰性所致，非其本心。九五不计下人小失，以信相应和，自是吉利无比。

九五阳爻居外卦之中位，得正而尊，又与内卦得正之中爻六二相应，故"孚于嘉"者，乃为中正应中正，善善相应随，有从善如流之象，自当吉祥平安。程颐《程氏易传》说："九五居尊，得正而中实，是其中诚在于随善，其吉可知。嘉，善也。自人君至于庶人，随道之吉，唯在随善而已。下应二之正中，为随善之义。"《象传》曰："孚于嘉，吉。位中正也。"说的也是这个意思。

【原文】

上六：拘系①之，乃从维②之。王③用亨④于西山⑤。

【译文】

上六：跟随、随从发展到极处，就如同拘系一般，紧密相随。这种紧密相随的关系是依靠武力维系的。随从需要信诚，这就如同文王在西山祭祀一样。

【注释】

① 拘系：约束，扣押，拴结，捆绑。这里以"拘系"比喻随从之紧密。

② 维：系，有拴结、捆绑之义。这里用"乃从维之"，进一步说明随从之紧密。虞翻说："两系曰维。"也就是说，双重的捆绑就是"维"。《广雅·释诂》说："维，系也。"

③ 王：周文王。也有人说是太王，如程颐。

④ 亨：即"享"，祭祀。

⑤ 西山：岐山。

【品鉴】

"拘系之"，乃有强制随从之象。《象传》释曰："拘系之，上穷也。"意谓上六爻本为阴柔，宜随从阳刚，但上六以阴居《随》卦之极位，乘九五阳刚之位，加之它的应爻六三也是阴爻，这叫"无应"或"敌应"，故云"上穷也"。然"穷则变,变则通,通则久"。此时九五爻以德高位尊之势,强使上六相随。王弼《周易注》对此解释最当,其云:"《随》之为体,阴顺阳者也。最处上极,不从者也。随道已成,而特不从,故拘系之乃从也。'率土之滨,莫非王臣',而为不从,王之所讨也,故维之。"

《随》卦的关键是让人要权衡轻重。该随什么,不随什么,不要见好就上,见好就要。随从之时,关键要做到:仁、礼、义、信。初九爻告诉我们,在实践"随德"时,首先应注意恪守正道,随的手段、方式的改变,都应以是否合于正道为标准;六二爻告诉我们,相随之时,不可贪图近利,苟且相随,亦不可放弃原则,多方相随;六三爻告诉我们,相随之时,应注意有所取舍,追随真正杰出、优秀的人才;九四爻告诉我们,相随之时,应进退有止,安于本分,止于礼义;九五爻告诉我们,相随之时,应注意随从善美之人,尤其是居于高位者,更应从善如流,亲君子,远小人;上六爻告诉我们,相随之时,应保持合适的距离,对于没有随德之人,应采取灵活的方式,武力和信诚都是随道所包含的基本内容。

随从是有原则的,若丧失了原则,一味盲从,就会沦于随道之末流,就会同流合污,招致腐败。有了腐败,就需要拯蔽除患。这就是《蛊》卦所讲的内容。

十八

拯弊除腐 振民育德 [蛊]

《豫》卦是安和悦乐的卦，《随》卦是以喜随人的卦。但是，随从他人，嬉戏悦乐，时间久了，就会出事，所以，《序卦》说："以喜随人者必有事，故受之以蛊。蛊者，事也。"《蛊》讲的"事也"是什么样的事呢？

苏轼《东坡易传》对《蛊》卦所说的"事"做出了解释，他说："器久不用而虫生之，谓之蛊；人久宴溺而疾生之，谓之蛊；天下久安无为而弊生之，谓之蛊。蛊之灾，非一日之故也，必世而后见，故爻皆以父子言之。"《说文解字》说："蛊，腹中虫也。《春秋传》曰：'皿虫为蛊。'晦淫之所生也。"器皿中生了虫子，这就叫蛊。

《蛊》卦之上卦为艮（山），下卦为巽（风）。程颐《程氏易传》说："蛊，事也。蛊非训事，蛊乃有事也。为卦，山下有风，风在山下，遇山而回则物乱，是为蛊象。蛊之义，坏乱也。在文为虫皿，皿之有虫，蛊坏之义。《左传》云：''风落山'女惑男。以长女下其少男，乱其情也。风遇山而回，物皆挠乱，是为有事之象，故云：'蛊者事也。'既蛊而治之，亦事也。以卦之象言之，所以成蛊也；以卦之才言之，所以治蛊也。"

出事了，如何处理发生了的事情；遇到问题了，如何解决遇到的问题。这就是《蛊》卦要告诉我们的内容。

蛊：元亨，利涉大川。先甲三日，后甲三日。

初六：干父之蛊，有子，考无咎。厉，终吉。

九二：干母之蛊，不可贞。

九三：干父之蛊，小有悔，无大咎。

六四：裕父之蛊，往见吝。

六五：干父之蛊，用誉。

上九：不事王侯，高尚其事。

【原文】

蛊①：元②亨③，利涉大川。先甲三日④，后甲三日⑤。

【译文】

《蛊》卦的基本意蕴是，因有"仁"而立业，因循"礼"而亨通。有利于从事涉越大川一类的险难之事。应把握事物的开始和结束，事物开始前的三天是辛日、壬日、癸日，事物开始后的三天是乙日、丙日、丁日。

【注释】

① 蛊（gǔ）：卦名。有蛊惑、诱惑、迷惑的意思。这里可解释为"事"，或整治其事。《广雅·释诂》："蛊，事也。"《序卦传》："蛊者，事也。"《杂卦传》说："蛊则饬也。"王弼《周易注》说："饬，

整治也。蛊所以整治其事也。"

②元：开始，引申为"仁""善"。

③亨：亨通、通达，引申为"礼"。

④先甲三日：辛日、壬日、癸日。

⑤后甲三日：乙日、丙日、丁日。古代用甲、乙、丙、丁、戊、己、庚、辛、壬、癸十天干循环记日。甲前三日为：辛日、壬日、癸日，甲后三日为：乙日、丙日、丁日。朱熹认为，"先甲三日"是指辛日，"后甲三日"是指丁日。

【品鉴】

许多人把"元亨"，解释为大亨通，不妥。出事了，遇到问题了，怎么可能还是大亨通呢？《蛊》卦告诉我们的是遇到问题了以后该怎么办。卦辞给出的办法是：以仁善立业，以礼仪致通。

"甲"是事物的开始，事物开始前是什么状态，事物开始后又是什么状态，这是拯弊除腐所必须注意把握和解决的问题。正如程颐《程氏易传》所说："究其所以然，则知救之之道；虑其将然，则知备之之方。善救则前弊可革，善备则后利可久。""甲者，事之首。庚者，变更之首。制作政教之类则云甲，举起首也。发号施令之事则云庚。庚犹更也，有所更变也。"《蛊》说的是器生虫、人生疾、国生弊，在这种情况下，就必须有改革创新的精神、涉越大川的气魄，一切从头开始，移风易俗，制定教令，只有这样才能拯弊除腐，振民育德。所以，《象传》说："蛊，刚上而柔下，巽而止蛊。蛊，元亨而天下治也。利涉大川，往有事也。先甲三日，后甲三日。终则有始，天行也。"《象传》说："山下有风，蛊。君子以振民育德。"

【原文】

初六：干①父之蛊②，有子，考③无咎。厉，终吉。

【译文】

初六：匡正父亲的过失，有这样儿子，则父亲没有灾祸。虽有危厉，最终得吉。

【注释】

① 干：匡正，纠正。《广雅·释诂》说："干，正也。"
② 蛊：事。引申为过失、错事。
③ 考：父亲。古人对活着的或死了的父亲皆称"考"。帛《易》作"巧"，应是音近而通假。

【品鉴】

初六是《蛊》卦的主爻。灾难和问题非一日所成，要从源头入手，抓住根本，才可真正解决问题。父母是子女之始，天地是万物之始。《象传》说："干父之蛊，意承考也。"

程颐《程氏易传》说："初六虽居最下，成卦由之，有主之义。居内在下而为主，子干父蛊也。子干父蛊之道，能堪其事，则为有子，而其考得无咎。不然，则为父之累，故必惕厉则得'无咎'也。"

【原文】

九二：干母之蛊，不可贞①。

【译文】

　　九二：匡正母亲的过失，应遵循中道，不可固执、不变通。

【注释】

　　① 贞：诚信，牢固。这里引申为固执、不变通。

【品鉴】

　　《象传》说："干母之蛊，得中道也。"在下卦之中位，象征德才兼备。与六五之君母相应，匡正六五的过失，不可过于强求，否则会伤及母子感情。应该采取巽顺的原则，这也是下卦的根本要求。干父、干母，皆需如此。纠正父错时，要求"承考"；纠正母错时要求"不可贞"。这里要遵循的原则就是"中道"。纠正错误是最难的事情。纠正错误也需要妥帖恰当的方式。

【原文】

　　九三：干父之蛊，小有悔①，无大咎。

【译文】

　　九三：匡正父亲的过失，会有些小的悔恨，不会有大的灾祸。

【注释】

　　① 小有悔：有些小的悔恨。小，少。帛书《周易》也作"少"。悔，悔恨。

【品鉴】

　　《象传》说:"干父之蛊,终无咎也。"九三居于阳位,有阳刚之性,又无九二之中道,以此纠正父亲的过失,会有小悔,但不会有大过失。因为九三爻毕竟是以阳居阳,位正,动机纯正,又居于巽顺之中,故终无大咎。这一爻告诫人们,做事应注意方式,不可刚强过度。这一爻的立意与九二大致相同。九二虽也是阳爻,但毕竟居中,在巽之中,故有顺承之意,因此,就不会有问题。但,九三以阳居阳,对于纠正错误这件事来说,就有些过了,故小有悔。所以,王弼《周易注》在解释这一爻时说:"(九三)以刚干事,而无其应,故有悔也。履得其位,以正干父,虽小有悔,终无大咎。"

【原文】

　　六四:裕①父之蛊,往见吝②。

【译文】

　　六四:宽容父亲的过失,长此以往,就会有麻烦。

【注释】

　　① 裕:宽容,宽宏。
　　② 吝:困难。也有人解为羞辱。

【品鉴】

　　对待父亲的失误,宽裕处之,长此以往继续下去,就会遇到问题和麻烦。这是为什么呢?六四阴柔居于柔位,难以承担起匡正父亲之失的大任,只能采取消极无为的办法,宽容对待父亲的过失。但是,《蛊》卦最怕的就是无为和纵容，其结果，就是出现问题和麻烦（"往见吝"），无论做什么都会一无所得（"往未得也"）。《象传》说："裕父之蛊，往未得也。"

【原文】

六五：干父之蛊，用①誉②。

【译文】

六五：纠正父亲的过错，获得了良好的声誉。

【注释】

①用：使用，运用。
②誉：称誉，赞美，声誉，美名。

【品鉴】

既要纠正过错，还要得到人们的赞赏，这是不容易的。纠正补偏，很容易影响到父辈的声誉和威信。匡正父辈的过失，克服父辈的缺陷和不足，继承父辈的优点，发扬广大父辈的优良品德，这样做事情，才既能去除父辈的弊政，又不损害父辈的声誉和形象，甚至还会为父辈和自己赢得声誉和美名。《象传》说："干父用誉，承以德也。"王弼《周易注》说："以柔处尊，用中而应，承先以斯，用誉之道也。"孔颖达《周易正义》说："奉承父事，唯以中和之德，不以威力，故云承以德也。"

【原文】

上九：不事①王侯，高尚其事。

【译文】

上九：不去侍奉王侯，把自己的这一行为看得很高尚。

【注释】

① 事：侍奉，治理，办理。

【品鉴】

《蛊》卦讲的是如何纠正前人的问题和过失。但是，到了上九爻就不要再纠正了。从卦象上说，上九居于《蛊》卦之极位，如果说《蛊》卦是讲"有事"的，那么，在卦之外就是没有事了。没有事了，就不能再去纠正了。这就如同纠正父母的过失，是为人子的分内事，但是，王侯就已经超出了自己家的范围，对他们的过失，就不能随便去纠正。人不能随意超出自己的范围，去做分外的事情。胡炳文在解释这一爻时说："初九至五，皆以蛊言，不言君臣而言父子。臣于君事，犹子如父事也。上九独以'不事王侯'言者，盖君臣以义合也。子于父母，有不可自逭于事之外。若王侯之事，君子有不可事者矣。是故君子之出处，在事之中，尽力以干焉而不为污；在事之外，洁身以退焉而不为僻。"(《周易折中》引)《象传》说："不事王侯，志可则也。"

十九

敦知临民 刚柔相济 [临]

如果说，《蛊》卦是治理整顿，那么，《临》卦就是发展和提高。《序卦传》说："有事而后可大，故受之以以临。临者，大也。"韩康伯认为，"可大之业，由事而生。"《临》卦之上卦为坤地，下卦为兑泽，最下二爻为阳爻，阳爻开始生长，阴爻渐渐退去，呈现出了盛大发展的趋势。盛大发展，就是"临"。

《临》卦基本含义是仁善立业，循礼亨通，义以生利，信以贞固。要想保持事业的盛大和兴旺，就必须预防溢满，长久保盈，所以卦辞说："至于八月有凶"，这是告诫人们"盛极必衰"的道理。由于《临》卦最下两爻皆为阳爻，刚健以临，所以，初九爻"贞吉"、九二爻"吉无不利"；自第三爻开始至上爻皆为阴爻，四阴居上临下。六三爻以甜言蜜语、巧言令色临人（"甘临"）无攸利，六四爻以亲近临人（"至临"）而无咎，六五爻以明智临人（"知临"）而吉，上六爻以敦厚临人（"敦临"）而吉无咎。

《临》卦是个好卦，大致相当于《比》卦。程颐在谈到《临》卦时说："为卦泽上有地，泽上之地，岸也。与水相际，临近乎水，故为临。天下之物，密近相邻者，莫若地与水，故地上有水则为比，泽上有地则为临。临者，临民临事，凡所临皆是。在卦取自上临下，临民之义。"

不同的人，同一个人处在不同时空条件下，临事临民的方式和方法，皆会有所不同。《临》卦就是要告诉我们，怎样临事临民才会吉利亨通的道理。

䷒临：元亨，利贞。至于八月有凶。
初九：咸临，贞，吉。
九二：咸临，吉，无不利。
六三：甘临，无攸利。既忧之，无咎。
六四：至临，无咎。
六五：知临，大君之宜，吉。
上六：敦临，吉，无咎。

【原文】

临①：元②亨③，利④贞⑤。至于八月⑥有凶。

【译文】

《临》卦表示：仁善立业，循礼亨通，义以生利，信以贞固。到了八月，就会产生凶险。

【注释】

① 临：卦名。有视察、监临、统治、治理之意。《说文解字》说："临，监也。"《尔雅·释诂》说："临，视也。"帛书《周易》作"林"。

② 元：开始，引申为"仁""善"。

③ 亨：亨通、通达，引申为"礼"。

④ 利：合乎道义的事情，引申为"义"。

⑤ 贞：正，引申为"信"。

⑥ 八月：有三种说法。第一种说法认为"八月"，是指《否》卦。《否》代表十二消息卦中的农历七月，《临》代表农历的十二月（丑月），从十二月到来年七月（申月），正好是八个月。第二种说法认为"八月"，是指《观》卦。《观》代表农历的八月（酉月），从正月（寅月）到八月（酉月），正好也是八个月。第三种说法认为"八月"，是指《遁》卦。《遁》代表农历的六月（未月），从十一月（子月，《复》卦）到来年六月（未月，《遁》卦），也是八个月。三种说法相比较，第二种说法较可靠。因为《观》在十二消息卦中代表八月，《观》卦与《临》卦又是正覆卦的关系，《观》卦恰好是《临》卦的反对之卦。

【品鉴】

虞翻认为，卦辞所说的"至于八月有凶"的"八月"是指《遁》卦。因为《临》与《遁》旁通。《遁》代表农历的六月（未月），从十一月（子月，《复》卦）到来年六月（未月，《遁》卦），正好是八个月。他解释说："《临》消于《遁》，六月卦也。于周为八月。《遁》弑君父，故至于八月有凶。"意谓《遁》卦与《临》卦阴阳爻恰好相反，故为"旁通"，亦称"错卦"。《遁》有二阴生于下，意味着君子道消，小人势长，故君子退而避之。同时，《遁》之下卦为艮，因《遁》乃《乾》卦消二阳而成，故有艮子弑父之象，若再息至三爻则成《否》，《否》之下卦坤乃《乾》消三阳而成，故有坤臣弑乾君之象。虞翻云："《遁》弑君父"，盖渊于此。《临》卦成《遁》，其凶不言自知，故卦辞云："至于八月有凶。"

程颐认为，卦辞中的"至于八月有凶"实际上是对统治者的一种劝诚。因为知进忘退，知刚忘柔，乃人之常情。然盛极而衰，又是物之常理。自古天下安治，未有久而不乱者，探究其渊，都在于统治者不能戒于盛也。故程颐《程氏易传》说："二阳方长于下，阳道向盛之时，圣人豫为之戒曰：阳虽方长，至于八月，则其道消矣，是有凶也。大率圣人为戒，必于方盛之时，方盛虑衰，则可以防其满极，而图其永久。"

【原文】

初九：咸①临，贞②，吉。

【译文】

初九：以德化民，以信于民，吉利。

【注释】

① 咸：感化，感知。这里有以德化民的意思。王弼《周易注》说："咸，感也。"李鼎祚《周易集解》引虞翻说："咸，感也。得正应四，故贞吉也。"陆德明《经典释文》说："咸，本亦作感。"
② 贞：诚信，牢固。

【品鉴】

《临》卦喜欢有"应"。《临》之初爻为以阳居阳，是为得正，又上应于六四之阴，亦为正应。"应"故"感"，得"正"故"贞"。有应得正，故吉也。

朱熹曰："卦唯二阳，遍临四阴，故二爻皆有成临之象。初九刚而得正，故其占为贞吉。"程颐曰："咸，感也。阳长之时，感动于阴。四应于初，感之者也，比他卦相应尤重。四，近君之位。初得正位，与四感应，是以正道为当位所信任，得行其志，获乎上而得行其正道，是以吉也。他卦初上爻不言得位失位，盖初终之义为重也。《临》则以初得位居正为重。"

可见，初九爻的基本含义是初九之应六四，非以其威势，而是以其贞正之德，使六四感而相从。因为初九爻以阳居阳，以阳应六四之阴，动机纯正，自然吉利平安。《易经》作者以此立象，意在警示统治者宜以感化的政策治国安民，以公正之心事天临民。孔子云："导之以政，齐之以刑，民免而无耻。导之以德，齐之以礼，有耻且格。"《临》之初爻立象，实与孔子之语有异曲同工之妙。

【原文】

　　九二：咸临，吉，无不利。

【译文】

　　九二：以德化民，至为吉祥，无所不利。

【品鉴】

　　《易传·系辞下》云："二多誉"，因二爻居下卦之中位，故多誉。九二爻居下卦之中位，是以刚得中。然其位不正，凭理而论，九二之阳刚宜升到上卦九五尊位，方为得正。但九二爻以阳居阴仍被《易经》作者称为"吉，无不利"的原因，除了因为九二居内卦之中位外，还因为上有六五之阴爻与之相应，六五阴柔，九二阳刚，是为刚柔相济之象。又加之九二之上计有四阴，此四阴爻皆有谦让息退之象，而阳气则在不断上升，故卦有以阳息阴之象。此时要求九二爻必须具有刚正中庸之德，才能感召群阴，顺其天命。

汉人虞翻则用互体解释此爻之吉，其云："得中多誉，兼有四阴，体《复》：初，元吉。故无不利。"意谓《临》自九二爻至上六爻五画连互而成《复》卦，故九二爻恰为《复》卦之初爻，而《复》之初九爻辞为："不远复，无祗（zhī，大也）悔，元吉。"也就是说，虞翻认为九二之吉，除了因为其"得中多誉，兼有四阴"除这两方面的原因外，还有一个重要原因就是《临》卦体《复》，而《复》之初爻有"元吉"语。

程颐说："二阳方长而渐盛，感动于六五中顺之君，其交之亲，故见信任，得行其志，所临吉而无不利也。吉者已然，如是故吉也。无不利者将然，于所施为，无所不利也。"朱熹则说："刚得中而势上进，故其占吉而无不利也。"

由此可见，九二爻说的是下者卑者以刚正仁德感应于上者和尊者。在这种情况下，要求下者和卑者须刚柔相济，威德并用。

【原文】

六三：甘①临，无攸利；既忧之，无咎。

【译文】

六三：以甜言蜜语教化百姓，治理国家，没有任何好处。明白了这个道理，并积极改正，就不会有什么灾祸。

【注释】

①甘：美言，甘言，动听的话。

【品鉴】

《象传》解释这一爻说："甘临，位不当也。既忧之，咎不长也。"

《临》卦下为兑，上为坤，六三爻处下卦兑之上位，兑为口为悦，坤为土，《洪范》云："土爰稼穑，作甘。"以兑悦之口上衔甘甜之坤土，是为"甘临"。又因六三爻以阴居阳，位不当也；其所应上六，亦为阴爻，阴阴相斥无正应也。故云"无攸利"。但六三爻既自知失位且无正应，忧而能改，自当无咎。所以，只凭甜言蜜语临民是没有利的。明白了这个道理并积极改正，就不会有灾害。

程颐说："三居下之上，临人者也。阴柔而说体，又处不中正，以甘说临人者也。在上而以甘说临下，失德之甚，无所利也。兑性既说，又乘二阳之上，阳方长而上进，故不安而益甘。既知危惧而忧之，能持谦守正，至诚以自处，则无咎也。邪说由已，能忧而改之，复何咎乎？"（《程氏易传》）朱熹曰："阴柔不中正，而居下之上，为以甘说临人之象，其占固无所利。然能忧而改之，则无咎也。勉人迁善，为教深矣。"（《周易本义》）

《临》卦需要的是行动，是求真务实，是情为民所系，利为民所谋，权为民所用，而不是甜言蜜语、巧言令色。临民治国需要的是切实的行动，而不是花言巧语。所以，该爻的基本含义是六三阴爻居阳，不中不正，又无正应，处兑悦之上，衔坤土之甘，可谓无势无德，于是，便以甜言蜜语为饵统治众人，这自然是不利的。但因"临"之时，其势至大，阳刚正气处于方盛长进之时，六三爻若能觉悟到自身之局限，克服柔弱不正之缺陷，变而为阳则成《泰》，如是则可吉而无咎。六三爻的基本含义在于警示领导者，不能以甜言蜜语哄骗百姓，而应以中正阳刚之德监临万民。朱熹在《周易本义》中称这一爻"勉人迁善，为教深矣"。

【原文】

六四：至①临，无咎。

【译文】

六四：以极为亲近的态度和方式教化百姓，治理国家，就没有灾祸。

【注释】

① 至：极点。这里有亲密的意思。《周易折中》引王宗传曰："四以上临下，其与下体最相亲，故曰至临。以言上下二体，莫亲于此也。"

【品鉴】

"至临"是相对于下卦来说的。六四爻居上卦之下，下卦之上，领导下体，亲密之至。《象传》在解释这一爻时说："至临无咎，位当也。"从卦象上看，六四爻以阴居阴，故为当位。六四爻居外卦之下，下应内卦之初九阳爻，是为正应。当位而又有正应，自当无咎。正是在此意义上，朱熹说："处得其位，下应初九，相临之至，宜无咎者也。"

程颐说："四居上之下，与下体相比，是切临于下，临之至也。临道尚近，故以比为至。四居正位，而下应于刚阳之初，处近君之位，守正而任贤，以亲临于下，是以无咎，所处当也。"

由此可见，六四爻以阴居阴，可谓自身正当，又与下卦阳刚之初九爻相应。自身正当，又能选用贤能之士，这是领导者应有的态度。以这种态度治国安民，天下自会平安大治。孔子说："其身正，不令而行。其身不正，虽令不从。""苟能正其身矣，于从政乎何有？不能正其身，于正人何？"（《论语·子路》）孔子的这一思想无疑与《易经》有着极为密切的关联。

【原文】

六五：知①临，大君之宜②，吉。

【译文】

六五：以仁德和智慧来教化百姓、治理国家，是君主应该做的事情，能做到这一点就是吉利的。

【注释】

① 知：同"智"。可译为"智慧"。

② 宜：应该，应当，适宜，合宜。这里指适宜做的事情，应该做的事情。《说文解字》说："宜，所安也。"

【品鉴】

六五爻以阴柔处上卦之中位，又为《临》卦之尊位。处尊位而内有柔顺中正之德，外又感于九二阳刚之爻，犹如知人善用，以刚健有为之臣辅佐自己君临天下。正如《易纬·乾凿度》所云："临者，大也。阳气在内，中和之感，应于盛位。浸之大化，行于万民。故言宜处王位，施大化，为大君矣。"

程颐《程氏易传》在解释这一爻时说："五以柔中顺体居尊位，而下应于二刚中之臣，是能倚任于二，不劳而治，以知临下者也。夫以一人之身，临乎天下之广，若区区自任，岂能周于万事？故自任其知者，适足为不知。唯能取天下之善，任天下之聪明，则无所不周。是不自任其知，则其知大矣。五顺应于九二刚中之贤，任之以临下，乃己以明知临天下，大君之所宜也，其吉可知。"

元人王申子说："六五以柔中之德，任九二刚中之贤，不自用其知，而兼众知，为知之大，是宜为君而获吉也。"元人胡炳文也说："《临》是以己临人，五虚中，下应九二，不任己而任人，所以为知，所以为大君之宜。"

儒家认为，一个人若既能做到"仁"，又能做到"智"，那他就是圣人了。这就是儒家所说的"仁且智，圣也"。

由此可见，六五爻的基本含义是领导者应有谦逊中正之道，应注意调动众人的积极性，尤其是应注意调动那些有中正之德而又刚健有为的贤臣的积极性，应当不任己而任人，不自用而用人，兼众人之知，方可为知之大。《中庸》曰："唯天下之至圣，为能聪明睿知，足以有临也。"毫无疑问，《中庸》的这一表述，其思想渊源就在《易经》当中。此外，该爻立象，还突出了"尚中"观念，《象传》释此爻曰："大君之宜，行中之谓也。"从《易经》作者所立该爻的爻象来看，儒家之中庸思想、中道观念，在这里也已以萌芽的形式出现了。

【原文】

上六：敦①临，吉，无咎。

【译文】

上六：以敦厚之心教化百姓，治理国家，必获吉祥，不会有什么灾祸。

【注释】

① 敦：敦厚。

【品鉴】

该爻处《临》卦之终位，根据惯例，六十四卦之终位往往预示着事物发展到了亢盛强极的地步，故多有穷厄之象。但该爻不取"极"义。对此，明朝杨启新解释说："处《临》之终，有厚道焉，教思无穷，容保无疆者也。如是则德厚而物无不载，道久而化无不成。"盖临之为道，不可以穷，故《易经》作者不取"极"义，而止于"敦"义。

从卦象上看，上六爻应与六三相应，但是，正如《象传》所说："敦临之吉，志在内也。"这里的"内"应指九二阳刚之爻。上六阴柔至极，以尊应卑，以高从下，以贤取善，可谓敦厚之至，故当吉而无咎。因此，该爻立象，旨在警示领导者应有敦厚爱人之心，有礼贤下士、知人善用之能。正如《尚书·洪范》所说："沈（同沉）潜刚克，高明柔克。"

至此，我们可以看到，《临》实际上讲的是古代领导者的一种治民之术，它从不同方面说明了君主应如何统治臣民，尊者如何统治卑者的道理。具体地说，这种治国安民之术，应包括如下三点内容：第一，治国安民的关键在于坚守正道，该卦卦辞说："元亨利贞"，讲的就是这一道理；第二，治国安民应坚持中道原则，该卦对九二、六五两爻的褒扬，恰好说明了这一点；第三，治国安民应根据时空条件的变化，因时制宜，当地位居于下时应以刚直中正之德感应于上，取信于上，以便得行其志，得行其道；当地位处于上而又自身力量不足时，则应取天下之善，任天下之贤，兼天下之知，而不可自取、自任。《临》卦所表现出的这些治国安民的基本原则，同后来儒家思想的实质和核心，即治国安民的社会实践，有着极为密切的渊源关系。我们认为，《临》卦阐述了治国安民的具体策略。从《临》对治国安民策略的描述中，我们不难发现，儒家仁政爱民、正身律己和注重德治教化的思想，在《易经》中早已见其端绪。

二十

观民知君 观化知政 [观]

《序卦传》说:"临者,大也。物大然后可观,故受之以观。"

如果说,《临》卦是讲治民的态度方法,是侧重于过程来说的话,那么,《观》卦讲的则是治民的结果,是对治理国家的结果的考察。这一卦强调,考察的立足点是"民",而不是君。

程颐在《程氏易传》中对《观》的含义做出了如下解释:"凡观始于物则为观,为观于下则为观。如楼观谓之观者,为观于下也。人君上观天道,下观民俗,则为观;修德行政,为民瞻仰,则为观。风行地上,遍触万类,周观之象也。二阳在上,四阴在下,阳刚居尊,为群下所观,仰观之义也。在诸爻,则惟取观见,随时为义也。"

我们认为,《观》卦也是讲如何治国安民和具体的政治实践的专卦。该卦要求统治者必须按照国中百官庶民的具体情况来决定自己施政之策的进退黜陟("观我生,进退"),它要求统治者既要审视自己国内生民的具体情况("观我生"),又要熟悉他国的风土民情与政治状况("观其生"),只有如此,才能不断完善自己的政治统治。这里已隐约可见儒家民本思想之萌芽。

☷☴观：盥而不荐，有孚颙若。

初六：童观，小人无咎，君子吝。

六二：阚观，利女贞。

六三：观我生，进退。

六四：观国之光，利用宾于王。

九五：观我生，君子无咎。

上九：观其生，君子无咎。

【原文】

观①：盥②而不荐③，有孚④颙若⑤。

【译文】

《观》卦的基本意蕴是，从事观民观国一类重大的事情时，要把握两点：一是要抓住根本，比如说观看祭祀这样神圣的事情，观大而不观细，观"盥"而不观"荐"；二是要怀有诚信谦恭之心，表现出仰慕崇敬之貌。

【注释】

① 观：卦名。有观看、观察、观仰之义。

② 盥（guàn）：盥礼。马融认为，"盥礼"是指"进爵灌地以降神也"，就是净手后，双手捧杯，把酒洒于地上，奉献神灵，让神灵

降临，这是古代祭祀中最为盛大和重要的环节。但是，朱熹认为，"盥，将祭而洁手也。""洁手"是"盥礼"的重要环节，但是，把"盥礼"仅仅归结为"洁手"，则不能尽"盥礼"之全，不妥。

③荐：荐礼。马融认为，"荐礼"是指神降临以后举行的进献祭品的仪式。祭品包括"酒"和"食"。朱熹说："荐，奉酒食以祭也。"

④孚：诚信。

⑤颙（yóng）若：昂首敬仰，崇敬仰慕之貌。颙，大头，引申为大。

【品鉴】

《观》卦辞云："盥而不荐，有孚颙若。"马融对此句的解释是："盥者，进爵灌地以降神也，此是祭祀盛时。及神降荐牲，其礼简略，不足观也。'国之大事，唯祀与戎'。王道可观，在于祭祀。祭祀之盛，莫过初盥降神。"王弼《周易注》亦云："王道之可观者，莫盛乎宗庙。宗庙之可观者，莫盛乎盥也。至荐，简略不足复观，故观盥而不观荐也。"孔颖达亦云："观盥礼盛则休而止，是观其大，不观其细，此是下之效上，因观而皆化之矣。"

《观》之卦辞的基本含义就是：观仰之时，在观看完了以祭酒灌地而降神的盛礼以后，后面的繁缛细礼，就不需再看了。因为此时，观者的心中已充满了庄严诚敬之情。孔子曾说："禘自既灌而往者，吾不欲观之矣。"(《论语·八佾》)意谓像禘祭这样只有天子才能举行的盛大祭礼，从第一次献酒降神以后，我就不想再看了。不难看出，孔子此语与《观》卦之"盥而不荐"无疑具有密切的渊源关系。《论语》中还说："祭如在，祭神如神在。子曰：'吾不与祭，如不祭。'"(《八佾》)意谓孔子祭祀祖先的时候，便好像祖先真的在那里；祭祀神的时候，便好像神真的在那里。他说：自己若是不能亲自参加祭祀，与其请他人代理，还不如不去祭祀。

由此我们可以看出，孔子对于祭祀的虔诚信恭谦态度。孔子祭神时的这一态度，与《观》卦辞所云："有孚颙若"，无疑具有相通之处。

不仅如此，而且《观》卦是把"盥而不荐"这样一种重大的祭祀活动同治国安民的政治活动联系在一起。这一点，也与孔子思想有相通之处。据《论语·八佾》载："或问禘（dì）之说。子曰：'不知也。知其说者之于天下也，其如示诸斯乎！'指其掌。"意谓有人向孔子请教关于禘祭的理论。孔子说："我不知道。通晓了禘祭之礼的人，对于治理天下这样的大事，就如同把东西放在这里一样容易了。"孔子一边说着话，一边指着自己的手掌。可见，孔子也是把祭祀同治国安民的社会实践紧密地结合在一起。

【原文】

初六：童观①，小人②无咎，君子③吝④。

【译文】

初六：像幼童一样观视万物，对于一般百姓来说不会有什么灾祸，对于君子来说就遇到困难和麻烦。

【注释】

① 童观：像幼童一样观仰万物。童，儿童。

② 小人：老百姓。这里的小人没有道德意义上的贬抑。程颐说："小人，下民也。"

③ 君子：领导者。

④ 吝：悔恨，遗憾，耻辱，行难。这里有做事困难的意思。《说文解字》说："吝，恨惜也。"

【品鉴】

《观》之初六爻，阴柔在下，不能远见，故有"童观"之象，以取童蒙幼稚之观。一般老百姓若像蒙童一样幼稚地观察问题，倒也无妨。但作为统治者若持童观，其明不见，其见不远，其道不盛，就有困难和麻烦了。

《象传》说："初六童观，小人道也。"《周易折中》引王弼说："观之为义，以所见为美者也，故以近尊为上，远之为吝。"朱熹《周易本义》说："卦以观示为义，据九五为主也。爻以观瞻为义，皆观乎九五也。初六阴柔在下，不能远见，童观之象，小人之道，君子之羞也。"程颐《程氏易传》说："六以阴柔为质，居远于阳，是以观见者浅近，如童稚然，故曰'童观'。阳刚中正在上，圣贤之君也，近之则见其道德之盛，所观深远。初乃远之，所见不明，如童蒙之观也。小人，下民也，所见昏浅，不能识君子之道，乃常分也，不足谓之过咎。若君子而如是，则可鄙吝也。"

【原文】

六二：阚①观，利女贞②。

【译文】

六二：偷偷地观视万物，对于女子恪守正道来说是有利的。

【注释】

① 阚：通"窥"，偷看，窥视。
② 贞：中正，诚信。

【品鉴】

初六爻讲小人之观，六二爻讲女子之观。

侯果认为这一爻"得位居中，上应于五。窥观朝美，不能大观。处大观之时而为窥观，女正则利，君子则丑也。"意谓六二爻以阴居阴，又上应于九五阳刚之爻，但由于其阴柔处中，居内而观乎外，故不能尽见大观之美。盖二应于五而又意欲观于五，但九五乃刚阳中正之爻，非六二阴暗柔弱所能观见也。因而，六二之于九五，虽见之而不能甚明，如是于女子守正则为有利，于男子则不可。正如元人胡炳文所说："窥观，是所见者小而不见全体也。占曰：'利女贞'，则非丈夫之所为可知也。"亦如朱熹所云："阴柔居内而观乎外，窥观之象，女子之正也，故其占如此。丈夫得之，则非所利矣。"

因此，六二爻的基本含义是统治者在观察问题时不应过于偏狭，不应一叶障目，也不应从门缝中看人。在昏暗阴柔的地方偷窥光明刚正的贤尊，于女子利于守正则可，于男子汉大丈夫，则实为可羞。故《象传》云："窥观，女贞，亦可丑也。"

【原文】

六三：观我生①，进退。

【译文】

六三：观察我生民的社会教化和文明状况，以决定自己施政方针的进退。

【注释】

① 生：姓。"我生"，即我的部族百姓。"生"乃"姓"之本字。金

文"百生"即"百姓",《伯吉父盤》曰:"其惟诸侯百生。"百生,即百姓也。但古之百姓与今之百姓,其义不同,伪《孔传》曰:"百姓,百官。"李镜池先生在《周易通义》中说:"我生:即我姓,生,姓本字。金文'百生'即'百姓'。百姓是各族首领,我姓是亲族首领。"百姓由百官之义稍加引申,则为"庶民"。

【品鉴】

对"我生"的理解,注家有不同看法。《程氏易传》认为:"观我生,我之所生,谓动作施为出于己者。"朱熹《周易本义》认为,"我生,我之所行也。六三居下之上,可进可退,故不观九五,而独观己所行之通塞以为进退,占者宜自审也。"

孔颖达曰:"三居下体之极,是有可进之时;又居上体之下,复是可退之地。远则不为童观,近则未为观国,居在进退之处,可以自观我之动出也。故时可,则进;时不可,则退,……故曰:'观我生进退'也。"以上三说,皆释"我生"为"我之所行",似不妥。

从卦象上看,"我生"当释为我之生民。汉人虞翻曰:"坤为我","生,谓坤生民也。""巽为进退",故云:"观我生,进退。"荀爽云:"我,谓五也。生者,教化生也。"因此,从卦象上看,此爻当释为观察我生民的社会教化和文明状况,以决定自己施政方针的进退。

从字面上看,"观我生,进退",当释为统治者应注意考察自己的百官庶民,了解其喜怒哀乐,洞悉其文明教化状况,以决定自己施政方针之陟黜进退。这与儒家所倡导的"天视自我民视,天听自我民听"的精神是基本一致的。从这里,我们还可以看到后世儒家"民本"思想的萌芽。

【原文】

六四：观国之光①，利用宾于王。

【译文】

六四：观视国家的光辉盛治的景象，有利成为君主的宾客。

【注释】

① 光：光彩，风采。这里指国家的礼仪制度等方面的文明成果。

【品鉴】

程颐《程氏易传》以义理诠释此爻，可谓深得此爻之精义，其云："观莫明于近。五以刚阳中正居尊位，圣贤之君也。四切近之，观见其道，故云：'观国之光。'观见国之盛德光辉也。不指君之身而云国者，在人君而言，岂止观其行一身乎？当观天下之政化，则人君之道德可见矣。四虽阴柔，而巽体居正，切近于五，观见而能顺从者也。'利用宾于王'：夫圣明在上，则怀抱才德之人，皆愿进于朝廷，辅戴之以康济天下。四既观见人君之德，国家之治，光华盛美，所宜宾于王朝，效其智力，上辅于君，以施泽天下，故云'利用宾于王'也。古者有贤德之人，则人君宾礼之。故士之仕进于王朝，则谓之宾。"

虞翻从卦象的角度解释此爻，与程氏之意甚合。其云："坤为国。《临》阳至二，天下文明。反上成《观》，尽显天位，故'观国之光'。王，谓五阳。阳尊宾坤。坤为用，为臣。四在王庭，宾事于五，故'利用宾于王矣'。"《观》卦下坤上巽，坤为国家，也为大臣。《观》又是《临》的反对之卦，《观》为从下往上看，《临》为从上往下看。《临》阳至二，且有阳气浸长之象，故云天下文明。其反象成《观》后，表明君之贤德，国家之光华盛美尽显于上，故云：观国之光。六四阴爻居阴，在上卦巽之最下方，位于王庭之侧，适于辅佐君主。

可见，在古人眼中，国之光华盛美与君之贤德圣明是紧密联系在一起的，由一国之风俗民情，可知君主之德行情操。历代统治者多重"观光"之礼，其缘由大致渊源于此。

【原文】

九五：观我生①，君子②无咎。

【译文】

九五：观视我生民的社会教化和文明状况，对于君子来说不会有什么灾祸。

【注释】

① 我生：生民，百姓。
② 君子：领导者。

【品鉴】

《象传》解释这一爻说："观我生，观民也。"王弼《周易注》曰："观我生，自观其道也"；九五爻"居于尊位，为观之主，宣弘大化，光于四表，观之极者也。上之化下，犹风之靡草。故观民之俗，以察己道。百姓有过，在予一人。君子风著，己乃无咎。上为化主，将欲自观，乃观民也。"《周易集解》引虞翻曰："我，身也，谓我生。生，谓生民。""坤为民，谓三也。坤体成，故观民也。"《程氏易传》亦云："我生，出于己者。人君欲观己之施为善否，当观于民，民俗善则政化善也。"孔颖达曰:"九五居尊,为《观》之主。四海之内,由我而观,而教化善,则天下有君子之风;教化不善,则天下著小人之俗。故观民以察我道,有君子之风者,则无咎也。故曰:观我生,君子无咎。"

　　九五爻的基本含义是统治者应注意观察自己的庶民百姓,观察天下之教化、四海之民俗。若天下之俗都合于君子之道,那么自己的施政教化就善而无咎;若天下之俗未合君子之道,就表明自己的施政教化未善,因而,也就难免于咎。因此,此爻之要义在于告诫统治者应体察民情,充分了解百姓的忧乐疾苦。《论语·子张》载:"子贡曰:君子之过也,如日月之食焉。过也,人皆见之;更也,人皆仰之。"毫无疑问,子贡的这段话,若追究溯源,其本当在《观》之此爻。因此,与六三爻一样,该爻亦隐约可见后世儒家"民贵君轻"、以民为本思想的端倪。

【原文】

　　上九:观其生[①],君子无咎。

【译文】

　　上九:观视其他国家百姓的社会教化和文明状况,君子就没有灾祸。

【注释】

　　① 其生:其他国家的老百姓。

【品鉴】

　　"其生",高亨、李镜池二先生都释为他国之百姓,于卦理甚合。上九爻处外卦之上,应有他国之意。因此,该爻的基本含义是要求统治者不仅要注意观察自己的庶民百官,同时还应注意观察其他国家的庶民百官，注意考察其他国家的风土民情和政治举措加以借鉴。只有既知内，又知外，国内、国外都保持安定，才能保证不会有险难之事发生。

贯彻《观》的核心思想是观民知君，观化知政。卦辞要求统治者应抓住"礼"的根本，而不应拘泥外表的繁文缛节，正如孔子所云："礼，与其奢也，宁俭。丧，与其易也，宁戚。"（《论语·八佾》）意谓就一般礼仪来说，与其奢侈铺张，勿宁朴素俭节；就丧礼来说，与其礼仪面面俱到，勿宁过度悲哀。《礼记·檀弓上》载子路言曰："吾闻诸夫子，丧礼与其哀不足而礼有余也，不若礼不足而哀有余也。祭礼，与其敬不足而礼有余也，不若礼不足而敬有余也。"因此，儒家言礼，重礼之本而轻礼之末，故孔子云："禘自既灌而往者，吾不欲观之矣。"凡此等等，皆表明了儒家思想与《易经》《观》卦之渊源。《观》六爻爻辞要求统治者在观察问题时不能如童蒙一样，其明不显，其见不远（初六）；也不能像偏狭的女性那样，一叶障目，不能见大道之全（六二）；而应充分考察自己的庶民百官，洞悉其喜怒哀乐，以决定自己的施政之进退（六三）；对于一般官吏而言，观国家之光华，君主之贤德，以效其智力，上辅于君，下泽天下（六四）；对于君主来说，应注意观俗之美恶、民之忧乐，以明自己政治之善否（九五）；统治者还应注意观察他国风俗之善恶，臣民之从违，以知自己政治之得失举废，从而，保持内外祥和安定之局面（上九）。

从《观》中，我们可以寻找到后世儒家以治国平天下的社会实践为其思想指归的根本特征的踪影。正是在此意义上，我们认为《易经》中蕴含着儒家思想的许多萌芽，是儒家思想之源头。

二十一

明罚敕法 以法治国 [噬嗑]

《序卦传》曰："可观而后有所合，故受之以噬嗑。嗑者，合也。"可以受人观仰而后才能上下融合，《噬嗑》卦继于《临》《观》之后，实际上意在说明国家施政临民，不可缺少刑狱，也就是强调法治的重要性。

国家社会的有序化，除了道德的规范，还要有法律的约束，这在很早的时候已经是人们的共识。早在《尚书》就有"无党无偏，王道平平"的说法。孔子曾说："刑法不中，则民无所措手足。"(《论语·子路》)欧阳修讲："信义行于君子，而刑戮施于小人。"(《纵囚论》)这些都是在说明法治严明的重要性。《噬嗑》卦以颐中有梗，通过咬噬而使之合的形象比拟，申明"明罚敕法"的方法和意义。在古人眼中，"噬嗑"已经成为明刑断狱、铁面无私的"法德"象征。

䷔噬嗑：亨。利用狱。
初九：屦校灭趾，无咎。
六二：噬肤灭鼻，无咎。
六三：噬腊肉，遇毒；小吝，无咎。
九四：噬干肺，得金矢，利艰贞，吉。
六五：噬干肉，得黄金，贞厉，无咎。
上九：何校灭耳，凶。

【原文】

噬嗑①：亨。利用狱②。

【译文】

《噬嗑》卦表示：循礼则亨通，有利于施行刑法。

【注释】

① 噬嗑（shì hé）：噬是啮（niè）的意思，即用牙咬，《说文》："啮，噬也"，"噬，啖（dàn）也，喙（huì）也。"嗑同盍，是合的意思，《尔雅·释诂》："盍，合也。"《易传·序卦》："嗑者，合也。"噬嗑两字皆从口，从字面上看，即以牙咬物使之合。

② 利用狱：这里以"狱"来指代"刑法"。

【品鉴】

　　《易经》用"口"为象征，以"吃"做比喻来叙事说理的有两卦，其中之一是《颐》，另一卦就是《噬嗑》。《颐》卦卦形☶☳，上下两刚，中间四柔，上下实而中间虚，上边艮止，下边震动，这个卦形就像张开嚼东西的嘴，"颐"的本义就是人的腮。如果把《颐》卦的六四爻变阴为阳，在中虚之中添了一根刚爻，就变成了《噬嗑》☲☳，这个卦形，初九象征着下颚，上九象征着上颚，六二、六三和六五象征着牙齿，九四一根阳爻象征着横亘在口中的作梗之物。口中有物，则隔其上下使之不得合，所以口要合拢，势必要用上下齿咬碎九四，这也就是"噬嗑"的原始意思。由此引申开去，天地之生，万物之成，都是有合而后方能遂，凡是未能合者，都是有异物相梗塞，这个梗塞的异物，有时是具体的、有形的，但更多的是抽象的、无形的，比如君臣父子夫妇朋友之间有乖离、悖逆、仇怨、嫌隙等不合的，都是由于有谗邪间于其中，能去除掉这些梗塞，天地万物也就和合了。圣人取象《噬嗑》，效法其以齿啮物而使之合的方式，用刑法的手段去除影响社会和谐的梗塞之物，小用惩戒，大则诛戮，然后社会的总体和谐才能得以成就。

　　《噬嗑》下震上离的卦象也表达了同样的意思。下震为雷，上离为电，雷动而威，电闪而明，统治阶级观察雷电之象，在刑法断狱之道上效法其威明并兼，相须而备。如果威而不明，不能详察，恐怕会失之于昏庸泛滥；如果明而不威，威慑不足，力度不够，那么也不能让作奸犯科者伏罪。《象传》曰："雷电噬嗑；先王以明罚敕（chì）法"，讲的就是明威要相合而用，"明罚"侧重于强调立法的层面，事先申明犯什么罪要受什么惩罚，让民众有所规避，不致于犯法受刑；敕即整饬、整顿，"敕法"侧重于强调执法的层面，就是要肃正、执行法令的权威，有法必依，执法必严，使法律的权威得以体现，让民众不敢去违法乱纪。这种前有明诫,后有严惩的防范与制裁相结合的手段,《象传》称之为"刚柔分,动而明,雷电合而章"。可是在这一句的后面,《象传》接着说"柔得中而上行,虽不当位,利用狱也",不当位却利于施用刑法,这是什么原因呢?根据卦变的理论,《噬嗑》是由《否》☷变化而来,《否》之初六阴爻上行至五,居于上体的中位,同时九五阳爻下行居初,就变成了《噬嗑》,这就是"柔得中而上行"的含义。"虽不当位"是指以柔居五之尊位,从形式上看这是不当位;但治狱行法之道,过刚则近乎残暴严酷,过柔则流于宽纵姑息,所以作为治狱之主的六五能以柔处刚而得其中,毫无疑问,这样的总体形势有利于司法刑狱的严明与公正。

【原文】

初九:屦①校②灭③趾,无咎。

【译文】

初九:给犯人戴上脚桎而使足趾被遮没甚至受点伤,没有灾祸。

【注释】

① 屦(jù):即履,《说文》:"屦,履也。"段玉裁注:"今时所谓履者,自汉以前皆名屦。"本义是鞋子,这里用作动词,解为践踏之义,犹言"足着"。

② 校(jiào):木质的刑具,类似于脚桎之类。《说文》:"校,木囚也。"古代刑具施之于足的叫作桎,施之于项的叫作枷,施之于手的叫作梏。统称为校,这里的校就是桎。

③ 灭:灭没,遮没。这里是说脚桎施加于足上而遮没了脚趾,西晋干宝曰:"灭,没也。言履校于足而遮没其趾,非伤灭其趾之谓也。"

尚秉和先生将"灭趾"释为"有类于刖刑",那就成了砍掉了脚趾,此爻重点在于说明对于初犯而且罪小的犯人用轻刑惩戒,使之能够悔改,如果一上来就砍掉脚趾,似乎不妥。

【品鉴】

初爻居于卦之最下,属于无位之下民;上爻居尊位之上,过于尊位,也是无位之地。在《噬嗑》卦中,初、上无位为受刑之象,中间四爻为用刑之象。初九处在卦始,罪薄过小,所以量刑较轻,仅用脚桎惩戒,目的在于使之警醒戒惧,不敢进而为非作歹。《小象传》曰:"屦校灭趾,不行也",这个"不行"就是及时禁锢制止他的犯罪行动,使他悬崖勒马。如果屡教不改,再论其重罪。王弼说:"凡过之所始,必使于微,而后至于著。罚之所始,必始于薄,而后至于诛。"在初犯时通过小小的惩罚,让他懂得不要再往罪恶的深渊迈进了,这对犯罪的小人来说确实是他的福分。怪不得孔子在读到此爻时感慨说:"小人不耻不仁,不畏不义,不见利不劝,不威不惩。小惩而大诫,此小人之福也。《易》曰:'屦校灭趾,无咎',此之谓也。"

【原文】

六二:噬肤①灭鼻②,无咎。

【译文】

六二:咬噬无骨的脆肉连鼻子都能没进去一样,没有灾祸。

【注释】

①肤:柔脆的无骨之肉,《广雅·释器》:"肤,肉也。"

② 灭鼻：指肉柔脆至极，嘴巴能轻易咬进肉里，甚至连鼻子也能没进去。

【品鉴】

从第二爻到第五爻都是用刑者。六二居位既中且正，用刑也得其中正，用刑中正则受罚者心悦诚服，这里用噬咬柔脆的肤肉来比喻治狱顺利，很容易就达到使受刑人服罪的目的，用咬合以致"没鼻"的用力之大来比喻用刑深严。那么为什么要用力如此之大，量刑如此之严呢？《小象传》解释说："噬肤灭鼻，乘刚也"，初九是刚爻这个乘刚，就是乘凌初爻之刚，即用刑于刚强之人。惩戒刚强之人必须让他承受切骨深痛，六二以中正之道，易使人服，即使以严刑以待刚强，也是无所咎害的。

【原文】

六三：噬腊①肉，遇毒；小吝，无咎。

【译文】

六三：咬噬坚韧的腊肉，遇到毒味；小有憾惜，没有灾祸。

【注释】

① 腊肉：干肉。《周易集解》作"昔"，《说文》："昔，干肉也。"朱熹曰："'腊肉'谓兽腊，全体骨而为之者，坚韧之物也。"这是指将小兽整体风干，这样的腊肉往往坚韧难咬又有毒恶之味。

【品鉴】

六三居下体之上，是用刑者。然而其位不正，又不居中，自己不中不正，犯人自然不服而怨怼悖逆之。审理不顺反遭犯人的怨伤，这就像费力啃噬坚硬的腊肉，没吃到什么东西，还遭受毒恶之味的熏呛，程颐说："用刑而人不服，反致怨伤，是可鄙吝也"。但是《噬嗑》之世总是要噬而嗑之，用刑总是必要的，这个大方向没有错；同时六三顺承九四之阳，下不乘刚，虽然失正，但其刑不施于正顺者，也就是说用刑的对象也没有错；所以即使不顺"遇毒"，也仅是小吝，不致咎害。从这一爻我们看到，治理刑狱，一定要先正己位，己位不正则不能服众，六三的问题就在于其位未正而匆用刑法，故而《小象传》曰："遇毒，位不当也。"

【原文】

九四：噬干胏①，得金矢②，利艰贞，吉。

【译文】

九四：咬噬干硬的带骨之肉一样施刑不顺利，但是具备像金质箭矢一样的阳刚气魄，有利于在困苦中持守正固、会得到吉祥。

【注释】

① 胏（zǐ）：胏，带骨的肉脯。《释文》："马（融）云：'有骨谓之胏。'"《周易集解》引陆绩曰："肉有骨谓之胏。"连着骨头的干肉，是最难啃噬咬嚼的对象。

② 金矢：金，性坚；矢，形直。这里用金质的箭矢比喻九四刚直不阿的品德。

【品鉴】

　　从全卦来看，九四是横亘在口中的异物，是应该咬噬去除的对象；以六爻具体来看，九四又是刚直之才，居于近君之位，是担负着除去强梗障碍的用刑者。《易经》取象之灵活，从此处也可窥豹一斑。九四已居上体，办案的难度越来越大，比起六二的脆肤、六三的腊肉，九四用咬噬连着骨头的坚硬干肉来比喻要审理更加难以制服的犯人。好在九四具备一个优越的条件，就是"得金矢"，金比喻刚，矢比喻直，九四阳德刚直，又能不辞辛苦，能够做到在艰难的形势下持守正道，公正行法，无偏无私，那么再难啃的骨头也能啃下来，再难审的案子也能很好地办理下来。

　　宋人邱富国在分析对比九四和六五两爻所体现出来的刚柔、仁威的不同特点时说："惟四五两爻，能尽治狱之道。《象》以五之柔为主，故曰：'柔得中而上行，虽不当位，利用狱也。'利用之言，独归之五，而他爻不与焉。爻以四之刚为主，故曰'噬干胏，得金矢，利艰贞，吉。'吉之言独归之四，而他爻谓之无咎也。主柔而言，以仁为治狱之本。主刚而言，以威为治狱之用。仁以寓其哀矜，威以惩其奸慝。刚柔迭用，畏爱兼施，治狱之道得矣。"

【原文】

　　六五：噬干肉①，得黄金②，贞厉，无咎。

【译文】

　　六五：咬噬干硬的肉脯一样治狱不太顺利，只要具有黄金一样的刚坚中和气魄，持守正固并怀警惕戒惧之心去审理案件，没有灾祸。

【注释】

① 干肉：干硬的肉脯。比喻较难审理的案件。
② 黄金：黄是中色，金是刚硬之物，比喻六五具有黄金般刚坚中和的气魄。

【品鉴】

自六二噬肤开始，往上噬腊肉、噬干胏，一节难于一节，到了六五咬噬干肉，却变得比咬腊肉、干胏容易了。按理说，随着爻位的上升，在卦将至极之处，其中的坚梗异物应该越来越难啃了，这里为什么变得容易了呢？程颐讲："五居尊位，乘在上之势以刑于下，其势易也。"此言甚是。六五位居阳刚尊高之位，又处中和不偏之所，已经具备了黄金一样刚坚中和的气魄，以此位、此德去治理刑狱，过程自然不甚艰难。六五体柔，仁德高尚，在案件的审理过程中每一处都心怀畏惧，谨慎从事，在秉公执法、坚守正道的前提下认真细致，避免冤枉一个好人，这就是"贞厉"的含义。明代谷家杰通过九四的臣位和六五的君位，来对比阐释前者的"利艰贞"和后者的"贞厉"时说："四先'艰'而后'贞'者，先以艰难存心，而后出入无不得其正；此狱未成之前，详审之法，人臣以执法为道也。五先贞而后厉者，虽出入无不得正，而尤以危厉惕其心；此狱即成之后，钦恤之仁，人君以好生为德也。"

【原文】

上九：何①校灭耳，凶。

【译文】

上九：身受项戴木枷，伤灭耳朵的重刑，有凶险。

【注释】

① 何：通"荷"。《释文》："何，本亦作荷。王肃曰：'荷，担也。'"《诗经·曹风·候人》中有"彼候人兮，何戈与祋"的诗句，即是此义。

【品鉴】

《噬嗑》卦讲的是明罚敕法，上九以穷亢之阳处无位之地，因为其自逞阳刚，集小恶而成大罪，故而最后被绳之于法，颈项被戴上木枷。孔子感慨说："善不积不足以成名，恶不积不足以灭身。小人以小善为无益而弗为也，以小恶为无伤而弗去也。故恶积而不可掩，罪大而不可解。《易》曰：'何校灭耳，凶'也。"这不由让我们想起《坤》卦初六的"履霜坚冰至"和《坤·文言》中"臣弑其君，子弑其父，非一朝一夕之故，其所由来者渐矣"的话。老子曾讲："合抱之木，生于毫末；九层之台，起于垒土；千里之行，始于足下"（《老子·六十四章》），荀子曾说："不积跬步，无以至千里；不积小流，无以成江海"《荀子·劝学》，这都是提醒我们所有的质变都是在量变的基础上积累而成，无论是积极的、善的方面的积累，还是消极的、恶的方面的叠加，都是由一点点小事积聚而成，所以一定要防微杜渐，才能避免酿成大祸。《小象传》说："何校灭耳，聪不明也"，聪者，闻也，听也。《小象传》的意思大概就是指责上九最后遭受到"灭耳"之凶的原因，正在于平时听不进规劝的话而昧于那些邪僻乱法之言吧。

综观《噬嗑》全卦，正是通过颐中有物，噬而合之的取象拟比，来阐述明罚敕法之大义。初、上两爻为受刑者，前者初犯罪小，通过轻微的惩罚能对错误引起足够的重视，不仅无咎，而且是小人之喜；后者积罪深重，刑极其首而得凶。这上下两爻的鲜明对比告诉我们一定要防微杜渐，恶行积累到足以灭身的地步，就没有回头路可走了。中间四爻为用刑者，《周易折中》引李过曰："以六爻之位言之，五君位也，为治狱之主。四大臣位也，为治狱之卿，三二又其下也，为治狱之吏。"六二柔中得位，办案如噬肤灭鼻，比较轻松；六三不中不正，用刑而人不服，办案如噬腊肉之难；九四虽遇最难之干胏，但有刚直之德，最终获吉；六五位居尊贵，仁德高尚，办案如噬干肉难中有易，明罚敕法而使民服。各爻体现出的或顺或难的不同状态对于现代社会的司法工作也提供了很多可以借鉴的思路。

　　社会人际关系不能亨通畅达，原因有多方面，《噬嗑》卦主要探讨的是对作奸犯科者、影响安定者的施刑用狱，但"严刑重法"不能解决一切问题，君臣上下夫妇长幼之间的关系还需要"礼仪文化"去修饰，这就是下面《贲》卦的内容。

二十二

洗尽铅华 天然雕饰 [贲]

《序卦传》曰:"嗑者合也,物不可以苟合而已,故受之以贲。贲者,饰也。"人群合聚,社会处在和合状态的时候,必须要有等级名分、伦理秩序等外在礼仪的东西来文饰装点,所以《噬嗑》卦之后是《贲》卦。

生活充实了以后,继以精巧;政权巩固了以后,扬其声威,这些都是"文饰之道"。孔子曾说:"质胜文则野,文胜质则史,文质彬彬,然后君子。"(《论语·雍也》)《礼记·礼器》曰:"先王之立礼也,有本有文。忠信,理之本也;义理,礼之文也。无本不立,无文不行。"这说明古人在"尚质"的前提下,对"文饰"也相当地重视。《易经》中单独开出《贲》卦,集中阐释文饰之道,在哲理和美学方面都给我们留下了宝贵的资料。

䷕贲：亨。小利有攸往。

初九：贲其趾，舍车而徒。

六二：贲其须。

九三：贲如，濡如，永贞吉。

六四：贲如皤如，白马翰如。匪寇，婚媾。

六五：贲于丘园，束帛戋戋，吝，终吉。

上九：白贲，无咎。

【原文】

贲①：亨。小利有攸往。

【译文】

《贲》卦表示：文饰之道因循礼而行才能亨通。适当的文饰利于有所前往。

【注释】

① 贲（bì）：装饰、修饰的意思。《释文》："傅氏云：'贲，古斑字，文章貌。'郑云：'变也，文饰之貌。'"《说文》："贲，饰也。从贝，卉声。"古人穿贝而系之于颈，以为装饰，贝色有白、玄、黄、紫、文等多种，故而"贲"从贝而为杂色文饰之义。王弼说："饰贵合众，无定色也"，讲的就是这种情况。

【品鉴】

《贲》卦卦象下离上艮，《大象传》曰："山下有火，贲；君子以明庶政，无敢折狱。"前一句是说取象的由来，山之为体，层峰峻岭，峭险参差，本身已如雕饰，现在山下有火相照，山形百草焕彩，更加弥见文章，这种本质与现象的相互统一，就是文饰之道。后一句是讲君子看到《贲》卦之象而体会出来的哲理，"庶"即众多，君子观此卦象，应当效法离火之明，对众多政务明察洞悉，不敢遗漏；"敢"含"冒昧"之义，"无敢折狱"的意思不是不折狱，而是不敢冒昧从事。决断狱政，为事之大者，君子尤须讲究实证，全面考察，看到山下有火，仅仅照明山的一面，就会联想到人的认识观察往往也只限于事物的一个片面，在断狱之时，切不可因为自己认识的片面，在只有一面之词，只有一人一物之证的时候做出不适当的判断，所以慎之又慎，不敢冒昧折狱定罪。

《彖传》解释卦辞说："贲，亨；柔来而文刚，故亨，分刚上而文柔，故小利有攸往。（刚柔交错，）天文也；文明以止，人文也。观乎天文，以察时变；观乎人文，以化成天下。"关于"柔来而文刚""分刚上而文柔"的话还要从卦变的理论来理解才能解释得通，凡三阳三阴之卦，都是由《否》《泰》变化而来，《贲》即由《泰》☷之九二上升至上，上六下降到二变化而成，下体为内，上体为外，阴爻自外而内行故谓之"来"，阳爻自内往外行故谓之"分"，分即分开、分出的意思。《周易集解》引荀爽曰："此本《泰》卦，谓阴从上来，居乾之中，文饰刚道，交于中和，故'亨'也；分乾之二居坤之上，上饰柔道，兼据二阴，故'小利有攸往'矣。"汉代学风质朴严谨，讲求疏不破注，这样的优点是考证翔实，论据严整，但往往也容易墨守呆板，汉人荀爽严格按照《彖传》的叙述先后来加以说明发挥，按荀爽的说法，以柔文刚，这是"亨"的原因；以刚文柔，这是"利往"的原因，可难道"以柔文刚"就得不到"利往"的美好结果,"以刚文柔"就得不到"亨"的美好结果吗?在我看来《象传》解释卦辞的两句话并不是一一对应的关系,也就是说,并不是"柔来而文刚"的结果只是"亨"而没有"小利有攸往",也不是"分刚上而文柔"的结果只是"小利有攸往"而没有"亨"。实际上如果用"互文"的修辞方法来理解《象传》的这两句话就好懂了。古人著文简洁凝练,常用这种手法,即上下两句中的两个部分,看似各说两件事,实则是互相呼应,互相阐发,互相补充,说的是一件事。比如唐代著名边塞诗人王昌龄的诗句"秦时明月汉时关",这并不是只讲秦时的明月和汉代的边关,而是讲秦、汉时的明月和秦、汉时的边关,意思是在久远的岁月中和漫长的边防线上从未停止过战争。同样的道理,"柔来而文刚""分刚上而文柔"也不是一一对应来解释"亨"和"小利有攸往"的,而是共同来解释卦辞中的这两句,强调的是"刚柔相济""文质互补"的这种修饰手段能够使事情亨通畅达,在一定程度上对事情的进展有所利益。这样理解就避免了在"柔文刚才能亨通""刚文柔才能利往"的狭小空间里兜圈子了。

尤其值得一提的是,《贲·象》提出了"天文""人文"和"文化"的概念。王弼、孔颖达、朱熹等大易学家都认为在"天文也"的前面漏掉了"刚柔交错"四个字,此说甚是。"刚柔相错,天文也",天文即天的文采,表现在日月星辰的运行、风云雷电的变化,天的本质不可见,而这些刚柔交错的现象,却是人人都看得见。日往月来,寒往暑来,刚柔迭交,相互错杂,通过这些天地大自然变化文饰的情状,我们就可以知道四季变迁的规律,认识到天地的本质,所以说"观乎天文,以察时变"。"文明以止,人文也",这句话要跟卦象联系起来理解,下离为文明,上艮为止,止即《大学》中"止于至善"之义,说的是人的仁德本质也要表现为文明礼仪,通过社会的制度文化教育等,使人的外在文章灿明止于礼义，弘扬出人类的文采。而要弘扬这种人类的文采，只有通过推行诗书礼乐等教化的手段，使天下人循礼守法，各由其道，社会就能和谐安宁，这也是"文化"的内在含义。

【原文】

初九：贲其趾，舍车而徒①。

【译文】

初九：文饰自己的脚趾，舍弃大车自己徒步行走。

【注释】

① 徒：徒步行走。《说文》："徒，步行也。"

【品鉴】

《贲》卦下体为离，六二是主爻，以柔来文饰初九和九三两刚；上体为艮，上九是主爻，以刚去文饰六四和六五两柔。初九当文饰的初始之时，位卑处下，不敢贪求华饰，故而在六二之车（六二至六四互体为坎，坎为车）前来贲饰自己的时候，能够舍车而徒，通过自贲其趾的方式来表达自己守节处义，只文饰该文饰的地方，而不越礼去追求道义之外不属于自己的形式的东西。《小象传》曰："舍车而徒，义弗乘也"，指出初九对自己所处的地位有清楚的认识，从当前地位和形势这个意义上说，不应该乘坐大车，这种越礼而去额外修饰的做法丝毫没有必要，为初九阳刚所不取。

【原文】

六二：贲其须①。

【译文】

六二：文饰尊者的美须。

【注释】

① 须：面上的须毛。《说文》："须，面毛也。"古人称毛在口曰髭，在颊曰髯，在颐曰须。

【品鉴】

六二是柔来文刚，文刚之柔不能自立，必须要依附于刚，正所谓"皮之不存，毛将焉附"。六二阴柔得正，九三阳刚得正，二者在上体都没有正应，故而六二依附于九三而动，就像美须文饰着尊者的脸颊，周旋揖让，进退低昂，随面貌而动，使人的仪态举止文采可观。《小象传》曰："贲其须，与上兴也"，说明作为文饰的胡须不能自动，而必须受面颊的支配，随颐之兴而兴，随颐之止而止。《周易折中》引用何楷的话对此做了很好解释："须，阴血之形，而柔所以文刚者。然阴柔不能自动，必附丽于阳，如须虽有美，必附丽于颐也。大抵刚为质，柔为文，文不附质，焉得为文？故二必'贲其须'以从三，五必'贲于丘园'以从上。圣人右质左文之意，于此可见。"这就是说，从这一爻我们可以看到文饰的基本内涵：文当从质，文饰其质，文不掩质；文之动止都是由质所决定，事物的美丑善恶都决定于它的质，而不决定于它的文，即它的外在形式，所以我们在分析问题时更应该注意的是它的本质的东西。

【原文】

九三：贲如①，濡②如，永贞吉。

【译文】

九三：文饰得华艳绚丽，润泽得滋润，要永久地坚持守正才能得到吉祥。

【注释】

① 如：语气词。
② 濡：润泽。

【品鉴】

九三刚爻处在六二和六四两个阴爻之间，受到两个柔爻的装点，下有离火之文以自饰，上有坎水以自润（二三四中爻互坎），可谓是光被上下，已经到了很盛的程度，所以叫"贲如濡如"。王弼说："处下体之极，居得其位，与二相比，俱履其正，和合相润以成其文者也。既得其饰，又得其润，故曰：'贲如濡如'。"这种阳刚被阴柔文饰得美轮美奂的情形固然很好，但如果稍不留意就会走向事情的反面，贲饰得过了头，就会陷入以文灭质之祸，显得虚伪浮夸。孔子曾说："文胜质则史"，这个"史"意即虚伪浮夸，虚浮之道必难持久，要持久必须得遵循正道，久固其质，这样才能始终不会受人欺凌侮辱，也就是《小象传》所讲："永贞之吉，终莫之陵也。"所以，九三爻告诉我们的是，贲饰之道一定要适可而止，不能过度，只有永固其质才能不丧其文。

【原文】

六四：贲如皤①如，白马翰②如。匪寇，婚媾。

【译文】

六四：文饰得相当淡美，全身素白，坐下的白马也是那样洁净无瑕。前来应我的并非强寇，而是迎娶的婚配佳偶。

【注释】

① 皤（pó）：白的意思。《说文》："皤，老人白也。"《周易集解》："亦白，素之貌也。"

② 翰：发白为皤，马白为翰。《礼记》云："商人尚白，戎事乘翰。"郑玄注曰："翰，马白色也。"

【品鉴】

前面九三受上下两阴的文饰，已经到了至盛的地步，程颐称之为"贲之盛者也"，到六四已经脱离了下卦，处在上体艮的开始，是应该贲极而返素的时候了。《屯》卦六二曾有"屯如邅如，乘马班如。匪寇婚媾"的文辞，跟此爻辞表达的意思有些相近，我们可以看到二者都透露出一种疑惑不定、拿不准主意的情感，但前者重点在于表达艰难缓行之象，而此处是讲六四处在疑虑之中，一时不能做出决断的情形。这是因为，六四处在《贲》的时代，不能不崇尚文饰，但它又已离开了下体离明，更与初九"贲其趾"、不尚文饰的刚爻正应，有崇质返素之心，所以徘徊于两端一时不能自决，《小象传》说它"当位疑也"，正是对此而言。那么到底六四做出了怎样的决断，是选择色泽美艳"贲如"，还是选择淡雅素丽"皤如"呢？我们可以从骑乘"翰如"白马、翩翩而来的初九跟六四不是冲突戕害的对立双方,而最终成为婚配佳偶看到六四最终选择了后者,用素丽淡雅去装扮自己。这一爻,通过崇尚淡雅文饰、具有"皤如"性格的六四跟不尚华饰、安步当车的初九相应和的情形,我们已经可以体会到贲饰之道的一些端倪了。

【原文】

六五:贲于丘园①,束帛②戋戋③,吝,终吉。

【译文】

六五:以质朴浑厚的山丘园囿为文饰,拿一些微薄的丝帛来装点,虽然显得有些不体面,但最终的结果是吉祥。

【注释】

① 丘园:古代设险守国,所以城垒多依于丘阪。丘,城邑附近的山丘,园,古指距城邑不远的园囿。程颐曰:"丘,谓在外而近且高者。园囿之地,最近城邑,亦在外而近者。"这里"丘园"指上九。
② 束帛:一束丝帛,比喻微薄无华之物。
③ 戋戋(jiān):形容少,朱熹曰:"戋戋者,浅小之意。""戋戋,是狭小不足之意。以字义考之,从水则为浅,从贝则为贱,从金则为钱。"

【品鉴】

《易经》最注重盛极而衰、至极而变的辩证转化之道。处于小成阶段的九三已经到了"贲极而盛"的程度,所以《贲》卦的外三爻都是讲由文转质,以质济文的问题。六五居处尊位,为《贲》之主,但它不尚浮华，以质朴浑厚的上九丘园来装饰自己，充分体现出它敦本尚俭，崇素返质的内在追求。"束帛戋戋"是形容礼物少，显得有些寒酸不体面，但礼与其奢宁俭，太多的外在形式的东西往往会遮蔽美好本质的呈现，就像历史上的卫文公、汉文帝敦本尚俭，表面上虽然有点憾惜，但国家社稷享受到的却是实实在在的吉祥福分。如果说六四在素饰还是艳饰的问题上还经历过犹豫彷徨，很显然六五已经更进一步，居处尊位反而愈加崇尚质朴了。

【原文】

上九：白贲①，无咎。

【译文】

上九：以质朴无华的修饰之道去文饰，没有灾祸。

【注释】

① 白贲：前人常将"白"训为"白色"，似不妥。此处应该将"白"理解成其本来就具有的颜色，到了《贲》道大成的阶段，以质为文，用自身本来的色彩去文饰已经非常美丽了，不需要再用别的东西来增加色彩。

【品鉴】

上九至艮止之终，贲道已成，"文明以止"到了最高的层次。回顾上体诸爻，六四开始回归淡雅之饰，六五更加崇尚质朴敦厚，到了上九已到卦极，贲极必返于本，复归于无色，《杂卦传》曰："贲，无色也"，指的就是这种至高的境界。应该注意的是，这里的"白贲"，并不是说以白色为装饰；"贲，无色也"，也不是说不要文饰，而要理解为以一个事物的本身所具有的那种颜色去文饰，或者说它本质的色彩本身就是文饰。贲原来是指五彩艳丽的文饰，到了上九卦极已经超越、扬弃了形式上的东西，本身的、自然的就是最美丽的，这也为我们现实的审美情感提供了哲学上的思考。当然，这种回归不是简单的倒退，而是超越、扬弃和升华，这种"白贲"的状态并不是一开始就什么都没有，什么都不要，而是在经历了下五爻的种种文饰之后，洗尽铅华，重返质朴，重归自然的一种至高境界。

纵观《贲》卦六爻情状，阴阳二爻相应者，以正应互为文饰；没有相应者，以邻比互为文饰。初九不尚浮华"贲其趾"，不乘不义之车，安步缓行，静待四应，告诉我们"君子苟无礼，虽美不食焉。"（《礼记·坊记》）六二"贲其须"告诉我们须髯不能自动，必依附于颐；阴柔不能自动，必依附于阳；现象不能自动，必依附于本质；所以任何问题一定要透过现象看本质。九三受上下两阴文饰，是"贲之盛者"，告诫我们在文饰得异常美艳之时要注意防止事情的转化，文过则质丧，质丧则文弊，要永久地固守刚正之德。六四贲极反质，崇尚"皤如"淡雅，与初九正应，相互以素为饰。六五居处尊位却愈加敦本尚俭，以上九简约浑厚之丘园来文饰。上九贲道大成，铅华洗尽，不再需要任何外在的修饰，自己本来质地的呈现就是最美丽的文饰。由此我们可以看出《贲》卦讲文饰，实质上重点在于阐述文与质的关系，强调的不是文饰，而是本质。正如《周易折中》引龚焕所说："古人之所贲者，未始事文华也。亦务其本实而已。本实既立，文华不外焉。徒饰文华，不务本实，非古人所谓贲。"

二十三

硕果不食 终将回复 [剥]

《序卦传》曰:"贲者饰也。致饰然后亨则尽矣,故受之以剥。"经过"贲"的多方文饰之后,事物已经达到亨通,再往前走就要转向它的反面,要衰落了。"剥"就是剥落、衰落的意思。《剥》卦讲的就是阳刚被阴柔所消剥、侵蚀的过程。

阴阳势力的相互斗争、此消彼长是大自然的规律,也是人类社会的规律。在《剥》之时,阴气已经浸渍到第五爻,阴阳势力对比悬殊至极,在这种情况下,应该如何看待这个社会,应该如何应对这种挑战,这就是《剥》卦要告诉我们的内容。

䷖剥：不利有攸往。

初六：剥床以足，蔑贞凶。

六二：剥床以辨，蔑贞凶。

六三：剥之，无咎。

六四：剥床以肤，凶。

六五：贯鱼，以宫人宠，无不利。

上九：硕果不食，君子得舆，小人剥庐。

【原文】

剥①：不利有攸往。

【译文】

《剥》卦表示：不利于有所前往。

【注释】

① 剥：关于"剥"的确切含义，古人说法多种多样。《说文》："剥，裂也。"《广雅》："剥，离也。"《释文》引马融云："落也。"高亨释为"击也"，认为跟《诗经·七月》"八月剥枣"之"剥"同义。凡此种种，不一而足。《象传》甚至说："剥，剥也"，就更加莫名其妙了，可能是"剥"字在当时有一种非常确切的意思，用不着再加以解释；也可能像孔颖达说的，作者不知道该如何确切地表达，只好同语反

复一下了，"不知何以称'剥'，故释云'剥'者解'剥'之义"。可能是"书不尽言，言不尽意"，用以字训字的方法好像很难把"剥"这个概念讲清楚。好在《象传》紧接着还有一句"柔变刚也"，为我们更好地理解"剥"字提供了重要线索。实际上，"剥"就是阳刚被阴柔侵蚀、剥落，阴长而阳消的过程。原来六个刚爻的纯《乾》之卦，一变而为天风《姤》，二变而为天山《遁》，三变而为天地《否》，四变而为风地《观》，五变就成了山地《剥》，阳刚几乎已被侵蚀殆尽，仅剩一根刚爻在上了，这种过程就是"剥"。从十二消息卦来理解，《剥》为九月之卦，其时秋将尽而冬已来，阴气消阳，秋风侵凌，万物凋零剥落，我们也可以体会到"剥"的萧瑟含义。

【品鉴】

《剥》卦卦象下坤上艮，《大象传》曰："山附于地，剥；上以厚下安宅。"附，在这里是倾颓的意思。不说"山在地上"，而说"山附于地"，是强调高山崩塌而倾颓附着于地。山之崩塌，是由于缺少支撑力，根基不稳。国家社稷也是同样的道理，《尚书》曰："民为邦本，本固邦宁"，如果朝野中阳刚被阴柔所消剥，君子被小人所排挤，势必导致施政乖离，民生凋敝，人心背离，最后国无支撑，颓然倾覆。所以在上位的君子看到"山附于地"的剥落之象，就应该反思丰厚民生、仁民爱物了。只有在下位的百姓安居乐业，民心支撑国家，社稷才不会有倾倒"剥落"的忧虑。

《剥》与《夬》是一对错卦，即阴阳爻两两相反，《夬》卦五阳在下，一阴在上，《象传》称之为"刚决柔"，意思是正义的力量要裁断、审判邪恶的小人。《剥》卦正好相反，五阴在下，一阳在上，《象传》称之为"柔变阳"，意思是正义阳刚的力量在此时受到阴柔非正义力量的排挤打击，处于被消剥的时代，之所以不叫"阴决阳"，是因为《易》为君子谋不为小人谋，有着鲜明的政治立场和爱憎之情。《否》卦阴柔的力量上浸到下体三爻的位置，称之为"小人道长"，一个"道"字点出此句的重点在于强调阴气上升的"趋势"；《剥》卦阴柔力量已经盛长到了第五爻，故而《象传》直接说："不利有攸往，小人长也。顺而止之，观象也。君子尚消息盈虚，天行也。"这个"长"已是一种既成的事实。"小人长"是卦辞"不利有攸往"的原因，在小人强盛之时不利于有所行动，动不慎则一阳尽剥而成全阴之《坤》了。在这种力量对比悬殊的情况下，只能顺势抑制小人行凶之道，王弼指出，在此时"强亢激拂，触忤以陨身；身既倾焉，功又不就，非君子之所尚也"。最后，君子也不要对这样正义被"剥落"的局面灰心丧气，而应该看到阴阳力量的消落、息长、盈满、虚损是大自然的规律，也是人类社会的规律，君子应该通达物理，量时制变，《剥》时做到"顺而止之"，《复》时再图"反复其道"。

【原文】

初六：剥床①以②足，蔑③，贞凶。

【译文】

初六：剥落大床必自床足开始，床足被消剥侵蚀，要持守正道以防凶险。

【注释】

①床：在古代，床是供人坐卧的器具，与今天只用作睡卧不同。《说文》："床，安身之坐者。"《剥》卦以床为象，大概是取身之所处，自下而剥，渐至于身的意思。尚秉和先生从另一角度解释说："艮为

床，《剥》卦全体艮象，故屡言床。"《剥》卦上实下虚，一阳上覆，五阴下虚，整体确实很像一张大床。

② 以：介词。《经传释词》："犹'及'也。"

③ 蔑：通"灭"，蚀灭，销蚀。《释文》引荀爽作"灭"，又曰："削也，楚俗有'削灭'之言。"

【品鉴】

阴要剥阳，必定要从最下端开始。初六处在下体"坤"最下端，坤所以载物，床所以安人，先从最下根基处消剥，人的安身立足处就不稳当。对于国政，则意味着先剥其民，民心动荡不安，离国政之灭恐怕就为时不远了。《小象传》曰："剥床以足，以灭下也。"虽然是"灭下"还未及身，但这种趋势非常危险。所以君子在不利于有所前往的大形势下，"守正防凶"尤其重要。

【原文】

六二：剥床以辨①，蔑，贞凶。

【译文】

六二：大床已经剥落到床干，床干被剥削侵蚀，要持守正道以防凶险。

【注释】

① 辨：床干。程颐曰："'辨'，分隔上下者，床之干也。"

【品鉴】

　　爻辞从君子的立场出发，指出此时阴气继续上行剥落阳刚，已经上升到第二爻，对正道的威胁更加厉害了，君子应当继续守正防凶。《小象传》则从对小人分析的角度出发说："剥床以辨，未有与也。""未有与"是说六二没有阳刚之爻与它正应，来帮助它脱离小人的行列。本来六二处位中正，是具备脱离小人队列的有利条件，不去消剥君子的。但现在的情况比较遗憾，由于没有阳刚正应援助它，六二已经滑入了危害君子的小人之深渊。这实际上就是没有做到《象传》所讲的"顺而止之"。处在"剥落"之世，虽然大形势不利有所前往，但其实还是可以有所作为，在一定限度内抑制小人、挽救小人。六三就是得到了阳刚的应与跟援助，从而脱离了小人行列，最终得到"无咎"的结果。《周易折中》引龚焕曰："六二阴柔中正，使上有阳刚之与，则必应之助之，而不为剥矣。惟其无应，所以杂于群阴之中而为剥。若三则有与，故虽不如二之中正，而得无咎。"

【原文】

　　六三：剥之，无咎。

【译文】

　　六三：虽然处在剥落之时，却没有灾祸。

【品鉴】

　　《小象传》曰："剥之无咎，失上下也。"正是因为六三离开了上下群阴，独应阳刚，才避免了"凶"的结局，而得到"无咎"。

【原文】

　　六四：剥床以肤①，凶。

【译文】

　　六四：大床被剥落至床面了，有凶险。

【注释】

　　①肤：这里指床面。

【品鉴】

　　初六剥落阳刚之足，六二剥落阳刚之中，到了六四，床体几乎已被剥落殆尽，面临委顿，人再不可凭倚之坐卧安居了，故而《小象传》谓之："剥床以肤，切近灾也"，对于受剥的君子来说，问题已经很严重了，所以爻辞实实在在地说"凶"，而不讲"贞凶"。五居尊位，上九是阳爻，阴剥阳剥到第四爻已经算剥到极点了，黑暗到了极点，也意味着光明也不太远了，"君子尚消息盈虚，天行也"，这时局势虽然凶险，但也应该看到"剥极必复"的苗头，六五的"无不利"就有些光明回复的迹象了。

【原文】

　　六五：贯鱼①以宫人②宠，无不利。

【译文】

　　六五：像贯鱼一样引领众宫女承宠于君王，无所不利。

【注释】

①贯鱼：将鱼连成一串。

②宫人：宫女，这里指六五以下群阴。

【品鉴】

六五以下讲的是众阴如何剥阳，到了六四已经接近其身，到了顶点，六五则不但不剥阳了，反而讲如何承阳。发生这一变化的原因在于，上九一阳屹然不动，不是六五不想剥，而是剥不了。鱼是阴物，象征六五以下诸阴，六五居于尊位，为众阴之首领，在剥阳不得的情况下只好率领诸多宫女像侍奉君主那样去顺承上九，以求得到上九的宠信和庇护，在此阴剥阳的时代，它不仅不剥落阳，反而顺承阳刚，起码在形式上有利于正义的伸展，结果自然是很不错的了。《小象传》曰："以宫人宠，终无尤也。"

【原文】

上九：硕①果不食②，君子得舆③，小人剥庐④。

【译文】

上九：阳刚就像硕大的果实不曾被摘下消剥掉，在天下剥极之时，君子能驱车济世；小人剥落君子的结果反而是消剥掉自己的屋宇以致无处安身。

【注释】

①硕：大。

②不食：不曾摘食。

③ 舆：大车。

④ 剥庐：剥落屋宇，无处安身。

【品鉴】

处在以阴剥阳的时代，诸阳已被消剥殆尽，独有上九一爻尚存，如同硕大的果实没有被吃掉。有果实就有生机，如果上九也被消剥掉，那么就变成纯阴了。正如人间的正气和君子之道不可一时消颓一样，阳刚没有可尽之理，消剥于上立刻就会复生于下。《剥》之上九阳刚"硕果不食"，过不了几天，就会复生于下，焕发出一片生机了。所以接下来的就是讲阳气回复的《复》卦。

二十四

一阳初动　生气更发 [复]

"复",特指的是"阳气"的回复。《序卦传》说:"物不可以终尽,剥穷上反下,故受之以复。"《剥》卦上九"硕果不食",阳刚不可能被消剥除尽,剥极于上,就要复生于下,所以《剥》卦之后紧接着就是《复》卦。

《复》卦当一阳初动于最下,生机盎然之时,我们应当如何认识它的重大意义?当"震"雷殷隆于"坤"地之中,万物复苏又还未伸展壮大之时,我们应该如何把握自己的行动分寸?在正气回复的关键时刻,人生之路的紧要关头,我们应何去何从,做出怎样的选择?《象传》于六十四卦中独赞"复,其见天地之心乎",这又是因何而发?回答了这些问题,实际上也就领会了《复》卦的思想精髓。

☷ 复：亨。出入无疾，朋来无咎。反复其道，七日来复，利有攸往。

初九：不复远，无祗悔，元吉。

六二：休复，吉。

六三：频复，厉，无咎。

六四：中行独复。

六五：敦复，无悔。

上六：迷复，凶，有灾眚。用行师，终有大败；以其国，君凶，至于十年不克征。

【原文】

复①：亨。出入②无疾，朋来③无咎。反复其道④，七日⑤来复，利有攸往。

【译文】

《复》卦表示：循礼而行方能亨通。阳气自内而生向外浸长没有疾患，阳刚之友朋前来应和阴柔当然无所咎害。阳气返转回复依照其自身一定的规律，一般需要七天利于有所前往。

【注释】

① 复：卦名。回复，回返。《说文》："复，往来也。"《尔雅·释

言》："复，返也。"《释文》："复，返也，还也。"《周易集解》引何妥的解释说："复者，归本之名。群阴剥阳，至于几尽；一阳来下，故称反复。阳气复反，而得交通，故云复：亨也。""复"作为卦名来讲，特指阳气的回复。

② 出入：出，指阳气外长；入，指阳气内生。"出入"指阳气从内而生、往外浸长的状态。程颐说："出入，谓生长。复生于内，入也。长进于外，出也。先云'出'，语顺耳。阳生非自外来也，来于内，故为之入。"

③ 朋来：意谓一阳初动而来，众阴想引以为朋与己相和。王弼曰："朋谓阳也。"

④ 反复其道：此处特指阳刚返转回复。"道"犹如现在说的"规律"。

⑤ 七日：关于此处的解释，数千年来注《易》者莫衷一是，说法甚多，著名的有以下几种：一、以"十二消息卦"来解释。"十二消息卦"理论认为，阴气从代表五月的☰《姤》卦开始消阳，经六月的☰《遁》、七月的☰《否》、八月的☰《观》、九月的☰《剥》到十月☰《坤》时六阳消尽，至十一月《复》卦一阳始生于下，阳气又复现大地，总共历经七个月，那么为什么不叫"七月"而叫"七日"呢？有人说这是因为欲见阳长须速，所以不说"月"而称"日"（孔颖达引褚氏、庄氏说）；有人说这是因为古人称"月"为"日"是习惯，比如《诗经·豳风·七月》曾有"一之日觱（bì）发，二之日栗烈"的说法，实际上就是"一月之日、二月之日"的意思（李鼎祚引侯果说）。二、以"六日七分法"来解释。"六日七分"实际上是"六日八十分之七"简称，按照汉代《易纬·稽览图》以六十四卦分主一年三百六十五又四分之一天的理论，《坎》《震》《离》《兑》为"四正卦"，二十四爻主二十四节气，其余六十卦共

三百六十爻分别各主一日，还剩下五又四分之一日，要平均分到这六十卦之中，这样每卦会再分到八十分之七天，按"甲子卦气起《中孚》"，《复》卦紧排在《中孚》卦之后，历"六日七分"，整数取"七日"，故称"七日来复"。三、唐代李鼎祚认为九月《剥》卦阳气剥尽，其后十月纯阴之《坤》卦用事，《坤》卦将尽则《复》卦一阳复来，阳气自剥消尽，隔《坤》之一卦六爻，为六日，到一阳爻生于最下《复》来成"震"，为七日，故称"七日来复"。总之，我们应把"七日"看成是一个循环过程的周期，在这个周期内各个阶段必须依序而来不能超越跨过，到了一定的时候阳气就会回复返转。

【品鉴】

《复》卦卦象下震☳上坤☷，雷在地中，有震雷殷殷隆隆微动于地下，阳气复来，万物复苏的景象。从卦形上看，一根阳爻从卦之最下悄然升起，虽然稚嫩微弱，势力不强，但蕴含着蓬勃的生机和活力，上升的前景非常值得期待。随着时间的推移，阳气逐渐上长，到十二月就是䷒《临》卦，到正月阳气蔚为大观就成了䷊《泰》卦，俗语说"一阳来复""二阳来临""三阳开泰"就是自此而来。

《复》卦给我们描述了一幅一阳初动、万物萌发、正气舒展的欣欣向荣景象，这种情景必得"亨通"，《象传》说："复亨，刚反"，就是指卦下一阳历经消隐匿伏此时回复上升的重大意义。在这个时候，阳刚之气从之前的隐伏状态开始显露开来，下卦"震"动，上卦"坤"顺，动而以顺行，新事物必定会沿着光明的道路发展壮大。但是，我们也应该看到由于一阳初生，力量还很微弱，离强盛壮大还有一个长期的过程，不能犯揠苗助长、急躁冒进的错误。卦辞说"反复其道，七日来复"，一方面是讲阳气自潜隐藏匿到返转回复需要一个过程，另一方面也是讲阳气从稚嫩微弱到强盛壮大也需要一个过程。我们既应当看到未来的光明前景，也应当看到道路的曲折漫长。认识到阳刚浸长，前景光明，治世即将到来，我们就应当积极主动，发挥自己的聪明才智准备去建功立业，实现自己的人生价值，这就是卦辞所说的"利有攸往"；认识到初阳微动，还不壮大，我们也应该保护阳刚力量的培养积蓄，注意休养生息，扶助微阳，以待进一步发展。这就是《大象传》所说的"先王以至日闭关，商旅不行，后不省方"，先王根据《复》卦的卦象在冬至阳气微弱之时闭关静养，停止商业活动，不去巡游省察四方国土，这一切都是为了顺应天道，休息静养，保护元气，为阳刚更盛、春天到来的时候积攒力量。撰写于东汉章帝时期的《白虎通·诛伐篇》讲："冬至所以休兵不举事，闭关商旅不行，何？此日阳气微弱。王者承天理物，故率天下静，不复行役，扶助微气，成万物也。"正是对《大象传》思想的极好说明。

《象传》说："复，其见天地之心乎！"那么什么是"天地之心"呢？孟子曾讲："心之官则思。"心是主思虑，管思考的。天地无思无虑，无预计，无忖度，任其阴阳往来摩荡，化生万物，从这个角度来说，它确实没有如同人类那样的思虑之"心"。但从另一个角度来看，天地运行不息，阴阳氤氲交感，万物在其中焕发出盎然的生意，在这个意义上说，它也确实有一个主宰、一个统率、一个一以贯之的精神——这个"心"其实就是化生、成就万物不停息间断，使天地流行日新月异的自然功能。《系辞传》中说"天地之大德曰生""生生之谓易"都是就此而言。这也是北宋哲学家张载把"天地之心"归结为"以生物为本"的原因，他说："大抵言天地之心者，天地之大德曰生，则以生物为本者，乃天地之心也。地雷见天地之心者，天地之心惟是生物，天地之大德曰生也。雷复于地中，却是生物。"这个"生物之心"在《复》卦中体现得最淋漓尽致，阳无尽剥之理，终要复动于下，虽然力量微弱，但却生机盎然，一切美好事物的强大盛壮都是从这一点点萌发于最下的阳刚之气开始的。我们解读《复》卦卦象的时候，是不是就会联系天道的"无私生物之心"想到人道的"奉献爱人之心"，是不是应当效法天道的无私来推展人道的仁爱呢？在《复》卦一阳初动的具象之下隐含着无尽的哲学韵味，是很值得我们去深刻领会的。

【原文】

　　初九：不远复，无祗①悔，元吉。

【译文】

　　初九：起步不远就回复正道，没有灾患后悔，至为吉祥。

【注释】

　　① 祗（zhī）：灾患。

【品鉴】

　　初九是《复》卦中唯一的阳爻，也是卦中的主爻，卦辞中所说天地的"生物之心"也是围绕着它而说的。就天道来说，初九象征着宇宙大化的生物之心；就地道来说，初九象征着万物初始的生机活力；就人道来说，初九象征着人心所固有的仁善礼义。《系辞传》曰："《易》之为书也，广大悉备，有天道焉，有人道焉，有地道焉，兼三才而两之，故六。六者非它也，三才之道也。"《说卦传》亦曰："立天之道，曰阴与阳；立地之道，曰柔与刚；立人之道，曰仁与义。兼三才而两之，故《易》六画而成卦。"在《易经》作者的世界里，人的道德等问题始终是与天地之道联系在一起的，无论是天地的阳气，还是人心的仁义，都是从这一自下而生最根本的阳刚之爻生发出来，即使它的萌芽再微小隐弱，只要有了这一点阳刚生物之气，万物美善的德行就有了根本，就有希望自此浸长，以致蔚为大观。

本来没有的东西现在有了，不能叫作"复"；只有本来就有的，后来失掉了，现在又显现出来，这才叫"复"。阳气剥尽复来，初九处在卦之最初，是最早的复，也是最近的复，所以叫"不远复"。就人道来说，人本身就秉承着天地的美善，虽然外界环境有着这样那样的干扰，使人不能纯而又纯地实现之，但在偏离了正道不远马上就能回复，有了过错马上就能认识到，就不至于到后悔的程度，所以叫"无祗悔"。如此过而能改的行为必定带来至大的吉祥，所以说"元吉"。元者始也，大也。孔子读到此爻曾联系他的弟子颜回"知过能改"的特点说："颜氏之子，其殆庶几乎！有不善，未尝不知，知之，未尝复行也。《易》曰：'不远复，无祗悔，元吉。'"

【原文】

六二：休①复，吉。

【译文】

六二：美好的回复，吉祥。

【注释】

① 休：美好。

【品鉴】

《小象传》说："休复之吉，以下仁也"，一语道破六二为何获吉的原因。六二柔处中位，居中得正，下比象征着"仁心""善端"初九阳刚，并且能够柔顺亲近之，所以能够得到吉祥。这跟孔子所说的"里仁为美"有着异曲同工之妙，在回复正道的过程中，跟"仁德"做邻居，自己就会向美善的目标更好地贴近。朱熹说："学莫便于近乎仁。既得仁者而亲之，资其善以自益，则力不劳而学美矣"就是这个道理。

【原文】

六三：频①复，厉，无咎。

【译文】

六三：皱着眉头费力勉强回复，虽有危险，但无灾祸。

【注释】

① 频：通"颦"，皱着眉头，愁眉苦脸的样子。

【品鉴】

六三不中不正，乘承皆阴，处于多凶之地，复善多艰难，所以有"频复"之象。虽然回复仁善的道路费力难行，但六三毕竟处于震体之上，能够振奋努力，所以从它努力复善的意义上说是没有咎害的。《小象传》曰："频复之厉，义无咎也。"

【原文】

六四：中行独复。

【译文】

六四：处在五阴之中，独自跟初九阳爻正应回复。

【品鉴】

六四上下各有两阴，自己处在中间，不跟四阴同道，而是特立独行单独与初九正应，这说明它追求正道美善的心志非常专一执着，能以这样的品质回复仁德，结果一定不会让人失望。

【原文】

六五：敦①复，无悔。

【译文】

六五：敦厚笃实地回复，没有悔恨。

【注释】

① 敦：敦厚。

【品鉴】

六五处在上体"坤"卦之中，《坤·象》曰："地势坤，君子以厚德载物"，坤为厚载，所以六五有敦厚自察，笃实向善之象。《小象传》说："敦复无悔，中以自考也。"六五离初九阳刚较远，既不亲比又不应和，外在条件不是很好，但它能够困知勉行，自我敦促，人一己百，加厚其功，所以在"回复仁善"的道路上虽不能取得吉祥，也可以得到"无悔"。

【原文】

上六：迷①复，凶，有灾眚②。用行师，终有大败；以其国，君凶，至于十年不克③征。

【译文】

上六：迷失不能回复，有凶险，有灾殃祸患。如果以此兴兵打仗，终会大败而归。如果以此治国理政，必定国乱君凶，直到十年之久也不能征伐。

【注释】

① 迷：迷失。

② 灾眚（shěng）：灾害祸患。郑玄曰："异自内生曰眚，自外曰祥，害物曰灾。"程颐说："灾，天灾，自外来；眚，已过，自内生。"

③ 克：能。《诗经·大雅·荡》："靡不有初，鲜克有终。"

【品鉴】

上六阴居卦终，远离初阳，上无所承，上体"坤"为"先迷"（《坤》卦辞曰："先迷后得主。"），所以上六有迷茫不知回复之象。如此迷失，出处必凶，故而行师有大败，治国国凶乱。

综观《复》卦六爻，我们可以看到，初九阳刚作为仁德美善的象征，自身偏离正道不远就能回复，所以得"元吉"；其他诸爻凡与之相契合者皆无凶咎。六二下比仁德，得"休复之吉"；六三居多凶之位仍能勉力回复，虽危无咎；六四中行独应于初，心志专一，遵从正道，吉不待言；六五自省笃行，敦厚复善，获得无悔；只有上六与初阳背道而驰，迷失了复归正道的方向，哪里能够避免的了最后凶险的结局。

二十五

天下雷行 无妄守正 [无妄]

"无妄"是没有虚妄的意思,即不妄作、不妄为,与行不以正、胡作非为相对。其卦象下震上乾,有天下雷行,威动万物,万物都惊惧不敢妄为之寓意。《序卦传》曰:"复则不可妄矣,故受之以无妄。"《复》卦讲的是如何复归于正道,既然复归于正道,那么思想和行为就规约为真实、正当、合理,跟谬思妄行划清了界限,所以《复》卦之后是《无妄》。

《无妄》卦的主题思想是顺应规律,守正而行,但现实生活中常会出现即使自己不犯错误,也会有一些荒谬不合理的因素强加到人们头上的不幸情况,使我们感受到现实的不真实、不合理、不正当,那么我们应该如何去理解和对待这种"无妄之灾""无妄之疾",使之能够得到妥善解决呢?《无妄》卦告诉我们的就是君子居处无妄之世所当奉行的无妄之道。

無妄：元亨利贞。其匪正有眚，不利有攸往。
初九：无妄，往吉。
六二：不耕获，不菑畬，则利有攸往。
六三：无妄之灾，或系之牛。行人之得，邑人之灾。
九四：可贞，无咎。
九五：无妄之疾，勿药有喜。
上九：无妄，行有眚，无攸利。

【原文】

无妄①：元亨利贞。其匪②正有眚，不利有攸往。

【译文】

《无妄》卦表示：有仁就可以开创一番事业，有礼就会亨通顺利，有义则利自生，有信就会坚定不移。行为不正就会惹来灾害祸患，不利于有所前往。

【注释】

① 无妄：卦名。不恣意妄为之意。《说文》："妄，乱也。"《广雅·漾韵》："妄，虚妄。"

② 匪：通"非"。

③ 眚（shěng）：灾害祸患。详见《复》卦上六注释。

【品鉴】

《无妄》卦的含义比较丰富，从不同角度去看待，就会有不同的理解，这也是前贤今人对这一卦的解释五花八门，分歧甚大的原因。无妄之"不妄为"的字面意思中包含着内心、外行两层含义，弄清楚这既有紧密联系又有区别差异的两层关系，《无妄》的主题就彰显明白了。"不妄为"首先需要确立的是内心不存过分奢望欲求之心。《经典释文》引马融、郑玄、王肃之说，将"妄"释为"望"，把"无妄"解释成"无所希望"；《周易折中》引邱富国曰"未不妄为者必不存奢望"，这都是从不可有贪欲、权欲等"妄心"的角度来说的。俗语说"无欲则刚"，没有过分欲求之心就会行必守正、秉公处事了。其次，"不妄为"还需要确立的是外在行为要遵循客观规律，不可以人的主观意愿去肆意妄行改变万物自身的生长轨迹。《大象传》曰："天下雷行，物与无妄；先王以茂对时，育万物"就是从这个层面上讲的。《大象传》从天下雷行，威动万物，物皆惊肃不敢妄为的象征意义出发，引申出统治者应当顺和天时、育植万物，给天下百姓以休养生息的良机，不要去过分苛扰他们。表面上看"动以天道"的客观之"真"似乎跟"行为正当"的主观之"善"关系不大，一个是自然而然本来如此的理性世界，一个是人们根据自己立场所作出评判的价值世界；实际上，符合人道价值的主观之"善"就存在于天道自然的客观之"真"当中；人的行为合乎天道自然的客观之"真"，那么他行为之"善"的价值判断，就在其中了。卦辞所说"其匪正有眚，不利有攸往"，这个"正"就是符合客观规律的正道，"匪正"就是违反客观规律的不正之道，违背规律，不行正道，肯定动必得咎，所以不利于有所行动。《彖传》将这一思想进行了进一步的诠释，它说："无妄，刚自外来而为主于内。动而健，刚中而应，大亨以正，天之命也。其匪正有眚，不利有攸往。无妄之往，何之矣？天命不佑，行矣哉？"万物动而能健，刚柔各得正中并且相应相合，这就是万物各得其性命之正而大获亨通的"上天之命"，反过来说，如果逆天而行，那又能落得个什么结果呢？上天都不佑助你，那还有什么可行之理，必定是"不利有攸往"了。

【原文】

初九：无妄，往吉。

【译文】

初九：顺天不妄为，前往可获吉祥。

【品鉴】

《无妄》卦的真义在于顺天、顺理、顺时，守正行直，不恣意妄为。卦辞所讲"不利有攸往"，是就全卦整体而言的，也是有前提限制的，那是在"匪正"的情况下不利前往。是不是得"正"，换句话说就是是不是顺应天理，顺应规律，顺应自然，顺应时势，凡是得到肯定回答的，那就是"无妄"之行，凡是得到否定回答的，就是"妄为"之行。初九是下体"震"卦的主爻，也是《无妄》卦的主爻，《象传》讲"刚自外来而为主于内"就是对此而言，它能秉承外卦的"乾"道天理，以阳刚正直之志主宰自己的内心和行为，以此而动，必上合于天，哪里还会有妄为之凶。《小象传》曰："无妄之往，得志也。"初九前往进取的志意之所以能够得到实现，就是因为它符合了"无妄"之世的原则要求，按照自然的规律来选择自己的目标，依照天地的正气来规范自己的行为，动必以天，行必守正，所以无往而不得吉。这一爻告诉我们，以阳刚正直主宰自己的行为，前往必定吉祥。

【原文】

六二：不耕获，不菑①畲②，则利有攸往。

【译文】

六二：不在耕种之初就冀望于收获，不在开垦之始就冀望于谋得良田，能以此不计功谋利之心前往则有利。

【注释】

① 菑（zī）：指刚刚开垦不久的贫瘠田地。《说文》："不耕田也。"《尔雅·释地》："田一岁曰菑。"

② 畲（yú）：指耕作多年的肥沃田地。《尔雅·释地》："田三岁曰畲。"

【品鉴】

六二爻集中表达了《无妄》卦义其中蕴涵的"无所希望"的主旨。没有过度的欲望和期待，不做非分之想，遵循规律扎扎实实着眼于脚下的每一步，往往更容易到达光辉的顶点。就像老农耕田一样细心耕耘，精心打理，着眼当下，不在耕作的时候就想着收成，因为从青涩的小苗到金黄的麦穗之间还需要漫长的时间和不间断的努力；也不在刚开垦的时候就想着土地一下子就变得肥沃起来，只有一心一意地操劳耕作，认认真真地锄犁好每一条沟陇，生地才会变成熟田。

六二柔顺居中，在"不妄为"之时能够在事物发展的规律之后紧紧跟随，而不是冒头露尖跑到规律的前面去恣意妄行，而且又能舍去私意期望之心，扎扎实实着眼当下，所以"利有攸往"。明末何楷说："人之有妄，在于期望。'不耕获'者，不方耕而即望有其获也。'不菑畲'者，不方萠而即望有其畲也。学者之除妄心而必有事焉,当如此矣。故曰'则利有攸往',言必如此而后立也。"俗语说"有容乃大,无欲则刚",除却了计功谋利之私心欲望,不追名逐利,却往往更容易得到美名,获得利益。

【原文】

六三:无妄之灾①,或②系之牛。行人之得,邑人之灾。

【译文】

六三:不妄为却也遭受到意外的灾祸,有人把耕牛系在村外,有人经过顺手牵走据为己有,村邑里的人却无缘无故遭受被诘问逮捕的飞来横祸。

【注释】

① 无妄之灾:即"不妄为"惹来的灾祸。北魏关朗在《关氏易传》中说:"运数适然,非己妄故,乃无妄之灾。"

② 或:设或之辞,不是确指,相当于现在说的"有人"。

【品鉴】

有俗语说:"闭门屋里坐,祸从天上来。"六三之灾祸完全是从天而降:村头树上拴着的耕牛被人顺手牵走,住在村子里的人却要被嫌疑,遭受拘捕诘问的灾扰。在"无妄"之世,根本没有妄行觊觎之心却遭来意外灾祸,这种情况下应该怎么办?这是六三爻要向我们表达的主题。在这种无妄之灾中,是惊慌失措,怨天尤人;还是保持清醒的理性,沉着应对,冷静处理?是感叹世事无常,痛恨老天无眼,自此抛弃不妄为的原则，放任自己去纵欲恣肆；还是接受既成的现实，积极行动起来寻找失去的耕牛为自己正名，同时继续保持平和超脱的心态，一如既往，正行不懈？朱熹给出的选择很具有代表性，他说："无妄一卦，虽云祸福之来也无常，然自家所守者，不可不利于正。不可以彼之无常，而吾之所守亦为之无常也。"

【原文】

九四：可①贞②，无咎。

【译文】

九四：能够坚守正道，没有灾祸。

【注释】

① 可：这里有"许可""勉励"之意。
② 贞：贞正固守。

【品鉴】

"固守"是此爻的主旨。九四下无正应，又居于近君多惧之位，很容易动辄得咎。九四阳刚而居处乾体，本含无妄之心；在具体爻位中又以刚居柔，能以谦顺之德来处理上下关系，自然更不会有妄为之事；内心外行都无妄，所以没有咎害。《小象传》曰："可贞无咎，固有之也。"一方面是说九四的可贞无咎是本身固有的内在品质所决定的，从根本上有一颗无妄之心；另一方面也是说它的无咎结果是外在行为上谨慎小心、能够贞固坚守正道得来的。这一内一外配合无间才能避免咎害，否则若只执其一端，恐怕都有遭到"无妄之灾"的危险。

【原文】

九五：无妄之疾①，勿药有喜。

【译文】

九五：不妄为却偶染微恙，不必服药治疗，自会有痊愈而得欣喜。

【注释】

① 疾：指小病。《说文》："疾，病也。"段注："析言之则病为疾加，浑言之则疾亦病也。"《韩非子·喻老》中讲了一个"讳疾忌医"的寓言，扁鹊说："君有疾在腠理，不治将恐深。"就是指在表皮的小病。

【品鉴】

九五以阳刚之德居处尊位，是《无妄》的卦主，它乾刚中正，跟下体的中正的六二也相正应，自身不妄，其下者也不敢有妄。这种情况下还是会出现一些小问题，这就是"无妄之疾"。在此种状态下，应当发挥机体的自我调整功能，利用其中的自我修复能力，顺其自然，使小疾自行消散而得欣喜，不可大动干戈，胡乱凭借自己的主观意志去改变事物自然运行的轨道。《易经》成书于殷周之际，道家的创始人老子生活在西周末期，他提出的"我无为而民自化，我好静而民自正，我无事而民自富，我无欲而民自朴"的"无为"思想很显然与此爻主旨有着密切联系。

【原文】

上九：无妄，行有眚，无攸利。

【译文】

上九：不妄为却行有灾祸，没有利益。

【品鉴】

上九同样没有妄行之心，但却动有灾眚，无所利益。朱熹说这是因为"以其穷极而不可行耳"，即处在卦之穷极之位，动而可行之机已经过去，这时宜静不宜动，宜止不宜行。王弼曰："处不可妄之极，惟宜静保其身而已，故不可以行也。"相对于六三的外来之"灾"，上九之"眚"是由轻举妄动，自致而得。从这个意义上讲，在上九之时即使初九的"无妄之往"也不可行。这也说明"不妄为"仅仅是一个最低标准，若还要更好地避免灾咎，获得吉祥，还得"动而有时""动而循理"。这个"理"就是客观规律，以是否循理来考察卦中六爻的行为，我们可以看到初九"往吉"，六二"利有攸往"，这都是循理而动；九四"可贞无咎"，这是守理不动；六三有"灾"，九五有"疾"，这是不幸而遇，君子安时处顺，不逆理而行。以上五爻或动或静，总体上遵守了循理守正、时止时行的原则。因为上九于大势而言不可有行而行，违背了"时穷宜静"的原则，所以有眚而不利。

二十六

以刚蓄健 蓄德养贤 [大畜]

人的思想、行为不错谬妄行，他的德性、财富方能大有蓄积，所以《序卦传》曰："有无妄然后可畜，故受之以大畜。"

大畜是"大有蓄积"的意思。《周易》以阴为小，以阳为大，前面提到的《小畜》卦以六四一阴爻以巽顺（上体为"巽"）的办法蓄止其余五阳爻，故而名为《小畜》。《大畜》卦艮阳在上，以刚蓄健，所蓄至大，所以称为《大畜》。于个人来说，他最大的蓄积就是德业、学问的积累；对国家而言，其最大的蓄聚恐怕就在于贤士、人才的聚拢；个人有了才德，国家有了贤臣，任何事都可以在这个基础上得以建设、开展了，两个方面内容其实紧密联系在一起，《大畜》卦讨论的正是"蓄德"和"蓄贤"的主题。

䷙大畜：利贞。不家食，吉。利涉大川。

初九：有厉，利已。

九二：舆说輹。

九三：良马逐，利艰贞。曰：闲舆卫，利有攸往。

六四：童牛之牿，元吉。

六五：豶豕之牙，吉。

上九：何天之衢，亨。

【原文】

大畜①：利贞。不家食②，吉。利涉大川。

【译文】

《大畜》卦表示：守义方能获利，有信才能贞固。国君让有才能的贤者不在家中自食，而食于朝廷，吉祥。必利于涉越大川巨流。

【注释】

① 大畜：卦名。《说文》："畜，田畜也。"段玉裁注："田畜谓力田之蓄积也。"《广雅·释诂一》："畜，养也。"所以，"畜"本身就有蓄积的意思。《释文》："畜本又作蓄，义与《小畜》同。""畜，积也，聚也。"

② 不家食：不在自己家中进食，意谓国君能够养赡贤者，为国家蓄积人才。朱熹说："'不家食'，谓食禄于朝，不食于家也。"

【品鉴】

《大畜》卦下乾☰上艮☶，上艮为山，下乾为天，天之光明照耀于山内，山之包容含纳天之令德，《大象传》说："天在山中，大畜；君子以多识前言往行，以畜其德。"就是取象高山能包含至大无比的天空，比喻贤人君子应该以宽阔的胸怀去学习、积累无限的历史经验，涵养、蓄聚自己的品德智慧，以待其用，去报效国家。

《大象传》的这一思想正跟卦辞中说"不家食，吉"相呼应，在下位的贤人君子能蓄积品德智慧以待报效国家，在上位的国君也应该为社会的发展、国家的昌盛广开言路、聚集人才，使他们都能够广聚于朝廷，英雄有用武之地。《彖传》曰："大畜，刚健笃实，辉光日新，其德刚上而尚贤。能止健，大正也。不家食吉，养贤也。利涉大川，应乎天也。"这是说《大畜》卦下体为"乾"，天道刚健，上体为"艮"，山性厚实，天光山色相映生辉，处在卦之最上的上九爻象征着最高统治者，它能够礼贤于下，蓄养人才，使国家社稷散发出德智日新的辉光气象。乾健之德能够动而有止，既将其规之于正道，又使之不致滥用其刚、急于进取，这就是能以"正"止健，使德性智慧得以蓄养的《大畜》之道。宋代易学家郑汝谐在解释《大畜》卦的卦义时很好地整合了"畜"的几层含义，值得我们借鉴，他说："'畜'有三义，以'蕴畜'言之，畜德也；以'畜养'言之，畜贤也；以'畜止'言之，畜健也。'刚健笃实，辉光日新其德'，此蕴畜之大者；'养贤'以及万民，此畜养之大者。乾天下之至健，而四、五能畜之，此畜止之大者。"（《周易折中》引）

【原文】

初九：有厉，利已①。

【译文】

初九：有危险，利于停止前进。

【注释】

① 已：停止。

【品鉴】

《大畜》卦的总体形势是上体艮山能够止蓄下体乾健，所以"乾"之三爻都取"被止"为义，"艮"之三爻都取"能止"为义，朱熹说："乾之三阳，为艮所止，故内外之卦各取其义。"

故而初九阳刚当位，体质强健又居最下，必然存有上进前行之志。但它初出茅庐，阳德卑微，如果不等德智蓄积大成就急于进取，那么必有危厉，所以爻辞说"利已"，停下来才会有所利益。从另一方面看，初九与六四有正应关系，在通常情况下，正应是相互援引、扶助的关系，阴阳相合正利于进取。但在《大畜》之时，下体三爻分别被对应的上体三爻所蓄止，正应就成了"能止健"的关系，敌应反而成了同道相携共进的关系，比如九三与上九都是阳爻，同类相应，志同道合，就没有相"止"的意思在里面，《易经》中类似这样各种关系随卦时、爻位的变化而相应变化的"为道也屡迁"的情状比比皆是，这一大特色也是《周易》"变"的哲学的集中体现。所以在这种特定的情况下，初九贸然上进的行为必然会被在上位与己正应的六四所蓄止，这时初九若还要强行进犯，在理应被蓄之时动而不止，忤逆六四蓄止之心，也必然有危厉。王弼说：

"四乃畜己，未可犯也，进则灾危，有厉则止。故能'利已'"就是从这个角度讲的。

【原文】

九二：舆说①輹②。

【译文】

九二：大车脱落了绑缚车轮的绳索（不前行）。

【注释】

① 说：通"脱"，脱离。
② 輹（fù）：捆绑大车轮轴的绳索，大车脱輹则不行。《说文·车部》："輹，车轴缚也。"段玉裁注："谓以革若丝之类缠束于轴，以固轴也。缚者，束也。"《释文》："輹，车下缚也。"

【品鉴】

九二被六五所蓄止，其势不可上进。九二虽然有前行之志，但六五在上蓄己之势不可犯逆，所以九二健而能止，回头守住中道，就像大车脱卸轮輹，止而不行，保养蕴蓄。占到这一爻，一定要把握住守住中道静笃的要旨，不要急于前行。《小象传》曰："舆说輹，中无尤也。"就是说九二以中德约束自己不躁进所以不会犯过错。

【原文】

九三：良马逐①，利艰贞。曰②：闲③舆卫④，利有攸往。

【译文】

九三：如同良马疾驰奔逐，有利于在艰难中持守正道。于是熟习车马防卫之事，以此而行则利于有所前往。

【注释】

① 逐：疾驰奔逐。

② 曰：语气词，相当于说"于是"。

③ 闲：熟习。《尔雅·释诂下》："闲，习也。"

④ 舆卫：舆是大车，卫是防卫，二词连用犹言"车马防卫之事"。

【品鉴】

九三与上九都是阳刚健动，二者同类相应，合志奋进，所以上九有大道通天，一往无前之象；九三经过初九和九二两个阶段的蓄积，德智蓄养已经小成，又与上九同志相合，所以有骏马奔逐、速进疾驰之象。但是上九"蓄"道已经大成，前方通达无碍，踏上通天之衢，只管一路奔驰即可；相比之下九三"蓄"道只是小成，又居"多凶"之位，所以一定要"利艰贞"，不可以自恃刚健，忘乎艰难，而应当牢记艰难，持守正道，不断练习驾车御马防卫之技能，自蓄不已，之后才能利于有所前往。《小象传》曰："利有攸往，上合志也。"九三爻告诉我们，在与上合志等外部条件极为有利的情形下，也一定不要忘记了自我的"蓄养""蓄积"之道。

【原文】

六四：童牛①之牿②，元吉。

【译文】

六四：就像束缚在初生尖角的小牛头上的横木，（起到制约、蓄止的作用）至为吉祥。

【注释】

① 童牛：小牛。《释文》："无角牛也。"朱熹曰："童者，未角之称。"
② 牿（gù）：绑在小牛头上的横木，防止其触伤人、物或伤其角。

【品鉴】

《大畜》卦下体三爻皆取被蓄之义，到了上体都取能够蓄止其下不使亢进之义。六四在童牛还未长角之时就预先防范，给它绑上木牿，这样就能用简单的办法、最小的力量，去很好地保护小牛自身和他人都不受伤害。于人事而言，六四居上位而得正，相当于有德之近君大臣，这位大臣在"大畜"之时，上应蓄止人君之邪心，下应蓄止天下之恶人。人的恶习恶心，如果能够在萌芽之始甚至未萌之时就得到规正蓄止，那么费力就较小，效果也会比较好；若等到势盛恶盈之时再去禁决蓄止，那么恐怕就会积重难返、扞格难胜了。《杂卦传》曰："大畜，时也"，很多人不理解，其实就"及时"这层含义来讲，六四爻很好地诠释了这一点。不管是蓄德蓄贤，还是止恶止非，其要义均在于及时，不失时宜，趁早动手，总能争取主动。就"需时"的含义讲，九二是其集中体现，在下体之中，一定需要充足的时间来修炼自己，否则学业不成、德才不备，不足以担当起艰巨的事业。就"审时"的含义讲，上九是其集中体现，德才已备，时机成熟，不要再隐匿不出，而应踏上天衢大道奔去，去积极建功立业了。程颐说："上之恶既甚，则虽圣人救之，不能免违拂；下之恶既甚，则虽圣人治之，不能免刑戮。莫若止之于初，如'童牛'而加'牿'，则'元吉'也。"所以，六四告诉我们的它之所以能够获得"至为吉祥"的原因，就在能够蓄止上下之恶于未发之前。朱熹说："四能止之于初，故为力易。五则阳已进而止之则难，但以柔居尊，得其机会可制，故亦吉，但不能如四之元吉耳。"

【原文】

六五：豮豕①之牙，吉。

【译文】

六五：用阉割的方法去制约公猪嘴里锋利的牙齿，吉祥。

【注释】

① 豮（fén）豕：豕，猪的古称，猪性刚躁，易于奔突，所以有"狼奔豕突"的古语。豮豕，被阉割过的猪。《释文》引刘表曰："豕去势曰豮。"

【品鉴】

六五居于君主至尊之位，其职责在止蓄天下邪恶。天下有兆亿之众，若都发其邪心，那么再怎么严密的刑法也约束不住。就像强猛的野猪，如果强行去制止它口中锋利的牙齿，那只是治标不治本，费力又危险，它狂躁的本性还在，对人的危害依然存在。如果用阉割的办法去制止它，虽然它锋利的牙齿还在，但刚躁之性已经消失，自然不会再去伤人。治理天下也是一样，只有抓住根本，把握要害，塞绝本源，才能不至于顾此失彼，摁住葫芦浮起瓢，从而收到不劳而治、事半功倍的效果。对于治国，这个根本就是"民生"，就是人民的物质生活保障问题，早在春秋时管仲就说："仓廪实而知礼节，衣食足而知荣辱"，虽然物质文明不能直接等同于精神文明，但人民富裕了，生活水平提高了，人们的素养和教化问题总会好办地多。治国要抓住根本，那么"治家""治学""治事"等等我们都可以举一反三，触类旁通，从六五非同寻常的取象上得到很多启发。

【原文】

上九：何①天之衢②，亨。

【译文】

上九：何等通畅的大道，亨通。

【注释】

① 何：感叹词，相当于感叹"何等""何其"。

② 衢（qú）：四通八达的道路。《说文》："衢，四达谓之衢。"程颐说："天衢，天路也。谓虚空之中，云气飞鸟往来，故谓之天衢。"

【品鉴】

大畜之世到了上九阶段，力量已经蓄积得更为厚实，基础蓄积得更为稳固，德智蓄积得更为深泓。蓄道大成，刚健笃实，辉光日新，所以前行发展之路豁畅大亨，通达无碍，形势一片大好，真是令人赞叹。但是，我们在看到上九行走于天衢大道之时也应当清楚，它此时的亨通旷阔是在经历了无数艰难险阻之后才达到的境界。当时初九之时，进则有厉，唯能知难而止，方能不失其所；九二只有处得中道，脱輹不行，才能"无尤";这两者在家而食,阻于大川,需要不断蓄积力量。六四当大畜之任,须止恶于初萌;六五必须制其根本,得其源要,用力费心才能得"吉";这两者都在止制不肖、弘济艰难之中煞费苦心。九三即使蓄道小成,与上合志,仍然要以闲习为戒,尤防前路之崎岖。经历了种种曲折之后,上九才踏上了"何天之衢",由"蓄积大成"进而转入"颐养之道",也就是下面《颐》卦所要讨论的"养人"与"自养"的问题。

二十七

自求口实 兴民之利 [颐]

《序卦传》曰："物畜然后可养，故受之以颐。颐者，养也。"《颐》卦讲的是与人的生存之道息息相关的养生问题，即关于人在各种不同的条件下应如何获取生活资料和获取生活资料的原则的问题。卦辞告诉人们，养生贵在守正，贵在自力自为。六爻爻辞发挥了卦辞的这一思想，主张自养、养人，反对求养于人。六爻爻辞内卦三爻皆不自养而求养于人，故初爻凶，二爻"征凶"，三爻"无攸利"；外卦三爻皆养德养人（上九专言养人，六四、六五虽也求养，但其旨在养德，赖德以养人），故四爻"吉""无咎"，五爻"居贞吉"，上爻"厉吉""利涉大川"。对此，宋人早有明察，郑汝谐曰："《颐》之上体皆吉，而下体皆凶，上体止也，下体动也。在上而止，养人者也。在下而动，求养于人者也。动而求养于人者，必累于口体之养。故虽以初之阳刚，未免于动其欲而观朵颐也。"

明人吴慎则更进一步把养人与养己提升到"公"与"私"的高度予以认识，其云："养之为道，以养人为公，养己为私。自养之道，以养德为大，养体为小。艮三爻皆养人者，震三爻皆养己者。初九、六二、六三，皆自养口体，私而小者也。六四、六五、上九，皆养其德以养人，公而大者也。公而大者吉，得颐之正也。私而小者凶，失颐之贞也。"

从卦象上看，《颐》上为艮，下为震 。艮为止，震为动。上止而下动，犹口之嚼物以养人，故名为颐。郑玄解释卦辞说："震动于下，艮止于上。口车动而上，因辅嚼物以养人，故谓之颐。颐，养也。能行养，则其于事故吉矣。二五离爻皆得中。离为目，观象也。观颐，观其养贤与不肖也。颐中有物曰口实。自二至五有二坤，坤载养物，而人所食之物皆存焉。观其可食之物，则贪廉之情可别矣"。《颐》下震上艮，有动止嚼物和口中含物之象。自六二爻到六五爻四画连互可得二坤。坤为地，《说卦》云："坤者，地也，万物皆致养焉。"可见，从卦象上看，《颐》卦讲的是人应如何养生的问题，也就是生活资料的索取方式问题。卦辞认为无论是自养还是养人，皆须守持正固，才能吉利平安。

由此，我们可以发现《颐》卦中不但蕴涵着墨家的尚力思想，而且还蕴涵着墨家"兴天下之利"的思想。卦辞和内卦的三爻倡导的是一种尚力思想，外卦三爻倡导的是一种"兴民之利"的思想。无疑，这些思想与墨家是一脉相连的。

二十七　自求口实　兴民之利［颐］

☷ 颐：贞吉。观颐，自求口实。
初九：舍尔灵龟，观我朵颐，凶。
六二：颠颐，拂经。于丘颐，征凶。
六三：拂颐，贞凶。十年勿用。无攸利。
六四：颠颐，吉。虎视眈眈，其欲逐逐，无咎。
六五：拂经，居贞吉，不可涉大川。
上九：由颐，厉吉，利涉大川。

【原文】

颐①：贞②吉。观颐，自求口实③。

【译文】

《颐》卦表示：持信守正。观察各种不同的颐养现象，可以发现应当自己求得口中的食物。

【注释】

① 颐：卦名。颐养。《颐》卦上为艮，下为震，有口中含物之象。段玉裁注曰："此文当横视之。横视则口上、口下、口中之形俱见矣。"所谓"横视"，即从右向左、从外向内视尚用兴利。以此而视，"颐"乃口中含物之象。
② 贞：中正，诚信。
③ 口实：口中的食物。

【品鉴】

朱熹说："养须是正则吉。观颐,是观其养德正不正。自求口实,是观其养身正不正,未说到养人处。"应该说,朱子把卦辞概括为养德与养身两个方面,是颇有道理的。但,他又说:"未说到养人处",似不妥,事实上,《颐》卦中所讲的颐道既包括养德、养身,也包括养人,还包括养于人。正如《程氏易传》所说:"颐之道,以正则吉也。人之养身、养德、养人、养于人,皆以正道则吉也。天地造化,养育万物,各得其宜者,亦正而已矣。"

事实上,程颐所说的以正道养人的本质,就是自求口实,自力更生。这同墨家所讲的"赖其力则生,不赖其力则不生"(《墨子闲诂·非乐上》)的思想是完全一致的,也同墨家所倡明的"强必治,不强必乱;强必宁,不强必危""强必贵,不强必贱;强必荣,不强必辱""强必富,不强必贫;强必饱,不强必饥"(《墨子·非命下》)的思想相贯通。

【原文】

初九：舍①尔灵龟，观我朵颐②，凶。

【译文】

初九：舍弃你珍贵的灵龟，却来观看我鼓腮进食，凶险。

【注释】

① 舍：舍弃。
② 朵颐：咀嚼进食。朵，颐垂下动之貌。颐，口腮。

【品鉴】

从象数学的角度来看，《颐》卦是从《晋》卦☷变来的。《晋》卦的九四爻下降至初爻就成了《颐》。《晋》之上卦为离，下卦为坤。《说卦传》云："《离》为龟。"《坤》为身，为我。《离》之下爻跑到《坤》之下爻，乃舍离入坤，坤变为震，是为舍尔灵龟。震为动，故为观我朵颐。这里，虞释"尔"为四爻，"我"为初爻。即舍尔离龟之美质，羡我坤之朵颐。虞翻说："《晋》离（笔者按：《晋》之上卦为上离，下卦为坤）为龟。四之初，故舍尔灵龟。坤为我，震为动。谓四失离入坤，远应多惧，故凶矣。"

王弼、宋儒对此爻的解释，与虞氏相比，其旨虽同，其辞则异。由于《颐》卦之上爻与初爻为两阳爻，中间为四阴爻，本末刚，中间柔，犹龟之外刚而内柔，故《颐》卦取象于"离"龟。程颐认为，"尔"为初九爻，"我"为六四爻。故此爻的基本含义为初九爻"以阳居动体，而在颐之时。求颐，人所欲也。上应于四，不能自守，志在上行，说所欲而朵颐者也。心既动，则其自失必矣。迷欲而失己，以阳而从阴，则何所不至？是以凶也。"可见，在程颐看来，初九爻以阳居下，完全可以自养，但他贪求于六四，是以阳刚之实而求养于阴虚，故失养之正道。正如苏轼所说："养人者，阳也。养于人者，阴也。君子在上足以养人，在下足以自养。初九以一阳而伏于四阴之下，其德足以自养，而无待于物者，如龟也。不能守之而观于四，见其可欲，朵颐而慕之，为阴之所致也，故凶。"（《周易折中》引）

由此，我们不难看出，初九之凶在于他不知自养而求养于人。正如王弼《周易注》所说："以阳处下，而为动始，不能令物由己养，动而求养者也。夫安身莫若不竞，修己莫若自保，守道则福至，求禄则辱来。居养贤之世，不能贞其所履以全其德，而舍其灵龟之明兆，羡我朵颐而躁求，凶莫甚焉。"

李光地《周易折中》引吴澄曰："自养于内者莫如龟，求养于外者莫如虎"，初九爻舍弃了"灵龟"，也就意味着它舍弃了自养之道。因此，《颐》卦初九爻意在告诫人们应当依靠自己的智慧和才能去创造，自养其身，自养其心，无待于人，无待于物。与其临渊羡鱼，勿宁退而结网。《易经》作者所倡导的这种自力自食的观念，同墨家思想是完全一致的。

【原文】

六二：颠颐①，拂经②。于丘颐③，征凶。

【译文】

六二：颠倒颐养之道，违背了常理，求养于离自己很远的上九，向前行进必定凶险。

【注释】

① 颠颐：颠倒颐养之道。颐，这里指颐养之道。
② 拂经：违背常理。拂，违逆，违背。经，常理，常道。
③ 丘颐：上九爻。这里指宽裕富足的人。

【品鉴】

六二爻以阴居阴，是为得正；又为下卦之中位，是为得中。得正得中，又怎么会"征凶"呢？《程氏易传》解释说："时然也。"所谓"时然"，是说六二阴柔虽居中得正，然不足以自养，若向下求养于居于其下的初九，是为颠倒常理，故云："颠颐，拂经。"颠，即颠倒。经，即常也。六二爻与六五同为阴爻，无法应和，下求于阳刚之初九，又与颐道相违，亦与常理（经）相悖，也就是爻辞中所说的"颠颐""拂经"。

既然下求违反了颐道，又悖于常理，六二爻就只好求养于上。即"于丘颐"。这里的"丘"应指上九。因六二之上，只有上九为阳爻，故求养于上九。但从六二到上九，中有三阴相阻，可谓路途艰险，加之上九本身又不中无位，极不可靠，故六二若执意前行，结果注定凶险。故爻辞云："于丘颐，征凶"。

由此可见，六二爻之凶险并不是因为自身的能力和素质不佳，而是因为违背常理，颠倒颐道，盲目地求养于上，颠颐则失其养，妄求则获凶。因此，六二爻旨在告诫人们求生活、求发展必须依靠自己的力量，遵循常理，切不可违背规律，丧失原则。《易经》作者的这一思想同墨家的自力、尚力思想是相通的。

【原文】

六三：拂颐①，贞②凶；十年勿用，无攸利。

【译文】

六三：违背了颐养之道，即便是持信守正，也是凶险的。在这种境遇下，应做好长久静心养晦的准备，千万不可急躁冒进，没有什么好处。

【注释】

① 拂颐：违背了颐养之道。拂，违逆，违背。
② 贞：诚信，中正。

【品鉴】

六三爻曰："拂颐，贞凶。十年勿用。无攸利。"该爻以阴柔居阳刚之位，可谓不正不中，又居下卦震之最上位，震为动，震之三爻可谓动之极致。以此立象，说明六三爻无中正自养之德，为求养于上九而不择手段，其不正当的谋生行为已至极致，严重违反了颐道，故其结果必定是凶险的。

程颐以义理释此爻，甚得其精义。其云："颐之道，唯正则吉。三以阴柔之质，而处不中正，又在动之极，是柔邪不正而动者也。其养如此，拂违于颐之正道，是以凶也。得颐之正，则所养皆吉。求养养人，则合于义。自养，则成其德。三乃拂违正道，故戒以十年勿用。十，数之终。谓终不可用，无所往而利也。"可见，程颐认为，六三之凶乃源自其不中不正，而又盲动妄于上九。宋人郑汝谐对此爻的解释，大致与程氏同。其云："三应于上，若得所养，而凶莫甚于三。盖不中不正而居动之极，所以求养于人者，必无所不至，是谓拂于颐之正。凶之道也。'十年勿用，无攸利'，戒之也。因其多欲妄动，示之以自返之理。作《易》之本意也。"郑氏在这里明确告诉我们，六三之凶乃出自其不中不正之象，又居震之极位，苟且求养于上九，可谓大失颐道。由于该爻的特点是为了求养，不惜采用任何手段，可以说已经到了无所不用其极的程度。因此，郑氏认为，爻辞中的"十年勿用，无攸利"，就是告诫人们若处在这一状态时，应调整心态，诚意正心，安居不动。

可见，六三爻旨在告诫人们求养应有中正之德，应自养养人，而不应求养于人；应正心静心，脚踏实地地努力，不应贪图捷径，不惜采取一切手段，妄求于人。因此，该爻之要旨还是告诉人们要依靠自己的主观努力和正当的方法与渠道解决生养问题，而不是用不正当的手段求养于人。毫无疑问，这与墨子自力和尚力思想具有密切的渊源关系。

【原文】

六四：颠颐，吉。虎视眈眈，其欲逐逐，无咎。

【译文】

六四：颠倒了颐养之道，居上而求应于初九，吉利。像老虎一样注视着初九，不断索取所养之食，不会有过错。

【品鉴】

六四爻曰："颠颐，吉。虎视眈眈，其欲逐逐，无咎。"居上养下，是颐之正道；居上而求养于下，是颠倒了的颐道，谓之颠颐。六二爻讲"颠颐"，该爻也讲"颠颐"，但六二颠颐因拂经（悖于常理）而凶，该爻颠颐则吉，原因何在？盖因六二爻居初九之上，而又反求于初九，因二与初是相乘而非相应，不相应而相求，自然背于常道（"拂经"）。六四则不然，四与初恰为相应，四居上以上应下，固然为颠颐，但由于其以贵下贱，乃有礼贤养民之德，故为吉也。

宋人游酢认为："以上养下，颐之正也。若在上而反资养于下，则于颐为倒置矣。此二与四所以俱为颠颐也。然二之志在物，四之志在道。故四颠颐而吉，而二则征凶也。"所谓"二之志在物，四之志在道"，盖因二与初同居下卦，当属百姓众民。百姓众民间的求养，自然为物。六四爻居于臣位，属于统治者阶层，统治者对被统治者的求养，应为德义。故《程氏易传》曰："自三以下，养口体者也。四以上，养德义者也。以君而资养于臣，以上位而赖养于下，皆养德也。"因此，上之求养于下，最根本的内容是布施德义于四方，正如《象传》所云："颠颐之吉，上施光也。"

所谓"上施光也"，即在上的统治者一方面颠倒向下求获颐养，另一方面又遍施德义于民众，以贵下贱，礼贤养民。从象数学的角度解释说，《颐》卦乃《晋》之九四爻下降至初位而成，《晋》之外卦为离为火，《晋》之内卦为坤为民，离火下降，光照万民，犹君主遍施德义于四海，故《象传》认为，六四之吉，是由于"上施光也"。

但六四爻既以贵下贱，就须专心向下，犹虎视之眈眈；同时，还应不断追求，不可松懈或终止。只有如此，才能不致有什么咎难。所谓"虎视眈眈，其欲逐逐，无咎"，说的正是这一意思。元人吴澄说："自养于内者莫如龟，求养于外者莫如虎，故《颐》之初九六四，取二物为象。四之于初，其下贤求益之心，必为虎之视下求食而后可。其视下也，专一而不他；其欲食也，继续而不歇。如是，则于人不贰，于己不自足，乃得居上求下之道。"明人林希元说得更为直截了当："苟下贤之心不专，则贤者不乐告以善道；求益之心不继，则才有所得而遽自足。"

因此，六四爻旨在告诉统治者向老百姓求取颐养的关键是广施德义，礼贤下士之心要恒定专一；求下以养人，应孜孜以求，持续不断，如是方能养人而不穷，自养而无咎。

【原文】

六五：拂经①，居贞②吉；不可涉大川。

【译文】

六五：违背了常理，就需要立足自身，依照正道加以修正，而不可做涉越大川一类的险难之事。

【注释】

① 拂经：违背常理。
② 居贞：居于正道。

【品鉴】

六五爻处于《颐》卦之君位，以阴柔之质居九五阳刚之尊，是为失正；其所应六二亦为阴爻，是为无正应。这表明六五虽居君位，却不能养天下，只好求助于阳刚的上九。这自然违反颐之常理（"拂经"）。但此时，六五若能之正，即由阴变为阳，卦变成《益》䷩，《益》之九五与六二为正应，且《益》九五爻辞为"有孚，惠问勿用，元吉。有孚，惠我德。"依此看来，《颐》卦六五爻只要之正为阳，即可获吉。这就是爻辞所说的"居正吉"的基本含义。

"不可涉大川"，可以从象数和义理两个方面作出诠释。从象数的角度说，《颐》卦六五爻只能之正（即六五由阴变为阳），若贸然前往与上九易位，虽然该爻实现了由阴变阳的目的，但《颐》之外卦则由艮变成了坎，《颐》卦相应地也就变成了《屯》䷂。《屯》九五爻云："屯其膏，小贞吉，大贞凶。"涉大川乃属大贞，其凶可知。且成坎之后，上六与六三失应，亦非吉象。因此，该爻以此立象，告诫人们处于此种境况下，不可行远征、涉大川。

从义理的角度看，六五之君有阴柔之质，无阳刚之贤，故只能持中正之德，顺而从上，不可行艰险，处变故，不可行远征，涉大川。故林希元曰："不能养人，而反赖上九以养于人，故其象为'拂经'，言反常也。然在己不能养人，而赖贤者以养，亦正道也，故居贞而吉。若不用人而自用，则任大责重，终不能胜。如涉大川，终不能济，故'不可'。"（《周易折中》引）

由此可见,《颐》九五爻旨在告诫统治者在阴柔无刚,不足以养天下时,应守持中正之德,顺从刚贤之人,养己济人。当此之时,若一味刚愎自用,逞强好胜,结果定难如人愿。正如《程氏易传》所云:"君者,养人者也。反赖人之养,是违拂于经常。既以己之不足,而顺从于贤师傅。上,师傅之位也。必居守贞固,笃于委信,则能辅翼其身,泽及天下,故吉也。阴柔之质,无贞刚之性,故戒以能居贞则吉。以阴柔之才,虽倚赖刚贤,能持循于平时,不可处艰难变故之际,故云不可涉大川也。"

【原文】

上九:由颐①,厉②吉,利涉大川。

【译文】

上九:担当颐养天下的职责,虽处境危险,也会吉利平安。利于做涉越大川一类的险难之事。

【注释】

① 由颐:由之以得其养。《尔雅·释诂》曰:"由,自也。"《周易集解》引虞翻曰:"由,自从也。"
② 厉:危险,困难。

【品鉴】

上九爻是《颐》卦之主爻。这主要是因为上九身为人臣,原本无位,但由于六五的依赖,竟位极人君,身当天下之大任,位高责大,任重道远,这就要求他必须戒惧修省,常怀惕厉危惧之心,勇于济天下之危,成天下之业，故爻辞讲："由颐，厉吉，利涉大川"。

王弼《周易注》在谈到这一爻时说："以阳处上，而履四阴，阴不能独为主，必宗于阳也。故莫不由之以得其养。"

程颐《程氏易传》说："上九以阳刚之德，居师傅之任，六五之君，柔顺而从于己，赖己之养，是当天下之任，天下由之以养也。以人臣而当是任，必常怀危厉则吉也。如伊尹、周公，何尝不忧勤兢兢畏？故得终吉。夫以君之才不足，而倚赖于己，身当天下大任，宜竭其才力，济天下之艰畏，成天下之治安，故曰利涉大川。得君如此之专，受任如此之重，苟不济天下艰危，何足称委遇而谓之贤乎？当尽诚竭力，而不顾虑，然惕厉则不可忘也。"朱熹也说："六五赖上九之养以养人，是物由上九以养也。位高任重，故厉而吉。阳刚在上，故利涉川。"宋人邱富国解释此爻说："阳实阴虚。实者养人，虚者求人之养，故四阴皆求养于阳者。然养之权在上，是二阳爻又以上为主，而初阳亦求养者也，故直于上九一爻曰'由颐'焉。"意谓自初九爻到六五爻，皆为上九所养，故名为"由颐"。爻辞称上九为"由颐"，表明上九为《颐》卦之主，其余五爻皆宗此爻。上九爻旨在告诉人们，当统治者负有颐养天下之大任时，于内宜恐惧修省，常怀惕厉处危之心；于外则应尽诚竭力，勇于担当天下之大任，勇于成就天下之大业，决不可畏首畏尾，苟且偷安。

二十八

力挽倾颓 独立不惧 [大过]

《序卦传》曰："颐者，养也。不养则不可动，故受之以大过。"万事万物都是养而后成，成而后能动，但有所作为之时往往会产生过分的问题，所以《大过》卦排在《颐》卦之后。

《大过》卦象四阳居中势力甚盛，两阴居于本末力量甚弱，阳为"大"，所以卦名首先有"阳刚过分强大"意思。就整个卦形来看，《大过》六爻像一根支撑着房屋的主梁，中间坚实沉重而两端柔弱微薄，这样难免会产生"栋桡"的危险，即两端承受不住过甚的重量而中间往下曲挠。这种情况下，唯一的选择就是抑制、消弱过甚的阳刚，使之达到刚柔并济的中和状态，这样才能使已经下弯的栋梁恢复本来的平直。但是，阴者性柔易制，阳者性刚难削，在大厦将倾的危急时刻，举削刚抑阳的极难之事，必须得有大过常人之才能，作大过平常之行动，谋划终始，甚至必要时杀身成仁，才有希望力挽狂澜于即倒，所以《大过》又有"大人大为过越常分以拯患难"的意思。卦辞揭示了大过之时的危机深重，又指明了这正是君子立非常之大事，行百世之大功，成绝俗之大德，去建功立业、有所作为的契机。六爻则指明在不同的情境下如何拯治"大过"的具体原则。

䷛大过：栋桡；利有攸往，亨。

初六：藉用白茅，无咎。

九二：枯杨生稊，老夫得其女妻，无不利。

九三：栋桡，凶。

九四：栋隆，吉。有它吝。

九五：枯杨生华，老妇得其士夫，无咎无誉。

上六：过涉灭顶，凶。无咎。

【原文】

大过①：栋桡②；利有攸往，亨。

【译文】

《大过》卦表示：房屋正梁向下弯挠，在此时利于有所前往（去拯救时艰），循礼而行才能亨通。

【注释】

① 大过：卦名。此卦四阳爻居中过盛，阳称"大"，所以有"阳刚过盛"之义。《周易正义》："四阳在中，二阴在外，以阳之过越至甚也。"消弱过盛之阳刚使其达到阴阳的平衡，需要大过常人的勇气、决心和手段，所以卦名又有"大为过越"的含义。

② 栋桡（náo）：栋，房梁，屋顶最高处的水平木梁。《说文》："栋，

极也。从木，东声。屋内至中至高之处，亦曰阿，俗谓之正梁。"桡，木头弯曲，或指弯曲的木头。《说文》："桡，曲木。从木，尧声。"

【品鉴】

《大过》卦卦象下巽☴上兑☱，巽为木，兑为泽，泽水本来是润养树木的，现在却把树木完全淹没掉，这是超越了限度的过甚之象。《大象传》曰："泽灭木，大过。君子以独立不惧，遁世无闷。"身处于木被泽灭的危机深重时代，为了拨乱反正，力挽狂澜，需要大为过人之气魄和举动，君子观此卦象，感悟应以"大过人之举"处"大过"之世，要能够独立于危难之中，毫无畏惧之心，即使自己的行为主张遭受世人的反对与排斥，也不逃避现实，感到苦闷。程颐说："君子观《大过》之象，以立其'大过人'之行。君子所以'大过人'者，以其能独立不惧，遁世无闷也。天下非之而不顾，独立不惧也；举世不见知而不悔，遁世无闷也。"

从卦形来看，《大过》卦整体像一根支撑着广厦的主梁，只是这根横梁中间四根阳爻非常坚实有力，两边两根阴爻却柔弱单薄，这种情况下难免会发生两端不堪重负，中间向下挠曲的危险，整座大厦随时都会倾颓。那么究竟该怎样拯救危亡呢？这时唯一的选择就是扶阴抑阳，取阳补阴，使阴阳两种力量得到平衡。在现实生活中，我们也会经常看到当权者过于刚强，下级过于软弱，或者主体因素过甚，附属因素极弱的情况；个性刚强而修养不深者，缺少弹性和韧劲，容易摧折，往往流于急功近利、刚愎自用、一意孤行，必须通过自身修养或外在助辅抑制消弱过甚的刚烈，达到中和。但消阴容易，抑阳却需要过人的勇气，《彖传》曰："大过，大者过也。栋桡，本末弱也。刚过而中，巽而说行，利有攸往，乃亨。大过之时义大矣哉！"其中所说"大者过也""本末弱也"都是对《大过》卦中间阳刚过于强盛，两端阴爻太过虚弱的解释，"刚过而中，巽而说行"是说在大过之世内在地包含了能够拯救时弊的可能性，那就是九二与九五爻能够居处中道，居中调济，沿着柔顺、欣悦的道路求得刚柔并济，这样前往必然能得亨通。虽然如此，"大过"之时毕竟不同于一般情况下的困境，这是大厦将倾、整个社稷面临生死存亡的关键时刻，必须要有非同一般的才智和魄力才能行非常之大事，立百世之大功，爻辞中所讲的老夫娶少女，老妇得士夫，在当时都是大过常人之举。这是一个呼唤英雄、塑造英雄的伟大时代，所以说"大过之时义大矣哉！"

【原文】

初六：藉①用白茅②，无咎。

【译文】

初六：用洁白的茅草垫衬祭祀的礼物，没有灾祸。

【注释】

① 藉：衬垫。《说文》："藉，祭藉也。"即古代祭祀时在陈列礼品之下的垫衬之物。

② 白茅：白色的茅草。指经过特别挑选的色泽光亮、洁白整齐的优等茅草，朱熹曰："白茅，物之洁者。"如果说以草垫物事为了谨慎，那么用白茅衬垫就是慎之又慎，敬之又敬。

【品鉴】

初六当大过之时，如同君子在大厦将倾的栋桡之世欲担当重任，图谋大事，以救危难，但它以阴柔之体处于下位，所以一定要以过于慎重之心，谨始虑终，无所不至，才能避免失误和灾咎。就像在祭祀之时，于祭品之下再铺上一层洁白的茅草，茅草虽然价值不高，但这一行为表现出来的敬慎之意却极为重要。《系辞传》说："苟错诸地而可矣。藉之用茅，何咎之有？慎之至也。夫茅之为物薄，而用可重也。慎斯术也以往，其无所失矣。"这也告诉我们，君子之于兴作大事之时，一定要以小心谨慎为基础。兴作大事，责任重大，这是栋梁独支的象征；基于细微，慎于行为，这是藉用白茅的象征。栋梁支撑于上，白茅藉衬于下，独挡大任跟恭慎至微相伴而行，才能不致咎害，"茅之为物薄，而用可重也"的意蕴也在于此，"物薄"正对栋之为物重、任重而言。胡瑗对此爻象征意义的解释也很明白晓畅，他说："为事之始，不可轻易，必须恭慎，然后可以免咎。况居大过之时，是其事至重，功业至大，犹不易于有为，必当过分而慎重，然后可也。苟于事始慎之如此，则可以立天下之大功，兴天下之大利，又何咎之有哉？"

【原文】

九二：枯杨生稊[1]，老夫得其女妻，无不利。

【译文】

九二：枯槁的杨树又生出新芽，就像年老的男人又娶了年轻的妻子，无所不利。

【注释】

① 稊（tí）：通"荑"，新生的枝芽。王弼曰："稊者，杨之秀也。"孔颖达说："荑，叶之新生者。"

【品鉴】

《大过》卦总体形势是阳刚力量过于强盛，在这种情况下只有济之以柔，使阴阳两种势力得到中和平衡，才能拯济栋桡的危险，所以各阳爻都以居阴位为美，而不以得位为安，这是必须注意的。九二虽是过刚之人，但它处当阳爻大为过越之初始，能够居柔履中，又比邻初六，能与之相得相济，所以阳刚过盛的本质能够很好地得到抑制和平衡。杨树是阳气易感之物，阳气过盛就会枯槁，枯槁之时还能发出新芽，说明阳刚虽然过盛但还没有达到至极不能返的程度。九二与初六刚柔相济而有功，如同老夫娶得少女为妻，娶得少女则得生育之功，犹如枯杨又生出新芽。《小象传》说："老夫女妻，过以相与也"，也是讲在阳过之时得到阴柔相中和之后才能重新焕发出青春生命力。

【原文】

九三：栋桡，凶。

【译文】

九三：栋梁弯挠曲折，有凶险。

【品鉴】

九三和九四两爻，居于卦之中间，有栋梁之象，所以皆言"栋"。九三以大为过盛的阳刚体质，居于阳位，又不得中，是阳刚过甚、阴阳失调的典型人物。它虽跟上六正应，本来还有机会得到阴柔的辅助中和，但它自恃阳刚，独断专行，已经在居刚、用刚的道路上出而不返，容不下他人的劝说与进谏，所以势必成"栋桡"之凶象。所以这一爻通过反面的事例集中告诉我们，阳刚者虽然富于进取精神和决断气质，但超过了限度就会流于刚愎自用和一意孤行，使自己的优点转化成缺陷；而且，自恃阳刚就会疏远益友良师，听不见他人意见，得不到辅助匡正，这往往使自己常陷于孤军奋战的危险境地。正如程颐所说的："夫居大过之时，兴大过之功，立大过之事，非刚柔得中，取于人以自辅，则不能也。既过于刚强，则不能与人同。常常之功，尚不能独立，况大过之事乎！以圣人之才，虽小事必取于人，当天下之大任，则可知矣。"

【原文】

九四：栋隆①，吉。有它吝。

【译文】

九四：栋梁向上隆起，恢复了原来的平直（能够发挥支撑房屋的作用），吉祥。但是如果再有其他变故，还会下弯。

【注释】

① 隆：隆起。《说文》："隆，丰大也。"《尔雅》："隆，盛也。"这里是指弯曲下挠的大梁恢复原来的平直之势，而不是说原来向下弯，现在又向上拱。《小象传》曰："栋隆之吉，不桡乎下也"，说栋梁不再向下弯挠即是明证。

【品鉴】

　　九四跟九三对比鲜明。二者虽然都有过刚之质，但九四却能自觉修正九三的错误，既发挥自己居于柔位的优势，抑制自身刚过的发展趋势，又与阴柔之初六交相应与，扭转阴阳失衡的局面，这样通过各种手段的中和平衡，做到刚而能柔，就可以使已经向下挠曲的大梁重新恢复平直，起到支撑房屋的作用了。

　　但是，爻辞又特别提到"有它吝"，这个"它"到底是什么呢？这个"它"指的是初六。我们说《大过》卦主要是讲在大厦将倾之时，要通过非同寻常的手段和气魄挽狂澜于既倒。在九四的身上，我们已经看到它刚毅有为的才能，敢于担当的精神，还有能够自觉修正偏失的智慧和勇气。然而我们也应该看到，九四跟初六关系正应，虽然初六能够帮助它克服过于刚盛的缺点，但在这时九四尤其需要注意，一定不要另有他志，指望初六来分担自己的重任，扶大厦于将倾还要依靠自身的阳刚力量，阳主阴辅的位置和作用千万不能搞颠倒，否则如果把重担压在力量柔弱的初六身上，它不堪重负，那只能使已经隆起的栋梁再度弯曲下去，给正义的事业带来憾惜。

【原文】

　　九五：枯杨生华[①]，老妇得其士[②]夫，无咎无誉。

【译文】

　　九五：枯槁的杨树又绽开了花朵，就像老年的妇女得到了年轻的男子做丈夫，没有灾祸也不值得称誉。

【注释】

① 华：通"花"，花朵。《说文》："华，荣也。"
② 士：古代未婚男子的尊称。

【品鉴】

九五与九二居位相对应，在爻辞的拟比手法上也相映成趣。九五以中正处于尊位，担负着挽救大过之世的责任使命，但它以阳居阳，又是四个阳刚发展的盛极，所以必须要有阴柔力量的中和与辅助才能完成这项艰巨的历史使命。九五下无正应，只有亲比近邻的上六阴爻，才能以柔济刚，然而上六处于卦终，如同一位生命力残存衰竭的老年妇女，以九五本身盛极之阳跟上六本身衰竭之阴相配合，就像一个精力过度旺盛的青年男子跟一个已经失去了生育能力的老年妇女相匹配，这种结合产生不出新生命，也达不到刚柔相济的最终目的。如果说九二跟初六的结合使枯杨生稊，杨树抽发出新的枝条，生机方长；那么九五跟上六的结合只能像枯槁的杨树开放出新的花朵，它上生华秀，虽有所发，也只能是昙花一现，新鲜一时，从根本上无益于枯槁的树木再焕发出生命力。所以我们说，就九五主观的努力而言，它已经竭尽全力，没有什么好指责的；但从客观的处境上来看，这种结合还是不尽如人意，不值得让人称道赞叹。综合来看，"无咎无誉"的结果在这种特殊情况下已经非常不错了，九五"大过常人"的士夫娶老妇之举还是收到了一定的效果。

值得注意的是，《大过》卦一直在讲阳刚之力应该如何去拯危救难，以大过人之举去扶颠济时，但是此时阴柔势力的作用在其中显得尤为重要，阳刚与阴柔的关系处理也需要把握在一个很适当的限度之内。九五的处境跟九二对比，说明阳刚的抑制与中和必须依靠富有活力的阴柔辅助，也就是说阴柔的一方一定要具备生命力和创造力，不能表现出亦步亦趋、毫无作为的消极因素，比如无论在家庭中还是朝堂上，无论妻子还是臣子，作为辅助阳刚的阴柔一方决不能沦为摆设和附庸，在一切活动中决不能没有自己富于创造性和建设性的建议和见解，否则，失去了生命力的、无所作为的阴柔，根本无法实现刚柔相济的调节作用。九五的处境跟九三对比，应该说虽然九五亲比的阴柔不尽如人意，也比九三彻底拒绝或丧失辅助力量而最终罹凶的结局来得好些。九五再跟九四对比，我们更应该看到，阳刚在对阴柔的依赖上一定要有一个限度，天下的重任还是要由自己来承担，不能压在别人的肩上。

【原文】

上六：过涉①灭顶，凶，无咎。

【译文】

上六：涉水渡河济难而被水淹没过头顶，有凶险。没有什么可指责的。

【注释】

① 涉：涉的本义是徒步过河，引申为渡水、经历等义。

【品鉴】

大过之世发展到上六阶段，已处于终极而不可挽回的时局，犹如整座大厦的重量都压在上六自己身上，上六虽然下比阳刚，取阳济阴，竭尽全力，但奈何体柔力弱，无力承重，陷入灭顶之灾。《小象传》说："过涉之凶，不可咎也"，很好地解释了上六的处境。从客观方面看，这种大厦已倾、过涉亡身的结果是"凶"；但从主观方面看，上六这种独立不惧、勇于担待的英雄行为无可指责，南宋朱熹说："处过极之地，才弱不足以济，然于义为无咎矣：盖杀身成仁之事"，清朝李士鉁说："时无可为，祸无可避，甘罹其凶"，都不以成败论英雄，对上六舍身救时、勇者无畏的精神表示理解和赞赏。

二十九

阳刚信实 恒行不舍 [坎]

《序卦传》曰:"物不可以终过,故受之以坎。坎者陷也。"人不可以终有过行,有过行,就将遭遇坎坷、险难;坎为水,水流之处多为险陷之地,所以坎代表着险阻坎坷。

"坎"象中间一阳,上下两阴,阳实阴虚,上下无据,一阳陷于二阴之中,犹如溺于险境。如果一阳居于两阴之上,就是"止"之象;一阳居于两阴之下,就是"动"之象;一阴居于两阳之中,就是"丽"之象;一阴居于两阳之上,就是"悦"之象;一阴居于两阳之下,就是"巽"之象。《坎》卦是由两个经卦"坎"重叠而成,所以称为"习坎",习者,重也,所以《坎》卦的主题是探讨怎样越过重重艰难险阻,如何面对人生重重坎坷和险境。

䷜习坎：有孚，维心亨，行有尚。

初六：习坎，入于坎窞，凶。

九二：坎有险，求小得。

六三：来之坎坎，险且枕，入于坎窞，勿用。

六四：樽酒，簋贰，用缶，纳约自牖，终无咎。

九五：坎不盈，祇既平，无咎。

上六：系用徽纆，寘于丛棘，三岁不得，凶。

【原文】

习坎①：有孚，维②心亨，行有尚③。

【译文】

《习坎》卦表示：只要心存诚信，不失信心；心理通达，明白事理；行动起来就会成功，得到崇尚。

【注释】

① 习坎：《说文》："习，数飞也。""习"的本义是初生禽鸟反复练习飞翔，即"重复""反复""学习""温习"都是重复之义。《坎》卦前加"习"字，同时有上述两层含义。《释文》："习，便习也，重也。"刘云：水流不息，故曰习。"孔颖达说："'习'有二义：一者习重也，谓上下俱坎，是重叠有险，险之重叠，乃成险之用也。二者人

之行险，先须使习其事，乃可得通，故云'习'也。"

② 维：语气助词，无实际意义。

③ 尚：尊尚，推崇。

【品鉴】

《坎》卦是八纯卦之一，其余七卦卦名都是一个字，唯独此卦被称为"习坎"。古人对此原因的解释还是多围绕着"习"字含义的两个层面来展开。将着眼点放在"重叠"之义上的学者认为这是为了强调险中又有险，提醒人们应该格外注意，如孔颖达说："诸卦皆于卦上不加其字，此坎卦之名特加'习'者，以坎为险难，故特加'习'名。"将着眼点放在"反复练习"之义上的学者则认为在坎险重叠之时，君子应当预积便习险难之性，熟悉其事才能有所防范，有所准备，然后可以渡济险阻，如郑汝谐说："服习温习，皆有重义。水虽至险，而习乎水者，虽出入乎水而不能溺。然则习乎险难者，斯能无入而不自得也。"

《坎》卦的主题是探讨面对坎险艰难应当如何化险为夷，开拓进取之路，所以卦辞的三句话分别从三个方面揭示了应对险难应当遵循的三个准则。首先，《坎》卦阳在阴中，有中实之象，故曰"有孚"。《象传》说："水流而不盈，行险而不失其信"，水势就下前行不止，即使经历重重险阻，也仍然一往无前，不舍昼夜。虞翻说："水行往来，朝宗于海，不失其时，如月行天"，这就是水的"诚信"之德。水的德性告诉我们，面临坎坷要有克服险阻的顽强意志，绝不丧失信心，以内心阳刚中实的进取品德为基础，行动起来才会有不竭的动力源泉。否则，还未等有所动作，精神支撑先垮了台，就谈不上涉险济难了。

其次，"坎"为心，心在中，九五、九二两刚爻分别居于上下卦的中心，阳不外发而存乎内，由内而外，方能刚而能行，动而能通，所以说"心亨",《象传》讲"维心亨,乃以刚中也",正是就此而言。如果说"有孚"指的是要有战胜困难的信心,那么"心亨"重点则在强调要具备心理通达、泰然自若、临危不乱、处险不惊的魄力。前者"中实"包含着百折不挠的勇敢之意,后者"刚中"包含着内明善动的智慧之心,有勇有谋才能根据不同情况采取明智应对措施,达到"行有所尚"的目的。

最后,"行有尚"三个字既包含了处险之道的第三个原则——必须行动起来,又包含了只要遵循以上三个准则,前往必定能取得建立功勋的美好结果,可谓言简意赅。我们说,行为实践是思维理论的落脚点,有再好的想法不切实付诸行动还是要停留在坎坷险难中解脱不出来。程颐说:"以其刚中之才而往,则有功,故可嘉尚;若止而不行,则常在险中矣"就是这个意思。

【原文】

初六:习坎,入于坎窞①,凶。

【译文】

初六:面临重重坎险,落入险穴深处,有凶险。

【注释】

① 窞(dàn):深坑。《说文》:"窞,坎中小坎也。"《广雅·释水》:"窞,坑也。"《周易集解》引干宝曰:"坎之深者也。"

【品鉴】

初六以阴柔之体处在重重坎险的最底下,力量柔弱,本身失正,又无援应,所以非但难以脱险,反而容易陷入更深的窞穴之中。这也告诉我们摆脱险难一定要有阳刚之力和正道之行,二者失一必凶,何况初六不刚不正。

【原文】

九二:坎有险,求小得①。

【译文】

九二:在坎坷艰难中遇到险阻,可以先谋求部分小的收益。

【注释】

① 得:得到的效益。

【品鉴】

九二在重险之中,陷于上下两阴之间,是"至险"之地。但九二有刚中之才,能够奋发有为,行为又遵循中道,虽然不能完全脱离险境,但也能保全自我,不至于像初六那样陷于深坑不能自拔。九二能够发挥自身中实诚信之德性,孚比上下两阴,阴为小,所以有求"小"有得,渐谋脱险之象。这也告诉我们在完全克服坎险的条件还不成熟的阶段,如果能把大的目标分解成若干小的目标,把长远的理想分解成若干可以分段实现的阶段性理想,把大的难以一下子克服的困难分解成若干小的比较容易克服的困难,一步一步推进解决,那么就会消解掉"老虎吃天无处下口"的困惑,形势会渐趋明朗。李光地在《周易折中》对此爻的按语中说:"凡人为学作事,必自求小得始,如水虽涓涓而有源,乃行险之本也。"此言对九二爻的要旨解说甚精。

【原文】

六三：来之①坎坎，险且②枕③，入于坎窞，勿用。

【译文】

六三：向下归来向上往去都是坎险之地，姑且伏枕暂息以待时，已处凶险深穴之中，不要有所施用。

【注释】

① 之：去，往。与"来"相对。
② 且：姑且。王申子曰："且者，聊尔之辞。"
③ 枕：暂息而未安的样子。朱熹说："枕，倚著未安之意。"

【品鉴】

六三的处境可谓是凶险至极，向下来就会落入坎险之中，往上去又到重险之上，进退都是险难，自身条件阴柔无力，失位不正，在这种不得天时地利人和的情况下，任何行动都不会成功。九二阳爻在下，有"枕"之象，所以最好能依靠之，虽未安稳也暂为停歇，以谋良策，以待良机。总之，在这一爻所处的环境下一定不可有所行动。

【原文】

六四：樽①酒，簋②贰，用缶③，纳④约⑤自牖⑥，终无咎。

【译文】

六四：一樽薄酒，两簋简食，用质朴的瓦器从窗户中盛送尊者，终将免遭灾祸。

【注释】

① 樽：古代盛酒的器具。《玉篇·木部》："樽，酒器也。"
② 簋（guǐ）：古代盛食物的器皿。《说文》："簋，黍稷方器也。"
③ 缶：盛物的瓦器。
④ 纳：纳入，送入。
⑤ 约：简约之物。
⑥ 牖（yǒu）：窗户。《说文》："牖，穿壁以木为交窗也。"段玉裁注："交窗者，以木横直为之，即今之窗也。在墙曰牖，在屋曰窗。"

【品鉴】

尚秉和先生将"约"解释成"与神灵盟约"，并举出《周礼·秋官》中"司约，掌六约，治神之约为上"的例子证明"纳约自牖"是"言诏明神而要誓，荐其盟祝之载辞于牖下也"，也就是说以诚信之心同神灵结成盟约，以求度险难。这种解释从语义训诂学的角度固然找不出什么纰漏，但与《坎》卦的主题似乎远离了一些。《坎》为险陷，六爻之义不是遭险就是济险，与祭祀神灵关系不大。六四处在上卦之始，虽然体质阴柔，但居得其正位，相比初六、六三和上六三阴爻的处境要好得多，其缺点就在于下无援应，只有得到九五之君的扶助才能出险，《小象传》也说："樽酒簋贰，刚柔际也"，六四正处在九五阳刚跟自身阴柔交相接助的时机之中，这时求得刚健中正者的帮助显得尤为重要。但此时九五也在险难之中，虽有刚德而被群阴所陷，犹如被关在屋里不得自由，施展不开，六四这时应挺身而助之，助九五其实也是在自助。由于在险难之中，六四只能用薄酒疏食等简约之礼物代表自己诚恳的心意，从窗子中曲折地纳入送交九五，以求得刚柔相接，阴阳相和，君臣相得，这样的过程起初艰险难为，但通过一系列努力，最终会免遭灾祸。这与《睽》

卦九二爻"遇主于巷"有相似之处,都是说以间接的办法去跟君主沟通交接。朱熹从占筮的角度对此爻的情境解释说:"九五尊位,六四近之,在险之时,刚柔相际,故有但用薄礼,益以诚心,进结自牖之象。牖非所由之正,而室之所以受明也。始虽艰阻,终得无咎,故其占如此。"

【原文】

九五:坎不盈,祗①既平,无咎。

【译文】

九五:流水涓涓不息不至盈溢,水边小丘已经削平,没有咎害。

【注释】

① 祗(zhǐ):通"坻"。《释文》引郑玄曰:"小丘也。"

【品鉴】

北宋程颐说:"九五在坎之中,是'不盈'也,盈则平而出矣。"明代蔡清说:"盈则平矣,平则出矣,二义相继。"这都是认为水在盈满之日就是出险之时,以此解释单独来看这一爻似乎没有问题。但放在整个卦中,就不太妥当了。九五刚居尊位,是《坎》卦出险之主,《象传》说:"水流而不盈",就是讲流水有不舍昼夜、常行不息、常流不盈的阳刚品德,故而九二居下体能有"小得",九五在上体能获"无咎"。看来九五以阳刚居尊的处险之道不是刚猛断行,一蹴而就,而是长流不息,盛而不盈,把困难艰险逐渐一个个地解决掉。

【原文】

上六：系用徽纆①，寘于丛棘，三岁不得，凶。

【译文】

上六：被绳索捆绑，置于丛棘之中，三年之久不能解脱，凶险之极。

【注释】

① 徽纆细（mò）：绳索。马融曰："徽纆，索也。"刘表曰："三股为徽，两股为纆，皆索名。"

【品鉴】

按照卦变理论，两阳四阴之卦都是由《临》☷和《观》☷变来的，《坎》☷就是由《观》之上九下降到六二变化而成，《观》卦上体"巽"为绳直，三到五爻互体为"艮"，艮为手，《观》之上九爻一变为阴即入于"坎"险，所以《坎》之上六有被手以绳索捆束绑缚之象。《说卦传》谓"坎""其于木也为坚多心"，即"木坚硬多小刺"，也就是荆棘，故而又有"置于丛棘"之象。上六以柔弱居险之极，所陷至深，自己没有力量脱险，下又没有应与，犹如被绳索捆缚置于荆棘之中，三年之久也不能解脱。

那么上六的出险之道究竟在哪里呢？这种情况下要想脱难，一定要附丽于君子大人，这也就是下面《离》卦将要讨论的内容。

三十

重明丽正　天下化成 [离]

《离》是上经的最后一卦,《序卦传》曰:"坎者陷也,陷必有所丽,故受之以离。离者丽也。"离是附丽、附着的意思,陷于险难之中,必须得有所附丽才能出险,这很容易理解,所以《离》卦次于《坎》卦之后,讲附丽于人或为人所附丽之时应当遵守的原则规矩。

《离》卦跟《坎》卦有异也有同,既要分而析之,也要合而观之。从卦形上来看,它们的爻象阴阳正相反对,是一对"错卦",它们有一个共同的特点——"贵中",但《坎》侧重于中而刚,行险以刚中则不陷溺,故而《彖传》说它"维心亨,乃以刚中也";《离》则侧重于中而柔,附丽以柔正而不突兀,所以《彖传》说它"柔丽乎中正,故亨"。《易经》全篇始于《乾》《坤》,它们是"阴阳之根本,万物之祖宗";上经结束于《坎》《离》,清代陈梦雷说它们是"天地之心,造化之本","乾坤之继体",实际上是着眼于水火之分;下经结束于《既济》《未济》,实际上是着眼于水火之合。上下经都以《坎》《离》作为归宿,整个《易经》以天地水火为之终始,足见《坎》卦和《离》卦在其中的重要地位。

☲离：利贞，亨。畜牝牛，吉。

初九：履错然，敬之，无咎。

六二：黄离，元吉。

九三：日昃之离，不鼓缶而歌，则大耋之嗟，凶。

九四：突如其来如，焚如，死如，弃如。

六五：出涕沱若，戚嗟若，吉。

上九：王用出征，有嘉折首，获匪其丑，无咎。

【原文】

离①：利贞，亨。畜②牝牛③，吉。

【译文】

《离》卦表示：在附丽依附他人之时守利才能获利，有信才能久固，循礼可得亨通。蓄养母牛，可得吉祥。

【注释】

① 离：卦名。在这里是附丽、附着的意思，即是"丽"，《释文》："离，丽也；丽，着也，八纯卦，象日，象火。"离是"離"的简体字，《说文》："离，离黄也，仓庚也。鸣则蚕生。从隹，从离。"隹，指短尾鸟。离的本义是黄鹂鸟，又名仓庚、黄莺等，黄鹂开鸣之时正是春末夏初，蚕虫从此时开始变为蚕蛾离开过冬的茧而产卵，从

春末夏初的时间而言，正是太阳开始散发炽热光芒的时候，所以离有光明的意思，如《广雅·释诂四》："离，明也。"从蚕破茧而出这个过程而言，离字有分开、分离的意思，如《广雅·释诂二》："离，去也。"《广雅·释诂三》："离，散也。"《正字通·隹部》："离，远也。"但是"离去"之义正与"附丽"相反，为何古人用"离"表示"附丽"呢？这跟古人的语言习惯有关，他们经常一字两用，既用它的正义，又用它的反义，朱熹曾说："丽，是丽着底意思。'离'字，古人多用做丽著说。然而物相离去，也只是这字。'富贵不离其身'，东坡说道剩个'不'字，便是这意。古来自有这般两用的字，如'乱'字又唤作治。"

② 畜：蓄养。虞翻曰："畜，养也。"

③ 牝（pìn）牛：母牛。《说文》："牝，畜母也。"

【品鉴】

《离》是八纯卦之一，离为日，上下体两个"离"摞在一起，《大象传》说："明两作，离。大人以继明照于四方"，"明两作"不是说两个日同时出现，而是说一个日出现两次，光明作而又作，这跟《坎》之《大象传》说"水洊至"是一个道理，都是强调时间上的连续性，所以，大人贤者看到《离》之卦象感悟到应该以连续不断的光明照临四方。

光明一定要附丽到具体的事物之上，才能让人感觉到它的存在，事物也才能因它而显现，否则单是光亮自身，我们什么也看不到。探险队员在茫茫雪原之中往往容易得"雪盲症"，倒不是因为阳光经过雪的反射太刺眼，而是因为眼睛在大片白色中长时间找不到落脚点，也就是找不到附着之物，才会因紧张而失明。"离"所代表的火也是一样，它总要依附在另外的物体之上才能燃烧起来，空无一物，毫无所凭，火是不能存在的。不仅是火，世间万物都有着相互依存的关系，人尤其是这样。无论什么样的人，他生活在人世间，总要有所依赖，有所附丽，程颐说："万物莫不皆有所丽，有形则有丽矣。在人则为所亲附之人，所由之道，所主之事，皆其所丽也。"也就是说，人在生活上要有所依靠，在事业上要有所专注，在思想上要有所信仰，否则，就不能成为一个真正的社会人。

但相互依附是有条件的，不是所有的人都可以附丽追随，附丽之时也不是所有的行为都能带来益处，所以卦辞首先在依附之时的价值选择上明确指出"利贞，亨"，依附之时只有遵循正道，才能获得亨通。如果丽于邪道，选择了反人民的事业和信仰，那就会在为害社会的邪路上越走越远；如果丽于邪恶之人，"友便辟、友善柔、友便佞"，那也只会恶德流播，出而不返。其次，在依附之时的行为选择上要以柔顺、专一的精神来要求自己。母牛体健有力，性情柔顺，内柔外刚，颇似"离"体一柔居于两刚之中，王弼说："柔处于内而履正中，牝之善也；外强而内顺，牛之善也。《离》之为体，以柔顺为主者也，故不可以畜刚猛之物，而吉于畜牝牛也。""畜柔顺"也就是内心秉承谦虚、巽顺之美德，而不可以刚凌物，盛气凌人，以性情暴躁无论是去丽人丽物，还是受人附丽，都绝无可行之理。值得注意的是，卦辞为什么不干脆说"牛"，而说"牝牛"，牛本身就是柔顺之物，难道是为了强调"柔而又柔"吗？在我看来，牝牛的一个重要特点似乎被人们忽视了，即它舐犊情深，纯专不二的优秀品格没有引起足够重视，这也使人们对"附丽"之道的一个重要方面认识不足。《离》卦主旨除了要遵从"贞正""柔顺"之外，还有很重要的一点就是"诚专"，《大学》所谓"如保赤子，心诚求之"拿到此处甚为贴切。附丽于人若朝三暮四，心猿意马，人定不与真心；附丽于事若三心二意，不执着追求，事定不成气候。

【原文】

初九：履错然①，敬之，无咎。

【译文】

初九：步履错落有致，遵循礼法，恭敬谨慎，必然没有灾祸。

【注释】

① 错然：错落有致的样子。胡瑗说："'错然'者，'敬之'之貌也。"

【品鉴】

初九以阳刚才质处在离明之体下，意欲有所上行，所以想与六二结成以刚附柔的关系，这种情况下需要格外注意的有两点：一是处在附丽的开始阶段，这个时候应该怎么办；二是以刚附柔，这种情况应该怎样处理。这两个方面交错杂糅在一起，比较难处理。但初九阳刚得正，有离明之德，很好地解决了难题。它所遵循的就是践履得当、恭敬谨慎的原则，要点只有一个字，就是"敬"。在附丽之初，不到勾肩搭背的时候，要规规矩矩，按步骤走，"敬"既可以拉近距离，又能避免肆无忌惮；以刚附柔，往往容易犯对柔弱的依附对象轻慢亵渎、不够尊重的错误，"敬"可以有效约束自己的行为，避免言行失当。《小象传》曰："履错之敬，以辟咎也"即是这个意思。总之，在依附之始，"恭敬"是行为的核心要求。

【原文】

六二：黄离，元吉。

【译文】

六二：保持黄色的中正品德，至为吉祥。

【品鉴】

黄是土色，土于五行居中，故黄色代表中色，六二柔居离明中位，所以有"黄离"之称。《离》卦六爻以六二和六五两阴爻最得"柔丽乎中正"的要义而获美善，相比之下，六二的位置居中和品德离明，而且得正当位，所以尤为美好，至为吉祥。依附与被依附是一个问题的两个方面，相互依存。六二处在离的中心，虚静阴柔，安宁祥和，初九阳刚以敬来附，自然吉祥；加之自身上下亦皆有阳刚可以依附，状态非常美满。北宋象数易学大师刘牧比较六二与九三、九四的爻象时赞扬六二"中"德说："离为火之象，焰猛而易烬，九四是也。过剩则有衰竭之凶，九三是也，惟二得中，离之元吉也。"

【原文】

九三：日昃①之离，不鼓缶②而歌，则大耋③之嗟④，凶。

【译文】

九三：太阳将要西沉落山，此时如果不敲起缶器，怡然欢度时光，则有老暮穷衰、自怨自艾的悲叹，那样将会导致凶险。

【注释】

① 昃（zè）：太阳偏西将要落山。《说文》："昃，日在西方时，侧也。"

② 缶：盛食物的容器，也是一种乐器。《说文》："缶，瓦器，所以

盛酒浆，秦人鼓之以节歌。"

③ 耋（dié）：老年。《说文》："耋，年八十曰耋。"

④ 嗟（jiē）：本为叹词，《小尔雅·广言》："嗟，发声也。"这里是悲叹的意思。

【品鉴】

综观下体三爻，初居卦始为日出，二居中位为日中，三居下体之终为日昃，对于人事而言，象征着人到了七八十岁的暮年之时。有盛必有衰，有始必有终，这是事物发展的规律，也是社会人生的规律。人们如果能顺应人生的规律常理，做到安时处顺，心态平和，该心情放松欢歌自乐的时候就放松下来，不要总是去回想日中壮盛之时辉煌，不接受当下的处境。爻辞拿日暮西山应击缶而歌来比喻人到老年之时应安时处顺，怡然自乐，否则咨嗟叹息，徒增烦恼，终将无益，这又何尝不是告诉人们在由盛转衰之时应该明于自然之理，顺应形势，及时隐退，自己心情放松地让事业于继明之人。有不少老干部从领导岗位上退下来之后，放不下干了大半辈子的事业，常咨嗟悲叹，耿耿于怀，以致郁郁而终。其实人的一生必有终尽，明达者应当通晓顺应自然之理，乐天知命，不要去为无可奈何的事情再徒然嗟叹忧伤了。

【原文】

九四：突如其来如，焚如，死如，弃如。

【译文】

九四：突然而来，如同烈焰熊熊燃烧，但势不长久，顷刻间又消失殆尽，被人绝弃。

【品鉴】

九三处在下离之终,为日之西沉,九四处在上离之始,象征继明之初升,此时的九四急欲上进求附丽于六五,这与初九当时上进求附丽于六二是相似的。但是初九能够以"敬"约束自己的行为,遵循礼法,恭敬谨慎,步履错然,所以获得"无咎"。相形之下,九四失位不正,又不能以中道规范自己的行动,刚猛躁动,气焰嚣张,如烈火突如其来,侵凌进逼于六五,《小象传》说:"突如其来如,无所容也",意即这种凌厉进逼的手段必定不会被他人所接受。在"依附"之时,反行"逼迫"之事,必然会引起六五之君的警觉戒备,这种情况下,六四下无正应,上无正承,虽然气焰咄咄逼人,但毕竟无所附丽,找不到依靠的根本,只能像霞光一样转瞬即逝,消失无踪。究其根本,九四还是违反了附丽之道应当"履正"和"柔顺"的原则,才落得"死如,弃如"的下场。

【原文】

六五:出涕沱若①,戚②嗟若,吉。

【译文】

六五:泪流满面,忧伤悲叹,终将获吉。

【注释】

① 沱若:泪流满面的样子。《正字通·水部》:"沱,涕垂貌。"
② 戚:悲伤,忧虑。

【品鉴】

六二和六五都是柔居中位,都得吉祥,但前者当位安处,下有初九阳刚以敬来附，所以至为吉祥；后者不当位，下有九四刚猛之臣胁迫进逼，忧患深重，所以有悲伤嗟叹，泪出滂沱之象。《小象传》说："六五之吉，离王公也"，指出了六五此时能够获吉的原因，是由于附丽于王公的至尊之位。居处尊位，掌握国家大权；体秉离明，能够明察事理；泪流嗟叹，清楚自己的忧患所在能警戒之；六五之王公具备这三个条件，足以获吉了。

【原文】

上九：王用出征，有嘉①折首②，获匪其丑③，无咎。

【译文】

上九：君王出兵征伐，斩杀作恶之魁首头领，俘获不愿亲附的非我之类，没有咎害。

【注释】

① 嘉：嘉美之功。
② 首：作恶之魁首。
③ 匪其丑：通"非"。虞翻曰："丑，类也。""匪其丑"即非其类，指不愿亲附于我的异己。

【品鉴】

附丽之道以"柔顺"为正，为什么在上九爻突然冒出腾腾杀气，大谈攻伐之事呢？《离》卦发展到最后一爻，离道大成，物皆以正附丽，附丽以正，这时若还有少数顽固分子不来依附，为了安定国家，平治天下，君王就要征伐讨罪了，《小象传》说："王用出征，以正邦也"即是此意。

但"乃知兵者是凶器,圣人不得已而用之"(李白《战城南》),征伐讨逆是用刑之大者,如果过于严苛,无所宽宥,不能适可而止就会失之于残酷,只有区别首恶与胁从,斩取魁首,重办首恶,对胁从分子从轻发落,只是执获教谕或者不予追究,才能争取到更多的人前来附丽,《尚书·胤征》说:"歼厥渠魁,胁从罔治",讲的也正是这个意思。总之,《离》卦总体要求"柔丽乎中正",上九又以刚治恶;在严惩魁首的同时,又怀柔胁从之人,这柔中有刚,刚中有柔,刚柔并济以得"中"的行为可谓真得"一阴一阳之谓道"的真谛。

三十一

无心之感 以正相交 [咸]

《序卦传》在谈到下经时，一开始就说："有天地然后有万物，有万物然后有男女，有男女然后有夫妇"，并谓"夫妇之道，不可以不久也"。由此可见，下经三十四卦的重点是围绕着家庭伦理、人际关系、社会道德等论题，从"人道"的角度，直接探讨人生哲理和立身处世的行为规范。前贤多以上经明天道，下经明人事的思想来诠解《周易》，认为上经起于《乾》《坤》，为天地之始；下经起于《咸》《恒》，为人伦之始，这是相当有道理的。

人伦之始，始于夫妻，下经即从象征男女交感的《咸》卦开始。《咸》卦下卦为艮，为山，为稳重，为少男；上卦为兑，为泽，为欣悦，为少女。少男和少女之间相互倾慕，两相亲和，笃实稳重又能欢快欣悦，正是和睦家庭将要建立的基石所在。阴阳的变化，莫大于乾坤；社会的基础，莫重于家庭；家庭的创建，莫美于男女之间的真诚交感。《礼记·中庸》说："君子之道，造端于夫妇，及其至也，察乎天地。"不男少女真诚相感，推而广之，天地万物之间亦皆有交感的存在，天地交相感应带来万物化育生长，圣人感化人心带来天下和平昌顺，可见"交感"对于宇宙万殊发展变化的重要性了。天地以阴阳"交感"化生万物，下经也从象征"交感"的《咸》卦开始得以展开。

☲☶ 咸：亨。利贞。取女吉。
初六：咸其拇。
六二：咸其腓，凶。居吉。
九三：咸其股，执其随，往吝。
九四：贞吉，悔亡。憧憧往来，朋从尔思。
九五：咸其脢，无悔。
上六：咸其辅、颊、舌。

【原文】

咸①：亨。利贞。取②女吉。

【译文】

《咸》卦表示：交感之时循礼而行方得亨通，利于持守正道，娶妻可获吉祥。

【注释】

① 咸：交感、感应、感通的意思。《说文》："咸，皆也，悉也。"《尔雅·释诂下》："咸，皆也。"《庄子·知北游》："周、遍、咸三者异名同实，其指一也。""咸"字甲骨文从戌，从口，本义当为军人拿起武器去戍守边疆保家卫国。古代征兵制是以家为单位的，每家必须都有人应招服兵役，所以就有"都"和"全部"的本义。

《乾·彖》说："首出庶物，万国咸宁"，用的就是本义。那么究竟为什么"咸"字又有"感"的意思呢？大概是由于远在边疆的战士与家乡的亲人相互牵挂、思念、感应，故而有此引申义。思念、感应都用心，所以后来加了"心"字旁。《彖传》曰："咸，感也。"朱熹说："咸，交感也。"

② 取：通"娶"。

【品鉴】

《咸》卦卦象下艮☶上兑☱，兑为泽，泽体下流以润其下，艮为山，山体上承而受其润，二气交通而相应，象征"交感""感应""感通"。《咸》既然是"感"的意思，那为什么不干脆用"感"做卦名呢？有人说，"咸"是"无心之感"，很有意思。没有心，显然不能感通；有心则可以感，但心较宇宙为小，又不能全感。咸的本义就是"皆"，唯有无心之"咸"，方才无所不感。所以，在"咸"字的辨析中我们也可以看到，这一卦既是在讲男女的有心之"感"，同时也是在讲天地的无心之"咸"，《易经》推"天道以明人事，本人文以达天理"的思维理路就是这样展开的。《咸》卦艮为少男在下体，兑为少女在上体，少男主动追求少女，谦恭居下，表示对女方的尊重，又止于正道以礼相待，表现出忠贞纯洁的相爱之情，由此赢得少女的欣悦相从，两人心底的感应也由此开始。所以卦辞说："亨，利贞。"通过这样纯正感情建立起的婚姻家庭一定非常幸福美满，所以卦辞说"取女吉"。《荀子·大略》讲："夫妇之道不可以不正也，君臣父子之本也。"由男女以正相感可得吉祥，推至社会一切伦理都是如此，君臣、父子、亲戚、朋友之间只要循礼守正，以真情实意相感应，关系就会和顺而亨通，若不守礼而行、以正相感，小则家乱，大则国危。昔唐玄宗李隆基宠爱杨贵妃而重用杨国忠、李林甫，荒废国政而肇安史之乱，这就是因为君臣、夫妇、上下不守正以相感的后果啊。

【原文】

初六：咸其拇①。

【译文】

初六：交感相应在脚拇趾。

【注释】

① 拇：拇，大脚趾。《经典释文》："马、郑、薛云'足大指也'。"《周易正义》："拇是足大指也。"

【品鉴】

《咸》是讲"感应"的专卦，所以卦中六爻皆两两相为正应。初六以阴柔之体处"感应"的最开始，跟九四是正应关系，故不能不动；然而两者又都处在上下体的开始，所感尚浅，犹如未动于心，又不能大动；故而初六以人体最末的脚拇指为喻，表示其处在相应之始、欲动而又未动的状态。《系辞传》："吉凶悔吝，生乎动者也。"初六虽然小有动志，但其本质阴柔守于静笃，善与恶尚未有定，前景还不明朗，爻辞也未言吉凶，所以人们当此之时应该明晓审微慎几的道理，从一开始就要注意感通之道不可以不守正。

【原文】

六二：咸其腓①，凶。居吉。

【译文】

六二：感应到了小腿肚，有凶险。安居静守可获吉祥。

【注释】

① 腓：小腿肚。《周易正义》："足之腓肠也。"《说文》段玉裁注："胫骨后之肉也，腓之言肥，似有肠者然。"

【品鉴】

六二爻"交感"由下往上升，离开脚趾到达小腿。小腿常动，有躁动之象，在交感尚浅、还不深入的时候如果不顾自己身份地位抬腿便行，急躁妄动地去往上应九五以求感通，必致凶险。阴阳在感应之时，阴若心浮意躁，急于求进，就会引起对阳的亵渎轻慢，后果必然不妙。如果能自尊自重，顺着自己柔顺的本性安居静守，循序渐进，以被动的姿态争取对方以礼相待，前来与自己交感，就可以获得吉祥了。《易经》最反对阴去迫阳，而倡导阳动阴顺，故而，像六二这样的状态，宜静不宜动此时妄动必有凶。

【原文】

九三：咸其股①，执②其随③，往吝。

【译文】

九三：感应到了大腿，执意盲随于人，如此前往必有憾惜。

【注释】

① 股：大腿。

② 执：执意，固执己见。

③ 随：犹言盲从泛随、心无专主。

【品鉴】

　　大腿不能自己走路，必随从于脚和小腿而动，九三处于下体之上，正是"股"的位置。它刚居阳位，行躁好动，看到初六和六二有感而动，也要盲目跟随。九三的心志不在"以心相感"，而是执意泛随于人，所以说"执其随"。就九三与上六的关系来说，两者正应，是合适的交感对象，但九三的感情不是发自内心的真诚流露，仅仅是看到初六和六二动，它也想跟着动，这样不真诚的前往感通，结果必然有憾惜。所以这一爻告诉我们的是，"感应"之道不仅要正当、合适，还一定要真诚、用心。

【原文】

　　九四：贞吉，悔亡。憧憧①往来，朋从尔思②。

【译文】

　　九四：持守正道可获吉祥，悔恨消亡。心神不定地频频往来，友朋最终会顺从你的思虑。

【注释】

　　① 憧憧：形容心神不定的样子，《说文》："憧，意不定也。"虞翻说："憧憧，怀思虑也。"

　　② 朋从尔思：朋，友朋，指初六。尔，即你，指九四。

【品鉴】

九四所处的位置，在九三大腿之上，九五脊背之下，正是人的心脏的位置，所以这是心灵的感通。心灵交感伊始，如果不敦促之以行正道，则必有悔恨产生，所以一定要持守正道，然后方能获吉，获吉然后方能悔恨消除。故而爻辞说："贞吉，悔亡。"

九四处在上体的初爻，与初六的心灵交感刚刚开始，由于初六最处卦始"咸其拇"，还没有进入状态，迟迟没有回应，所以九四有心神不定、辗转反侧、患得患失的表现。不过不要紧，九四以心相感，以诚相求，他的心上人最终一定会顺从他的思虑而前来应和的。从另外角度看，一方面，九四的这种表现是人之常情，只要有"情"，常人都摆脱不了；但在另一方面，也说明他还未能达到一种境界，一种与天地相似的至高境界，这也是"有心之感"与"无心之咸"的区别所在。孔子讲这种至高境界时说："天下何思何虑？天下同归而殊途，一致而百虑，天下何思何虑？日往则月来，月往则日来，日月相推而明生焉。寒往则暑来，暑往则寒来，寒暑相推而岁成焉。往者屈也，来者信（伸）也。屈信相感而利生焉。尺蠖之屈，以求信也。龙蛇之蛰，以存身也。精义入神，以致用也。利用安身，以崇德也。过此以往，未之或知也。穷神知化，德之盛也。"天地无思无虑，不必运思，不必作为，日月寒暑就能自然往来，"往者屈也，来者信也"，其实天地万物的感通化生之理就存在于一屈一伸的变动之中，如果能效法天道"任其自然"的往来屈伸之理，提高主体的精神境界（穷神），合理处理跟客体的关系（知化），那么就会达到忘怀息照、廓然大公、自然而然的状态，整个天地、人生都装在你的心里，而不会有憧憧不宁、频频往来的思虑困惑了。

【原文】

九五：咸其脢①，无悔。

【译文】

九五：交感相应到背脊肉，没有悔恨。

【注释】

① 脢（méi）：背脊肉。《说文》："背脊肉也。"《周易正义》引子夏、马、郑、王肃等说，考证认为脢即为背脊肉，在"心之上，口之下。"

【品鉴】

交感以心为深切，过于心就会有失于浅末了。背脊肉位于心之上，而且感觉迟钝，只能通过其他肌肉群的运动而带动其活动，于人体之中为未能深入通感之象。九五感应在迟钝的背脊肉上，虽然与六二有正应关系，但它不能去主动地联系感通，在六二传达过来积极的信息之时也不能及时回应，这样交感的行为就没办法继续了，所以得不到收获，也招致不来祸患，只是无悔罢了。

【原文】

上六：咸其辅、颊、舌①。

【译文】

上六：交感相应在口舌言语上。

【注释】

① 辅、颊、舌：辅，上牙床。辅、颊、舌，三者相承方能言语发声，三词并举犹今谓"口头上"。王弼《周易注》："辅、颊、舌者，所以为语之具也。"

【品鉴】

言为心声，情意感通于内心，继而发之于口舌，上六居《咸》卦之终，有情感感应于内，而终要显现于外之象。心灵的感应有诚伪之分，言语的表达也有当否之别，心里的话不表达出来，别人不一定清楚你到底在想着什么。有很多前景应该不错的好姻缘，因为双方没有通过语言充分表露心迹而错过；不过也有不少虚伪花哨的语言骗了纯真的感情。孔子曾说："始吾于人也，听其言而信其行；今吾于人也，听其言而观其行。"(《论语·公冶长》)以语言来感通于人，是非难定，所以此爻没有明确到底是吉是凶，而是希望后来者能够反躬自省，省察自己的言语到底真不真诚，是不是发自于内心。

综观《咸》卦整体，卦辞虽肯定了"感应"的重大意义和最终美满结局；但要达此结果，实为不易。初六感于脚趾，其应尚浅，吉凶不显；六二感于腿肚，躁动有凶，安居方吉；九三感于大腿，执意盲随，必有吝害；九五感于背脊，其心难通，仅得无悔；上六感于言语，吉凶难测，还待观其所行；唯有九四感通于心灵，以贞正美德达"朋从尔思"境界。可见，无论是狭义的男女之间还是广义的人伦之际，都要相感以正道、相感以诚心、相感以真情，才能收获到对方真挚的回应。《庄子·渔父》讲："真者，精诚之至也。不精不诚，不能动人。"正与之相通。

三十二

变则能久 持之以恒 [恒]

"恒"是恒久的意思。《序卦传》说:"夫妇之道不可以不久也,故受之以恒。"《咸》为男女交感之始,《恒》为家庭组建之成,在古人看来,经过真诚相感而创建的家庭夫妻之道,一经确立就会永恒不再变化,所以《恒》卦继次于《咸》卦之后。

关于"恒"之为德的讨论是一个永恒的话题。孔子曾感慨"恒"德难守说:"善人吾不得而见之矣,得见有恒者斯可矣。"(《论语·述而》)荀子赞扬"恒"德可贵说:"锲而舍之,朽木不折;锲而不舍,金石可镂。"(《荀子·劝学》)《彖传》也赞美"恒"的作用说:"圣人久于其道而天下化成。"可见,关于坚守"恒心""恒德"的意义,自古至今无人不推重至极,但"恒道"的践履之路又是如此坎坷难行,原因可能在于除了要有坚定持久的意志之外,还要具备审时度势、在动态变易中求永恒不易的眼光和本领吧。《恒》卦卦辞言尽美善而六爻却无一全吉,仿佛就在告诉我们,意欲追求珍贵的"恒"德,确实任重而道远。

☷恒：亨，无咎，利贞，利有攸往。

初六：浚恒，贞凶，无攸利。

九二：悔亡。

九三：不恒其德，或承之羞，贞吝。

九四：田，无禽。

六五：恒其德，贞。妇人吉，夫子凶。

上六：振恒，凶。

【原文】

恒①：亨，无咎，利贞，利有攸往。

【译文】

《恒》卦表示：循礼而行方得亨通，没有灾祸，利于持守正道。利于有所前往。

【注释】

① 恒：恒久，恒常。《说文》："恒，常也。"《玉篇·心部》："恒，常也，久也。"

【品鉴】

《恒》卦卦象下巽☴上震☳，象征"恒久"。震为男，巽为女，《系辞传》说："天尊地卑，乾坤定矣"，男上女下，男外女内，古人认为这是"恒久不易"之道。震为雷，巽为风，自然界有雷发风行、常相交助之意，因此也有"恒久不变"之意。从另一方面看，雷霆和疾风也是大自然中引起巨大变化的重要因素，龚自珍曾吟咏："九州生气恃风雷"，天地之间若无风雷相激，恐怕万物都会死气沉沉。所以《恒》卦雷风长相交助的"不易"中包含着雷荡风激的"变易"之道。《系辞传》说："穷则变，变则通，通则久。"恒久并非一成不变，一成不变、不能与时俱进的事物势必也不能长时间得以保持，只有随时变通、在变化中把握阴阳的平衡，事物才能平稳持续发展。所以恒久不易之中，内含着随时变易之道；必须懂得变通随时，才能得到长久之发展。这就是"变易"与"不易"之间的辩证关系。

就人事而言，如果能做到笃行不懈，持之以恒，"久于其道"，那什么事都可以干得成。汉魏之际建安七子之一的徐干对这一点有深刻的认识，他说："孔子曰：'欲人之信己也，则微言而笃行之。'笃行之则用日久，用日久则事著明，事著明则有目者莫不见也，有耳者莫不闻也，其可诬哉！故根深而枝叶茂，行久而名誉远。《易》曰：'恒，亨，无咎，利贞，言久于其道也。'"

【原文】

初六：浚①恒，贞凶，无攸利。

【译文】

初六：深入探求恒久之道，（应当）守正防凶，（否则）无所利益。

【注释】

① 浚：深也。《玉篇·水部》："浚，深也。"

【品鉴】

初六居《恒》之始，最处卦底，有始而深求之象；又以阴柔之体处不当之位，急欲上应于六四，有一开始就深求"恒"道之意。《恒》卦的要义在于旷日持久，持之以恒，耐得住性子，守得住寂寞，最怕三分钟热血过后，再无耐心。初六为恒之始，应该以渐为常，日益浸深，循序渐进，才是正道。若一开始就求深穷底，想"一锹挖出个井"，那往往欲速而不达。北宋胡瑗曾对"恒"之为道阐释得尤为精彩，他说："是故为学既久，则道业可成，圣贤可到；为治既久，则教化可行，尧舜可至；为朋友既久，则契合愈深；为君臣既久，则谏从言听而膏泽下于民：若是之类，莫不由积日累久而后至，固非骤而及也。今此初六居下卦之初，为事之始，责其长久之道，永远之效，是犹为学之始，欲亟至于周孔；为制之始，欲化及于尧舜；为朋友之始，欲契合之深；为君臣之始，欲道之大行：是不能积久其事，而求常道之深。"（《周易口义》）

西汉初期的贾谊年少有为，二十一岁时就被汉文帝破格提拔，招为博士，进入中央政府。他很有才华，曾提出很多关于国家治理的建设性建议，但也犯了一开始就深探恒道、急于求成的错误。当时绛侯周勃、颍阴侯灌婴等都是开国元勋之类的人物，在朝野之间的权势影响很大，而贾谊却想要在朝夕之间把整个朝廷的风气尽弃其旧而谋其新，结果遭谗毁而被贬出京师为长沙王太傅，没过几年就抑郁而终了。所以一开始就深求恒道这类的教训可谓深刻。

【原文】

九二：悔亡。

【译文】

九二：悔恨消亡。

【品鉴】

"悔亡"的意思是本来应有悔，但由于某种原因，悔恨消除了，从有变成没有了。九二以阳居阴，本不当位，位不正则事不顺，通常情况下当有"悔"产生，但是九二能恒位于中，长久地恒守中道的美德，并且以阳刚正应六五，所以独自静处的时候能得恬静不躁动，前往动作的时候能行正道不为邪，出、处皆能恒久地保持中道美善，这样做足以消亡悔恨了。

北宋的郭雍说："可久之道无它焉，中而已矣；过犹不及，皆非可久也。故《中庸》曰：'中者，天下之大本。'""恒"就是能够长久地守住"中"，不在"过"和"不及"之间来回摇摆，此爻足以窥见"求恒"之时"中位""中德""中和"的重要作用了。

【原文】

九三：不恒其德，或①承②之羞③，贞吝。

【译文】

九三：不恒久保持自己的美德，就会时或受人羞辱，应持守正道以防憾惜。

【注释】

①或：时或，不确定之指。

②承：承受，受到。

③羞：羞辱，侮辱。

【品鉴】

九三处内外卦之交，《系辞传》说："三多凶，四多惧。"本应戒惧警醒，谨慎小心，然而它比邻上卦震体，又以刚居刚，以至于躁动盲进，急于求应于上六，有守德不恒之象，故或受人羞辱。也有人说"德"通"得"、"羞"通"馐"，这一爻是讲古人外出打猎偶尔捕获不到猎物，甚至空手而归的时候，还会有别人送给他一些吃的东西，但是如果要长久地保持这种状态，那就有吝害憾惜了。这还是讲"恒有其得"的重要性。《论语·子路》记载："子曰：'南人有言曰"人而无恒，不可以作巫医"，善夫！''不恒其德，或承之羞'，子曰：'不占而已矣！'"

【原文】

九四：田①，无禽②。

【译文】

九四：外出打猎，没有捕获禽兽。

【注释】

①田：通"畋"，打猎。

②禽，古代为飞禽和走兽的统称。

【品鉴】

打猎而没有收获，犹言劳顿而无功绩。《周易折中》说："'浚恒'者，如未学太锐而不以序，求治太速而不以渐也。'田无禽'者，如学不衷于圣而失其方，治不准于王而乖其术也。如此则虽久何益哉？"九四体阳居阴，既不得中，又恒久处于不当之位，这就像以不中不正的品性，做不合道义的事情，即使恒久地去坚持，也无所利益，恐怕还会南辕北辙，越行越远。所以这一爻告诉我们的是，守"恒"之时，树立一个高尚正确的目标至关重要，否则轻则白费力气、徒劳无功，重则积弊难返、走火入魔。

【原文】

六五：恒其德[1]，贞。妇人吉，夫子凶。

【译文】

六五：恒久地保持柔美的品德，持守正道。妇人如此可得吉祥，男子如此必有凶险。

【注释】

① 德：这里特指柔美之品德，因六五体质阴柔，故有此指。

【品鉴】

六五以阴柔居《恒》之君位，下应刚中之九二，有妇人恒久其德，守贞从夫之象。以柔顺为恒久者，妇人之道，故在妇人则吉；若丈夫以顺从于人为恒，则失其刚健正直的品德，必致凶险。《易经》特别强调阴阳柔刚各正其位的品德，《杂卦传》说："乾刚坤柔"，认为天的特点就是刚健，地的特点就是柔顺，不能倒转过来，男性和女性也是同样的道理，搞颠倒了就会有凶险。

【原文】

上六：振①恒，凶。

【译文】

上六：躁动不安于恒久之道，有凶险。

【注释】

①振：振动，不能安守。《正义》："振，动也。"《程传》："振，动之速也，如振衣，如振书，抖擞运动之意。"

【品鉴】

此爻是说上六居《恒》之终，恒极不能常守；处"震"之极，性动不能安处；又以其阴柔禀性不能固守恒德，长久地躁动不安，故有凶险。安守于恒尚且有各种各样的偏失，如初六的整体规划偏失、九四的客观目标偏失、六五的主体定位偏失，不能得到吉祥，何况不守"恒"道、躁动不安地去干工作了，难怪《小象传》说："振恒在上，大无功也。"

《易经》单独立《恒》卦以警人重视"恒德"的作用，教人立身处世要有"持之以恒"的精神。卦辞极力赞扬"恒久之道"对人生的意义，鼓励人们应当恒久地去追寻正确的一切。然而，"恒久之道"不是那么容易就可以践行到的，六爻爻辞无一全吉，从不同层面揭示了求"恒"的艰辛与不易。初六以柔微之体，一开始就深求恒道，想"一锹挖出个井"，不知度势渐进，故戒之以"守正防凶"；九二不当位，本来有

"悔",好在能长久地保持"中和"之道,方得"悔亡";九三躁动不安,不能"持之以恒",时或遭人加之以羞;九四恒久地处于不当之位,又无九二"中和"美德,因而劳而无功;六五恒守柔顺之德,但不知因人而异,不懂因事制宜,只得吉凶参半;上六居震之极,甚至以"振"为恒,只知动不知静,面临凶险。六爻以情状各异的形态,从各个角度说明了求"恒"着实任重而道远。《彖传》赞扬《恒》卦的精神说:"观其所恒,而天地万物之情可见矣!""恒"道的意义如此重大,践行之路又如此艰难,其唯君子、大人者能为之乎!

三十三

进退有止 韬光养晦 [遁]

兴废盛衰，是物之常态；消息盈虚，是世之恒情，世间万物都不会恒久而不迁，久居其所必存进退，所以《序卦传》说："恒者久也，物不可以久居其所，故受之以遁。遁者退也。"《恒》卦之后是《遁》卦，讲"退避"之道。

在天下昏昧，小人当道之时，君子为明哲保身，以守正道，只有遁而避之。用孔子的话来说就是"天下有道则现，无道则隐"；用庄子的理想来形容就是"乘夫莽眇之鸟，以出六极之外，而游无何有之乡，以处圹垠之野"，彻底远离是非之地。但是，隐士们真的能做到心出江湖之远，对世事再也无有牵挂吗？《遁》卦正以卦底两阴爻昏昧之气上升，其上四阳爻皆往外退避的卦形形象地表现了"小人道长"之际君子选择遁避的不同情况。卦辞更强调暂时的"退避"并非无原则的"逃世"，而是退而有为，做些力所能及的事情，从而抑制反面力量的增长。

䷠遯：亨，小利贞。
初六：遯尾，厉，勿用有攸往。
六二：执之用黄牛之革，莫之胜说。
九三：系遯，有疾厉，畜臣妾，吉。
九四：好遯，君子吉，小人否。
九五：嘉遯，贞吉。
上九：肥遯，无不利。

【原文】

遯①：亨，小利贞。

【译文】

《遯》卦表示：循礼而行方能亨通，利于柔小者持守正道。

【注释】

① 遯（dùn）：躲避，遁逃。《说文》："遯，逃也。"《经典释文》曰："隐退也，匿迹避时，奉身退隐之谓也。"

【品鉴】

《遯》卦卦象下艮☶上乾☰，有山以其高进逼于天，然天远遯退避，又有凛然不可侵犯之象，象征着有德君子远避小人，在拉开距离的同时又俨然矜庄，不可侵犯。观《遁》卦卦形，阴爻三分天下有其一，并且有渐而上升，侵蚀上面四根阳爻之趋势，这种发展成"小人道长，君子道消"之《否》卦的势头不可阻挡。逢此乱世，若不隐遁避世，则必受其害，所以君子知几退藏而不屈其正道，存身之后才能得以亨通。小，意思是可以小有作为，进行局部关系的修正调整，而不适合有大动作，大动干戈，进行根本上的改革。这是由《遁》卦的卦时决定的。此时黑云压城，总体局势阴暗，不宜大有作为，很好理解。从另一方面看，虽然阴柔上长，势头强劲，但其邪恶的力量还未达于甚盛的程度，君子还是可以尽量做一些自己能做到的事情来拯救时弊的，故而程颐说："君子尚有迟迟致力之道，不可大贞，而尚利小贞也。"

【原文】

初六：遁尾①，厉，勿用有攸往。

【译文】

初六：退遁不及而落在末尾，有危险，不宜有所前往。

【注释】

① 尾：末尾，指初六落在末尾。《易经》他卦都是以下爻为初始，《遁》卦是讲小人长于内而君子向外躲避，所以在上者已经先行，初爻就落在末尾了。

【品鉴】

厉，凶险之谓。该遁退之时，理当速速躲避，离险难越远越好，但初六以阴柔居下，优柔寡断，丧失了退避的最佳时机，处境相当危险。

由于延误的时机已难以挽回，既成的事实也难以改变，此时如果再急于脱离险地，往外挣脱，情形会更加凶险，因为阴气已上长到了初六前面的第二爻，往前走又会与灾难相遇，所以还不如安居静守，以观其变。

【原文】

六二：执①之用黄牛之革②，莫③之胜说④。

【译文】

六二：用黄牛皮制成的（坚固）革带绑缚，没有人能够拉开。

【注释】

① 执：捆绑，束缚。

② 黄牛之革：黄，中色，五行中"土"居于中央，色黄。这里以黄中之色比如中和之德性。牛，温顺之牲。革，坚厚之物。这里用牛革来比喻厚顺之德性。

③ 莫：没有人。

④ 说：通"脱"。

【品鉴】

六二跟初六的遭遇处境相似，都是在阴暗的局势里面没有来得及摆脱。六二以柔居阴，得位处中，以中和厚顺之性上应九五刚健不易之德，犹如虽在乱世之中，自己的个性和贞守高尚节操的品德如同用坚固的牛皮捆绑在一起，没有人能够使其改变志节。

【原文】

　　九三：系①遁，有疾厉，畜②臣妾③，吉。

【译文】

　　九三：退遁之时，心有系念，这样会有疾患和危险，畜养臣下仆妾，可得吉祥。

【注释】

　　① 系：系念，心有思系。
　　② 畜：畜养。
　　③ 臣妾：臣，这里指下人。妾，俾妾。

【品鉴】

　　阳志悦阴，九三与六二的关系虽是一阳一阴，有相互吸引的地方，但不是正应，而是暱比，也就是说不是君子与君子之间的交游，而是君子与小人之间的往来。为遁之道，躲得越及时越好，走得越远越好，但九三处在内卦的上爻，没有走远，又暱比六二，不能超然遁去，所以身心疲惫，有危险疾厉。那么在这种心有所系，系又不正，且已不能遁退的情况下，只能退而求其次，找出一个相对比较好的渡过难关的办法了。这就是采取"畜臣妾"。《论语》中讲："唯女子与小人难养也，近之则不逊，远之则怨"，即采取对阴险小人不远不近，不恶而严的态度，不去亲比迎合他，也不去招惹得罪他，这样方能得吉。

【原文】

　　九四：好①遁，君子吉，小人否。

【译文】

九四：心有思恋好爱，仍能遁退，君子可获吉祥，小人办不到。

【注释】

① 好（hào）：心有所好。

【品鉴】

自九四往上，已处外卦，总体形势对于遁退之道越来越有利。九四与初六正应，初六是其所好爱者。九四体质阳刚果敢，虽心有好爱思恋，而能不为所系念，毅然遁去，这同九三暱比不正之对象、恋恋不舍不能速遁形成鲜明对比。"君子吉"有两层意思，一是说，君子能知几识时，能够在祸患未发之时，从容避退，故得"吉"；二是说，君子虽有所好爱，观其大势，理应遁去，则毅然决然，去而不疑，能获"吉"。相对来说，小人显然做不到这样，蝇头小利尚且不舍，即使忍痛割爱，也是悻悻然怨咎而行，坏的结果可想而知。

【原文】

九五：嘉①遁，贞吉。

【译文】

九五：嘉美而及时地遁避，持守正道可得吉祥。

【注释】

① 嘉：美好。《正义》："嘉，美也。"

【品鉴】

"嘉遁"是比"好遁"更美好的遁避之道。由于九五居中得正，身处尊位，有乾健的德性，自身既有智慧又有能力，所以能够走得快、去得远、遁得潇洒。并且六二亦有中和厚顺之德，不会施加反面影响，拖它的后腿，所以九五得天时、地利、人和，既不像九三那样心有所系不舍得离开，也不像九四那样忍痛割爱、虽然遁去但还是经历了一番思想斗争，而是能够审时度势，时止时行，对"遁"的问题做出恰当得体的处理，是为美好的"嘉遁"。

【原文】

上九：肥①遁，无不利。

【译文】

上九：心情宽裕自得，悠然远遁，无所不利。

【注释】

① 肥：心情超脱，宽裕自得之象。

【品鉴】

关于"肥"字，两千余年来诸家的解释莫衷一是。《子夏传》释为"饶裕"，虞翻、孔颖达、程颐、朱熹等取之。西汉时的《淮南九师道训》云"遁而能飞，吉孰大焉"，训"肥"为"飞"，之后王弼、毛奇龄、尚秉和、高亨等取之。双方可谓旗鼓相当。取"肥"字为"飞"有它的好处，上九高处卦极，上无阻碍，象征君子能够高飞远走，退隐江湖之中，可以讲得通。但在我看来，把"肥"理解为"优游从容、超然自得"，恐怕更贴合《遯》卦的本义，也更贴合中国传统的隐士哲学。很显然，四根阳爻在遯避之时，爻位越往上，它所描述的"遯"的境界就越高。九四能够割舍心中好爱遯去比九三心有所系不忍遯去境界高，九五位尊、德高、智足，得天时地利人和的"嘉遯"又比九四境界高，那么上九的状态势必要比九五境界更高。到底高在哪里？高就高在"肥"，即"心情悠游"上。古代的隐遯之士，从来没有无缘无故离开庙堂朝廷而隐身市井或躲入深山的，都是因为政治的原因，要么是不愿同流合污，要么是需要避身远害。身在山野，心却无时无刻不在朝廷时政，他们从来没有把国家的命运、时局的走向当作身外之物彻底地抛开。情有所系，内心就不能不痛苦煎熬。所以他们认为的最佳状态就是抛开一切牵挂的国事，像上九爻那样，跟内卦一点应和的关系都没有，或许这样就能纵心远逝，抛却心焦，无所不利了吧。由此看，"肥遯"之道才是最高层次的"心灵遯避"，"飞遯"还仍然停留在形而下的形式层面，谈不上比"嘉遯"好到哪里去。

值得注意的是，《遯》卦讲遯避引退，并不是一味地消极避世，它一方面十分重视主体道德精神的内求（如六二"执之用黄牛之革"，坚守高尚节操），另一方面也十分重视主体本质力量的外化（如卦辞曰"小利贞"，可以尽力做些局部微调，拯时救弊）。可见，《遯》卦的核心主旨是强调进退有止，韬光养晦，在暂时的后退中积蓄力量，以求大壮。我们也可以看到《遯》卦中蕴涵着浓厚的后世道家的思想内容，只是道家更多地继承和发挥了其隐退的思想，而忽略了其进退有时、刚柔相济的思想，因而，与《易经》相比，道家的基本倾向是消极的。

三十四

壮而用正 刚而能柔 [大壮]

《序卦传》说:"遁者退也,物不可终遁,故受之以大壮。""遁"表示的是阴气自下而上袭,阳气往外退避的意思,但事物衰极则必转为盛,退极必转为长,所以,《大壮》卦紧承《遁》卦之后,表示阳刚的力量大为强盛。

谁都有"春风得意马蹄疾,一日看尽长安花",顺风顺水、意气飞扬的时候,《大壮》在十二消息卦中代表二月,正是阳气充沛强盛之时,整个卦形又如同一只长着一对强壮尖角的公羊,浑身充满了力量。那么,这只强壮的"羝羊"应该怎样运用它的强盛的精力,何时该约束自己,何时该勇往直前?事物发展"大为强盛"的美好阶段,该如何善葆"盛壮"?这些都是《大壮》卦要讨论的问题。

䷡大壮：利贞。
初九：壮于趾，征凶，有孚。
九二：贞吉。
九三：小人用壮，君子用罔，贞厉。羝羊触藩，羸其角。
九四：贞吉，悔亡。藩决不羸，壮于大舆之輹。
六五：丧羊于易，无悔。
上六：羝羊触藩，不能退，不能遂，无攸利，艰则吉。

【原文】

大壮①：利贞。

【译文】

《大壮》卦表示：只有守义才能获利，有信才能长葆强盛状态的贞固。

【注释】

① 大壮：大为壮盛。《释文》引郑玄曰："壮，气力浸强之名。"孔颖达说："壮者，强盛之名；以阳称大。阳长既多，是大者盛壮，故曰'大壮'。"

【品鉴】

　　《大壮》卦下乾☰上震☳。乾为天，震为雷，以雷霆之威动行于乾健之天上，象征"大为强盛"。从卦形上看，《大壮》是上一卦《遁》的覆卦，即把《遁》翻转180度，头上脚下地倒过来就成了《大壮》。《遁》卦之时，其阴柔的力量还不是很强大，但上升的势头强劲，所以阳刚纷纷往外退避；在《大壮》之时，阳刚的比例已经占到了三分之二，力量强壮，再者阴柔为"小"，阳刚为"大"，《大壮》的卦名也包含着"大者强盛"的意思。《大壮》卦是十二消息卦之一，代表着农历二月。在黄河流域，二月阳气正旺，惊蛰一到，万物复苏，阳气一派刚烈之势，宛如健壮的山羊，浑身充满了力量。力量充盈是好事，但就怕头脑一时发热，偏离了正道干了坏事，以这么强盛的力量干坏事，后果简直不敢想象。所以卦辞说"利贞"，一定要守义履信，方能获利贞固。《大象传》讲"君子非礼勿履"，一定要以礼节制，决不可恃盛凌轧于人。《杂卦传》说"大壮则止"，劝诫在此之时一定要注意收敛。所有这些都贯穿着一种精神，就是多惊惧、走正道。多惊惧才不容易丧失警惕，防止人在势焰盛壮之时不知天高地厚做出格的事情，也就是偏离了正途走上邪路。春秋末期晋国思想家史墨曾说："'社稷无常奉，君臣无常位'，自古以然。故《诗》曰：'高岸为谷，深谷为陵。'三后之姓，于今为庶，王所知也。在《易》卦，雷乘乾曰《大壮》，天之道也。"《大壮》之时不能惊惧守正以常葆国家社稷生机的，必定会被倾覆掉。这种事情在史墨之前有过，当时还在发生，之后还不断上演。项羽起兵反秦，得大壮之势在即将成功之时，而杀义帝以自立，逐功臣以自显，最终落得个自刎乌江的下场，教训不可谓不深。

【原文】

　　初九：壮于趾①，征②凶，有孚。

【译文】

　　初九：壮盛在下面的脚趾，如此而前往进发一定有凶险，心存诚信才能避免。

【注释】

　　①趾：脚趾。
　　②征：前往进发。

【品鉴】

　　"壮于趾"包含着数层意思：一是初九处在《大壮》的最开始，力量还不是非常强盛，仅仅下面的脚趾比较强壮罢了，这时候是否适合动作？二是初九在力量还没有特别充足的时候往外进发的前景会如何？三是在小有力量的时候便抬脚就行急于向前，是否考虑好了前进的方向？这几个问题联系起来，我们就会清楚"征凶"的原因了。《大壮》虽然以阳刚强盛为卦义，但各爻都贵在用柔，在阳壮之时再以刚而动，就会过越中道，走向凶险了。

【原文】

　　九二：贞吉。

【译文】

　　九二：持守正道可获吉祥。

【品鉴】

九二阳刚居柔而且处中,所以行为能刚柔得中,不过于壮,所以得吉。《周易折中》引易祓的解释说:"爻贵得位,《大壮》则以阳居阴为吉,盖虑其阳刚之过于壮也,故二与四皆言'贞吉'。"也许有人会问爻辞说"贞"是不是因为九二以阳居阴位不正而设立的警戒之辞,在这里不必过于追求个别字的言外之意而强为之解,《易经》最注重取义的主次区别,九二在大壮之时,能履行中道,遵循和谐性的原则,保持刚柔并济,这本身就是"正"的要求了。在九四之时,才是真正的戒之以"贞吉",强调需要"守正"。

【原文】

九三:小人用壮,君子用罔①,贞厉。羝羊②触藩③,羸④其角。

【译文】

九三:小人妄用强盛,君子虽强不用,持守正道以防凶险。如果像刚狠强壮的公羊那样去触撞藩篱,羊角必被拘累缠绕,不能脱身。

【注释】

① 用罔:"罔"通"无","用罔"即"不用壮",与前一句"小人用壮"意思相反。
② 羝(dī)羊:公羊。《说文》:"羝,牡羊也。"
③ 藩:篱笆,藩篱。《玉篇·艹部》:"藩,篱也。"
④ 羸(léi):拘累缠绕的样子。

【品鉴】

　　初九"壮于趾",力量还不是太强;九二能以中道自守,履谦不元;九三正处在下体刚健的乾卦之终,以阳居阳,而且跟上六正应,正是高亢强盛之时。小人处在这种情况下就会利用他强盛的力量去欺凌侵犯别人,就像凶狠的公羊去抵触藩篱,偏离了正道,就会有凶险了。相比之下,君子处在此时就会谦退守正,虽强而不用,以柔和顺处来利用或者保持大好的形势,不用壮而得更壮。

【原文】

　　九四:贞吉,悔亡。藩决不羸,壮于大舆①之輹②。

【译文】

　　九四:持守正道可获吉祥,悔恨消亡。犹如藩篱触开了裂口,羊角不再被拘累缠绕。又似大车的轮輹强壮而且有用。

【注释】

　　① 大舆(yú):大车。
　　② 輹(fù):车下轮輹,车厢下钩住车轮轴的器件。《说文·车部》:"輹,车轴缚也。"段玉裁注:"谓以革若丝之类缠束于轴,以固轴也。缚者,束也。"《释文》:"輹,车下缚也。"

【品鉴】

　　《易经》他卦多以不当位为有悔、有厉、有凶,但《大壮》之时九二、九四皆是以阳居阴不当位,却都能得"贞吉",王弼《周易注》对此解释说:"未有违谦越礼而能全其壮者也,故阳爻皆以居阴位为美。"

九四居处在四根阳爻的最上方,是最盛之时,但它以阳居阴,能够做到行为谦虚、持守正当,所以虽有位不正之小悔,也能使其消除。九四的前方是两个阴爻,阳遇阴必然畅通,犹如羝羊触藩豁然决开,又像大车的轮輹坚实强壮,正适合于施展才用,向前进发。所以,九四爻的主要意思是鼓励人们在此之时要适当进取,不要总是缩手缩脚了。九二的"贞吉",要求它自守中道而不进,因为前方有九三、九四两阳爻,犹如藩篱的障碍而不能进;九四自身不极其刚,又两柔在前,形势利于前行,所以再安守就不对了。《易经》要求以"变"为常,提倡当止则止,当行则行,一切以时机、条件为转移,就体现在这些方面。

【原文】

六五:丧羊于易①,无悔。

【译文】

六五:在田畔丢失了羊,但无悔恨。

【注释】

① 易:通"埸(yì)",即疆埸,田畔。

【品鉴】

本卦四阳在下,象征"阳刚大为壮盛",到六五没有阳刚,表示它已经丧失了阳刚盛长的势头,由壮盛转入了阴柔,就像在田间地头丢失了公羊一样。但也正是因为不能用壮,反而成就了谦和柔顺的处事态度,能跟九二结成正应,能妥善处理好跟强大阳刚的相互关系。

九二正当强盛之时,以刚处中,行中道,所以得"吉"。六五壮盛已过，以柔处中，行中道，所以得"无悔"。九二、六五分处上下卦的中位，以此看来，处《大壮》之道，贵乎"中"，这个"中"跟"正"又是紧密联系在一起的，犹如手心手背，能够行为适中，没有不及，没有过度，不温不火，恰到好处，自然就不会盛气凌人，恃强凌弱，也自然不会偏离正轨，走入邪道了。李光地编撰《周易折中》时已注意到这一特点，他在此爻处加按语说："壮之道贵乎得中。九二方壮之时，以刚处中，壮之正也。至六五则壮已过矣，又以柔处中，则无所用其壮矣，故虽'丧羊'而'无悔'。"

【原文】

上六：羝羊触藩，不能退，不能遂①，无攸利，艰则吉。

【译文】

上六：公羊触抵藩篱，不能退脱，也不能前进，无所利益。应当艰贞自守，这样最终可得吉祥。

【注释】

①遂：与"退"相对，这里是"进"的意思。

【品鉴】

阴柔不至于"羸角"，但不能退，不能遂，进退不得，这就是上六的尴尬处境。究竟是什么原因导致这种情况？《小象传》说"不详也"，即没有周详审慎地根据主客观特点做出恰当安排，正点出了要害所在。上六居于上体震动之极，急于求进，又高处卦极，客观上已无前进的可能；以柔处柔，在大壮之终，本身已没有足够的力量；如果不顾这些不利因素，一味妄进，必然会陷入像那只可怜的公羊一样进退失据的境地。反过来说，要是能知其艰难而不轻易去触抵之，等到外在时机成熟、内在条件具备时再徐图缓进，审慎安排，就可以得到吉祥了。总之，居《大壮》之时，可进则进，不可进则止。《杂卦传》讲"大壮则止"，正是对此而言。只有"壮而能止"，才有机会寻求到更广阔的"晋升"空间。《大壮》卦最上两个阴爻已经过了"大为壮盛"的阶段，在六五已经是"丧羊"了，那么为何上六却又"羝羊触藩"呢？这还要从象数的角度来看才能解释清楚。《系辞》曰："《易》者，象也。象也者，像也。"《易经》就是模像外物以喻理。《大壮》卦整体形象好似一个三画经卦"兑"（☱），兑为羊，羊以角抵触，上六的位置适当"羊角"，所以上六即使是阴爻，也要"触藩"。

三十五

道德光明　顺以上行 [晋]

事物自身力量壮盛强大了，必定要寻求更广阔的空间，追求发展和进步，所以《晋》卦紧随《大壮》之后，表示"上进"的趋势。故《序卦传》说："物不可以终壮，故受之以晋。晋者，进也。"

《易经》中包含"上进"之意的有《晋》《升》《渐》三卦，但重点不同，分别表示"晋长""上升"和"渐进"。《周易折中》辨析说："'晋'如日之方出，其义最优；'升'如木方生，其义次之；'渐'如木之既生，而以渐高大，其义又次之。"可见，《晋》包含"进"义，但又不仅此而已。《大象传》说它"明出地上"，卦象下"坤"上"离"，犹如一轮红日自地平线冉冉而起，所以除了"上进"之义，还包含着"光明"的意思在里面。就人事而言，在上者必须有虚中知人之明，在下者必须有忠顺体国之贤，君明臣忠、相得益彰，才能推动国家社稷发展前进。

☷☲ 晋：康侯用锡马蕃庶，昼日三接。
初六：晋如，摧如，贞吉。罔孚，裕，无咎。
六二：晋如，愁如，贞吉。受兹介福，于其王母。
六三：众允，悔亡。
九四：晋如鼫鼠，贞厉。
六五：悔亡，失得勿恤，往吉，无不利。
上九：晋其角，维用伐邑，厉吉，无咎，贞吝。

【原文】

晋①：康侯②用③锡马④蕃庶⑤，昼日三接⑥。

【译文】

《晋》卦表示：尊贵的王侯承蒙天子赏赐众多的车马，一天之内接受多次接见。

【注释】

① 晋：晋长，上进。《象传》曰："晋，进也。"孔颖达曰："晋之为义，进长之名。"

② 康侯：康，德行美好，《经典释文》称之曰："美之名也"，犹言"尊贵"。侯，诸侯，对天子称臣，对卿大夫又称君，具有双重身份。康侯，在这里犹言"尊贵的王侯"。顾颉刚先生通过考证认为，

此"康侯"即为西周武王之弟卫康叔（见顾著《周易卦爻辞中的故事》），引证信实，可备一说。

③ 用：虚词，无实际意义。

④ 锡马：锡，通"赐"，赏赐。马，此处兼指"车马"。

⑤ 蕃（fān）庶：蕃，繁盛。《说文》："蕃，草茂也。"《玉篇·艸部》："蕃，滋也，息也。"庶，众多，丰富。二词相连意谓"众多"。

⑥ 昼日三接：三，虚数，泛指众多，如"韦编三绝"之"三"。

【品鉴】

《晋》卦由"坤"和"离"两个经卦组成。坤为地、为顺，离为日、为明。下坤上离，犹如一轮红日喷薄而出，升而益明，进而照地，象征着"上进而光明盛大"。上明下顺，就人事来说，象征着君臣相与，君德进于明盛，臣位得晋升高显。《晋》卦卦辞有些特殊，仅铺张地描述了一位能够安邦康民的王侯得到天子恩宠的情形，而没有说类似于"元、亨、利、贞"这样的话，这是因为人世间最大的荣耀莫过于人臣有德、有功而受到天子如此的礼遇了，这样美好的境遇，其中之"信、礼、义、信"自不待言。

【原文】

初六：晋如①，摧②如，贞吉。罔孚③，裕④，无咎。

【译文】

初六：晋长的一开始就遇到摧折，持守正道可以得到吉祥顺利。不被他人所信任，且以雍容宽裕之心等待时机，则没有灾祸。

【注释】

① 如：虚词，"……的样子"。

② 摧：摧折抑退，孔颖达引何妥云："摧，退也。"

③ 罔孚：罔，无。孚，信任。

④ 裕：宽裕，有"怀宽裕之心"和"应该待时缓进"两种含义。

【品鉴】

《晋》卦卦辞描写的情景如此美好，可初爻一开始就遇到了被摧折压抑，不被信任的困难。这是因为初六处在上晋刚开始的阶段，德行和能力的展露需要一个过程，不可能一下子就得到赏识信任，这个时候一方面要安正自守，不能因为一遇到挫折就心如死灰，没有了上进心；另一方面要宽裕待时，不能因为求信心情的迫切而急于去向别人证明什么，这样效果往往不好。孔子当年也遇到类似的情况，他"我待沽者也"的慨叹正与此爻所表达的思想相近。

【原文】

六二：晋如，愁①如，贞吉。受兹介②福，于其王母③。

【译文】

六二：无论晋长还是忧愁，持守正道可获吉祥。得到宏大的福泽，那是来自尊贵的祖母。

【注释】

① 愁：忧愁。

② 介：大。程颐曰："介，大也。"
③ 王母：祖母，指六五。

【品鉴】

初六的被摧折是因为刚刚新晋，未获信任。那么六二又是为什么满脸愁苦呢？从爻象上看，六二自身体质阴柔，不能自进不已；又不像初六、六三两阴爻都有上卦的阳爻相应和担携，想想上进的道路上荆棘遍布，不由得自己心中忧愁。好在六二居中当位，能以中和的品德、平和的心态自处，时间久了，自然有领导的赏识，这就是与之同德、居于尊位的六五——王母。我们可以看到，初六和六二虽然遭受挫折的原因不同，但都由于采取柔顺平和的方式自处待时而最终踏上晋长之路，由此可以看出"顺而不逆"在《晋》时的重要意义。

【原文】

六三：众①允②，悔亡。

【译文】

六三：获得众人的信允拥护，悔恨消亡。

【注释】

① 众：众人，这里指初六和六二。
② 允：信任，《周易集解》引虞翻曰："信也"。

【品鉴】

此爻阴居阳位，不中不正，本该有悔产生。六三在经历了初六常怀宽裕、待时、守正以克服挫折和六二以中和、平和心态等待提携等磨难之后，已经得到了众人的信允，即有了广泛的群众基础和公信力。六三与初六、六二都属阴类，上行之志也跟二者相同，就如同领导跟广大群众志同道合，广被信任，有了坚实的群众基础，所以自然不会有麻烦。这一爻告诉我们，一个人的理想追求越是符合最大多数人的理想追求，越是契合社会的需要，越被大众所拥护，才越能有所作为。

【原文】

九四：晋如鼫鼠①，贞厉。

【译文】

九四：上进之时如同身无长技而又生性贪婪的硕鼠，应该持守正道以防灾患。

【注释】

① 鼫（shí）鼠：即硕鼠，鼫、硕在上古皆为禅母铎韵，音同义通。《诗经·魏风》中的"硕鼠"一篇就是对它恶劣品质的描绘。它身无长技，又贪而畏人，孔颖达引蔡邕《劝学篇》云："鼫鼠五能，不成一伎术。"《注》曰："能飞不能过屋，能缘不能穷木，能游不能度谷，能穴不能掩身，能走不能先人。"《周易集解》引翟元曰："硕鼠昼伏夜行，贪猥无已。"

【品鉴】

九四的问题出在两个方面：其一是位不当，不是自己的位置而强要占据，是"贪婪"；看到下面的三阴爻都有上进之志，害怕冲击了自己，是"畏人"。有鼫鼠这样"贪而畏人"的本性却居于高位，没有灾难才是怪事。其二是违反了《象传》所说的"顺而丽乎大明"的原则，"晋"道定要主于柔顺，六三虽然也不当位，但能顺以众人之志而能"悔亡"，九四阳刚失却了柔顺之道，以刚求进，只能是"贞厉"了。

【原文】

六五：悔亡，失得勿恤①；往吉，无不利。

【译文】

六五：悔恨消失。对于得失不必太过忧虑在乎，继续前进必获吉祥，无所不利。

【注释】

① 恤：忧虑。虞翻曰："恤，忧也。"

【品鉴】

《晋》卦极力肯定"柔顺"，但也强调必须以"道德光明"为前提。六五居于"离明"之中，就是对这一思想的明显体现。六五是《晋》卦卦主，也就是卦辞中所说的"康侯"，它居处上卦"离"之中爻，荀爽称赞其能"以中盛名，光照四海"，有着光明的道德品质，下卦三爻又以上进之心朝着"光明的方向"不懈追求、同德归附，这样就形成了上者"明"而下者"顺"的良好格局，深得"晋"道之精髓。《大象传》称："君子以自昭明德"，正与此爻相通，强调"道德光明"的重要性，否则，用柔顺以附丽于奸佞，必将导致天下"明夷"的境况。

对比九四的"贪而畏人""患得患失",六五真可谓"君子坦荡荡"!正因如此,故而能做到"往吉,无不利"。联系六三来看,它和六五都是阴居阳位,阳为躁动,阴为静止,三五阳位,以阴居之,象征着处事能够节制自身行为不过于躁而安于顺,所以爻辞不称"晋"而说"悔亡",也充分说明了《晋》道主"顺"的原则。

【原文】

上九:晋其角①,维②用③伐邑④,厉吉,无咎,贞吝。

【译文】

上九:上进到了极点,犹如到了兽角的尖端,宜于征伐都邑去建功立业,虽有危险而能最后得吉,没有灾祸,要持守正道以防憾惜。

【注释】

① 角:兽角,比喻上九已进长到了顶端。

② 维:发语词,无实际意义。

③ 用:助词,犹"宜"。

④ 邑:自己的属邑。程颐说:"伐四方者,治外也;伐其居邑者,治内也。"

【品鉴】

"日中则昃,月盈则亏"。《大象传》所说的"明出地上",到了上九已处于盛极则衰、"晋"极必反的境地,此时若再"只知进不知退"继续往外追求外王经世之业,只能是无路可走。只有反身内治,做到"守道愈固,迁善愈速"(程颐语),做足自己内在的涵养功夫,把力量用对地方，才会收到良好的效果。《周易折中》说这时应该"如家则戒子弟，戢（jí，收敛）童仆；居官则杜交私，严假托，皆'伐邑'之谓也。"这就对此爻的言外之意诠释得更明白了。

上九已到极点，"明出地上"的上晋状态也转变成"日入地中"的"明夷"状态了。接下来要讲的是代表"光明损伤"的《明夷》卦。

三十六

光明损伤 贞守待时 [明夷]

《序卦传》曰:"晋者,进也。进必有所伤,故受之以明夷,夷者,伤也。"无论是自然还是人事,进而不已到了一定程度,没有不受伤的,这是《易经》对天地万物之道的规律性总结,故而《晋》卦的后面是《明夷》。前者"明出地上",上进不已,后者则"日入地中""光明损伤",大地一片黑暗。

虞翻说:"日之明伤,犹圣人君子有明德而遭乱世。"《明夷》以上六为卦主,如昏暗之君高居其上,其他五爻象征着处于暗君之下的不同个体。此卦正是通过描述他们处于特定位置和特定时期的不同表现,揭示出君子处昏暗之世的行为选择。

☷☲ 明夷：利艰贞。

初九：明夷于飞，垂其翼。君子于行，三日不食。有攸往，主人有言。

六二：明夷，夷于左股，用拯马壮，吉。

九三：明夷于南狩，得其大首，不可疾贞。

六四：入于左腹，获明夷之心，于出门庭。

六五：箕子之明夷，利贞。

上六：不明晦，初登于天，后入于地。

【原文】

明夷①：利艰贞②。

【译文】

《明夷》卦表示：在艰难昏暗之中，坚守贞正之德。

【注释】

① 明夷：夷者，伤也。李鼎祚注曰："夷，灭也；明入地中，则明灭也。"

② 利艰贞：犹言"利在知晓艰难，而不失其贞正之道"。

【品鉴】

"利艰贞",前曾见于"噬嗑"的九四爻、"大畜"的九三爻,都是特殊条件下的警戒之辞,这里用"利艰贞"作为整卦自始至终应该遵循的原则,足见君子在"光明损伤"之时更应警惕终始,一时也不能大意。《象传》用"晦其明也"来诠释利艰贞,是说要自我隐晦光明。"隐晦光明"不是"舍弃光明",而是要暂时地藏起来不为人所见,因为当明夷之时,若是不知其艰难,以察察之身处昏暗之世,结果就危险了。

【原文】

初九:明夷于飞①,垂其翼②。君子于行,三日不食③。有攸往,主人④有言⑤。

【译文】

初九:在光明刚刚受到伤害之时就往外飞,低垂着翅膀;君子急于高飞远走,三天都顾不得吃饭;此时有所前往,会受到主事之人的疑虑责怪。

【注释】

① 飞:飞离远走,离开是非之地。荀爽说:"火性炎上,离为飞鸟,故曰'于飞'。"初九处于下卦"离"之最下爻,故有"飞"象。

② 垂其翼:低垂着翅膀。关于为何要"低垂着翅膀",各家有不同的解释。程颐和朱熹认为,是因为受了伤;而项安世、邱富国和俞琰等人则认为是为了躲避伤害,故而敛翼向下,不敢高飞。

③ 三日不食:三是虚数,犹指"多日"。王弼注曰:"志急于行,饥不遑食,故曰'三日不食'也。"

④ 主人：主事之人。

⑤ 言：这里指责怪之言。

【品鉴】

能够见微知著、知几而动，是君子的一个重要特征。《系辞传》曰："几者，动之微，吉（凶）之先见者也；君子见几而作，不俟终日。"初九处在"明夷之世"的最开始，距离上九昏君最远，却能见几先行，在别人还没有察觉异样的时候，已经端详出坏苗头。初九有阳刚的品德，又有明照（下卦为"离"）的洞察力，所以能先行一步，避身远害。志在于远走，连饭都顾不上吃，普通的世俗之人哪里能理解得了这样的行为，所往而有人指指点点、责怪疑惑，也就不足为怪了。

【原文】

六二：明夷，夷于左股①，用拯马壮②，吉。

【译文】

六二：在光明受到损伤之时，左边大腿受了伤，借助有力的壮马来拯济，可得吉祥。

【注释】

① 夷于左股：左，常人多以右为便，故左为辅助，言其不甚主要。股，大腿；对于行走来说大腿的直接作用要小于脚和小腿，言其不甚切要。"夷于左股"是说虽有所伤害，但是还不算重。

② 用拯马壮：即"用壮马拯"。意谓要有及时、有力的帮助。

三十六　光明损伤　贞守待时［明夷］

【品鉴】

左腿到底是怎么受的伤？孔颖达说，是为了不为暗主所疑，为了避难而自伤的；程颐说，当此世道黑暗之时，明者不可避免地要被小人伤害。但不管怎样，伤得都不重。这是因为六二有"内文明（下卦"离"为明）而外柔顺（上卦"坤"为顺）"的品德。外表不那么锋芒毕露，暗君和小人不会太为难你，就像当时周文王明知道是自己儿子的肉做成的汤还是当着纣王的面喝了下去；内心自处有道，能够左挡右避，虽遭伤害而能避其太重，就像文王被关在羑里的监狱里，心里的持守是相当的坚定。然而，这些内部条件都只能避免被伤得更重，要脱离危险，外在的帮助就显得特别重要，对文王来说，那匹强壮的"拯马"就是散宜生贿赂看守的那些珍宝、美女，当然对于他人来说，也许还会有更多选择。所以，这一爻告诉我们的是，处在"明夷"之世要低调做人做事，还要抓紧借助外在有利条件来摆脱困境。

【原文】

九三：明夷于南狩①，得其大首②，不可疾③贞。

【译文】

九三：光明被损伤之时巡狩南方之地而实施征伐，俘获其元凶首恶，应从长计议，不可操之过急。

【注释】

① 南狩：南，南方之地，"离"卦在后天八卦方位图上居南，九三处离之上，故而称"南"。孔颖达注曰："文明之所。"狩，孔注曰："征伐之类。"向南征伐是为了充分发挥自己的优势，王弼曰："南狩

者，发其明也。"

② 大首：元凶首恶，这里指上六暗君。

③ 疾：疾速。

【品鉴】

九三以刚居刚，在明体之上，而屈于至暗之下，与上六昏君正相对应，犹如有力量、有智慧、又有道德的周武王要征伐昏庸无道的纣王。这样改天换地的大事，自然要做好充分准备，不能出半点纰漏，不能存半点侥幸，故而需"不可疾贞"。六二救难应该越快越好，九三除恶宜从长计议，此二者的对比显得特别鲜明。程颐指出其原因："旧染污俗，未能遽革，必有其渐；革之遽，则骇惧而不安。"

【原文】

六四：入于左腹①，获明夷之心②，于出门庭。

【译文】

六四：进入到左方腹部的位置，深刻了解到光明受到伤害的内在原因，于是毅然跨出门庭离去。

【注释】

① 左腹：右常用，为明显之所；左不常用，为隐蔽之所。腹，腹要之位，指六四已居上卦，进入暗主周围。

② 心：心意，这里指"致使天下明夷的内情"。

【品鉴】

有人说，这是微子的事迹。微子是纣王的庶兄，曾对纣王屡上谏书，但见"纣终不可谏"，便出走隐于微地。六四之所以能够"获明夷之心"，是因为已进上层，对于朝政的黑暗内情有着更清楚、深刻的认识；之所以能够"出于门庭"说走就走，不被羁留，是因为它以柔正处上体"坤"之下爻（坤为暗地），居处阴暗之地尚浅；如果像六五那样离暗主近而贴身，就只能"内难正志以晦其明"了。

【原文】

六五：箕子①之明夷，利贞。

【译文】

六五：殷朝大臣箕子处于光明受到损伤之时因持守正道而有利。

【注释】

① 箕子：殷商贵族，与纣同姓，任太师辅朝政，性耿直，有才能。纣王昏庸，箕子屡谏不听。有人劝箕子离去，箕子曰："为人臣，谏不听而去，是彰君之恶而自悦于民，吾不忍也。"于是披发佯狂为奴，随隐而鼓琴以自悲。

【品鉴】

箕子居庙堂之高，处此昏暗之世，又在昏君眼皮底下，若不"自晦其明"，定遭祸患。但外表的佯狂，丝毫动摇不了内心追寻正道的理想。《象传》"内难而正其志"正是指此。六五体柔，故爻辞又鼓励其要"利贞"，守持正固。程颐曾对此爻赞叹说："箕子，商之旧臣而同姓之亲，可谓切近于纣矣。若不自晦其明，其祸可必也，故佯狂为奴以免于害。虽晦藏其明，而内守其正，所谓内难而能正其志，所以谓之仁与明也。"（《程氏易传》）

【原文】

上六：不明晦①，初登于天，后入于地。

【译文】

上六：如同不发出光明反而带来黑暗的昏庸君主，起初登临天上，其后必坠落于地下。

【注释】

① 不明晦：是说本应发出光明，照耀四方，但却反生黑暗。

【品鉴】

卦中其他五爻皆言"明夷"，独此言"不发光明，反生暗晦"，由此可见，下五爻的"明伤"都是上六昏君造成的。这个昏君显然就是纣王。据说纣王是个聪明人，又勇武有力，居于至高，本应造福百姓，然而却把天下弄得一团糟，这个太阳的陨落也是迟早的事了。

有人把《易经》看成是一部史书，《系辞传》也用反问的语气说："《易》之兴也，其当殷之末世，周之盛德邪？当文王与纣之事邪？"通过《明夷》卦来看，也许此说不虚。

三十七

男外女内 夫刚妻柔 [家人]

　　《序卦传》曰："夷者,伤也。伤于外必反于家,故受之以家人。"从个人说,家是港湾,是在外受了伤害能够回归舔平伤口的地方。这个港湾若温暖、平静,休整之后就会有更充足的精力去应对挑战,如果港内尚且波浪滔天,那在外的境遇可想而知了。从国家说,家庭是社会的细胞,家庭美满、幸福,社会才能和谐、安定。同时家庭又是浓缩的社会,家内的尊卑长幼投影到举国之上,就成了一个社会的伦理秩序。故而《大学》云:"身修而后家齐,家齐而后国治,国治而后天下平。"《易传·彖》曰:"正家而天下定矣。"这都是在极力强调"治家"的重要意义。

　　《家人》卦下离上巽,内火外风,风自火出,象征家事由内影响到外。六二与九五分别居于内外卦中位,女处中得正于内,男处中得正于外,有男女各得其正、和谐其家之象,故名之为《家人》。自六爻观之,二、四两阴爻言妻道,皆以柔顺获吉,其余四阳爻言夫道,皆以刚严获吉,如此夫妻相合、尊卑有序,方能达成家庭和谐之美景。

☲☴ 家人：利女贞。

初九：闲有家，悔亡。

六二：无攸遂，在中馈，贞吉。

九三：家人嗃嗃，悔厉，吉。妇子嘻嘻，终吝。

六四：富家，大吉。

九五：王假有家，勿恤，吉。

上九：有孚威如，终吉。

【原文】

家人：利女贞①。

【译文】

《家人》卦表示：利于女子持守正道。

【注释】

① 利女贞：意谓家内女子品行端正、守持正固，家道就能美善和谐。这是认为，家内之事，女子为主要因素，故女正则家正。朱熹曰："'利女贞'者，欲显正乎内也，内正则外无不正也。"

【品鉴】

家庭中，女人很重要。男人迎娶了女人才叫成了家，家里有个好女人才称得上好家庭。所以，家里的女主人行为不偏，这是家道正的最基础条件。卦辞没讲男子应当如何，并不是男子在家中的位置不重要，而是透过女人的贞正就能看到男人治家有成所依赖的"身正"。程颐曰："女正则男正可知矣"，林希元曰："所正虽在女，所以正之者则在夫，盖主家之人也"（《周易折中》引），讲的都是这个意思。从这个意义上说，"利女贞"这句话背后隐藏着浓厚的男尊女卑思想，这同《易经》成书那个时代的社会背景是分不开的。

【原文】

初九：闲①有②家，悔亡。

【译文】

初九：在家庭初建之时就防止邪恶的产生，会没有悔恨。

【注释】

① 闲：本义是"栅栏，养牛马的圈"，引申为防止，程颐曰："闲，谓防闲法度也。"
② 有：虚词，无实际意义。

【品鉴】

初九是家道之始，能防闲于初，犹如在古时女人新进门之时就示之以礼法规矩，这是防恶于未然。如果一开始就约束不严，放任自流，等到坏习气养成而不可收拾，那就"悔"之晚矣。所以《小象传》特别指出"闲有家"要趁"志未变"时。

推而广之，"慎初"防患又何尝仅限于治家之时，《尚书》曰：

"慎厥终惟其始",古谚云:"教子婴孩,教妇初来",都与此爻意思相通。

【原文】

六二:无攸遂①,在中②馈③,贞吉。

【译文】

六二:不专主其事,不擅作主张,安心在家中主管饮食事宜,持守正道可获吉祥。

【注释】

① 无攸遂:遂,成也,这里是"自专"之意。"无攸遂"意谓不专主其事,不自作主张。

② 中:家中。六二居内卦中爻。

③ 馈(kuì):郑玄曰:"进物于尊者曰馈。"此处指家中饮食等小事。

【品鉴】

六二是阴爻,是家中的女主人。她处下卦中位,柔顺中正,上应九五阳刚夫君,不专主其事,只管家中饮食小事,从而能获吉。

这一爻表达了《易经》作者对女子在家中职责的规定和看法。

【原文】

九三:家人嗃嗃①,悔厉,吉。妇子嘻嘻②,终吝。

【译文】

　　九三：用严酷的手段把家庭治理得没有活泼氛围，虽然有悔恨、有危险，但可获吉祥。如果用过于宽松的手段治理家庭，妇子嘻嘻笑闹，没有规矩，终致憾惜。

【注释】

　　① 嗃嗃（hè）：象声词，与下文"嘻嘻"相对，表达众口愁怨之意。
　　② 嘻嘻：象声词，笑闹声，骄佚喜笑之意。

【品鉴】

　　秩序与和谐是一对矛盾。没有秩序，所谓的和谐必定是乱哄哄地聚做一团在和稀泥；没有和谐，秩序就成了冰冷的法则，丧失了人与人之间交往的感情。家庭氛围当然是既严肃又活泼、既有秩序尊严又有恩情爱意为最好。如若达不到这样的境界，《易经》认为宁肯"左"一点，也不要失之于右，宁肯严厉一点保持秩序的存在，也不要过于宽容，毫无检束。为什么要这样？法度之所以立、伦理之所以正的基础就在于秩序的存在，恩情、道义都是建立在此之上的，如果过于宽容，不加节制，使家人成天嘻嘻哈哈、纵情恣肆，那就丧失了恩情、道义等社会伦理存在的基础，"皮之不存，毛将焉附"，秩序没有了，和谐更谈不上了。程颐解读这一爻时曾说："法度立，伦理正，乃恩义之所存也；若嘻嘻无度，乃法度之所由废，伦理之所由乱。"

【原文】

　　六四：富家①，大吉。

【译文】

六四：能够增富其家，大为吉祥。

【注释】

① 富：名词使动用法，"使……富"。

【品鉴】

古人认为，一个家庭之中父亲主教化，负责礼仪表率；母亲主食养，负责饮食安排，勤俭周到能使家内日渐富实，奢侈怠惰则会使家庭日益贫穷，所以"富家"是评价女子是否贤良称职的一个重要标准。

六四和六二两阴爻在《家人》中代表妻道。六二以中顺之德，上应九五，不专主其事而获吉，但因在下卦而只能事人；六四亦柔顺当位，且上承九五，下应初九，承阳应阳，大得阳实之富，又居高位，所以能富家养人，得大吉祥。

二爻都以"柔顺"之德而获吉，充分体现了《家人》卦对妻道的理解和规范。

【原文】

九五：王假①有家，勿恤，吉。

【译文】

九五：君王能够以美德感格全家众人，不必忧虑，必能获吉。

【注释】

① 假：与"格"古字通用，尚秉和考之甚详，在这里是"感格""感化"的意思。

【品鉴】

关于"假"的意思，各家有不同的说法。程颐和朱熹均释为"至"，作为"极"讲，意谓治家到了美善的极致，家正而国可治，不需忧劳天下的治理了。《周易集解》引陆绩注，释"假"为"大"，云："五得尊位，据四应二，以天下为家，故曰'王大有家'；天下正之，故无所忧则吉。"《小象传》对"王假有家"释为"交相爱也"，显然是把"假"理解为"感格"，言九五丈夫能身正垂范，故能感格全家，使家内每人都各正其位，各得其所，敦睦相处，推而广之，而后天下可定，故而不待忧恤而能获吉。三者释义虽有不同，但在"家正而天下定""家道和睦可推展为国道安治"这一理解上达成了一致，可谓"同归而殊途，一致而百虑"。

【原文】

上九：有孚①威②如③，终吉④。

【译文】

上九：治家有诚信又有威严，终获吉祥。

【注释】

① 孚：诚信。

② 威：有威严。

③ 如：语助词。

④ 终吉：言其"吉"起初未必显现，但最终会有好结果。苏轼曰："凡言终者，其始未必然也。'妇子嘻嘻'，其始可乐，威如之吉，其始苦之"，深得其旨。

【品鉴】

初九处卦之初，言家道之始；上九在卦之终，象征家道之成，故而揭示的是治家之根本、久远之要旨。王弼说得很简练："家道可终，惟信与威。"有信则能久，故众人自化；有威则有严，故礼法不渎，和谐与秩序能够达到很好的统一。很显然，上九说的是对男子的要求。联系到卦辞的"利女贞"，我们可以看出"女之所正"背后的"之所以正"就在于家里的男主人能够不断地反躬自省，散发孚信，树立威严。这也是《家人》卦的一个基本思想。

《象传》曰："家正而天下定"，一方面是肯定治家的重要性，另一方面也隐含着治家难度大的意思，所以俗话说："清官难断家务事。"《易经》提出有效解决的办法，认为，只要能践行"男以刚严为正，女以柔顺为正"两个原则，就能把握住治家的根本所在，其余琐事纲举目张，皆能迎刃而解。《周易折中》引吴慎曰："家人之道，男以刚严为正，女以柔顺为正。初曰闲，三曰厉，上曰威，男子之道也。二四象传皆曰顺，妇人之道也。五刚而中，非不严也，严而泰也。"对《易经》本旨阐释甚明。

三十八

柔推缓行 化乖合异 [睽]

"睽"的意思是乖背、睽违。《序卦传》曰:"家道穷必乖,故受之以睽,睽者乖也。"这是说家人之道是要修身以齐家,乃至治国平天下,但若违背了男外女内、夫刚妻柔的原则,那么就会有乖睽、违背的事情出现,而动辄得咎、事与愿违,所以《家人》之后紧接着是《睽》卦。

世间之事,相悖失和的时候很多;人与人之间,意见不统一,想法达不成一致的事情随时会发生。《睽》卦讲的就是在事物之间存在着背离、隔阂、乖睽的时候,应该怎样处理分歧,化解矛盾,求同存异,消除睽违。

对于具体的处睽之道,卦辞说:"乖睽的时候以柔顺之道做些小事,徐图纾解可获吉祥。"分而观之,卦中"乖违"无处不在,但未尝有一爻长睽不合,说明了天下之事"睽久必合"的道理:初九不立异自显、能以宽和的心态同"恶人"交流,到九四"遇元夫"而合;六二以委曲柔顺求遇,到九五"往何咎"而合;六三锲而不舍,到上九慢慢"猜疑消失","遇雨"而合。可见,六者都能够以"柔顺""委婉"之道,并收"济睽""合异"之功,《周易折中》引吴慎之言对"处睽之道"有精彩的评论:"合六爻处睽之道而言,在于推诚守正,委曲含弘,而无私意猜疑之弊,则虽睽而必合矣。"

☲☱ 睽：小事吉。

初九：悔亡。丧马勿逐，自复。见恶人，无咎。

九二：遇主于巷，无咎。

六三：见舆曳，其牛掣，其人天且劓，无初，有终。

九四：睽孤，遇元夫，交孚，厉无咎。

六五：悔亡。厥宗噬肤，往何咎？

上九：睽孤，见豕负涂，载鬼一车，先张之弧，后说之弧，匪寇，婚媾。往遇雨则吉。

【原文】

睽①：小事吉②。

【译文】

《睽》卦表示：应该以柔顺之道小心处事，可得吉祥。

【注释】

① 睽（kuí）：《说文》："目不相听"，本义是两目相背，不能集中视线同视一物，引申为乖离，相违。

【品鉴】

《睽》卦卦象下兑☱上离☲。兑为泽，离为火，泽水润下，火势炎上，二者相悖；兑为少女，离为中女，又如二女同居，她们的心志不相同，象征着事物之间睽违、乖背、不合。那么是不是乖违、睽悖就是纯粹的不好，应该全盘加以否定呢？不是这样的。首先，我们应该看到万物存在着乖睽、相异之处的重大意义。其实，我们所追求的万事万物最终的状态就是一个"和"字，但是这个"和"一定要以"异"为基础、为前提，都是相同的东西，都具备相同的性质，放到一起只能是简单的叠加重复，不可能达到"和谐"的状态。所以，相对于"同"来说，个性的差异才是更根本的东西，如果简单地否定"差异""乖睽"，追求一味地整齐划一，那么世界就没有了五颜六色、多彩多姿，也就丧失了生生不息的生命力。其次，我们还应该看到"化乖睽为和谐"的重大意义。《象传》有一段话对此认识得很深刻，用今天的话来说，就是："我们看到天和地是上下乖睽的，但其生成万物的事功是相同的；男和女从外表看是相异的，但他们的心志是相通的；万事万物的形形色色是各异其趣的，但它们构成的为人所应用的事类却是共同的。由此可见，睽违之时有待我们有所作为的意义是多么重大呀！"

对于卦辞"小事吉"，通常有两种理解。一是认为小事指细小之事，与大事相对。如孔颖达说："物情乖异，不可大事。大事谓兴役动众，必须大同之世方可为之；小事谓饮食衣服，不待众力，虽乖而可。"一是认为小事指以柔处事，与刚强果猛相对。如《周易折中》引何楷曰："业已睽矣，不可以忿疾之心驱迫之也；惟不为已甚，徐徐转移，此'合睽'之善术也，故曰'小事吉'。小事，犹言以柔为事；非大事不吉，而小事吉之谓。"两种说法其实是相通的。它们的重点都落在"柔顺"和"缓进"上，比如两个人在意见达不成一致的时候，先不要在牵扯双方利益的原则性问题上去交涉了，那样容易激化矛盾；而应该在其他一些"小事"的往来中慢慢交流，融化坚冰，增进了解，增加信任，用柔顺的力量小心处理，慢慢地就会把疙瘩解开了。

【原文】

初九：悔亡①。丧②马勿逐③，自复④。见恶人⑤，无咎。

【译文】

初九：悔恨消亡。在天下睽违的时候，不必去追逐寻找走失的马匹，它会自己回来。面见与自己意见不合的恶人，没有咎害。

【注释】

① 悔亡：是说在天下睽违之时本当有悔，但初九处在卦始，初与人"乖违"，位卑无应，不立异自显而广和于人，就能"悔亡"。

② 丧：丧失，丢失。《说文解字》曰："丧，亡也。"段玉裁注："亡，逃也；非死之谓。"

③ 逐：追逐，追赶。

④ 复：回复，返回。

⑤ 恶人：比喻跟自己意见睽违的人。

【品鉴】

初九居于睽违之世，为什么能做到"悔亡"呢？《周易折中》曰："此爻所谓不立同异者也"，即是说初九在乖违之时不强求他人一定要跟自己一致，此为"不求同"，就像不去追逐跑失的马匹；也不标显自异、自己关起门来不与意见不同者往来，此犹能"见恶人"。如果我们能向初九学习，在大家意见达不成一致的时候，既不强求别人必须要跟自己趴在同一个战壕，又能容忍不同的意见、以宽和的心态跟他们真诚交流，自然能得到"悔恨消亡""没有咎害"的好结果。

【原文】

九二：遇①主②于巷③，无咎。

【译文】

九二：在小巷中不期然遇合主人，没有灾祸。

【注释】

① 遇：相逢，不期而会曰遇。
② 主：主人，君主；指六五，因其居第五爻尊位，下应六二而称"主"。
③ 巷：街弄里巷，小的街道。

【品鉴】

《小象传》在解释这一爻时说："遇主于巷，未失道也"，赞赏九二坚守"中"道，以"诚心"处"睽"的方法。在乖睽之世，人心隔离，君臣双方必须同心协力才能共克时艰，九二刚而能柔，行不失中，遵循《象传》所讲的"柔进而上行，得中而应乎刚"的原则，既主动又不强求，以阳刚真诚的内心和谦顺适中行动，终于在寻常巷陌中不期然与君主相遇。这种合异归同的情况看似偶然，实际上包含着必然。

【原文】

六三：见舆①曳②，其牛掣③，其人天④且劓⑤，无初，有终⑥。

【译文】

六三：恍惚间似乎看见大车被拖扯着不能行进，驾车的牛受牵制难以向前，又恍如自己额头被刺字、鼻子被削割，一片乖睽背离之象。起初睽违，终将欢合。

【注释】

① 舆（yú）：大车。

② 曳（yè）：拖曳，牵拉。《玉篇·曰部》："曳，申也，牵也，引也。"

③ 掣（chè）：牵制。《释名·释姿容》曰："掣，制也，制顿使顺己也。"

④ 天：本义为人的额头，这里指在人的额头上刺字的刑罚。《集韵·先韵》曰："天，刑名，黥凿其额曰天。"

⑤ 劓（yì）：古代割鼻之刑。

⑥ 无初，有终：犹言"起先乖违，最终合睽"。

【品鉴】

这一爻通过描绘一幅至为怪戾的图景来表现六三处于极度"乖违"的境况中。这是说，六三在天下乖睽的时候，欲求应于上九，但下有九二的阳刚牵制于后，上有九四的阳刚横亘在前，这时候进退维谷，寸步难行，身心都伤痕累累；又害怕在"睽违之时"上九对自己猜恨方深，受到"天""劓"之刑。于是由极度恐惧而产生一系列怪异的幻觉。但是爻辞最后又说"终能欢合"，这就告诉我们只要有宽容弘毅、锲而不舍的精神，经受住磨难与考验，一定能合睽异而达成功。

【原文】

九四：睽孤①，遇元夫②，交孚③，厉无咎。

【译文】

九四：在睽违之世茕茕孑立，形只影单，但能遇到初九这样有阳刚之德的大丈夫，二者皆以诚信相往来，虽有危险但终无灾祸。

【注释】

① 孤：孤单，孤独。

② 元夫：指初九，阳为大，故称"元"，《集韵》曰："元，大也"；这里犹言"大丈夫"。

③ 交孚：交相诚信。指九四与初九都以诚信相交往。

【品鉴】

如果说九三的遭遇告诉我们"经风雨后可见彩虹"，那么九四的境遇则给我们提示，只要拥有彼此相交的互信，就能克服危险，合异为同、救天下睽违的心志终能实现。九四居位不正，前后又被两阴围困，处境睽乖孤独，但是它能够发挥自己阳刚信实的美德去跟初九以诚相交，这样两个有共同追求、又都具有阳刚美德的大丈夫结成合力，在睽违之世虽有危厉而能避免咎害了。

【原文】

六五：悔亡。厥①宗②噬肤③，往何咎？

【译文】

六五：悔恨消失。应于九二宗亲之室像咬噬柔嫩的皮肤一样以和顺之道期待遇合，此去前往有何灾祸？

【注释】

① 厥：其。

② 宗：宗族，同类者为宗。

③ 噬肤：噬，咬。噬肤，咬噬柔嫩的皮肤，这里有"以柔顺平易之道济睽合异"的意思。

【品鉴】

六五与九二正应，故称"宗"。《睽》卦☲下兑为口，六五阴柔，有咬噬柔嫩皮肤之象，故而爻辞说"噬肤"。六五之所以能得"悔亡"，是因为六五能以柔顺平易之道遇合于九二，这个"柔顺平易"的"噬肤"之道，跟卦辞所说的"小事吉"是同一个意思。《周易折中》说："睽之时'小事吉'者，径情直行则难合，委曲巽入则易通也。如食物然，噬其体骨则难，而噬其肤则易。"这也就是告诉我们，两个人在意见分歧之时，不要幻想着一下子能把问题解决掉，如果能够通过其他小事的交往，通过交流，加深了解，从别的方面先达成一致，再慢慢徐图缓进，直到最后彻底消除背离乖违的分歧。

【原文】

上九：睽孤，见豕①负②涂③，载鬼一车，先张④之弧⑤，后说⑥之弧，匪寇，婚媾。往遇雨则吉。

【译文】

上九：处睽违至极，孤独狐疑之中，恍惚间仿佛看见有一头丑猪，背上涂满了污泥，又仿佛看见一辆大车满载着鬼怪。起先张弓欲射，后又放下了弓箭，原来不是打劫的强盗，而是来跟自己婚配的佳偶。此时前往，遇到象征着阴阳和合的降雨则为吉祥。

【注释】

① 豕：猪。
② 负：背负。
③ 涂：泥巴。
④ 张：拉开弓。
⑤ 弧：木弓的通称。
⑥ 说：通"脱"，犹言"放下""收起"。

【品鉴】

越是孤独的人越多疑，当众人的意见都跟自己想法相"违背"而不一致的时候，就会在极端的疑虑不安中疑神疑鬼，产生种种幻觉。正是《周易折中》所讲："凡物之情，信然后和。合则愈信，疑然后睽，睽则愈疑。"上九就是这种状态，它身处睽违的极致，一想到连与自身正应的六三都跟自己相违离那么久、那么深，不由得深感孤独烦躁，以至于将前来遘合自己的婚嫁队伍都看成是丑陋的猪和鬼。对方到底是猪还是鬼，是强盗还是迎亲队伍？到底是和同于我，还是乖违于我？当此疑虑妄念纷生之际，如果能心平气和地去了解，慢慢地去看清事情的真相，还是能够认清真相，消除乖违，找到亲和之人的。整个过程蹇苦坎坷，羁绊难行，这就是接下来的《蹇》卦化乖合异，消睽求同的。

三十九

通权擅守 共济时艰 [蹇]

《序卦传》曰:"乖必有难,故受之以蹇,蹇者,难也。"在《睽》卦违背离异之后,必定会出现蹇难的局面,所以《蹇》卦紧随其后。

有人看到《蹇》卦是"行走艰难"的意思,就以为这一卦不好,不愿意去接触,但是古人却不这么看,《彖传》在阐释卦辞"贞吉"时说:"当位贞吉,以正邦也",又赞叹《蹇》卦的意义说:"蹇之时用大矣哉。"历史上哪一个大人物不是历经艰难险阻一路走来。《蹇》卦就是告诉我们在道路坎坷、遭遇险阻之时应该如何济涉蹇的道理。

䷦蹇：利西南，不利东北。利见大人，贞吉。

初六：往蹇，来誉。

六二：王臣蹇蹇，匪躬之故。

九三：往蹇，来反。

六四：往蹇，来连。

九五：大蹇，朋来。

上六：往蹇，来硕，吉，利见大人。

【原文】

蹇①：利西南②，不利东北③。利见大人，贞吉。

【译文】

《蹇》卦表示：利于走向西南方向的平地，不利于走向东北的山麓，利于见到大人物；紧守正道，可得吉祥。

【注释】

① 蹇：形容行走艰难的样子。《说文解字》曰："蹇，跛也。"《广雅·释诂》《易传·象》皆曰："蹇，难也。"朱熹在《周易本义》谓之："足不能进，行之难也。"

② 西南：字面是说西南方向，在后天八卦图中，坤位居西南，以此喻示此时利于以柔和的心态往平坦的方向进发。

③ 东北：在后天八卦图中，艮处东北方向，以此喻示蹇难之时不要以刚燥的力量朝着有困难的方向前进。利西南，不利东北是说当蹇之时，宜于避险就夷，不宜冒险而进。

【品鉴】

《蹇》的卦象下艮☶上坎☵，《大象传》曰："山上有水"，孔颖达说："山者是险岩，水是险阻；水积山上，弥意危难"，二者都以艰险在前，喻示道路坎坷、行走困难之貌。人生在世，顺心称意的时候少，蹇难困厄的时候多。那么遇到蹇险的境况，是应一味强攻、穷追猛打，还是该审时度势、通权达变；是该单枪匹马、只身奋战，还是该广集众力、共济时艰；是该见难退逃、投机取巧，还是该持守中正、精忠为公？卦辞的三句话明确告诉我们三个原则：其一，进退必须合乎时宜。平坦、可进的地方进，艰难、坎坷的时候就要退。虽然《易经》极力提倡乾健刚强、积极进取的精神，但绝对不是盲目的猛冲乱打。所以，《象传》称赞这一卦的思想说："见险而能止，知（智）矣哉"。其二，必须广积各方力量，共同济蹇。"利见大人"就是指出要以"大人"的威望和能力来统一意志，集结力量。其三，必须持守正道（贞吉），心系天下，若时刻念及一己之私利，又怎能形成合力以济蹇难。

【原文】

初六：往①蹇，来②誉③。

【译文】

初六：在蹇难的时候如果贸然前进，则会陷入危险当中；如果能够回头多方考虑计划，待时而进就能带来美誉。

【注释】

①往：犹言"进"。

②来：犹言退。下文之"往""来"，皆同此。

③誉：荣誉，美誉。

【品鉴】

初六以阴居阳，不当位，力量又弱小，这时如果出来涉险，只会陷于危难之中，但好在离上卦的"坎"险最远，又处在下卦"艮"止的最先，所以能独见前识。《象传》所说的"见险而能止，知（智）矣哉"，赞扬的就是初六审时的机智。

【原文】

六二：王臣①蹇蹇②，匪③躬④之故⑤。

【译文】

六二：君王的臣子历尽磨难危险，并非是为自己的私事。

【注释】

①臣：臣仆。《周易》做"仆"。

②蹇蹇：形容中直不已，努力济蹇的样子。

③匪：副词，表示否定，"非"。

④躬：自身。

⑤故：《广雅·释诂》曰："事也。"

【品鉴】

《蹇》卦自二至上互体《坎》卦，二正居坎险下爻。《坎》之初六曰："习坎入于坎窞，凶"，故二正在坎坷凶险之中。六二以柔中居正之体，处在大夫王臣之位，上应九五天子，在蹇难之中尽忠竭力，执心不回。爻辞并没有表达出吉凶悔吝的结果，专释爻辞的《小象传》解释说："王臣蹇蹇，终无尤（忧）也"，赞扬六二公忠体国、一片赤诚公心的美德精神。朱熹也认为："不言吉凶者，占者但当鞠躬尽力而已，至于成败利钝，则非所论也。"诸葛亮可谓是"王臣蹇蹇"的典型代表，辅佐蜀汉王朝可谓鞠躬尽瘁，死而后已，不仅仅是"无尤"，而是光耀千古了。

【原文】

九三：往蹇，来反①。

【译文】

九三：处蹇难之时，如果冲动前往就会遇到灾难，只有退回本处。

【注释】

① 反：《说文》曰："反，覆也。"本义是"倒过来"，这里做"返回"讲。

【品鉴】

初六退而不进是因为自身力量弱小，时机不成熟；九三体秉阳刚，又处阳位，故有跃跃欲试之志。但爻辞戒之曰："来反"，意谓九三是下卦"艮"中唯一的阳爻，为其卦主，往则遇险，宜返回内部团结队伍，结集力量，故而《小象传》讲："往蹇来反，内喜之也。"

【原文】

六四：往蹇，来连①。

【译文】

六四：在蹇难之时，往前进发必定遇灾，应当回头连合一切积极力量，方能救险。

【注释】

①连：联结，联合，连成一体，合力以济。

【品鉴】

蹇难的境况发展到上卦，六四已入于坎险之中，济蹇的力量需要进一步的加强。九三之时要回头团结自身内部的力量，到六四之时，更得集结一切积极的因素同舟共济，共克时艰。就像二十一世纪第一个十年末尾的全球金融危机，对于世界各国的经济都可谓是"蹇难之时"，九三"来反"犹一国需要发展自身的力量、做好自己的事情，六四"来连"犹一国需要联合其他各国力量形成合力，共济蹇难。

【原文】

九五：大蹇①，朋②来。

【译文】

九五：在天下蹇难之时，处天子之位，身受大的灾难，这时四方臣子亲朋纷纷前来相助。

【注释】

① 大蹇：程颐曰："五居君位，而在蹇难之中，是天下之大蹇也。"朱熹曰："大蹇者，非常之蹇也。"意虽不同，但可合而观之。

② 朋：朋友，这里以臣为朋，说明君臣相得。

【品鉴】

君王大蹇之时，群臣皆纷纷前来相助，但这是有条件的，并不是所有的君主遭难，臣下都能蹇蹇救助。《小象传》说"以中节也"，即认为这是由于九五有阳刚中正的气节。像"烽火戏诸侯"的周幽王那样的君主，遭遇危难哪还有人会去救他。

六二称"王臣"，九五称"朋来"，二者君臣正应的关系显豁明朗。《周易折中》分析此二爻同心相应、共克时艰的关系说："如在下者占得五，则当念国事之艰难，而益致其匪躬之节；如在上者占得二，则当谅臣子之忠贞，而益光其'朋来'之助。"启发我们在研读《易经》时，要"居则观其象而玩其辞，动则观其变而玩其占"，尤其深入体会其带给我们的关于人生之应然的深刻思考。

【原文】

上六：往蹇，来硕①，吉，利见大人。

【译文】

上六：如果在蹇难之时一直往前行进会有灾难，返回归来可建大功，有吉利；有利于晋见居处尊位的大人。

【注释】

① 硕：大。《说文》："硕，头大也。"段玉裁注曰："引申为凡大之称"。

【品鉴】

上六之位已处卦极，蹇尽将通，此时若再执意前行，必将更生蹇难。所以应该回头归复本位，来见九五之君。如周公以宗庙之位辅政成王，以"握发吐脯"之心见天下贤良，以肇周代之盛世。

通观六爻处蹇济涉之情状，初六退处待时而得誉，六二柔中为公而无忧，九三暂退安内再求进，六四广交蓄力而贞守，九五阳刚中正而众朋来助，上六附从贵君而获吉。再结合卦辞所发应进退合宜、利见大人，持守正道之意，《蹇》卦所言匡济蹇难之时，应当擅守蓄力、精忠为公、不可轻进的主旨已彰显无遗。

四十

排险解难　清除隐患 [解]

在经历了事情"乖背睽违"和道路"坎坷难进"之后，终于迎来了险难"舒解散释"之时，《序卦传》曰："物不可以终难，故受之以解。"是不是"物情舒缓"之时我们就可以长舒一口气，高枕无忧了呢？《系辞传》用反问的语气说："《易》之兴也，其于中古乎？作《易》者，其有忧患乎？"又说："惧以终始，其要无咎，此之谓《易》之道也。"说明《易经》自始至终贯穿着强烈的忧患意识，倡导在逆境中锲而不舍、在顺境中也丝毫不能大意的警醒精神。

《象传》赞叹"危难舒解"之时的重大意义说："天地解而雷雨作，雷雨作而百果草木皆甲坼。解之时大矣哉！"《解》卦就是告诉我们怎样"排患解难"，使物情得以舒展欣悦，达到安定和谐的目标。

"解除"险难，首先要在危险之中能够有所行动，同时又能用行动去克服凶险，这是"解险"的前提条件，也就是《象传》说的"险以动，动而免乎险"。但动不能乱动，关于"应该怎么动，往哪里动"的问题，卦辞告诉我们"应当前往西南众庶之地"，让众多的人都解脱出危险，这样必得大家拥护。紧接着又说，如果没有险难，那就好好待着，否则没事容易惹出事来；如果有险难需要去排解，那么越早越好，别耽误了时机。并且在"物情舒解之后"还要特别重视"清除内部隐患"工作，只有这样才能长治久安。

☷☵ 解：利西南。无所往，其来复，吉。有攸往，夙吉。

初六：无咎。

九二：田获三狐，得黄矢，贞吉。

六三：负且乘，致寇至，贞吝。

九四：解而拇，朋斯至孚。

六五：君子维有解，吉，有孚于小人。

上六：公用射隼于高墉之上，获之，无不利。

【原文】

解①：利西南②。无所往，其来复③，吉。有攸往，夙④吉。

【译文】

《解》卦表示：利在施于西南众庶之地，如果没有危难就无须前往化解，返回安居可获吉；如果有危难需要前去化解，那么应该及早前去，可得吉祥。

【注释】

① 解：纾解。《说文》："解，判也，从刀判牛角。"《广雅·释诂》："解，散也。"《玉篇》："解，释也。"本义为用刀切割动物，引申为舒缓、散释。《周易正义》曰："解者，险难解释，物情舒缓。"

② 利西南：在后天八卦图中，"坤"居西南，"坤"为众，故西南象

征众庶之地。

③ 无所往，其来复：往，前往。来、复都是归来、复返的意思。

④ 夙：早。《说文》："夙，早敬也。"《玉篇》："夙，旦也。"夙的本义是在太阳还未升起之前，月亮还能看见的时候就起来开始一天的工作。

【品鉴】

《解》卦卦象下坎☵上震☳。《大象传》说："雷雨作，解"。《象传》说："天地解而雷雨作，雷雨作而百果草木皆甲坼（chè）"。二者讲的都是同一个意思，就是以当春之时，万物皆因雷雨既发而纷纷舒展生机的景象，广泛象征着天地物情获得舒缓、解脱的情形。天地无思无为，不需有意却能使"四时行焉，百物生焉""百果草木皆甲坼"，但作为有思虑、有意识的行为主体——人，却做不到如天地一般，而必须要遵循一定的原则。《解》卦的卦辞说的就是人们在"排解"险难之时要注意的方法：其一，"解难"之时首先考虑到让大多数的人共获舒缓，这样能得到大家的拥护；其二，暂时无难可解，不需要有所动作的时候，宜于回归安居，守住"中道"，通过反省修行自身来克制人欲的私情，以恢复天地的正气。孟子曾说"我善养吾浩然之气"，大致正与此相映照；其三，如果有难需解，则及早动手更易成功，因为这样能抓住时机，不失主动，也就是孔颖达所说"解难能速，则不失其几"。

【原文】

初六：无咎。

【译文】

初六：没有灾祸。

【品鉴】

　　爻辞只说了结果，这是因为原因已经包含在爻象当中了。《周易折中》引胡炳文曰："《恒》九二'悔亡'，《大壮》九二'贞吉'，《解》初六'无咎'，三爻之占只二字，其言甚简，象在爻中，不复言也。"初六能获"无咎"肯定不会是没有条件的，那么到底是什么原因呢？《小象传》说："刚柔之际，义无咎也。""际"是交际相接之处的意思。从卦象上综合来看，九二刚健中正，有解蹇之任；九四刚健有威，有解蹇之才，初六上比九二，正应九四，与两阳爻相亲、相交、又相助，深得刚柔相际之理，所以从义理上说并无咎害。就人事而言，在大难初解、社会秩序得到初步安定之时，人心思治，希望休养生息，这时一切事情都须拨乱反正从头开始，位卑才弱之人必须亲比阳刚大人，安顺守正，把握好跟在上明君的刚柔相际之理，才能免除灾祸。

【原文】

　　九二：田[①]获三狐，得黄矢[②]，贞吉。

【译文】

　　九二：外出打猎，捕获好几只狐狸，并获得了象征着刚直中和美德的箭矢，应当坚守正道，可获吉利。

【注释】

　　① 田：通"畋"，田猎。
　　② 黄矢：黄，黄色，比喻中；矢，箭，比喻直。

【品鉴】

古人常以狐狸比喻奸邪媚惑的小人,这里比喻大难初解之时的潜在隐患。大难解缓之初,泥沙俱下,鱼龙混杂,小人也想趁此根基未稳之时投机钻营,捞上一把,这就是社会的隐患。九二以刚居中,刚直如矢,有黄中之德,又上应六五,得到六五之君的信任,而且自身在坎险之中,对险情了解得很清楚,所以很适合担当除险解难的任务,并且以它自身的条件也完全能够胜任获吉。

【原文】

六三:负且乘①,致寇②至,贞吝。

【译文】

六三:背负着东西又坐在车子上面,像这样行为失正的人定会招来强盗的侵夺,应该持守正道以防憾惜。

【注释】

① 负且乘:负,背,背东西。乘,乘车,坐车。
② 寇:寇贼,强盗。

【品鉴】

《系辞传》引孔子的话说:"作《易》者其知盗乎?易曰'负且乘,致寇至'。'负'也者,小人之事也。'乘'也者,君子之器也。小人而乘君子之器,盗思夺之矣。慢藏诲盗,冶容诲淫,易曰:'负且乘,致寇至',盗之招也。"

孔子有感于他所处的那个时代"高岸为谷,深谷为陵""礼崩乐坏""上下僭越"的现实，通过对这一爻的揭示，希望"君子"和"小人"该乘车的乘车，该背东西的背东西，能够"各正其位"。抛弃时代局限性的外壳，穿过数千年久远的时空，这一思想对我们仍然有巨大的启发意义。"盗"岂仅指有形的"强盗"，那些无形的祸患难道不是"盗"吗？没有那个能力却偏要处在那个位置，没有那个水平却偏要攀上那个职称，没有那个级别却偏要享受那个待遇，这就分明是"背负着东西还乘着车"，大喊着告诉盗贼们"这不是我应该做的事"，强盗不去抢他们还会去抢谁，祸患不降临到他们头上还会降到谁头上？

【原文】

　　九四：解而①拇②，朋③至斯④孚。

【译文】

　　九四：应该像纾解你大脚拇指的隐患那样摆脱小人的纠附，然后友朋才会心怀诚信之意到来相助。

【注释】

　　① 而：通"尔"，你的。《正义》曰："汝也。"
　　② 拇：大脚趾。详见《咸》初六。
　　③ 朋：友朋，指初六。
　　④ 斯：介词，犹"乃"，就。

【品鉴】

　　"拇"指六三。六三是一个阴邪谄媚的小人，极力攀附九四阳刚，就像一个生了隐患的大脚趾，阻碍着九四的前行。近于小人，必然会疏远君子，小人不除，君子之友朋不会前来应和，所以采取断然措施将小人和隐患清理掉，解除了九四跟初六之间的障碍，初六这位朋友才会心怀着诚信之意来跟九四结成正应的关系。

【原文】

六五：君子维①有解，吉，有孚于小人。

【译文】

九五：君子可以纾解天下的险难，吉祥，甚至能用诚信之德感化小人。

【注释】

① 维：语气助词。

【品鉴】

六五居尊，有君主的权力，以柔居中，有中和的美德，下应九二，得有力的辅助，这一切有利的条件都能让它成功地纾解掉天下的险难而得吉。从另方面看，在九四时候的当务之急还是清除小人，清理隐患，否则就不能更好地稳定秩序；但随着时间的推移和形势的发展，险难进一步缓解，到六五之时，情势已不是那么严峻，君主发挥它的柔中之德可以用诚信去感化邪恶者向善，让他们都心悦诚服而无怨尤之情了。这也是排除隐患的一种方法，不过外在形式不同罢了。

【原文】

上六：公用射隼①于高墉②之上，获之，无不利。

【译文】

上六：王公站在高墙之上射获凶恶的隼鸟，无所不利。

【注释】

①隼（sǔn）：一种凶狠的猛禽。《正义》曰："贪婪之鸟。"
②墉：城墙。《说文》："墉，城垣也。"

【品鉴】

隼是恶鸟，此处来比喻六三；墉是高墙，正跟六三居下体之上对应。六三小人窃位正是恶隼盘踞高墙，是破坏大好形势的隐患根源，所以上六王公要一举射落之，方能从根本上消除祸根，得到日后的长治久安。但是不是轻而易举就能达此效果呢？孔子说："隼者，禽也；弓矢者，器也；射之者，人也。君子藏器于身，待时而动，何不利之有？动而不括（闭结阻塞之义），是以出而有获，语成器而动者也。"这一方面是说上六处在《解》之卦极，经过前面的各方面准备，时机已经成熟，"射隼"正当其时，所以能无所不利；另一方面也是在提醒人们，不要因为处在《解》卦之终，以为已将旧患根除掉了就放松警惕，而应该注意平时的积累，做到"藏器于身"，常备不虞，那么在险难再萌之时就可以"动而不括，出而有获"了。

四十一

损下益上 损己利人 [损]

《序卦传》说："解者缓也，解必有所失，故受之以损。"纵缓解散必有所失，有失则损，所以《损》卦继次于《解》卦之后。

《损》卦的含义是损下益上，损己益人。推而广之，为学自损其私以益公理，处事自损身家以益天下，都包含在《损》卦的"减损"之道中。这种可贵的"减损"之道正与我国传统文化中"舍己为人""舍生取义"的义利取舍紧密联系在一起，实是一个极为重要概念范畴。实际上"损己利人"之道也不必非得干出惊天动地的大事业，《损》卦卦辞中提到，只要心存诚敬，切实有益人之心，那么即使用简约的祭品去奉献神灵，也会得到神灵的赐福。相传孔子读易至于《损》《益》两卦时不禁发出"自损者益，自益者缺"的感慨（《说苑·敬慎篇》），又说"《益》《损》者，其王者之事与！或欲以利之，适足以害之；或欲害之，乃反以利。厉害之反，祸福之门，不可不察也。"（《淮南子·人间训》）为什么孔子会发出这样的感慨，甚至将它们提升到"王者之事"的高度来赞扬呢？读过《损》《益》卦，切实感受其中包含的盈虚转化之理，也许您也会有着同孔子一样的收获吧。

☷ 损：有孚，元吉，无咎，可贞，利有攸往。曷之用？二簋可用享。

初九：已事遄往，无咎。酌损之。

九二：利贞，征凶，弗损益之。

六三：三人行则损一人，一人行则得其友。

六四：损其疾，使遄有喜，无咎。

六五：或益之十朋之龟，弗克违，元吉。

上九：弗损益之，无咎，贞吉，利有攸往，得臣无家。

【原文】

损①：有孚②，元吉，无咎，可贞，利有攸往。曷之用③？二簋④可用享⑤。

【译文】

《损》卦表示：要心存诚信，这样才能得到至大的吉祥，没有咎害，一定要持守正道，方利于前往。用什么来体现"减损"之道？只要心怀诚信，两簋粗茶淡饭也足以奉献给神灵、尊者了。

【注释】

① 损：减损，削损。《说文》："损，减也。"《经典释文》："损，省灭之义也。"

② 孚：诚信。

③ 曷之用：曷，疑问代词，相当于"何"。此句即"何所为用""以什么来体现"。

④ 二簋(guǐ)：簋，古代盛食物的方形器皿，用竹或木制成；也用作礼器。《说文》："簋，黍稷方器也。从竹、从皿、从皀。"段玉裁注曰："合三字会意。"古人享祭之礼，最多用八簋，如《诗》曰："陈馈八簋。"这里二簋，犹两碗，比喻献礼微薄。

⑤ 享：享祭，奉献。这里泛指献祭于神灵或进贡给尊者。

【品鉴】

《损》卦卦象下兑☱上艮☶，山下有泽，泽卑山高，象征着泽体自我减损以增益山体之巍峨。卦辞中首先就提到了在"减损"之时的孚信问题，这是基础，只有一个人的自我减损发乎内心，出自诚信，合乎时宜，才能取信于人，收到"元吉，无咎，可贞，利有攸往"等等一系列良好效果。否则，没有诚信的自损就成了阴险狡诈、别有用心。卦辞的最后两句一问一答，还是承接着"诚信"之心来说的，心存真挚的感情，即使一点薄礼也能让神灵感动，何况人心呢？不过，《象传》在解释这两句的时候又特别提到了"二簋应有时，损刚益柔有时，损益盈虚，与时偕行"的问题，这就使卦辞中原来隐而不彰、晦而不明的意义更加显豁开来了。就社会人事的运作来说，确实不仅存在一个"时"的问题，还有一个"度"的问题，应该审时度势，当损则损，当益则益，当小损则小损，当大益则大益，一切都要适应阴阳刚柔推移变化的具体形式做出适当其时的决策和行为，这样才算是真正掌握了《损》卦的精髓。

另外，孔子特别推重《损》《益》两卦，《帛书易传·要篇》中记载了一段孔子读到这两卦时的心得体会，兹录全文如下："孔子繇易，至于损益之卦，未尝不废书而叹，戒门弟子曰：二三子，夫损益之道，不可不审察也，吉凶之〔门〕也。益之为卦也，春以授夏之时也，万物之所出也，长日之所至也，产之室也，故曰益。损者，秋以授冬之时也，万物之所老衰也，长〔夜之〕所至也，故曰损。道穷焉而损，道〔穷〕焉益。〔益〕之始也吉，其终也凶。损之始〔也〕凶，其终也吉。损益之道，是以观天地之变，而君者之事已。是以察于损益之变者，不可动以忧熹。故明君不时不宿，不日不月，不卜不筮，而知吉与凶，顺于天地之〔变〕也。此谓易道。故易有天道焉，而不可以日月星辰尽称也，故为之以阴阳；有地道焉，不可以水火金土木尽称也，故律之以柔刚；有人道焉，不可以父子君臣夫妇先后尽称也，故要之以上下；有四时之变焉，不可以万物尽称也，故为之以八卦。故易之为书也，一类不足以极之，变以备其情者也，故谓之易。有君道焉，五官六府不足尽称之，五正之事不足以至之，而诗书礼乐不〔读〕百篇，难以致之。不问于古法，不可顺以辞令，不可求以示善。能者繇一求之，所谓得一而群毕者，此之谓也。损益之道，足以观得失矣。"

【原文】

初九：已事①遄②往，无咎。酌③损之。

【译文】

初九：（身处"损己益人"之时）在完成了自己的事情之后应该赶紧去辅助贤者，必无灾祸。减损自己之时应当斟酌深浅、衡量时宜。

【注释】

①已事：已，竟也，"已经"。"已事"，这里是说"完成了自己的事

情"。

② 遄（chuán）：迅速。《说文》："遄，往来数也。"《尔雅·释诂》："遄，疾也"，"遄，速也"。本义为往来频繁而疾速，此取"迅速"义。

③ 酌（zhuó）：斟酌，酌量深浅、时宜。

【品鉴】

"损己益人"的前提是先做好自己的事情，自身都照顾不好，谈何照顾别人；自身尚修行不好，谈何帮助别人，只能添乱罢了。孔颖达用"臣下自损其身助益君主"来做比喻也至为恰当，他说："损之为道，损下益上，如人臣欲自损奉上。然各有所掌，若废事而往，咎莫大焉；若事已不往，则为傲慢。竟事速往，乃得无咎。"

"损己益人"还有一个"度"和"时"的问题。初九最处《损》下，在力量上有所不足，在时间上刚开始起步，在感情上也需要有个逐渐亲和的过程，所以就有"酌损之"的必要了，估量一下自己的财力、能力，能帮什么就帮什么，能帮多少就帮多少，一下子用力过猛，不仅容易伤着自己，还容易伤着别人。

【原文】

九二：利贞，征①凶，弗损②益之③。

【译文】

九二：利于持守正道，急于前往进发则有凶险。不必减损自身就能增益于上。

【注释】

① 征：这里指急于前往增益其上。

② 弗损：不必减损自身。

③ 益之：这里指增益六五。

【品鉴】

爻辞提倡初九"遄往"，却戒之九二"征凶"，为何？因为"减损之道"是损有余而益不足，以求达到"中和"的境界。九二阳居阴位，刚柔适中，它所正应的六五阴居阳位，也刚柔适中，二者都得"中道"，若这时再去损益，只能是打破平衡，而致凶险了。《象传》说："损益盈虚，与时偕行"，就是这个道理。

【原文】

六三：三人①行则损一人②，一人③行则得其友。

【译文】

六三：三人同行欲求一阳，则必使其损伤；一人独去求阳，则能彼此应和。

【注释】

① 三人：泛指多人，这里实指三、四、五三阴爻。

② 损一人：指上九受到损害。

③ 一人：此"一人"指六三。

【品鉴】

按照卦变的观点,《损》☷是由《泰》☷变来的。减损《泰》的下卦"乾"的第三阳爻增益到上卦"坤"的第三阴爻,就变成了《损》。如果"三人"皆行、三阴都损己益上,那就乱了套,成了《否》;如果没有人"行",那还是静止不动的《泰》卦,没法体现"损益之道";只有一人独往,则阴阳专情和合,得其友朋。所以"一人行则得其友"的哲学意味深长隽永,很值得我们体会。孔子称赞"六三一人行、上九得其友"表现出来的阴阳互合的"专一"之道说:"天地氤氲,万物化淳;男女构精,万物化生",并谓"言致一也"。天地男女都是阴阳两仪,一阴一阳势必氤氲交密,精气交构,以致精醇专一,化生万物。可见天地万物莫不合二为一,一分为二,这种对立统一正是人类社会和自然界普遍的规律。

【原文】

六四:损其疾①,使遄有喜,无咎。

【译文】

六四:在减损之时,能自我减抑本身的不足不善,从而迅速地接纳了初九阳刚的助益,必有可喜,没有灾祸。

【注释】

① 疾:毛病,不足。

【品鉴】

我们可以看到卦中六爻,分上下体抒发"损下益上"之意:下三爻在下自损，上三爻在上受益。六四以阴居上卦，为虚己谦下之象，又能自我减损不善，所以能使初九迅速以其阳刚上益自身。这一"损己之不足，别人必来增益"的情形又从另一个角度说明了"损中有益"的辩证法。

【原文】

六五：或①益之十朋之龟②，弗克③违④，元吉。

【译文】

六五：有人进献价值昂贵的大宝龟，无法推辞，至为吉祥。

【注释】

① 或：有人。

② 十朋之龟：古代货币单位为贝，双贝为一朋，十朋为二十贝，《周易集解》引崔憬曰："元龟价直二十大贝，龟之最神者也"，"双贝曰朋也"。

③ 克：能也。

④ 违：这里做"推辞"讲。

【品鉴】

六五为什么能得到他人赠送的贵重礼物？因为它在"减损"之时，以阴柔之体居于尊位，有虚己而自损、顺从在下之贤的美德。领导如能损己奉公，不断减削自己的私得利益，下属们哪还有不纷纷争相卖命、致身益上的。大家都拥护你，这可是最珍贵的"大宝龟"了。所以，"自损而能得益"的道理，就在这里。

【原文】

上九：弗损益之，无咎，贞吉，利有攸往，得臣无家①。

【译文】

上九：无须减损自己就能增益别人，没有咎害，持守正道可获吉祥，利有所往，必能得到天下臣民相助。

【注释】

① 得臣无家：得到天下臣民的拥戴，没有远近内外之限，所以称为"无家"。《周易折中》引王素曰："'得臣'则万方一轨，故'无家'也。"

【品鉴】

《损》卦下三爻讲的都是"自损之，益他人"；上三爻讲的都是"自损之，能受他人增益"。六四自损不善，结果有朋友"遄往"增益；六五损己谦下，结果有下属"益之宝龟"；到上九已处卦终，接受下面的增益已经到了极点，往上再也不能前进一步了，于是它就要自损而益人了。但这种"自损"不同于其他，拿朱熹的话来说，就是"有所谓'惠而不费'者，不待损己，然后可以益人也"。

由于上九已处最上端，所以它所增益的对象只能是在它之下，这样，"损下益上"的《损》卦就要转化为"损上益下"的《益》卦了。

四十二

损上益下 本固邦安 [益]

《序卦传》说:"损而不已必益,故受之以益。"损的另一面是益,此处损彼处必得益,减损自身最终自己也会得益,所以《损》和《益》就像一张纸的两面,永远联系在一起。

《益》卦的主旨本于"减损于上,增益于下",犹如取墙上多余之砖石加固墙根之基础,这样,墙基坚实了,墙体也就稳固了。《尚书》所讲:"民为邦本,本固邦宁",正与此通。《损》卦讲在下者损身役命上报国家,《益》卦讲在上者施惠于民常葆邦安,其实这两者是相通互补的:损下足以益上,上者受益又施惠于下;损上足以益下,在下者又转益于上,这样的上下互益良性循环确实是一个理想的社会发展状态。

☰ 益：利有攸往。利涉大川。
初九：利用为大作，元吉，无咎。
六二：或益之十朋之龟，弗克违，永贞吉。王用享于帝，吉。
六三：益之，用凶事，无咎。有孚中行，告公用圭。
六四：中行，告公从，利用为依迁国。
九五：有孚惠心，勿问元吉。有孚惠我德。
上九：莫益之，或击之；立心勿恒，凶。

【原文】

益①：利有攸往。利涉大川。

【注释】

① 益：增益，增加，饶益。《说文》："益，饶也。从水、皿。益之意也。"段玉裁注："饶，饱也，凡有余曰饶。"益字的本义是水满而溢出容器，后来引申义"增益"的意思用得太多，反而把它的本义给弄得晦暗不明，于是就又造了一个"溢"字表示本义，"益"就单独、永久地占有"增益"的意思了。《广雅·释诂》："益，增也。"

【译文】

《益》卦表示：利于有所前往，利于涉越大河巨流。

【品鉴】

《益》卦卦象下震☳上巽☴，雷得风助则声益彰，风得雷激则气益振，风雷相互激荡，二物交相助益，象征着"增益"。《损》《益》两卦相反相成，《损》的含义是"损下益上"，《益》卦的含义是"损上益下"，《损》卦由《泰》卦变来，《益》则是由《否》卦变来。《否》䷋卦坤下乾上，减损上体的乾之九四，增益到下体的坤之初六，九四由刚变柔，初六由柔变刚，于是《否》就变成了《益》。阴阳二气这样经过一番上下去来，《否》卦天地上下不交的否结状态就转化成生机勃勃的交相助益之道。所以，卦辞说"利有攸往，利涉大川"，在这种增益富饶、生生不息的形势下确实应该积极进取，有所作为。

【原文】

初九：利用为大作①，元吉，无咎。

【译文】

初九：有利于兴作大事，至为吉祥，没有灾祸。

【注释】

① 大作：兴作大事。

【品鉴】

《小象传》说初九"下不厚事也"，即本来处位低下是不能担当大事的，但为什么最终能够获得"元吉无咎"呢？我们说《损》䷨、《益》䷩两卦是一对对立统一，要结合着来看，前者的卦形翻转180度头上脚下地倒过来就是后者，后者倒过来也是前者，这即是孔颖达所说的"覆"，来知德所说的"综"。所以,《益》卦的初九就是原来《损》卦的上九,这一爻在《损》的最上端,受下面增益之极,所以就要减损自身去增益别人;同样,这一爻在《益》的最下端,受上面的增益最多,如果只受益而不去益人,那么终会招致为"损",引来咎害。所以在此之时,必须"兴作大事",广益他人,方能常葆其益。否则,它所得到的"大益"福分必然会成为它遭受"大损"祸患的原因。《易经》关于损、益、盈、虚相互依存、相互转化的辩证法在此也显露得异常充分。

【原文】

六二:或益之十朋之龟,弗克违[1],永贞吉。王用享于帝[2],吉。

【译文】

六二:有人送来价值十朋的大宝龟,无法推辞,为臣之道永守正固可获吉祥。君王献祭天帝祈求降福,吉祥。

【注释】

[1] 或益之十朋之龟,弗克违:详见《损》卦六五爻。
[2] 帝:天帝。《正义》曰:"帝,天也。"

【品鉴】

此爻仍然要跟其在《损》卦所对应的六五爻相参照来看。二者都是得到别人送来的珍贵"大宝龟",但《损》之六五居君位,受下之增益;《益》之六二居臣位,是受上之增益。所以,前者得"元吉",至为吉祥;后者"永贞吉",只有长久持守正道方能获得吉祥。这与开头《乾》《坤》

两卦的地位相映成趣,《乾》卦讲君道,元亨利贞四德纵横捭阖似乎没有限制;《坤》卦讲臣道,虽亦有四德但只有"顺承天""利永贞"才能获吉。所以,孔圣人非常重视《损》《益》两卦,甚至把它们提升到同父母卦《乾》《坤》同等重要的位置来看待,是有理由的。

【原文】

六三:益之,用凶事①,无咎。有孚中行②,告③公用圭④。

【译文】

六三:增益它,此时应该多多施用救凶平险之事,没有咎害。以诚信之心慎行中道,就如同时时抱着象征"信"德的圭玉觐见王公一样。

【注释】

① 凶事:救凶平险之事。

② 中行:持中道慎行。

③ 告:晋见,进言。

④ 圭(guī):《说文》:"圭,瑞玉也,上圆下方","以封诸侯,故从土。"《周礼·春官·典瑞》:"公执桓圭,侯执信圭,伯执躬圭,以朝觐宗遇会同于王。诸侯相见,亦如之。"《礼记·郊特牲》:"大夫执圭而使,所以申信也。"故"圭"为古代天子诸侯祭祀朝聘时,卿大夫所执表示"信"德的瑞玉。

【品鉴】

六三处在下体之上,当"在下者受益"之时,有受益至甚,几将盈满之象,此时应该将自己所受的益处广施于人,积极投身于拯救危难的

"凶事"当中去回报社会。对比于初九的"利用为大作",此爻"用凶事"的语气显然更强烈,因为六三不仅是处于多凶之地,更由于居位不正而受益过多。也正因居位不正,爻辞又告诫他一定要守"正"持"中",应该时时像抱着圭玉朝觐王公那样诚敬不苟,这样才能常保无咎。

【原文】
　　六四:中行,告公从①,利用为依②迁国③。

【译文】
　　六四:谨守中道而慎行之,以此进言王公,意见必然会被采纳,利于依附君主迁都以施益于下民。

【注释】
　　① 从:听从。
　　② 依:指依附君主。
　　③ 迁国:迁徙国都。

【品鉴】
　　六四是柔正当位的近君大臣,正是它不恋居上位,在否结之世主动下益初九,与之交换位置,才使得损上益下之道得以推行。但是这位大臣本质柔顺,又没有决断大事的权利,所以在"迁都"益民这类大事上还需要依附于阳刚之君。故而,此爻告诉我们的是力量不足的阴柔者得位之时,应当承上而益下。

【原文】

九五：有孚惠心①，勿问②元吉。有孚惠我德③。

【译文】

九五：拥有诚信执着的惠泽百姓施恩天下之心，毫无疑问至为吉祥。同时，百姓们也感念我布施的恩德于无穷。

【注释】

① 惠心：施恩惠泽百姓之心。《周书·谥法》曰："爱民好与曰惠。"
② 勿问：不用问，毫无疑问。
③ 惠我德：感念我惠施的恩德。我，指九五。

【品鉴】

九五以阳刚中正居于尊位，推行"损上益下"的惠民政策，把手中的权力当作惠泽天下百姓的手段。君主能以诚信之心下益百姓，百姓也必定会衷心爱戴拥护这样的君主，使他的威望得到增益。"益人者人益之"的道理就在于此。

【原文】

上九：莫①益之，或击之，立心勿恒②，凶。

【译文】

上九：没有人去增益它，只有人去攻击它。居心无常，凶险。

【注释】

① 莫：没有人。

② 立心勿恒：《周易正义》曰："勿，犹无也。求益无已，是立心无恒者也。"

【品鉴】

从《损》《益》两卦的关系来讲，《益》之上九通于《损》之初九，《损》之初九言"酌损之"，损己有度；按说《益》之上九也该"益"己有度，不应贪得无厌；就《益》卦自身的格局讲，上九已经处于卦体的最顶端了，本来"增益"到了极点，就该往回走，施行"损上益下""损己益人"，但它却还抱着"益己不已"的心态，那么就只能受损于人了。一个人如果能无私地帮助他人，必定也会受到对方的尊重而获益，若总想贪别人的便宜来"增益"自己，那只会遭来对方的唾弃而得凶。

四十三

以阳决阴　正必胜邪 [夬]

《序卦传》说："益而不已必决，故受之以夬，夬者，决也。"夬即是"决"，决断、清除的意思。事物增益不已，必定会导致盈溢流溃而被决除，所以《夬》卦次于《益》卦之后。

《夬》是君子决去小人，阳刚决去阴柔之卦，从卦象上看，五个阳爻在下，只有一个阴爻在上，君子道长，小人道消，总体形势极为有利。但上六一阴凌驾众阳之上，飞扬跋扈，无所忌惮，这就要求众君子在决除小人的具体操作上一定要戒慎警惕，周密策划，绝不可掉以轻心，鲁莽行事。《夬》之六爻在总体形势大好的情况下具体情状往往存在着这样或者那样的偏失，正提醒我们此时一定要格外小心谨慎。总之，我们在读《夬》卦的时候，既要看清正必胜邪的光明前景，又要看到邪恶难除、道路曲折的艰难形势，最重要的是在每个特定阶段把握好策略和力量的运用。《夬》卦讲的就是君子弘扬正气、决除歪风的方式方法。

☰☱ 夬：扬于王庭，孚号有厉，告自邑，不利即戎，利有攸往。

初九：壮于前趾，往不胜，为咎。

九二：惕号，莫夜有戎，勿恤。

九三：壮于頄，有凶。君子夬夬，独行，遇雨若濡，有愠，无咎。

九四：臀无肤，其行次且。牵羊悔亡。闻言不信。

九五：苋陆夬夬。中行无咎。

上六：无号，终有凶。

【原文】

夬①：扬②于王庭③，孚号④有厉，告⑤自邑，不利即戎⑥，利有攸往。

【译文】

《夬》卦表示：可以在王者的法庭之上宣布小人的罪状，并以诚信之心号令众人戒备危险；颁告政令于属邑全城，不利于兵戎相见、兴师打仗，利于有所前往。

【注释】

① 夬（guài）：《说文》："夬，分决也。"本义为分剖，引申为分割、

割裂，这里是决去、决断、果决的意思。《象传》曰："夬，决也，刚决柔也。"《夬》是十二消息卦中的三月之卦，阳刚的力量上长到第五爻，终将决去一阴。

② 扬：犹言宣判，宣布。

③ 王庭：君王的法庭，光明正大之所。

④ 号：号召，号令。

⑤ 告：告诉，颁告。

⑥ 即戎：戎，兵戎，军事行动。即戎，指兴兵打仗。

【品鉴】

《夬》卦卦象下乾☰上兑☱，卦中一阴高居五阳之上，犹如小人得势凌驾于众君子，其势亟待众君子共同奋起而决除之。显然，阴阳势力的对比在此处是很明显的，五根阳爻刚健浸长，将一根阴爻逼到孤立无援之角落，这足以说明阳胜阴败、正存邪亡是必然的结果。同时，《夬》还是十二消息卦之一，代表三月份，随着形势发展，阳刚一定会连最上一爻的位置也完全占据，变成全阳的《乾》卦，《象传》说"刚长乃终"正是就这个趋势来说的。但"行百里者半九十"，别看小人的力量总体上处于下风，但它居于高位，跋扈日久，要彻底清除它实非轻而易举、畅通无碍。卦辞站在君子的立场上，围绕着整卦大义，从三个方面叙述了"决除"小人之时要注意遵循的原则和要领。首先必须公正无私，应当"扬于王庭"，在王庭之上公布小人所犯的罪行，做到开诚布公，使众人明辨是非，这样才能让大众信服。其次，应该以孚信号召群众起来跟小人斗争，并且要向众人说明小人造成的危害，让大家有所戒备。其三，必须以德服人，不可崇尚武力兴兵征伐，如果兴用武力，就容易引起小人在穷途末路之时狗急跳墙，从而使君子这方面也陷入被动。遵循以上三条原则，那么正义必将战胜邪恶，使小人得到应有的惩罚。

【原文】

初九：壮于前趾①，往不胜，为咎。

【译文】

初九：只强盛在足趾的前端，以此而往必不能胜，会有灾祸。

【注释】

① 前趾：足趾前端。

【品鉴】

初九在"决除"之时，以阳刚之体处卦之最下，犹如前面的脚趾健壮强盛，跃跃欲试。但是初九所处的时机和位置都不好，如果仅凭一股意欲尽快决除小人的主观愿望强行前往，是不会成功的。详细来看，初九处在《夬》卦之始，程序上刚起步，时机上不成熟，应该静待时机，积蓄力量，而不应该急于前往。从位置上看，初九地位卑下，与被决除的对象上六距离甚远，而且跟九四不存在正应关系，外无援助，所有这些都说明初九宜静不宜动，宜守不宜攻。

【原文】

九二：惕号①，莫②夜有戎，勿恤③。

【译文】

九二：时刻警惕提醒自己的同伴，从早到晚乃至深夜都随时准备着有军事行动的任务，不必忧虑。

【注释】

① 号：呼号，警醒相告。
② 莫（mù）：通"暮"。
③ 恤(xù)：忧恤，忧虑。

【品鉴】

九二的特点是"莫夜有戎"，能够做到夙夜忧惧，防患未然，时刻准备着危险的发生。俗话说"有备无患"，只要能以清醒务实的理性态度时刻警惕，那么即使有危险来袭、小人反扑，也可以从容面对，无须忧虑了。

【原文】

九三：壮于頄①，有凶。君子夬夬②，独行，遇雨若濡③，有愠④，无咎。

【译文】

九三：对小人的深恶痛绝怒形于色，强烈地表现在脸上，就会有凶险。君子能够做到刚毅果决，心志坚定地独自去与上六小人相应，即使沾濡了象征阴阳和合的雨水，被人有所误解有所愠怒，也没有灾祸。

【注释】

① 頄（qiú）：颧骨，《经典释文》："颧也"。
② 夬夬："决而又决"，形容刚毅果断的样子。
③ 濡：沾濡，湿润。
④ 愠：愠怒，怒在心里。

【品鉴】

　　九三的位置比较特殊，就看它怎样运用自己的特点。用好了则无咎，用不好则有凶。九三以阳居阳，又在下体乾卦之上，是个是非分明、刚正不阿、疾恶如仇的君子，但如果在跟小人斗争之时不注意方法，怒形于色，锋芒毕现，事未成而机先露，往往就会打草惊蛇，自身陷入被动和凶险之中。九三位置的特殊之处在于它跟上六有着正应的关系，如果它能发挥这个优势以刚毅果断的内心持守和委屈求全的外在行为去与小人周旋斗争，就会收到比较好的效果。诚然，这种屈身降志的行为会引起人们的误解，以为君子跟小人同流合污，丧失了志节，而招来猜疑、非议、甚至谩骂，如同身穿洁净的衣服出门却被雨水淋湿。但这些议论都是暂时的，在最终战胜小人的那一天，人们都会理解那是九三的心志与理想，并且更钦佩他的伟大之处。三国时司徒王允为除董卓委曲求全，不惜用貂蝉使"美人计"，亲近小人虽"有愠"于君子，但终能成决去小人之事，正是这一爻的现实写照。

【原文】

　　九四：臀无肤，其行次且①。牵羊②悔亡。闻言不信。

【译文】

九四：（由于阳居阴位，阳刚不足）就像臀部没有皮肤，行进十分困难，牵系附连像羊一样强健刚劲的大人君子共同决阴，悔恨就会消亡，（奈何）这个话他听不进去。

【注释】

① 次且（zī jū）：即"趑趄"，行走困难的样子。
② 羊：强健刚劲之物，谓九五。

【品鉴】

九四处位不当，下面乘凌三阳，又居上卦兑悦少女之始，刚决不足，所以就像臀部没有皮肤，前行决除小人十分困难。在这种情况下，唯一正确的选择就是加入代表正义事业的阳刚队伍中去，上承九五，犹如牵系附连在刚强的羊群中一样，勇往直前，别再犹豫。但九四主观上愚昧笨拙，不明事理，听不进忠告，只能陷在"趑趄"的困境中无法自拔了。

【原文】

九五：苋陆①夬夬。中行无咎。

【译文】

九五：铲除像苋陆一样柔脆易折的小人慎行中道可免灾祸。

【注释】

① 苋（xiàn）陆：草名，其性柔脆易折，但再生能力很强，极难根

除。《周易正义》引子夏传曰："木根草茎，刚下柔上也。"《周易集解》引荀爽曰："苋者，叶柔而根坚且赤"，"陆亦取叶柔根坚也"。程颐说："今所谓'马齿苋'是也，曝之难干，感阴气之多者也，而脆易折。"这里以细草阴类比喻小人，指上六。

【品鉴】

九五以阳刚中正居处君位，比近上六之阴，本来能像铲除苋陆草类一样轻易而决除之，但却出现决而又决的现象，这究竟是什么原因呢？《小象传》说"中行无咎，中未光也"，意思是讲，这是因为行为的"中道"践行尚未光大的缘故。"中"是阴阳刚柔的协调配合，既没有过，也没有不及，在行为实践中表现出一种恰到好处的和谐感。九五处《夬》之时，纯用乾健刚断去制裁小人是不成问题的，问题是能不能有更好的办法去更合理的处置。《象传》曾说处《夬》之道的总体原则是"健而说（悦），决而和"，对小人的处置目的是让它心悦诚服，迁善改过，恢复社会整体的和谐。追求除恶务尽，毫不宽容，固然也没错，但毕竟不是最高标准，对于居于君位的九五来说，不应该仅仅停留在那个水平之上，还应该有更高的要求，用刚断与柔和配合得当的"中道"手段，来求得和谐目的的最终达到。这才是《夬》卦最终要追求的目标，也是九五之君应该体现的水平。

【原文】

上六：无[①]号[②]，终有凶。

【译文】

上六：小人不必痛哭号啕，凶险最终难逃。

【注释】

① 无:"勿"。

② 号:号啕,痛哭流涕。

【品鉴】

小人凌高作恶,终被众阳所除,痛苦嚎啕也没有用,终究难免凶险。正义的事业终于战胜了邪恶的势力取得成功。

《夬》卦表面上来看君子得时,小人失势,众阳决断铲除一阴应该轻而易举,但综观各刚爻,都贯穿着艰难不易的告诫之辞。初九位卑路遥告诫其"不胜"而往,必得咎害;九二告诫其需要时时警惕,才能没有忧虑;九三告诫其应该防止刚强过甚,否则会有凶险;九四告诫其应该避免刚决不足,要赶紧牵附于阳刚;九五仍告诫其要慎行"中道",才能光大其志。读完《夬》卦,不知读者是松了一口气,还是又引发了更深刻的思考。

四十四

以正相遇 天下大行 [姤]

《序卦传》曰:"决必有所遇,故受之以姤。"上一卦《夬》,以决去为主题,分久必合,故而以"相遇"为主题的《姤》卦紧挨在《夬》卦之后。

万物独行则不能化生,必得阴阳二气相遇合,天地万物发展才能繁盛昭彰。只有阳刚应当遇合居中守正的柔者,天下的人伦教化才能大为畅通。所以《彖传》称赞说:"姤之时义大矣哉!"("遇合"之时的意义宏大无比)《姤》卦以男女的相遇做比喻,实际上是说明人与人之间在遇合的时候应该怎样循礼守正、行为不偏。

䷫姤：女壮，勿用取女。

初六：系于金柅，贞吉。有攸往，见凶，羸豕孚蹢躅。

九二：包有鱼，无咎，不利宾。

九三：臀无肤，其行次且，厉，无大咎。

九四：包无鱼，起凶。

上九：姤其角，吝，无咎。

九五：以杞包瓜，含章，有陨自天。

【原文】

姤①：女壮②，勿用③取④女。

【译文】

《姤》卦表示：女子过为壮盛，则不宜娶之为妻。

【注释】

① 姤（gòu）：《说文》《广雅·释言》云："遇也。"《象传》《杂卦传》皆曰："姤，遇也，柔遇刚也。"

② 女壮：卦中一阴遇五阳，能以一敌五，阴为女子，故曰"女壮"。

③ 用：犹"宜"。

④ 取：通"娶"。

【品鉴】

我们在解读《坤》卦的时候曾联系《姤》卦,现在解读《姤》卦也应该联系《坤》卦。《姤》在十二消息卦中代表五月,一阴从最下面开始升起,到六月成《遁》䷠二阴增长,到七月《否》䷋成三阴,八月《观》䷓四阴,九月《剥》䷖五阴,直至十月《坤》䷁,阳气灭尽,变成全阴。所以,《坤》之初六曰:"履霜坚冰至。"《文言》曰:"臣弑其君,子弑其父,非一朝一夕之故,其所由来者渐矣,由辩之不早辩也。"君子知几,谨慎而能防微杜渐。古人认为,女子应该以婉娩、柔顺、守正为美德,一女遇五男而能逐渐剥之,她壮盛的力量甚为可怕也就可想而知了,所以卦辞说,这样的女子是不适合"迎娶回家"的。卦辞明着是说女子,实际是打比喻暗指"小人"。这样的人在朝堂上、在单位中、在家庭里都剥阳削正,可千万别跟他们"相姤合"呀!

【原文】

初六:系于金柅①,贞吉。有攸往,见凶,羸豕②孚③蹢躅④。

【译文】

初六:应该紧紧牵系在坚固的刹车器上,持守正道可得吉祥。此时若贸然有所前往,必有凶险。像羸弱的猪一样轻浮躁动、徘徊不安。

【注释】

① 金柅(nǐ):柅,刹车器。金柅,犹言"坚固的刹车器"。《说文》曰:"柅,木也,实如梨。"《集韵》:"柅,止车轮木。"《周易正义》引马融曰:"在车之下,所以止轮令不动者也。"柅的本义是类似于梨木类木质坚硬不易变形的树木名,这类木材适合做成各种抗磨损

的耐用品，如刹车器等。这里指初六应该牵系于阳刚者，也就是跟它正应的九四。

② 羸豕（léi shǐ）：羸弱之猪。《说文》："羸，瘦也"。《玉篇》："羸，弱也。"豕，猪的古称。

③ 孚：通"浮"，轻浮躁动。

④ 蹢躅（zhí zhú）：同"踯躅"，不安静而徘徊的样子。

【品鉴】

《姤》卦卦辞从"一阴敌五阳"的整体卦象出发，站在阳刚者的角度说"女壮，勿用取女"，不要跟小人遇合。各爻辞则各从自己的实际情况出发说明相遇之时的各种问题。初六就是从本爻的"爻位"和属性出发，站在阴柔者的角度来说的。强调"相遇"之初，应当合"礼"守正，"贞"居不动，给自己的躁动的心踩踩刹车，牵系于阳刚。

【原文】

　　九二：包①有鱼②，无咎，不利宾③。

【译文】

　　九二：厨房里有条鱼，没有灾祸。不过不利于拿出来缮宴宾客。

【注释】

① 包：通"庖"，厨房。

② 鱼：鱼为阴物，指初六阴爻。

③ 宾：宾客，客人。

【品鉴】

这一爻比较好理解。九二阳刚居中，魅力四射，初六本身居位不正，心浮意迷，处在相遇之始就碰见如此优秀的男子汉，当然忤逆不了自己往上靠的心情。从九二来说，初六自己愿意来，不是自己主动搞到手的，应该没有凶害。但是公正地讲，这条鱼不是真正属于自己的东西，而是九四的，如果拿出来招待客人，从道理上说不过去。故而《小象传》评价说："义不及宾"。

【原文】

九三：臀无肤，其行次且①，厉，无大咎。

【译文】

九三：臀部没有皮肤，行动踉跄困难，有凶险，没有大的灾祸。

【注释】

① 次且（zī jū）：即"趑趄"，行走困难的样子。

【品鉴】

"臀无肤"是形容行动困难的，九三为什么行动困难？因为它阳处阳位，过刚不中，下不遇初六，上不应上九，所以就像臀部受了伤，居则不安，行则不进。但好在它处得正位，行为符合正道，所以能无大咎。《易经》作者一贯认为，只要你内心守正、行为守正，即使外界条件再差，情况也坏不到哪里去。

【原文】

九四：包无鱼，起凶。

【译文】

九四：看到自己厨房里的鱼没了，愤怒而起会有凶险。

【品鉴】

《姤》卦自始至终强调以"正"相遇。九四居位不正，如再强争，肯定有凶险。爻辞说"起凶"，言外之意是"不起，则不凶"。九二阳刚守中，有君子之德，看到鱼不是自己的，"义不及宾"，不久就会送回来。九三趑趄难进，也不会觊觎抢夺。于是初六能够"守贞"而"系于金柅"了。

【原文】

九五：以杞①包瓜②，含章③，有陨④自天。

【译文】

九五：高大的杞木庇护着树下的甜瓜，内涵美好的德行，自有理想的遇合从天而降。

【注释】

① 杞：杞木。马融曰："大木也。"

② 包瓜：包，包裹。瓜，甜瓜；以其甜美处下比喻贤者。

③ 含章：含藏章美。

④ 陨：降临。

【品鉴】

　　九五居中得正，处于君主之尊位，能以内心章美的品德下求遇贤才。既然本身如此中正，必然不愿意跟行为不正的小人苟合，九五跟初六不相比邻，又无应和，得卦辞"勿用取女"之意。

【原文】

　　上九：姤其角①，吝，无咎。

【译文】

　　上九：在遇合之时处在尖角之上，有所憾惜，但无灾祸。

【注释】

　　① 角：尖角，角落。

【品鉴】

　　上九处在《姤》卦的最上端，犹如到了荒远的角落，没有人跟他遇合，自然会有孤独遗憾。但是，没有遇而不强扭，没有缘而不强求，肯定没有咎害。九三跟上九在遇合之时虽然碰到了一起，但由于双方都是阳刚，不是正应，所以宁肯不遇合，所以前者"无大咎"，后者"无咎"。如果以"不正"强遇，那么结果恐怕就凶险了。《姤》卦在这里再一次强调了遇合循"礼"、守"正"的重要性。

四十五

正德聚人 元以永贞 [萃]

"萃"是会聚的意思。《序卦传》曰:"物相遇而后聚,故受之以萃。"物相会遇则结合成群,所以象征会聚的《萃》卦继次于象征"遇合"的《姤》卦之后。

天地万物兴衰变化的普遍情理不外乎存在于"聚合"与"离散"之间,阴阳两大势力和悦顺从就能聚合,相互违逆就会离散,聚合则兴旺,离散则衰止,这也是《彖传》所说"观其所聚,而天地万物之情可见矣"的缘由所在。

在远古时代,先民们为了战胜自然以生存,就已经自觉地聚合在一起共同生活。荀子早就提出了人类个体力不若牛、走不若马,而牛马能为人所用的原因是"人能群,彼不能群",人类"之所以异于禽兽者"就在于是一个能够会聚在一起的社会性群体存在。但是,这种"会聚"绝不是没有原则、毫无章法的杂乱凑合,只有按照一定的组织原则建构而成的秩序井然的整体才能形成向心力和凝聚力,才能更好地战胜困难,发展自己。但是究竟应该怎样聚合、团结起来才能结成更稳固的群体产生更强大的战斗力,在会聚之时应当注意防范什么样的潜在威胁和危险,解决这些至关重要又不易回答的问题就是《萃》卦所要集中讨论的内容。

萃：亨。王假有庙。利见大人，亨，利贞。用大牲，吉。利有攸往。

初六：有孚不终，乃乱乃萃，若号，一握为笑。勿恤，往无咎。

六二：引吉，无咎。孚乃利用禴。

六三：萃如，嗟如，无攸利。往无咎，小吝。

九四：大吉，无咎。

九五：萃有位，无咎，匪孚。元永贞，悔亡。

上六：赍咨涕洟，无咎。

【原文】

萃①：亨。王假②有③庙，利见大人，亨，利贞。用大牲④，吉，利有攸往。

【译文】

《萃》卦表示：（在天下萃聚之时）循礼而行才能亨通。君王用自己的美德感格神灵宗庙，来团结会聚人心。有利于去拜谒、晋见大人物，取得他的帮助，前景亨通，利于守正。用盛大的牺牲去祭祀，吉祥。利于有所前往。

【注释】

① 萃：聚集，会聚。《说文》："萃，艸儿。"从草，从卒，《玉篇》："卒，众也。"本义是草丛生貌，引申为"聚集"等义。我们现在常"荟萃"连用，"荟"是它的同义词，也是"草多""会聚"的意思。

② 假：感格。王者祭祀宗庙，以自己的美德精神感格祖考。

③ 有：虚词，无实际意义。

④ 大牲：《说文》："牲，牛完全也。"《周礼·天官》引郑玄注曰："始养之曰畜，将用之曰牲。"这里是指在祭祀祖先的时候用的重大的祭品。

【品鉴】

《萃》卦下坤☷上兑☱，坤为地，兑为泽，泽在地上，必有水集，所以象征着萃聚。卦辞主要说明了怎样才能聚合人心的方法问题。首先，古人遇军国大事，天子诸侯一定会到宗庙之中去祭祀祖先，以自己的精神感格祖先的精神，通过一番人与祖先精神上的汇通会聚，向世人昭示，他们的思想是秉承或符合先人意志的，以此统一思想，把人们聚合起来，这就是"王假有庙"的作用。其次，在聚合之时，刚明正直、品德高尚的领导核心——大人的作用至关重要。人们聚集在一块儿就会有纷争，事务聚集在一起就会有紊乱，这一切都需要有一个旗帜性的、说话管用的领袖人物才能裁决纷争，解决混乱。否则，大家各自为政，没有统一的领导，就会乱成一锅粥。再次，当萃聚之时，万物萃聚众多，国家处于富有的时代，因此在祭祀的祭礼上一定要用全牛这样的"大牲"才能表现出祭祀者的诚意，天下也能目睹国富民丰之时的盛大景象以增强全民的自豪感和自信心。在《损》卦卦辞中曾提到"曷之用？二簋可用享"的祭祀，那是损其所当损，强调在"当损"之时只要心存诚信，一点微薄的祭品也能感通神灵。所以不管祭品丰厚还是微薄，只要适合当时的形势和需要，都能收到好的效果，我们也能从二者的对比中看到《易经》强调"随时以变易"的思想指归。最后，不能有所作为或者不宜有所作为，都是因为力量不足的缘故，现在正当萃聚之时，是应当大有作为的时代，故而卦辞"利有攸往"，鼓励人们放开手脚，充分发挥合力的优势去干出一番事业来。

【原文】

初六：有孚不终，乃①乱乃萃，若号②，一握为笑③，勿恤，往无咎。

【译文】

初六：心有诚信但不能保持长久，心里迷惑纷乱必与人妄聚。若能专一不渝地向上呼号召唤，就能达到跟真正的朋友会聚欢笑的目的。不用忧虑，前往没有咎害。

【注释】

① 乃：副词。王引之《经传释词》曰："乃，犹且也。"
② 号：呼号，召唤。
③ 一握为笑：握，握手。一握之间成欢笑。

【品鉴】

萃聚之道的要义在于阴阳双方能够以真诚相感召，两情相悦，相互应和。就初六的情形来说，它本与九四有正应的关系，是能够相互感应聚合在一起的，但它和九四之间有六二和六三两阴相阻，三又承四，因此初六对九四显得有些疑虑重重，在心中迷惑纷乱之时就容易动摇心志，跟不正之人妄聚了。其实，六二正应九五，不是初六的阻碍，六三"萃如嗟如"，无人相聚，也不是问题，所以只要初六能够坚定信念，上求九四，九四必能欣悦而与之聚合。所以初六的情形告诉我们正当的会聚不可意志动摇，三心二意，而应该执着专一，坚定向前。

【原文】

六二：引①吉，无咎。孚乃利用禴②。

【译文】

受人引导相聚可获吉祥，不致咎害。只要心存诚信，即使用微薄的春祭之礼去祭祀神灵也能得利。

【注释】

① 引：牵引，引导。

② 禴（yuè）：古之四时祭祀之一。殷称春祭为禴，春天百谷未熟，属较薄之祭。《周易集解》引王弼曰："禴，殷春祭名，四时之祭省者也。"

【品鉴】

六二有柔中之德，是一位谦谦君子。卦辞说"利见大人"，这个大人就是指九五。六二与九五阴阳正应，犹如一位柔中守正之臣完全忠实于九五刚正之君，但是六二因为处位特殊，在下卦之中只有它居得正位，跟其他失正两爻差异明显，在这种情况下如果主动求见于君，恐怕会遭受谄媚求宠的诽谤，所以六二不主动求进，而是等待九五的召唤牵引才与之相聚。六二这样做正是它柔中美德的体现。"孚乃利用禴"是形容六二怀揣一颗恬淡又真诚之心,说恬淡,因为它不去争争抢抢,争宠献媚;说真诚,因为它上辅九五,忠贞不二。孔子也曾说:"君子周而不比,小人比而不周"(《论语·为政》),这种持守贞正、不朋比为奸的聚合之道只有君子才能做得到。

【原文】

六三:萃如①,嗟②如,无攸利。往无咎,小吝。

【译文】

六三:(有萃聚之心却不得其类)相聚无人,因而有嗟叹声声,无所利益。勇往向前没有灾祸,但小有憾惜。

【注释】

① 萃如:形容求聚不得的样子。
② 嗟(jiē):嗟叹,悲叹。

【品鉴】

下卦三爻之中,初六与九四正应,六二与九五正应,只有六三找不到正应对象,相聚无人,所以它嗟叹声声。但在萃聚之时,不会一无所依,《小象传》说"往无咎,上巽也",意思就是上顺九四阳刚可以无所咎害。但毕竟九四的正应聚合对象是初六,六三归从于它只是权宜之计,所以还是小有憾惜。

【原文】

九四：大吉，无咎。

【译文】

九四：大为吉祥，没有咎害。

【品鉴】

九四爻辞说"大吉无咎"，《小象传》却说"位不当也"，这又是怎么一回事？九四是卦中除九五之外的唯一阳爻，又处在上卦，居近君之位，与初六有应，又受六三之亲附，横亘在九五君主与下体诸民（坤为民）中间，有专权越分、欺君夺民的嫌疑，所以本来有咎。在这种情况下，只有做到行事无所不周，无所不正，达到至善至美"大吉"的地步才能免除咎害。对于一个单位的"二把手"来说，不当位就不要聚民，既已有人聚合在你身边，就应该率民共同辅佐一个领导核心，鞠躬尽瘁把事业干好，这样才能免除掉自结朋党、搞小团体的咎害。

【原文】

九五：萃有位，无咎，匪①孚。元②永贞③，悔亡。

【译文】

九五：萃聚之时高居尊位，没有灾祸，但还没能长久、广泛地取信于民。作为有德君长能够长久不渝地坚守贞正之德，悔恨消亡。

【注释】

① 匪：非也。

②元：善之长，大也。

③永贞：永久持守正道。

【品鉴】

九五居天下至尊，是萃聚天下的中心领袖，跟不当位而据三阴的九四不同，所以爻辞说"有位"，九五又有阳刚之德，有位有德，中正没有过咎，但是天下尚有未信服归附者，说明九五的诚信之道还没有光大发散到最广泛的民众之间。因此，作为掌控全局的九五君主，应当时刻牢记"长久坚守贞正之德"的告诫，始终保持仁民爱物之心，奉行以德服人的原则，真正做到"元永贞"三个字才能功德彰显，光被四海，天下无思不服。

【原文】

上六：赍咨①涕洟②，无咎。

【译文】

上六：无人可聚，所以嗟叹哭泣，（谨慎自安）没有灾祸。

【注释】

①赍咨：哀伤叹息。

②涕洟：痛哭流涕。郑玄曰："自目曰涕，自鼻曰洟。"涕，指眼泪，《玉篇·水部》："涕，目汁出曰涕。"洟，指鼻液，《说文》："洟，鼻液也。"

【品鉴】

　　上六处在萃卦之极，与六三无应，跟九五又逆比，孤独而无人相聚，所以嗟叹哭泣，《小象传》说"未安上也"，就是形容它对居处萃卦穷上之位的不安心情。上六嗟叹哭泣，心不安宁从另外一个方面也说明它认识到不能萃聚，孤苦无助的危险，只要能意识到危险，正视危险，那么自然会反躬自省，行事谨慎小心，从而避免被邪恶所害。

四十六

顺性上长 柔以时升 [升]

《序卦传》曰:"聚而上者谓之升,故受之以升。"物积聚、萃合之后必然增高,增高必然向上而升,所以表示"萃聚"意思的《萃》卦之后紧接着是《升》卦,讲贤者得时,无阻碍而登升。

《晋》《升》《渐》三卦意思有相似之处,都是讲"进"道。但每卦强调的重点还是有所区别的。《晋》卦取象太阳升起,明盛而进,其义最优;《升》卦取象木始上升,终成大树,其义次之;《渐》取象树木既生之后渐渐高大,有所需待,其义又次。所以,《升》卦不像《晋》那样讲"阳之进",而说的是"柔之升"。"柔升"的特点是顺性而动,顺势而行,从容渐进,也就是《象传》说的"以时升"。

䷭升：元亨，用见大人，勿恤，南征吉。

初六：允升，大吉。

九二：孚乃利用禴，无咎。

九三：升虚邑。

六四：王用亨于岐山，吉，无咎。

六五：贞吉，升阶。

上六：冥升，利于不息之贞。

【原文】

升①：元亨②，用③见大人，勿恤，南征吉④。

【译文】

《升》卦表示：上升之时有"仁"才能开创一番事业，循礼才能得亨通，宜于谒见有德之大人物，无须忧虑。朝着南方光明的方向进发，可得吉祥。

【注释】

① 升：上升。《说文》曰："升，十龠也。从斗，亦象形。"升字的本义是古代的量具，以升挹物有提起、上升的意思，由此引申为上升。

② 元亨：元，引申为"仁"。亨，引申为"礼"。

③ 用：犹"宜"。

④ 南征吉：南，在后天八卦图中"离"为南，《说卦传》曰："离也者，南方之卦也，圣人南面而听天下，向明而治。"所以此句意思是朝着光明的南方进发，可获吉祥。

【品鉴】

《升》卦下巽☴上坤☷，巽为木，坤为地，《大象传》曰："地中生木"，以树木从地中生出，象征"上升"的意思。《象传》说："柔以时升，巽而顺，刚中而应，是以大亨。'用见大人，勿恤'，有庆也。'南征吉'，志行也。"《升》卦为什么能够形势一片大好，持续不断地上升，《象传》从三方面分析了原因。其一是"柔以时升"，这是说《升》卦上下体坤和巽都是阴柔之卦，初六也以阴柔居下，逐次一直上升到六五而进居尊位，从总体上表现出阴柔势力的与时俱增。其二是"巽而顺"，这是就卦德来说的，下体"巽"为谦逊之德，上体"坤"为恭顺之德，以谦逊恭顺而不以刚亢急躁去求"升"，必然能顺应客观的规律，常葆上升的势头畅通无阻。其三是"刚中而应"，《系辞传》说"一阴一阳之谓道"，事物发展的动力就在于一阴一阳的刚柔相济、协调配合，如果单纯是柔，自身无力上升，如果单纯是刚，也不能自我升化，只有阳刚和阴柔的势力相互配合，才能激发摩荡出促进上升的动力；从另外角度看，六五之所以能够自初六升至尊位，也是由于有九二之刚结为正应，二者都能行中道的缘故。值得一提的是，"南征吉"其实包含了两层含义，其一，南方为光明所在，此句寓意着上升一定要向着光明，干正事，如果不向着光明上升就不能获吉；其二，从中国古代的方位图上看，一直是上南下北左东右西，不同于现在地图的上北下南左西右东，所以向南方就是向上升，寓意着在《升》之时，一定要顺势上行才能得吉，否则逆势而动恐怕就会罹凶了。

【原文】

　　初六：允①升，大吉。

【译文】

　　初六：确信可以得到上升，大为吉祥。

【注释】

　　① 允：王弼曰："允，当也。"包含着对未来形势走向的信心和肯定。

【品鉴】

　　初六居处在《升》卦的最底端，从卦象上看，上承二阳，再往上又是坤顺之地，犹如树木的根部得到地气的滋润，上升的势头一片大好，所以爻辞说"大吉"。国家社会在上升的时代，位置在下有志之士应当乘时升进，展布经纶，去积极地建功立业，这是初六要告诉我们的道理。

【原文】

　　九二：孚乃利用禴①，无咎。

【译文】

　　九二：只要心存诚信即使使用微薄的祭礼，上天神灵也能降福于你，没有灾祸。

【注释】

　　① 禴：薄祭。详见《萃》六二。

【品鉴】

九二刚中，正应六五，犹如大臣能以中正之德与君主推心置腹，亲密互信，这样才能免除咎害。"人无信不立"，《萃》卦六二能以柔中、诚信获聚于尊者，《升》卦九二能以刚中、诚信获升于高位，可见《易经》作者对"诚信"美德的高度重视了。

【原文】

九三：升虚①邑。

【译文】

九三：上升顺畅没有阻碍就像长驱直入空虚的城邑。

【注释】

①虚：空，虚空。

【品鉴】

九三处的位置好，上面的"坤"卦三阴爻连在一起，中间形成一个没有阻碍的通道，就像上面的领导都能虚心纳贤，提升后进。自己能以阳刚之才，得正位，行顺时（处下体巽卦上爻，巽为顺），把握机遇，趁势而为，颇有《象传》所说"时升"的意思，以此而往，肯定能势如破竹。

【原文】

六四：王①用亨②于岐山③，吉，无咎。

【译文】

六四：君王到岐山祭祀众神，吉祥，没有灾祸。

【注释】

① 王：此处指殷王。
② 亨：通"享"，享祭，祭祀。
③ 岐山：周人之地。

【品鉴】

如果说初六讲的是"顺势"，九三讲的是"顺时"，六四则是拿殷王到岐山祭祀，周人顺从得吉的典故来强调"顺事"：顺从君上，立功立事，以得上升。九二正应六五，六四近比六五，都是顺应尊者、上级。上升之时，跟领导拧着干，恐怕就不太合适了。

【原文】

六五：贞吉，升阶①。

【译文】

六五：持守正道可获吉祥，犹如一步步拾级而上。

【注释】

① 阶：台阶。

【品鉴】

六五讲了两个意思：其一，由于位不正，所以提醒它要守正，别搞旁门左道，才能得吉祥；其二，沿着台阶慢慢而上，提醒它不要太着急，别爬墙翻屋，容易摔跟头。其实六五谨守柔中之德，下应九二，犹如任用臣下而不专权，上升的趋势就像历阶而上，平稳上升。《周易折中》说："（六五）不取君象，但为臣位之极者，与《晋》《渐》之五同也。"

【原文】

上六：冥①升，利于不息之贞。

【译文】

上六：到了上升的顶端还冥昧不省、一味求升，不停息地持续持守正道才有利。

【注释】

① 冥：《说文》："冥，幽也。"《广雅》："冥，暗也。"这里做"冥昧不觉醒"讲。

【品鉴】

六五历阶而上已位极人臣，往上已经不应该再"升"了，但上六却还冥昧不化，不知道适可而止的道理，仍在不断求升，所以爻辞戒之曰"利于不息之贞"，提醒它需要不断地规制自己，端正自身行为，否则不但升道停止，还会引来杀身之祸。

四十七

养晦自守 困而求通 [困]

《序卦传》曰:"升而不已必困,故受之以困。"上升之势不可能没有止境,其间必然会有困难困苦,所以《升》卦后继之以《困》。

谁都会有艰难困苦之境、穷厄委顿之时,当困之时,正是人生的十字路口,越是困苦穷厄之时,越可以检验出一个人的品质。大人、君子者能以穷困激励心志,磨练毅力,终使人出困得通;小人、无志者则只能在困难的泥沼中慌乱失措、怨天尤人。《困》卦告诉我们"困穷之境"对人生的重要意义,也教给我们如何突破重围、走出"困穷之时"的作为方法。

䷮困：亨。贞，大人吉，无咎。有言不信。
初六：臀困于株木，入于幽谷，三岁不觌。
九二：困于酒食，朱绂方来，利用享祀。征凶，无咎。
六三：困于石，据于蒺藜，入于其宫，不见其妻，凶。
九四：来徐徐，困于金车。吝，有终。
九五：劓刖，困于赤绂，乃徐有说，利用祭祀。
上六：困于葛藟，于臲卼。曰动悔，有悔，征吉。

【原文】

困①：亨。贞，大人吉，无咎。有言不信。

【译文】

《困》卦表示：困穷之时循礼而行才能亨通。只有贞守正道的君子大人才能得到吉祥，不会招来咎害。此时纵然有所言语，也不能让人相信。

【注释】

① 困：困苦，困穷。《广雅·释诂》："困，穷也。"《经典释文》："困，穷也，穷悴掩蔽之义。"《周易正义》："困者，穷厄委顿之名，道穷力竭，不能自济，故名为困。"

【品鉴】

《困》卦下坎☵上兑☱，水在泽下，不能盈满，即《大象传》说的"泽无水"，象征穷困。人们看到《困》卦是讲"穷困潦倒"之卦，便以为不好，在情感上不容易接受，但如果我们对穷困之时的人生重要意义有了深刻了解，再仔细分析一下穷困之境的产生原因和处困之时的原则方法，就会对《困》卦有正确的认识了。《淮南子》云："夫大寒至，霜雪降，然后知松柏之茂也；据难履危，利害陈于前，然后知圣人不失道也"，文天祥亦有"时穷节乃见，一一垂丹青"的诗句广为流传，这都是赞扬困顿穷厄的时刻最能体现出人的品格高低。确实，只有在时运坎坷、家道艰窘、社会乱浊之时才会有英雄豪杰挺身而起，显露出与众人不同的高贵意志品质，君子与小人的分野在"穷困"之时也表现得最明显，卦辞说"大人吉，无咎"跟孔子讲的"君子固穷，小人斯穷乱矣"正是同一个意思。孔子厄于陈蔡，七日不食而弦歌不绝；苏武牧羊北海，汉节之毛尽落，而其志不渝；王夫之国亡不仕，流离失所，困顿不堪而仍然著书终身阐明民族大义，这些都是君子的"困以求通"的处困之道。小人处在困境之中早就惶惶然乱作一团，哪还顾得上什么志节理想。关于穷困之境的产生原因，《象传》说："困，刚掩也"，即阳刚被阴柔所掩盖，君子被小人所掩盖，从卦形上看，九二、九四和九五三个阳爻都被阴爻所乘凌而不能伸展。那么这时应该怎么办呢？《象传》又讲"以刚中"，从总体上看，应该用阳刚有为的力量去履行中道，这样可以困而求其通。值得注意的是，在此处困求通之时，自己的言语恐怕会难以取信于人，所以还是应该少说多做，以免徒尚口头言语，而更致穷困。

【原文】

初六：臀困于株①木，入于幽谷②，三岁不觌③。

【译文】

初六：臀部受困于树桩，只能退入到幽深的山谷，三年也不出来见人。

【注释】

① 株：《说文》："株，木根也。"徐锴系传："入土曰根，在土上者曰株。"指露出地面的树干，或树桩。

② 幽谷：隐蔽、幽远的山谷。

③ 觌（dí）：看见，相见。

【品鉴】

《周易折中》引张清子曰："人之体行则趾为下，坐则臀为下。初六困而不行，此坐困之象也。"《困》卦不用趾，是因为被困住了，行动不了，只好坐着，以此窘厄的情形象征着人在穷困之时的尴尬处境。"退入幽远的山谷"是解决的办法，初六阴柔懦弱，位置卑下又缺乏阳刚之气，往前没有援应，静处又难以安居，最好的办法只有退入幽谷，以待困情缓解了。

【原文】

九二：困于酒食①，朱绂②方③来，利用享祀。征凶，无咎。

【译文】

九二：遇到困厄，纵恣于酒食之中，但荣禄富贵即将到来，有利于享祭神灵。此时进取出征会得凶险，但没有灾祸。

【注释】

① 困于酒食：意谓人之遭遇困境，愤懑难舒，只有在酒食中发泄。
② 朱绂（fú）：朱，红色。《广雅·释器》："绂，绶也。"周制君主、诸侯及诸国的上卿穿着的祭祀之衣服。朱绂，这里用来指"荣禄"。
③ 方：将要。

【品鉴】

"困"有身之困，有道之困；小人的困是身困，君子的困是道困。小人酒足饭饱就终日无忧，没有困穷。对君子来说，道不能通，志不能行才是困苦。九二是君子之困，自己的政治主张得不到天子诸侯的支持，或者遭到政敌的阻碍反对，"借酒浇愁愁更愁"，这种心情上的困苦在酒食中是摆脱不出来的。那应该怎么办呢？爻辞说：其一，用诚信之心祭祀神灵，使精神有所寄托，心情力归于平静；其二，静待其时，此时不可盲目有所行动。

【原文】

六三：困于石，据①于蒺藜②，入于其宫③，不见其妻，凶。

【译文】

六三：往前进受困于坚硬的石头之下，往后退又靠在多刺的蒺藜上，回到家看不到妻子，有凶险。

【注释】

① 据：依仗，凭倚。
② 蒺藜（jí lí）：一种多年生带刺的植物。

③ 宫：居室。《尔雅·释宫》曰："古者贵贱同称宫，秦汉以来唯王者所居称宫焉。"

【品鉴】

六三的困境在于两方面，一是失位无应，以阴居阳，外无援应；二是困非其所，据非其地。孔子曾解释此爻的含义说："非所困而困焉，名必辱。非所据而据焉，身必危。既辱且危，死期将至，妻其可得见邪？"六三以柔弱之阴处不当之位，因为无应而欲比近九四，但奈何九四已应初六，这样就像困在坚石之下；见前路不通又准备下乘九二，求其为配，但九二刚强不可据有，这样六三又像踩在蒺藜尖刺上难以安处，这样的困境可谓险厄至极，凶险至极了。《韩诗外传》曾引用此爻爻辞说明穷困之时要疾据贤者辅佐的重要性，其中说："'困于石，据于蒺藜，入于其宫，不见其妻，凶。'此言困而不见据贤人者也。昔者秦缪公困于殽，疾据五羖大夫、蹇叔、公孙支而小霸；晋文公困于骊氏，疾据咎犯、赵衰、介子推而遂为君；越王勾践困于会稽，疾据范蠡、大夫种而霸南国；齐桓公困于长勺，疾据管仲、宁戚、隰朋而匡天下：此皆困而知疾据贤人者也。夫困而不知疾据贤人，而不亡者未尝有之也。"

【原文】

九四：来徐徐①，困于金车②。吝，有终。

【译文】

九四：迟缓而来，却被一辆坚固的车子困阻，有憾惜，但最终会有好结果。

【注释】

① 徐徐：迟疑缓行之貌。

② 金车：坚固的车子。

【品鉴】

《易经》下爻去应和上爻都称"往"，反过来说，上爻去应下爻，都称"来"，这里九四向下去跟初六应和，所以为"来"。九四来应初六之时为什么行动迟疑缓慢呢？因为九四以阳居阴，自身不当位，又无刚中之德，力量薄弱，想摆脱穷困之境必须去跟初六应和，求得刚柔并济之道。但它们中间有九二阻隔，九二阳刚得中，力量强大，就像一辆坚固的金车横亘其间，而且初六还上承、近比九二，九四对自己与之遇合的前景更不敢肯定，于是就有了"徐徐"迟疑之貌，这种做法显然不是阳刚君子所应该有的，所以会有憾惜。但是从出困之道的内在必然要求看，无论是九四还是初六，都应该排除一切干扰结为正应，上述的一切困难都是能够克服的，只要二者能够忠贞不渝，始终坚持求应相与。

【原文】

九五：劓①刖②，困于赤绂③，乃徐有说④，利用祭祀。

【译文】

九五：使用割鼻断脚的酷刑治理众人，以致穷困在尊位，可以慢慢摆脱困境，有利于举行祭祀。

【注释】

① 劓（yì）：古代割鼻的酷刑。

② 刖（yuè）：断脚的酷刑。

③ 赤绂：大红色的祭袍，以此比喻九五尊位。

④ 说：通"脱"，脱身，脱离。

【品鉴】

　　九五之困是居于尊位的君主之困，它陷入困厄的原因是用其刚猛，施其威刑，采取高压政策，从而失去民心，众叛亲离。如果九五不思悔改，一意孤行，逞其刚壮，那么势必会更加深陷不能自拔。但如果能发挥自己刚中美德，遵循谦逊柔顺的原则推行徐缓宽松的政策，利用祭祀以诚信之心感通神灵，就会将被动的局面慢慢调整过来，从困境中摆脱出来。

【原文】

　　上六：困于葛藟①；于臲卼②。曰动悔③，有悔，征吉。

【译文】

　　上六：被困在葛蔓藟藤之间，又濒临危坠之地，应该回头想想既然动辄后悔就要赶快悔悟，这样行动必获吉祥。

【注释】

① 葛藟（lěi）：藤类植物。《正义》曰："引蔓缠绕之草。"

② 臲卼（niè wù）：动摇不安之辞。

③ 曰动悔：曰，这里有反思、想一想的意思。动悔，动辄有悔，经常有悔恨的意思。

【品鉴】

上六处《困》之上位，下乘两阳，前无通路，又无援应，犹如被藤蔓缠绕困厄，又如濒临摇摇欲坠之危险境地，这时应该赶紧反思自己的行为，找出为什么动辄有悔的原因，才能对症下药，选择合理对策，找到解决办法。全卦六爻只有上六称"吉"，也体现了"困"极必通之理。

"幸福的家庭总是有相似的幸福，不幸的家庭各有各的不幸。"《困》卦六爻也是这样，各有不同的穷困遭遇。初六阴柔懦弱，地位卑下，所以坐困不能自拔；九二是君子之困，常忧道之不行而心情困顿不舒展；六三困非其所，据非其地，没有贤者相助，无法摆脱困境；九四前去应和之路被金车阻困，不能顺利应和初六；九五君主也受困于严刑之政，徐图缓行才能脱险；上六当困极将通之时，唯有及早悔悟反省才能得吉。将六爻不同的情状归纳一下，可见导致"穷困"的原因不外乎两种，一种是因为外在的环境，时不我与；另一种是因为自身的失误把自己推进困厄的险境。《周易折中》引吴曰慎的话将摆脱这两种困境的方法概括地很精辟，其云："困非自己致而时势适逢者，则当守其刚中之德，是谓'困而不失其所亨'也，其道主于'贞'；若困由己之柔暗而致者，则当变其所为，以免于困也，其道主于'悔'。学者深察乎此，则处困之道，异宜而各得矣。"

四十八

修美自身 养人惠物 [井]

《序卦传》曰："困乎上者必反下，故受之以井。"这句话是承接着"升而不已必困"来说的，事物上升到极点就会穷困停止，困厄到极点又会返而向下，古人认为世间之物，最下者没过于水井，所以《井》卦继次于《困》卦之后。

井水的资源取之不尽，用之不竭，发挥着无穷的滋养润泽万物之功，这就像君子的品德，自身清澈甘洌，又养人惠物无穷。《井》卦三阴爻中虚象征井体，三阳爻笃实象征井泉，井体有敝则当速修，井泉有水则当速汲，整个《井》卦从卦辞到爻辞，意在说明君子应该修美自身，养人惠物。

䷯井：改邑不改井，无丧无得。往来井井。汔至亦未繘井，羸其瓶，凶。

初六：井泥不食，旧井无禽。

九二：井谷射鲋，瓮敝漏。

九三：井渫不食，为我心恻。可用汲，王明，并受其福。

六四：井甃，无咎。

九五：井洌寒泉，食。

上六：井收，勿幕。有孚，元吉。

【原文】

井①：改邑②不改井，无丧无得。往来井井③。汔至④亦未繘井⑤，羸⑥其瓶⑦，凶。

【译文】

《井》卦表示：城邑居所可以随时迁移，但井的位置不能迁徙；汲取它不见它枯竭，充注它不见它满溢；来来往往的人都要使用到这个井。汲水时水桶就快升到井口了，要是打破了容器，必有凶险。

【注释】

① 井：水井。《周易正义》曰："井者，物象之名也。古者穿地取水，以瓶引汲，谓之为井。"

② 改邑：迁移城邑。

③ 往来井井：来来往往的人都使用这个井。

④ 汔（qì）至：汔，副词，几乎，差不多。《诗》云："民亦劳止，汔可小康。""汔至"的意思是说："几乎到了井口。"

⑤ 繘（yù）井：繘，梗，井绳。郭璞云："汲水索也。"繘井，用绳汲取井水。

⑥ 羸（léi）：毁败，倾覆，打破。

⑦ 瓶：汲水用的器具，犹言"水桶"。

【品鉴】

《井》卦卦象下巽（☴）上坎（☵），巽为木，坎为水，就如木制的水桶探伸到水井下汲水养人一般。卦辞的前三句讲的是水井的德行功用："邑迁而井不改"，是说它的恒常不移的品质；"无丧无得"，是讲它始终无改的德行；"往来井井"，是强调它养物不穷的效用。表面说的是"水井"，实际上指向的都是君子守恒不渝、大公无私的可贵品德。卦辞的后两句讲的是"汲水之道"。告诫汲水者，水将出井口时，若打翻了水瓶，将有凶险。这就生动地暗示了修德惠人者要善始善终，千万避免功败垂成。

【原文】

初六：井泥①不食，旧井无禽②。

【译文】

初六：井底污泥淤塞，水质浑浊不能食用，废弃的旧井没有禽鸟来喝水。

【注释】

① 泥：这里用作动词，污泥淤塞。

② 无禽：没有禽鸟来喝水。

【品鉴】

井不养人则遭废弃，连禽鸟都不屑一顾。为什么会出现这种情况呢？因为井底污泥淤滞，水质脏浑。为人如果不修身养性，自省自清，恐怕也会像那口废井一样，无人问津了。

【原文】

九二：井谷①射鲋②，瓮敝漏③。

【译文】

九二：把井底容水的穴窍当成射鱼的地方，汲水的瓶子也敝败破漏，无法提水。

【注释】

① 井谷：井底容水的穴窍。

② 射鲋（fù）：鲋，小鱼。射鲋，就是射鱼。古代有射鱼之法，须在大江大河中拉强弓，射大鱼。在井底射鱼比喻才非所用。生活于魏晋时代的左思在《吴都赋》中说："虽复临河而约鲤，无异射鲋于井谷。"

③ 瓮（wèng）：汲水的器具。《广雅》："瓶也"。

【品鉴】

井水本来是养人的，现在却物非所用，当成了娱乐的地方；汲水的瓶子又提不上水，可惜了一口好好的水井。《小象传》解释这种现象的原因是："无与也"，即九二无人应与援引。

【原文】

九三：井渫①不食，为我心恻②。可用汲，王明③，并受其福。

【译文】

九三：水井掏治干净却还没有人来汲水食用，让我心里悲伤凄恻。可以汲水食用，君王圣明，君臣天下都会享受到福分。

【注释】

① 渫（xiè）：掏去污泥，使水清洁。《说文》："渫，除去也。"
② 恻：悲伤凄恻。
③ 王明：君王圣明。

【品鉴】

水井掏治好了，人们汲取它会造福一方；利器打磨好了，英雄使用它会建功立业；贤才修炼好了，明主任用他会让天下并受其福。当初舜耕于历山之下，姜太公垂钓于渭水之滨，犹如一口深井甘泉，圣明的君主尧和周武王会携举他们的。

【原文】

六四：井甃①，无咎。

【译文】

六四：水井正在修治，没有灾祸。

【注释】

①甃（zhòu）：《说文》："甃，井壁也。"这里做"修理井壁"讲。

【品鉴】

泉水淘洗干净了，井壁也要整整齐齐才好。一个人要有美善的心灵、高尚的情操，还要有高雅的举止，做到秀外慧中，里金外玉，表里如一。人的内心和举止就像这口井的泉水和壁墙，只有不断完善自己，超越自己，才能惠人更多，存身更久。

【原文】

九五：井冽①寒泉，食。

【译文】

九五：井水清澈甘冷，能为众人所食用。

【注释】

①冽（liè）：《说文》："水清也。"程颐曰："冽，谓甘洁也。"

【品鉴】

《井》卦六爻可以分为三对来看。初六、九二两爻都处在井的下边，一为"淤滞"，一为"射鲋"，不能见用；九三、六四在井中，将要有被用的可能了，所以九三为"清洗水质"，六四为"修理井壁"；到了最上边的两爻，都已经广为所用，所以九五为"食用"，上为"功成"了。

水井经过一系列的清洗掏治，终于甘洌甜美，能广惠于人了。九五阳刚中正，又处在君位，有德又有位，有才华又有施展的地方，这是君子追求的最高境界了。

【原文】

上六：井收①，勿幕②。有孚，元吉。

【译文】

上六：水井功事已成，此时不必覆盖，让大家都来共用之。心怀诚信，大为吉祥。

【注释】

① 收：成也。虞翻曰："收，谓以辘轳收缩也。"
② 幕：盖也。

【品鉴】

井道功成之时，应该惠人不止，不要私有其利；君子去奉献社会也不应该有条件、讲价钱。心中的诚信若被盖住，做不成一个纯粹的人。

四十九

革当其时 顺天应人 [革]

《序卦传》曰："井道不可不革，故受之以革。"水井之为物，一经掘好就不挪动位置，所谓"改邑不改井"，正因为井的恒长性，所以需要经常修葺整革，使之常新，否则就会脏浊污秽，难以养人。所以《井》卦之后是《革》卦。

"革"的本义是把原生态的兽皮整治一番，使之穿起来、用起来更舒适。推而广之，把不合适的变为合适的，把原来合适的变得更合适，都叫"革"。在社会历史领域，温和一点的，叫"改革"；激烈一点的，干脆叫"革命"——确实，把上天赐予个人的规定性——"命"都颠覆了，这种"革"也够翻天覆地的。《象传》说："天地革而四时成；汤武革命，顺乎天而应乎人。革之时大矣哉！"就像天地四时要必然变革一样，社会也要遵循自己的规律进行变革。旧事物到了该灭亡的时候就要有人站出来革掉它，新事物才能焕发出旺盛的生命力，《系辞传》说："穷则变，变则通，通则久"的道理就在于此。

"革之时大矣哉！"变革的意义如此伟大，但绝不是一蹴而就即能成功的。路还要一步一步踏踏实实地走，从《革》卦中我们将会得到很多启示。

䷰革：巳日乃孚，元亨，利贞，悔亡。
初九：巩用黄牛之革。
六二：巳日乃革之，征吉，无咎。
九三：征凶，贞厉。革言三就，有孚。
九四：悔亡，有孚改命，吉。
九五：大人虎变，未占有孚。
上六：君子豹变，小人革面。征凶。居贞吉。

【原文】

革①：巳日②乃孚，元亨，利贞，悔亡。

【译文】

《革》卦表示：在巳日实行变革并广泛取信于众人。变革之时，有仁才能开创一番事业，循礼才能亨通，守义方能得利，有利才能永固，悔恨消亡。

【注释】

① 革：变革，改革。《说文》："革，兽皮治去其毛，革更之。"《玉篇·革部》："革，改也。"《周易正义》曰："革者，改变之名也；此卦名改制革命，故名'革'也。"

② 巳日：巳，十二地支之一。古人观察到北斗七星斗柄所指方向在

一年的十二个月中会变化一个周期，就将斗柄每月所指的方向取一个名字，共十二个，分别是：子、丑、寅、卯、辰、巳、午、未、申、酉、戌、亥。巳排在第六位，代表农历四月。《说文》："巳，巳也，四月阳气出，阴气已藏，万物见，成文章，故巳为蛇，象形。"农历四月之时，阳气充沛，大多植物已经果实含浆，即将成熟。此处的"巳"正是成熟之义。"巳日"就是说条件成熟的时候。

【品鉴】

《革》卦卦象下离☲上兑☱，火性上炎，泽水下润，二者碰到一起就要交互更革一番，火炽则水涸，泽决则火灭。如果泽火相互易位，火势径自向上，泽水径自润下，二者相互悖离，就成了《睽》卦。

卦辞中有"悔亡"，说明变革的过程不会一帆风顺，只有到了成功之日，悔恨才能消亡掉。那么怎样才能取得成功？或者说变革成功的前提条件是什么呢？答案是"巳日乃孚"。"巳日"，即第一个条件，指要在条件成熟的时候，时机不到，不能进行变革。当年西岐陈兵孟津，八百诸侯进言伐纣，但武王认为时机不成熟，待纣王杀比干、囚箕子，全民不堪其暴虐之时才进兵朝歌，一举成功。"乃孚"是第二个条件，就是取信于天下之人，有了坚实的群众基础，变革才能成功。

【原文】

初九：巩①用黄牛②之革。

【译文】

初九：应该用黄牛坚韧的皮革牢牢束缚住。

【注释】

① 巩：固也。
② 黄牛：黄，中色。牛，顺物。

【品鉴】

《小象传》说："'巩用黄牛'，不可以有为也。"为什么不可以有为？因为条件不成熟。论时机，初九处在刚起步的阶段，不宜有大动作；论地位，它位居最下，上无援应，号召力不足；论才德，它以阳居阳，又处在躁动的"离"火之下，沉稳不足。用"黄牛之革"既有此物坚韧，此时坚决不可以有为的意思；又有应该以"中""顺"之道坚固自身的意思。总之，初九处在变革的酝酿期，还不到动的时候。

【原文】

六二：巳日乃革之，征吉，无咎。

【译文】

六二：在"巳日"断然推行变革，前往征战可得吉祥，没有灾祸。

【品鉴】

六二处的时机和位置都是上佳，所以应该断然变革。时机不到就行动，恐怕会做了夹生饭，时机到了还不动，也会误了大事。此时不但应该变，还要在更广更深的范围内变，六二体质阴柔，故而爻辞鼓励它"征吉，无咎"。

【原文】

九三：征凶，贞厉。革言①三②就③，有孚。

【译文】

九三：前往征战则有凶险，持守正道以防危厉。变革之际时时审察自身行为是否与形势相就合，处事要心存诚信。

【注释】

① 言：语气助词。
② 三：比喻多。
③ 就：符合，依从。程颐说："就，成也，合也。"

【品鉴】

九三处在内卦的上爻，已居小成之位。说明变革已取得阶段性的成果。但是在变革初成之时，物情未安，行事稍有不慎就可能前功尽弃，所以爻辞说"征凶，贞厉"。六二的时候鼓励它应该把握时机、勇往直前，九三的时候却劝诫它要再三论证、反复研究，不要急躁冒进到自己也收拾不住的地步。程颐说："（九三）在革之时，居下之上，事之当革，若畏惧而不为，则失时为害。惟当慎重之至，不自任其刚明，审稽公论，至于三就而后革之，则无过矣。"

【原文】

九四：悔亡，有孚改命，吉。

【译文】

九四：悔恨消亡，心存诚信就可以革除旧命，吉祥。

【品鉴】

虞翻说："将革而言谓之言，革而行之谓之命。"九四卦已过中，以刚而能柔之德，处在水火交会之际，马上就要大成，此时行之以诚信，上信而下顺，革除旧命自然成功。

初九不可变革，六二开始变革，九三审慎变革，下三爻是变革的准备和实施阶段，到了第四爻才"改命"成功。我们联系《文言传》在解释《乾》卦的九四爻"或跃在渊"时说的"乾道乃革"，阳气也是在这个时候发展到新阶段。同理，变革到了这个时候已经进入了新时期。

【原文】

九五：大人虎变，未占[①]有孚。

【译文】

九五：大人像猛虎一样推行变革之道，不须占问就能让人信服。

【注释】

① 未占：不须占问，无可置疑。

【品鉴】

"虎变"包含着三层意思：其一，大人推行变革其势如猛虎，大开大阖，正如《周易集解》引马融云："虎变威德，折冲万里，望风而信。"其二，大人推行的变革之道一是一，二是二，事理炳著，为人显而易见，不犯嘀咕。其三，大人推行的变革之道文采焕然，不仅内容切合民心，形式还富有纹彩之美，让人容易接受，让人心悦诚服。能做到以上三点，真可谓"大人"，哪还用去占筮呀！

【原文】

上六：君子豹变，小人革面，征凶，居贞吉。

【译文】

上六：君子助成变革的美德如斑豹之纹一样蔚然成彩，小人只是改变旧日颜面。此时若再激进不止则有凶险。安居贞守可得吉祥。

【品鉴】

变革成功之后，不同的人显露出不同的特点。孔颖达说："君子处之，虽不能同九五革命创制，如虎文之彪炳，然亦润色鸿业，如豹纹之蔚缛，故曰君子豹变也。"这里的"小人"有两种含义，一是指与品德高尚之君子相对的"小人"，他们不得不表面改变容色顺从新形势，但内心还时时耿耿于怀，不忘恢复旧制。二是指地位处在下层的普通民众，他们由于对革命缺乏足够的认识和深刻的理解，往往只能在形势上随大流。无论是哪一种，打击破坏革命的也好，教化不理解革命的也好，都需要一个漫长的过程，需要从长计议，如果在立足未稳之时再图变革，穷追猛打，则会过犹不及，罹有凶险了。

五十

自新新人 正位凝命 [鼎]

"鼎"是古代的一种三足两耳的煮东西的容器。鼎能够把生的变成熟的,能把硬的变成软的,能使水火共处相合而为人所用,作用甚大。故而《序卦传》说:"革物者莫若鼎,故受之以鼎。"《杂卦传》又说:"革去旧,鼎取新。"革旧是为了更新,故而《革》卦之后紧随的是《鼎》卦。

因为鼎有煮物成新之用,所以古人又把它作为权力法制的象征。大禹曾收天下金属铸成九个宝鼎,分别铸刻九州的山川地理于其上,代表据有天下,夏商周三代皆作为传国的法宝。此卦正是取"鼎"为名,讲述"革旧去故"之后应该如何去"行使权力,化新天下",《大象传》观《鼎》卦而告诫君子应"正位凝命(端正居位、严守使命)",正是对"取新"使命的高度概括。《鼎》卦卦辞称君子执掌此器必获"元吉",说明"鼎"的重要地位。卦中六爻各取鼎器的一部分做比喻,描述了在一定条件下任事执权的不同情状。

䷱鼎：元吉，亨。

初六：鼎颠趾，利出否，得妾以其子，无咎。

九二：鼎有实，我仇有疾，不我能即，吉。

九三：鼎耳革，其行塞，雉膏不食，方雨亏悔，终吉。

九四：鼎折足，覆公𫗧，其形渥，凶。

六五：鼎黄耳金铉，利贞。

上九：鼎玉铉，大吉，无不利。

【原文】

鼎[1]：元吉，亨。

【译文】

《鼎》卦表示：大为吉祥，此时循礼而行才能亨通。

【注释】

[1] 鼎：鼎是古代三足两耳的煮食物的容器。《说文》："鼎，三足两耳，和五味之宝器也。"《玉篇》："鼎，器也，所以熟食者。"后来"鼎"的意义进一步演化，成为权力和天下的象征。

【品鉴】

《易经》中只有《井》和《鼎》两卦以实物的名称作为卦名。又都是直接取器物为象，井和鼎的各个构成部分都能在卦的各爻中找到对应。《鼎》卦最下是阴爻，犹如鼎足；二三四爻是阳爻，阳实有物，像鼎之腹；六五阴爻分开，虚中为耳；上九阳爻坚实，像鼎铉，能够贯在鼎耳之中抬起使之移动。

"鼎"的象征意谓如此美好，拥有了它是不是就能长治久安了呢？一个人拥有了权力，坐上了一定的位置，是不是就常葆无忧了呢？卦辞表现出乐观的态度，爻辞也多为吉美之占，这是对"取新"之时的正面肯定。君子读到《鼎》，可千万别忘记了处在你的位置应该做什么事，你在这个位置上的历史使命是什么。历史上那些据鼎有天下的君主，哪一个不是因为忘记了"正位凝命"，而最终丧了国、亡了身的？

【原文】

初六：鼎颠①趾②，利出否③。得妾以其子④，无咎。

【译文】

初六：鼎器之足颠倒朝上，利于把里面的脏东西倒出来，就像偏室小妾因为生了儿子而得以扶作正室，没有灾祸。

【注释】

① 颠：颠倒。《广雅》："倒也。"
② 趾：鼎足。
③ 出否：否，不善之物，坏的东西。出否，倒出坏东西。
④ 得妾以其子：得，有所得，此谓得以为正室、正妻。犹"妾以其子得"。小妾生子可以母因子贵成为正室。

【品鉴】

　　鼎还是原来那个鼎，妾还是原来那个人，国家还是原来那片土地；但鼎因为盛了新东西而"得"——得到新用处；妾因为生了新生命而"得"——得到新位置；国家因为改了新政权而"得"——得到新发展。这就是"取新"的含义。

　　当然，在盛新东西前要把鼎倒转过来清理一番；国家初建，大事初成，也一定要把原来的残渣余孽消除干净。

【原文】

　　九二：鼎有实①，我仇②有疾③，不我能即④，吉。

【译文】

　　九二：鼎器内装满东西，我的配偶身有疾患，不能靠近我，吉祥。

【注释】

　　① 有实：实，实物。有实，意谓装满东西。
　　② 仇（qiú）：配偶，《尔雅·释诂》："仇，匹也，合也。"
　　③ 疾：病痛、疾患。
　　④ 不我能即：宾语前置，"不能即我"，不能来到我身边。

【品鉴】

　　为什么配偶不来，"我"反而得吉祥呢？因为九二阳刚充实，鼎内装满食物，不能再往里加东西了，一个人的才力就这么大，不能往他身上再压担子了。

【原文】

九三：鼎耳革①，其行塞②，雉膏③不食，方④雨⑤亏悔⑥，终吉。

【译文】

九三：鼎耳（六五）变化，不能举移行动，鼎内虽有精美的食物但却无人能够享用。等到象征阴阳和合的雨水降下，悔恨自然消除，最终能得到吉祥。

【注释】

① 革：变化，变异。

② 行塞：行动凝滞阻塞。

③ 雉（zhì）膏：野鸡肉羹。指精美的食物，郑玄曰："食之美者。"

④ 方：等到。

⑤ 雨：古人以"雨"象征阴阳和合。

⑥ 亏悔：悔恨消除。

【品鉴】

九三处在鼎身的位置，以阳刚之质处在"巽"顺之上，刚而能顺，有才有德，满腹才华犹如精美雉膏能让天下人受益无穷，但问题却出在鼎耳上，鼎耳变革不能插铉移动，可惜了九三一身的本领。这与《井》卦的九三有相似之处，《井》九三阳刚得正，有济用之材，然而"井渫不食，为我心恻"，清洁之泉居于井下，同样未为人所用。但九三毕竟是刚正之体，又靠近上卦"离"，六五是"离"明之主，二者终究会阴阳遇合。

【原文】

九四：鼎折足，覆①公②梀③，其形渥④，凶。

【译文】

九四：鼎器难承重荷，鼎足断折，王公的美食覆撒了一地，鼎身沾濡龌龊，狼狈不堪，有凶险。

【注释】

① 覆：倾覆，覆撒。

② 公：王公。

③ 梀（sù）：泛指佳肴美味。孔颖达曰："梀，糁也，八珍之膳，鼎之实也。"

④ 渥：沾濡之貌，这里形容鼎翻食洒、汤汁遍地的情形。

【品鉴】

孔子说："德薄而位尊，智小而谋大，力小而任重，鲜不及（祸）矣。《易》曰：'鼎折足，覆公梀，其形渥，凶'，言其不胜其任也。"人的德行和能力都达不到，却还要站在重要的位置，因为不能胜任，事情非办砸了不可，大局罹祸，自身也罹祸。九四就是这种情况，处位于二阳上，鼎腹有实已过于溢，再往上就是六五鼎耳了。胡瑗说："夫鼎之实必有齐量，不可以盈溢。若遇其盈溢，则有覆梀之凶。君子仁，虽有才德，亦有分量。若职事过其才分，则有堕宫之谤矣。"

【原文】

六五：鼎黄耳金铉①，利贞。

【译文】

六五：鼎器配上黄色的鼎耳，插入坚固的金铉，利于坚守正道。

【注释】

① 黄耳金铉（xuàn）：黄，中色。金，刚坚之物。铉，穿过鼎的两耳，能举鼎使之一定的器具。《说文》："铉，举鼎具也。""黄耳金铉"是说鼎有虚中之耳，坚硬之铉，具备了移动的客观条件。

【品鉴】

鼎的功用若想发挥出来以利天下之人，必须要举措移动，否则单居一处没有办法奉养天下的圣贤。黄耳金铉，刚柔并济，犹有德、有智、又有位的天子用内在的"雉膏"一样的才华来滋润天下。

【原文】

上九：鼎玉铉①，大吉，无不利。

【译文】

上九：宝鼎配着玉制的鼎杠，大为吉祥，无所不利。

【注释】

① 玉铉：玉，刚坚温润之物。玉铉比喻上九以刚居柔，刚柔能够配合得很合适。

【品鉴】

铉是配合鼎器使用的，有了它鼎才能更好地发挥作用。这就好比贤良的臣子内有谋略外有文采，刚柔得宜而有节，进则可辅佐天子完成政功，退也可避身远害，逍遥自在。西汉张良，以刚则锥击秦始皇于博浪沙，辅佐汉高祖成就帝业；以柔则常怀退隐之心，避高祖吕后之嫉妒，保全功名富贵。这样的名臣随处都能刚柔有节，行为恰到好处，是典型的所往无不利之"玉铉"。

五十一

因恐自振　由惧修省 [震]

《序卦传》说:"主器者莫若长子,故受之以震。震者动也。"鼎是祭器,代表国家权力,定鼎之后,由长子代表国家主持宗庙社稷的祭祀,行使权力,所以《震》卦继次于《鼎》卦之后。

震是长子,作为国家政权的代表,所行为的皆是关乎社稷民生休戚的大事,行此大事必须以戒慎恐惧、坚毅审慎的态度去行处之,做到临乱不惊,履险如夷,应变从容,指挥若定。而这种心态和涵养不是与生俱来的,只有经历恐惧的磨练,才能增强人的心理承受能力,最终达到真正无畏的境界。这种无畏的精神对人到底存在着什么样的重大意义,怎样才能得到这种无畏的精神,又怎样运用这种无畏的精神,这些都是《震》卦所要讨论的主题。

☳ 震：亨。震来虩虩，笑言哑哑，震惊百里，不丧匕鬯。
初九：震来虩虩，后笑言哑哑，吉。
六二：震来厉，亿丧贝。跻于九陵，勿逐，七日得。
六三：震苏苏，震行无眚。
九四：震遂泥。
六五：震往来厉，亿无丧，有事。
上六：震索索，视矍矍，征凶。震不于其躬，于其邻，无咎。婚媾有言。

【原文】

震①：亨。震来虩虩②，笑言哑哑③，震惊百里④，不丧⑤匕鬯⑥。

【译文】

《震》卦表示：守礼可致亨通。震雷骤然来袭，众人惶恐畏惧，然后能慎行顾虑以获欢声笑语。雷声响动，震惊到整个国土，主事之人却能够从容不迫，完成祭祀。

【注释】

① 震：卦名。《说文》曰："震，霹雳振物者。"《尔雅·释诂》："震，动也。惧也。"震的本义是疾雷，引申为震动、威严、惊恐等义。这里的"震"意义很丰富，既表示雷动万物，又表示众人在雷霆之下

的敬畏之心。

② 虩虩（xì）：惊恐的样子。程颐曰："虩虩，顾虑不安之貌。"

③ 哑哑（è）：言笑自若的样子。《说文》："哑，笑也。"《玉篇》："哑，笑声。"

④ 百里：比喻地域之广大，又以此指整个诸侯国。荀悦《汉纪·哀帝纪论》曰："古者诸侯之国，百里而已，故《易》曰'震惊百里'，以象诸侯之国也。"

⑤ 丧：这里作"丢掉""扔掉"讲。

⑥ 匕鬯（chàng）：匕，古代的一种取食器具，长勺浅斗，形状像汤勺。鬯，是古代祭祀、宴饮用的香酒。王弼注曰："香酒，奉宗庙之盛也。"这里用"匕鬯"借代祭祀。

【品鉴】

古时候人们都认为打雷是上天震怒，是对人世间不善行为的警告，所以听到雷声，都会感到恐惧。但这种恐惧不是一件坏事，人们可以通过此种恐惧反躬自省，知所戒惕，小心谨慎，周详安排，从而最终能够得到福祉。而且，在经历了恐惧的洗礼之后，人的心理素质和应变能力会得到大幅度提升，以后即使面临突然事变也会表现得从容冷静，镇定自如，就像长子在主持宗庙社稷的祭礼时，突然听到震惊百里的雷声，众人都惶恐害怕，惴惴不安，唯有他能沉着镇定，行礼如仪，直到祭礼结束。这种"泰山崩于前而面不改色"的气定神闲，是一个领导者必备的素质，做到这一点也就可以正式主持国家大事了。

【原文】

初九：震来虩虩，后笑言哑哑，吉。

【译文】

初九：震雷骤来而惶恐戒惧，然后能慎行顾虑以获欢声笑语，吉祥。

【品鉴】

这一爻辞比卦辞多了"后"和"吉"两个字，使得意思的承接更加明显了。前者显然是后者条件，后者是前者的结果。只有平时戒慎修省，常怀知惧之心，反躬修己，遇事时方能言笑自如，合适安详而不慌张。这种心态宜于从一开始就注意修炼，初始没有，等到出了事情临时要恐惧修省是办不到的，那时只能乱作一团。范仲淹曾说："君子之惧于心也，思虑必慎其始，则百志弗违于道；惧于身也，进退不履于危，则百行弗罹于祸。故初九震来而致福，慎于始也。"《震》卦初九以阳刚之德居全卦之始，最能体现"震"的含义，是我们格外应当注意的。

【原文】

六二：震来厉①，亿②丧贝③，跻④于九陵⑤，勿逐，七日⑥得。

【译文】

六二：震雷袭来，有危厉，货贝财富大为损失。应当退处到高陵之上躲避，不要前往追逐寻找，不久就会失而复得。

【注释】

① 厉：威厉。

② 亿：万万为亿，数目多。这里做"大"讲。

③ 贝：古代货币单位。

④ 跻（jī）：登升。《说文》："跻，登也。"

⑤ 九陵：九，阳极之数，比喻高。九陵，意谓极高的丘陵。
⑥ 七日：犹言用不了几天，说明不需太久的时间。王引之《经义述闻》曰："盖日之数十，五日而得其半。不及半则称三日，过半则称七日。欲明失而复得多不至十日，则云七日得。"

【品鉴】

六二以柔乘刚，所以在雷霆来袭之时有危厉，这个危厉就是大量钱财的损失。有危厉、有损失并不可怕，重要的是采取什么样的方法和态度去应对之。六二柔中当位，如果能在危厉来临之时持守中道，不心浮气躁，暂时退避到高陵之上去安心等待，相信用不了多久损失的财物就会失而复得。所以，六二因危厉而警惧，之后能慎守柔中之德，最终财物失而复得，同初九因惊惧而后得欢笑一样，也是强调通过震惧而得以反省、因为恐惧而得到福泽。

【原文】

六三：震苏苏①，震行无眚②。

【译文】

六三：震雷袭来，惶惶不安，由此能反思前言往行，戒惧终始才能少犯过错。

【注释】

① 苏苏：精神失落、意气沮丧的样子。
② 眚（shěng）：过失，过错。

【品鉴】

六三以柔居刚，其位不当，没有中正之德，所以在雷霆袭来之时张皇失措，惶恐不安。这种状态显然不是正确的处震之道，所以爻辞提醒它，要常怀忧惧之心，修省慎行，这样才能避免灾祸。

【原文】

九四：震遂①泥。

【译文】

九四：震雷袭来，惶恐得掉进泥沼里。

【注释】

①遂：通"坠"，坠落。

【品鉴】

九四虽是阳爻，但处位不正，已经丧失刚质，又陷溺于四阴之间，更是困顿萎靡，在雷霆来袭之时不能奋发振作，勇敢面对，以致惊恐得跌落于泥沼之中。初九阳居正位，刚德充足，处震之时能够克服恐惧，获得福祉；九四居不当位，丧失阳刚，只能陷入恐惧不能自拔。我们可以看到，内心是否具有刚毅果决的阳刚之德，是决定一个人是否能克服恐惧反省自己的重要因素。

【原文】

六五：震往来厉，亿无丧，有事①。

【译文】

六五,雷动之时往来上下皆有危厉,若能笃行中道,一举一动都戒惧谨慎才能万无一失,可以常保祭祀盛事。

【注释】

① 有事:祭祀之事。比喻可以长久居于尊位而不失其所。

【品鉴】

六五阴居尊位,往上进则遇上六之阴得敌,向下退则乘凌九四阳刚有失,所以一举一动都有危厉。因此,它只有以危惧之心慎行中道才能万无一失,常保祭祀之事。这一爻告诉我们,越到高位越要警惧修省。

【原文】

上六:震索索①,视矍矍②,征凶。震不于其躬③,于其邻,无咎。婚媾有言。

【译文】

上六:震雷袭来,惊慌失措双足畏缩难行,双目惊惧不安,以此前往必有凶险。如果能够在震雷来临还没有近身之前就预先戒备,没有灾祸。此时若谋求阴阳婚配之事,恐怕会导致言语争端。

【注释】

① 索索:形容极度恐惧而畏缩不敢前行。
② 矍矍(jué):惊惧四顾的样子。《说文》:"视遽貌。"徐锴曰:

"左右惊顾。"

③躬：自身。

【品鉴】

　　上六没有阳刚之质，以阴柔处《震》之极，必定惊恐至甚，无所安适，以此而有所动作，必定凶险。所以爻辞提醒它，在震雷还未及其身，才及于近邻的时候就应该预先戒备，戒慎修省，这样才能无咎。并且，上六在极惧之时，内心必然多有疑虑，难跟外物相合，所以又告诫它此时不适合谋求阴阳应和，如果悖此而往，恐怕就会招致闲言蜚语了。震为雷，为动，但上六爻已不具备"动"的良好基础，只能暂时止息不行了。"动""止"是接下来《艮》卦要详细探讨的问题。

五十二

时止时行 其道光明 [艮]

《序卦传》说:"物不可以终动,止之,故受之以艮。艮者止也。"在事物发展变化的过程中一定是动、静相因,动极而静,静极复动,动必有止,止必后动,所以我们也应该把《震》和《艮》这一对综卦联系起来加以解读。

艮是止的意思,"止"的含义很广阔。在时机的选择上,该动的时候动,该停的时候停,这是"止";在目标的选择上,到达心中理想的何种程度方能停止追求,这也是"止";在行为的选择上,谨守本分,安于所止,所思所虑都不超越自己的本位,这还是"止"。《艮》卦就是以艮止于人体的不同部位设喻来讨论这些问题的。

䷳艮：艮其背，不获其身，行其庭，不见其人，无咎。
初六：艮其趾，无咎，利永贞。
六二：艮其腓，不拯其随，其心不快。
九三：艮其限，列其夤，厉薰心。
六四：艮其身，无咎。
六五：艮其辅，言有序，悔亡。
上九：敦艮，吉。

【原文】

艮①：艮其背②，不获③其身，行其庭④，不见其人，无咎。

【译文】

《艮》卦表示：及时停止在看不见的地方，不让身体直接面对应该被抑止的邪欲；就像在庭院里行走，也两两相背，不看不该接触的人（或事），没有灾祸。

【注释】

① 艮（gèn）：停止，抑止，制止。《象传》《序卦传》《说卦传》皆曰："艮，止也。"《说文》："艮，很也。从匕目。匕目，犹目相匕，不相下也。"《广雅·释诂》："艮，坚也。"匕，即人字的反文，因此艮的本义为反思、反顾，含有回头思量、检讨行为、停止错误等义。

进而引申出静止、抑止、制止等义。自然界万物中，古人认为静止莫过于山，于是，艮又成了山的代称。另：根据高亨先生在《周易古经今注》中的考证，"艮"字应该重复，他说："'艮：艮其背'者，上'艮'字乃卦名，下'艮'字乃卦辞，此全书之通例也。"其说妥当，所以在卦辞前加一'艮'字，并用括号标出。

② 背：脊背。人的脊背是人体中唯一止而不动并且人直接看不到的地方。艮有安重静止的意思，又有停止在应该停止之地的意思，如果拿人体的某个部位来比喻，"背"是最好的选择。

③ 获：得，获得。

④ 庭：庭院。《玉篇》："庭，堂阶前也。"

【品鉴】

《艮》卦卦象是两山相兼，摞在一起，经卦"艮"一阳居于两阴之上，阴本性静，又被一阳压制在下更为静止；阳性动，但以至于最上，动极也不能再动了。自然界中静止莫过于大山，在人体中静止莫过于脊背，所以《易经》取象此二者以来比喻。理解《艮》卦，最重要的是深刻理解"艮其背"的含义。这三个字是这一卦的核心所在。"停止在脊背上"，内涵非常丰富。其一，脊背是人体中相对静止的地方，停就应该停在这里，如果停在其他动的地方，就是停错了位置。你的行为、你的思想、你的人生要追求什么样的境界，应该停在哪里，需要仔细想一想。《大学》说"大学之道，在明明德，在亲民，在止于至善。"追寻到"至善"之处才停止，这是至高的人生境界。其二，脊背是人体中本人直接看不到的地方，在邪欲还没有被你看到的时候就停下，在邪恶之心还未萌芽之时就抑止，会让你少却很多烦恼，省去很多麻烦。有的事最好别去接触，看到了听到了就要寻思，那棵邪恶的小苗可能就要发芽，所以对那些坏的事情，还是背对背为佳。其三，有应当停止的时候，就有应该行动的时候，二者相辅相成。什么时候该停止，什么时候该行动，什么时候该坚持，什么时候该赶紧放弃，一定要审时度势看清楚，在不该坚持的时候还死命坚持，只能是僵化，人体僵化行为受限，思想僵化的祸害就更大了。所以《象传》说："时止则止，时行则行，动静不失其时，其道光明。"有人把《易经》称为"时"的哲学，是相当精辟的。

【原文】

初六：艮其趾①，无咎，利永贞。

【译文】

初六：抑止在脚趾迈出之前，没有咎害，利于长久信实地保持这种状态。

【注释】

① 趾：脚趾。

【品鉴】

初六以阴柔之体处在最下端，有脚趾之象。在脚趾将动之前就停止，就像把邪恶欲念的萌芽消灭在还没发动之时。郭雍说："止于动之先，则易；而止于既动之后，则难。"(《郭氏传家易说》)西汉董仲舒读《春秋》，"三年不窥园"，专心精诚、止其所止到如此地步，所以才有学成名就的大业绩。《易经》特别重视"知几"、提前判断预防的行为方法。《坤》卦初六"履霜坚冰至"，《家人》卦初九"闲有家"，《艮》卦初六

"艮其趾"表达的意思虽各有侧重，但都殊途同归，共同强调知几闲邪的重要性。

【原文】

六二：艮其腓①，不拯②其随③，其心不快④。

【译文】

六二：小腿肚受到抑止，（无法行走）不能前去拯救他所要跟随的人，心情不畅快。

【注释】

① 腓：小腿肚。详见《咸》六二。
② 拯：救也。
③ 随：跟随，这里指六二所跟随的九三。
④ 快：畅快，高兴。

【品鉴】

六二上边没有正应，所以要承阳，要动，跟随九三。但小腿被抑制住了，行动不得，心情自然不痛快。六二柔中当位，行为不偏，却被无端强行抑止，孔颖达说这是"施止不得其所"的情状。初六应该停止，六二不应当被抑止，《象传》"时止则止，时行则行"的思想分别在这两爻中通过正反两种形式得到了体现。

【原文】

九三：艮其限①，列其夤②，厉③薰心④。

【译文】

九三：腰部受到抑止，脊背被撕裂，危厉如同烈火薰染在心上。

【注释】

① 限：界限。人体上下的界限在腰，所以这里指腰部。
② 列其夤（yín）：列，通"裂"，分裂，撕裂。夤，脊背肉。《经典释文》曰："马（融）云夹脊肉也。"
③ 厉：危厉。
④ 薰心：薰灼其心。薰，灼也。

【品鉴】

九三断腰裂背，危厉灼心，是大凶之象。为什么会出现这种情况呢？九三处在下体之上，上体之下，位居上下之际的重要位置，它以刚居刚，正而不中，对"艮止"之道的实质精神没有深刻理解好，以为处在"抑止"的时代就要追求绝对的"止"、绝对的"静"，不知道动、静、进、止应该随"时"，所以遭遇到了危厉薰心的厄运。

九三机械地把"止"理解成了单纯的"停止""抑制"，所以才止于腰胯这个重要的部位，腰部的动作被抑制住了，等于把上下体给阻隔不能自如行动了，进而夹脊肉也因全身的不协调而被撕裂开来。"厉薰心"也就成了必然的结果。

所以，"艮止"之道的精髓在于"时止则止，时行则行"，只有"动静不失其时"，才能"其道光明"。九三阳刚有力，位置又更重要，故而"施止不得其所"而带来的惨痛教训比六二更深刻。《震》卦的九四不当动而动，《艮》卦的九三不当止而止，可见"中"道的把握是多么不易。

【原文】

六四：艮其身，无咎。

【译文】

六四：能够抑止自身（不使妄动），没有灾祸。

【品鉴】

六四以柔居柔，止得其所，安守本分，自然没有咎害。这一爻跟九三"止不得其所"形成鲜明对比。

【原文】

六五：艮其辅①，言有序②，悔亡。

【译文】

六五：抑止口舌，不说则已，说话必有次序条理，悔恨消亡。

【注释】

① 辅：上牙床。详见《咸》上六注释。
② 序：次序，条理。

【品鉴】

六五居处于至尊的君位，掌握着发号施令的大权，孔子曾说："言语，君子之所以动天地也，可不慎乎？"有水平的领导都是讲话慎重的领导，都是能够抑制住自己口舌，不乱说话的领导，该讲的一定充分阐述，不该讲的一句也不多说。作为对国家大局有着决定性影响的君主，发布命令一定要做到有理、有利、有节，本着大中至正的原则说话中肯而且条理分明。只要抓住了根本性的东西，即使其他方面有些小瑕疵，也能很快消除掉。

【原文】

上九：敦^①艮，吉。

【译文】

上九：以敦厚的品德抑止（邪欲），吉祥。

【注释】

① 敦：厚也。《说文》："厚，山陵之厚也。"

【品鉴】

《艮》卦两山相重，上九居于最高处，有如泰山之巅，刚毅厚重，刚健笃实，是成《艮》之主。能够把厚重笃实的品质保持至终，愈久不变，物莫能夺，就会达到"止于至善"的目标，得到理想的吉祥状态。这也同卦辞"艮其背，不获其身，行其庭，不见其人"的义旨遥相呼应。值得一提的是，《艮》卦到上九之"敦艮"，并不代表着事业追求的终结，《说卦传》曰："终万物始万物者莫盛乎艮"，万物之所终成于艮之终，万物之所始也起始于艮之终，因为《艮》与《震》互为综卦，《艮》之上九也就是《震》之初九，这一动一静相互依存、相互包含、相互转化的辩证关系，也同"时止时行，其道光明"的辩证思维紧密联系在一起。

五十三

礼备渐行　循序渐进 [渐]

《序卦传》曰："物不可以终止，故受之以渐。渐者进也。"虽然《序卦传》在讲《晋》卦的时候也说："晋者进也。"但二者的区别还是很明显的。"晋"就是"上进"，但"渐"是"渐之进也"（《彖传》），强调是遵循程序的前进，进而有序不逾次，所以又有"缓"的意思在里面。因此，我们现在常说"逐渐""循序渐进"就包含着这两层意思。

《震》《艮》《渐》三卦继相承连，震为动，艮为止，从动到止或者从止到动都需要一个循序渐进的过程，这就是"渐"。三者共同构成一个事物运行完整的序列。就人事来说，人的行为应当符合客观情况的需要，当动则动，当止则止，当渐则渐，这样才能出处行止都得物情之正，不致咎害。所以，循序渐进是一个在我们现实生活中至关重要、不容忽视的问题。臣子之进于君王，学者之进于学问，人之进于事，君子之进于德都需要一个循序渐进的过程，反之若想一蹴而就，急于求成，多半会归于失败。"揠苗助长"的寓言即违反"渐进之道"而失败的典型例子。

《渐》卦下艮上巽，艮为止，巽为顺，艮止于内则不妄进，顺行于外则不骤进，由静止转到运动有步骤有次序的前行，《渐》卦就是以女子出嫁必须"礼备"而后渐行和鸿鸟飞行由低渐高、由近渐远的实例来说明凡事都要遵循"渐进之道"的重要原则。

䷴渐：女归吉，利贞。
初六：鸿渐于干，小子厉，有言，无咎。
六二：鸿渐于磐，饮食衎衎，吉。
九三：鸿渐于陆，夫征不复，妇孕不育，凶。利御寇。
六四：鸿渐于木，或得其桷，无咎。
九五：鸿渐于陵，妇三岁不孕，终莫之胜，吉。
上九：鸿渐于陆，其羽可用为仪，吉。

【原文】

渐①：女归②吉，利贞。

【译文】

《渐》卦表示：女子出嫁，遵循礼法的程序渐行才得吉祥，守义方能有利，有信才能久固。

【注释】

① 渐：卦名。象征"渐进"。《广雅·释诂》："渐，湿也，渍也。"盖水之浸渍物品使之全湿有一个渐进的过程，故而有"渐进""渐次""逐渐"等引申义。

② 女归：古代女子以夫为家，故而出嫁称为"归"。孔颖达说："归，嫁也。女人生有外成之义，以夫为家，故嫁曰'归'也。"

【品鉴】

《渐》卦与《晋》《升》有同有异，前已详述。尤有可言者，《升》卦《大象传》称其卦象为"地中升木"，而《渐》卦《大象传》称"山上有木"，弄清这两者的异同，会对卦义的理解有很大帮助。"地中升木"，是始升之木，指树木从地下刚刚生长出来，初生的枝芽条干，长势尤其明显，几乎每天都能觉察得出来，所以《升》卦的重点落在"上升之时"。"山上有木"，是高大之木，是说树木从拱把长到合抱，从低矮长到高大必须逾年积岁、经过漫长时间，所以《渐》卦的重点在于说明"渐进之道"如何推行。

因此，《渐》卦讲的是逐渐地日积月累以渐次徐徐前进的道理。这个抽象的道理可以用现实中女子出嫁必须遵循一系列礼仪的具体程序来比喻。古代女子出嫁，归入夫家，是两姓门第间的一件大事，尤其要审慎有序地进行，婚礼应该按照纳采、问名、纳吉、纳征、请期、亲迎六个步骤循序渐进，以此才能获正得吉。推而广之，万事皆有渐进之理。北宋主持太学讲坛的大教育家胡瑗以"女归渐行"来比拟君子"渐进之道"说："天下之事，莫不有渐。然于女子，尤须有渐。何则？女子处于闺门之内，必须男子之家问名、纳采、请期，以至于亲迎，其礼毕备，然后乃成其礼，而正夫妇之道。君子之人，处穷贱不可以干时邀君，急于求进；处于下位者，不可谄谀佞媚以希高位：皆由渐而致之，乃获其吉也。"

【原文】

初六：鸿①渐于干②。小子③厉，有言④，无咎。

【译文】

初六：大雁飞行之时渐进停留在水崖边，就像初出茅庐的士子遭逢危厉，受到言语中伤，没有灾祸。

【注释】

① 鸿：大雁。《玉篇·鸟部》："鸿，鸿雁也。"大雁是一种候鸟，往来有时，先后有序，对配偶非常专一，由于这些优良的品质，所以古人常在婚礼上用雁来表达美好的祝愿。

② 干：水岸，离水最近的地方。《周易正义》："干，水崖也。"《诗经》有言："寘之河之干兮。"

③ 小子：比喻初出茅庐的士子。

④ 有言：受言语中伤。

【品鉴】

大雁本来群栖于水中，现在要高飞远行了，但它们行止有序，绝不一下子飞出很远，而是有一个渐行渐远的过程。第一步停留在水边，这不是一个长久安稳之地，但又是循序渐进不能逾越的阶段。就像体质柔弱、位卑低下的初六初出茅庐，处于危厉之地，免不了受到一些人的冷嘲热讽和言语中伤。但初六不为所动，仍然坚持循序渐进的原则，把这些当成磨练自己成才的一个必经阶段，慢慢以德行去化解讥诮，是没有什么咎害的。

【原文】

六二：鸿渐于磐①，饮食衎衎②，吉。

【译文】

六二：大雁飞行之时渐进停留在稳固的磐石上，愉快地享用着饮食，吉祥。

【注释】

① 磐（pán）：巨大而稳定的石头，比喻安稳之所在。《玉篇·石部》："磐，大石也。"

② 衎衎（kàn）：和乐的样子。《尔雅·释诂》："衎，乐也。"

【品鉴】

渐于磐，比"渐于干"更进一步，所处稳固安全，没有危厉。这是因为六二柔顺中正，上应九五，由小子进于大臣之位能履行中道，很好地辅佐君王，因而能安稳舒泰，饮食和乐。《小象传》说："饮食衎衎，不素饱也。"正是强调六二的和乐并非无功受禄，尸位素餐，不做事白吃饭，而是在尽心竭力的正邦治国中安享稳定的政局。

【原文】

九三：鸿渐于陆①，夫征不复②，妇孕不育，凶。利御寇。

【译文】

九三：大雁飞行渐进到高高的平地，此时丈夫外出一去不还，妻子失贞怀孕却不能生育，有凶险。利于抵御强寇。

【注释】

① 陆：高高的平地。《尔雅·释地》："高平曰陆。"

② 复：返回。

【品鉴】

大雁本是水鸟，陆地不是它的安处之所，现在离开水岸、磐石，飞到陆地上，居于"艮"止的上爻，守正待时最为适宜，最符合形势的需要。但是九三以刚居刚，又无"中"德，很容易急躁冒进，从而违反"渐进之道"而得凶。夫指九三自身，妇指六四，二者阴阳相比，极容易相亲苟合。九三如果不守正自持妄动去跟六四苟合，便有"往而不能反"（夫征不复）的凶险；夫妇相亲之道只有符合礼义才能孕育子嗣，不正当的苟合，私情相悦，必凶无疑，所以说"妇孕不育"。总体来看，九三犯了两个错误，一是不辨时势，急躁冒进；二是不正而苟合，所以得凶。这些都是违背"渐进"之道的行为。话又说回来，九三是阳刚得正之爻，如果能恰当运用阳刚来调整自己的行为，艮止于内，巽顺于外，渐进不亢，不为淫邪所动，也可以做到上下相保，利于抵御敌寇的侵袭。

【原文】

六四：鸿渐于木，或得其桷①，无咎。

【译文】

六四：大雁飞行渐进到大树上，也许能找到宽大横平的树枝栖止稳当，没有灾祸。

【注释】

① 桷（jué）：这里指宽大横平的树枝。

【品鉴】

大雁是水鸟，爪趾之间有蹼相连，不适宜抓握树枝。现在六四飞到大树上，只是作为一个暂时的过渡，并不安稳。但是如果能找到一个宽大平展的树枝，也可以暂得安栖。"或"是不确定之辞，这表示六四处在两阳中间，下乘九三，上承九五，处境是非常危厉不安的，只有发挥阴柔巽顺的美德，妥善处理好跟上下二阳的关系，特别是作为近君大臣，谦逊顺承，竭力辅佐，才能在"渐进"的道路上像"鸿得其桷"那样找到一块安稳的栖息之地。

【原文】

九五：鸿渐于陵①，妇三岁不孕，终莫之胜，吉。

【译文】

九五：大雁飞行渐进到小山丘上，妻子长期未怀身孕，但外物终究不能侵阻取胜，吉祥。

【注释】

① 陵：丘陵，小山。

【品鉴】

大雁飞离树木，渐进到丘陵高地，象征九五进于至尊的君位。《象传》说"进得位""进以正""刚得中"都是指九五。九五之君刚明中正，有德有位，又在"渐进"之中积累了经验，积蓄了力量，本来是可以大展宏图，施展自己抱负干出一番事业的，可似乎一切进展得并不顺利，遇到了各种阻力。所以有结婚多年妻子还未怀孕生子的困境。这是因为，九五在实现自己愿望的过程中必须要取得六二柔顺中正之臣的辅佐，阴阳相合，君臣一心才能共克时艰。从爻象上看，九三和六四两爻横亘在此君臣之间，形成了阻力。但九五有刚正中和的品德，迟早会冲破阻隔，会同六二。就夫妻关系来说，如果两个人暂时分离，或者遇到一些外界的阻力，只要能同心合德，忠贞不二，最后一定能团聚到一起。程颐说：

"中正之道，有必亨之理，不正岂能隔害之，故'终莫之'能'胜'。但其合有渐耳，终得其'吉'也。以不正而敌中正，一时之为耳，久其能胜乎？"我们可以看到君子之进，即使暂时有不能和合而畅通之时，只要有中正阳刚之德，困难谗邪也会渐消而终得吉。

【原文】

上九：鸿渐于陆①，其羽可用为仪②，吉。

【译文】

上九：大雁飞行渐进到天上的云路，光彩夺目的羽毛可以当作洁美的仪饰，吉祥。

【注释】

① 陆：朱熹说，此处的"'陆'当作'逵'"，指"天上的云路"。
② 仪：仪饰。

【品鉴】

大雁经历了由下到上的几个阶段，振翅高飞，翱翔于天间的云路之上，仪态高洁清远，羽毛在阳光的照耀下熠熠生辉，可以用作庄重仪礼的装饰。这象征着上九沿着正道循序渐进，达到了一直追寻的理想境界。爻辞从大雁由水中起飞，历经水岸、磐石、陆地、树枝、山陵直到最后才振翅于蓝天之上，其中有顺利也有曲折的过程告诉我们，任何事情都不能一蹴而就，一步登天，都要经历一个由低渐高，由小渐大的过程。"渐进"路上的困难曲折在所难免，但只要胸怀进取之志，心有中正之德，从容待时，稳扎稳打，不躁于进，最终一定能克服种种困难，追求到心目中的理想。

五十四

男女正位 人之终始 [归妹]

"归妹"指女子出嫁归入夫家结为婚姻。《序卦传》曰："渐者进也。进必有所归，故受之以归妹。"渐进到一定程度必有所至，所以渐也有"归"的意思，故而《渐》卦之后是《归妹》。

除了以上两卦，《易经》主要讲男女婚姻感情问题的还有《咸》《恒》和《家人》三卦。其中，《咸》止而悦，《归妹》动而悦，这两卦讲男女之情，出处动止都是满心欣悦。其他三卦讲夫妇之道，《恒》巽而动，《家人》明而巽，《渐》止而巽，家庭伦理中都贯穿着巽顺之德。《咸》卦艮下兑上，象征少男少女相遇欣悦而产生爱情，"天地感而万物化生"，是阴阳二气交感相应和而化生万物的开端；《恒》卦巽下震上，长男和长女结为夫妻，"夫妇之道不可以不久也"，是家庭组织的楷模榜样；《家人》卦离下巽上，"女正位乎内，男正位乎外，男女正，天地之大义也"，是天地男女各得其正位的标准秩序；《渐》卦艮下巽上，女嫁男方严格循礼渐进而行，是男女配合得夫妇之道的合理程序。

《彖传》说："归妹，天地之大义也。天地不交，而万物不兴。归妹，人之终始。"由此看来，归妹是使得人类得以终而复始绵延兴旺的基础，无论是宇宙自然还是人类社会，都要通过阴阳交通成和而结为一体，天地不交通，就没有万物的兴长昌茂，男女不婚嫁，也就没有人类的绵延生息。再进一步，我们可以推展开来，从《归妹》卦讲述的"女子归入夫家"这一具体事例中去体会理解中正之道必须遵循而不能违反的深远意蕴。

䷵归妹：征凶，无攸利。
初九：归妹以娣。跛能履，征吉。
九二：眇能视，利幽人之贞。
六三：归妹以须，反归以娣。
九四：归妹愆期，迟归有时。
六五：帝乙归妹，其君之袂不如其娣之袂良。月几望，吉。
上六：女承筐，无实；士刲羊，无血。无攸利。

【原文】

归妹①：征凶，无攸利。

【译文】

《归》妹卦表示：前往必有凶险，无所利益。

【注释】

① 归妹：卦名。归，犹言"得到归宿"，古代女子以夫为家，嫁到夫家算回到了家，所以出嫁称"归"。妹，少女之谓，下卦"兑"为少女。

【品鉴】

为什么女子出嫁结为婚姻的事情本身是"天地之大义""人之终始"，

而卦辞却说归妹的总体形势是"征凶，无攸利"，很不吉利呢？孔颖达说，此为"归妹之戒也"。也就是说，卦辞否定的不是"归妹"本身，而是《易经》作者"因象设诫"，强调少女出嫁必须中正，才能得吉。《归妹》下兑☱上震☳，兑为少女，震为长男，兑为悦，震为动，象征少女悦而动，以喜悦之情由下而上主动追求长男，急于出嫁，违背了贞正之道。而且他们年龄相差太大，不像《咸》卦少女配少男，《恒》卦长女配长男属于正常范围，就像一个妙龄少女跟了一个白发老头，很难让人理解。从六爻的配制来看，中间四爻都不当位，六五凌驾九四，六三下乘九二，以阴乘阳，违反了"男女正，天地之大义也"的原则，所以《象传》也说："'征凶'，位不当也。'无攸利'，柔乘刚也。"可见，《易经》对女子出嫁必须严守正道，以"柔顺"为本，成"内助"之功是多么看重。

【原文】

初九：归妹以娣①。跛能履，征吉。

【译文】

初九：少女出嫁作为偏房，（若能以偏助正）宛如足跛而努力行走，以此前往，可得吉祥。

【注释】

① 娣：古代实行一夫一妻多妾制，妹妹可以随姐姐同嫁一夫，姐姐为妻，为"正室"，妹妹为"娣"，为"偏房"。《尔雅·释亲》："女子同出，先生为姒，后生为娣。"郭璞注曰："同出谓俱嫁事一夫。"

【品鉴】

　　下卦"兑"为少女，初九地位处在最下边，上面又没有正应，宛如少女作为"娣"妾的身份随姐姐出嫁到夫家。由于不能作为正室，所以如同脚有跛疾，无法正常行走，但毕竟嫁到夫家，如同勉强也可以缓行。这种情形象征着初九的尴尬处境。《归妹》卦总体形势"征凶，无攸利"，很不吉祥，但初九却能得到"征吉"的美誉，这是因为她体质阳刚，体现在妇人身上为贤贞之德，在行为选择上能够以正道相承，不以娣的地位去争妻的待遇，安于偏房之位，这种行为合于正道，所以能得吉祥。胡瑗对此解释说："能尽其道以配君子，而广其孕嗣以成其家；犹足之虽偏而能履地而行，不至于废也。"

【原文】

　　九二：眇①能视，利幽人②之贞。

【译文】

　　九二：眼睛弱视而能勉强见物，利于安静幽居之人持守正道。

【注释】

　　① 眇：弱视之义。《说文》："一目小也。"
　　② 幽人：幽居独处之人。

【品鉴】

　　九二的"眇能视"跟初九的"跛能履"一样，是用身体上有残疾又无大碍来比喻处境有偏失而形势上还不算太坏。初九位卑低下，嫁做侧室犹跛，九二阳刚得中，是女子有贤贞之德，但其正应的六五却居位不正，象征着女子贤良而夫君不良善，所以妻子不能成内助之功，只有内守贞正之德而幽居独处才能不致凶害。《小象传》说："利幽人之贞，未变常也"，也是称赞九二虽遇人不淑，但不改变其恒常的节操德性。

【原文】

六三：归妹以须①，反归以娣。

【译文】

六九：少女出嫁引颈求待被取做正室，应该返归待时，作为娣妾出嫁。

【注释】

① 须：寻求，等待，须待。程颐说："须，待也。"

【品鉴】

初九和九二虽处在侧室而都能以贞正贤良之德辅佐、顺承正室和夫君，但六三处在下卦之极，以阴居阳，是德行不正，以柔乘刚，是行为不谦逊顺从，无论是本身处境还是行为方式都违背了礼法正道，加上跟上六并无正应关系，所以盼做正室的愿望肯定不会实现。在这种情况下，如果六三能够返归自省，调整心态，重新给自己作出合理定位，以娣的身份出嫁夫家，还是可以成行的。

【原文】

九四：归妹愆期①，迟归有时。

【译文】

九四：少女出嫁超过了佳期，推迟婚期静待其时，终会找到好的归宿。

【注释】

①愆期：女子推迟出嫁的时期。《说文》："愆，过也。"

【品鉴】

九四跟六三形成鲜明对比。二者都处在等待之中，不过六三的须待是被动的，在单纯等盼被娶为正室；而九四的"愆期"是主动的，看到没有合适的配偶，时机不成熟，所以不愿降格以求轻易从人。这种安于其位、自守贞德，有待而行的行为跟六三那种质柔用刚、躁动盲求的行为判然有别，只要时机成熟，这种等待终究会取得成功。

【原文】

六五：帝乙①归妹，其君②之袂③不如其娣之袂良。月几望④，吉。

【译文】

帝乙嫁出少女，正室的衣饰还不如侧室的衣饰华丽。如同月亮接近满圆，吉祥。

【注释】

①帝乙：商代帝王。

②君：指所嫁之女为正室，《正字通》："夫称妇为君。"

③ 袂：衣袖，这里指代服饰。《说文》："袂，袖也。"

④ 几望：每月十五前后月亮达到最圆最亮，称为"望"。几望是接近圆满。

【品鉴】

商代帝王嫁出自己的女儿，以如此尊贵的身份下嫁给相配的男子，身着的礼服不尚华丽反而不如陪嫁的娣妾，说明六五的品德谦逊柔顺，是作为妻子的最好德行。满招损，谦受益，月盈则亏，六五很好地把握着尺度，对自己的定位非常准确，犹如月亮将满而未满，一直处在合适而理想的状态。对于自己来说，以尊贵的身份能谦己下人，不高高在上，这是妇德的盈而不满；对于夫君来说，自己是妻子，既应该主持好家务，又应该顺从夫君不专断独行，这是妻德的盈而不满。六五这种尊贵能谦、美盛不盈的做法实在是恰到好处，不可能不得到吉祥呀。

【原文】

上六：女承筐，无实①；士刲②羊，无血。无攸利。

【译文】

上六：婚礼上女子手捧筐篮，却空无一物；男子宰杀羔羊，却无血涌出。无所利益。

【注释】

① 实：指筐中所盛之物。

② 刲：割杀。《广雅·释诂三》："刲，屠也。"

【品鉴】

　　古代贵族婚礼上男女要到宗庙去献祭祖先，《礼记·昏义》说："昏礼者，将合二性之好，上以事宗庙，而下以继后世也。"女子手捧竹筐，盛满祭品，男子宰杀羔羊，取血献祭，用这种仪式禀告祖先，得到他们的承认，确立婚姻的合法性。但是上六却描述了怪异的一幕，女子的竹筐中空无一物，男子宰羊没有血，这说明婚礼无法顺利地进行下去，婚姻的合法性也无从确立。究其原因，似乎上六处于卦极，眼界过高，无所适从；而或少女处动之极，性格浮荡不实，承筐无物犹无诚心可见；而或上六跟六三同属阴类，不能阴阳相得，结不成配偶。总之，不论什么原因，当读到这一爻或占到这一爻时，都应该好好替上六也为自己反省一下，在跟婚姻对象的往来中是不是还有需要进一步了解、进一步深思熟虑的地方，以免到了步入婚姻之后，却出现大家谁都不愿意看到的情景。

五十五

丰隆日盛 持盈防亏 [丰]

"丰"是丰满盛大的意思。《序卦传》曰:"得其所归者必大,故受之以丰。丰者大也。"得天下所有人物之归往则能创造出一番丰盛伟大的事业,所以《丰》卦继《归妹》卦之后。

丰隆壮盛,日上中天,君主一统天下,完成内圣外王伟业,拥有巨大的德望、权力和财富以及天下人心之归往,这样的情状可谓丰美至极了。然而"日中则昃,月盈则食,天地盈虚,与时消息,而况于人乎?况于鬼神乎?"有盛必有衰,有盈必有亏,这是天道的规律,也是人事的规律。当政治局面发展到如日中天的时候,也就开始向衰败亏损的方向转化了,这是不以人的愿望为转移的,鬼神也对此无可奈何。

《丰》卦主要告诉我们的不是如何忘记一切去尽情享受昌盛之美,而是提醒我们在丰满之时应该如何居安思危,持盈保泰,常怀清醒务实之心,常葆盛大丰满之势。

丰：亨，王假之。勿忧，宜日中。
初九：遇其配主，虽旬无咎，往有尚。
六二：丰其蔀，日中见斗。往得疑疾，有孚发若，吉。
九三：丰其沛，日中见沫，折其右肱，无咎。
九四：丰其蔀，日中见斗。遇其夷主，吉。
六五：来章，有庆誉，吉。
上六：丰其屋，蔀其家，窥其户，阒其无人，三岁不觌，凶。

【原文】

丰①：亨，王假②之。勿忧，宜日中。

【译文】

《丰》卦表示：循礼而行方能亨通，有德君王可以达到丰满盛大的局面。不须忧虑，应当像太阳处在正中天，常保其盛明之威势。

【注释】

① 丰：卦名。《说文》："丰，豆之丰满也。豆，古食肉器也。"段玉裁注："谓豆之大者，引申之凡大皆曰丰。"故而丰有丰满、丰硕、丰盈、盛大的意思。

② 假：至也，犹言"达到"。

【品鉴】

《丰》卦下离☲上震☳。《彖传》曰"明以动，故丰"，是说必须同时具备"明"和"动"这两种特性才能达到丰大的局面。"明"指的是清醒务实的理性，"动"指付之于实践行动，还有特定的一层含义指君王德施周普，造福天下。不明而动，行为没有正确的方向目标和理性指导，是盲动冥行，只会加重人民负担；只明而不动，独善其身，不施惠于大多数人，使人民不能切实享受到国家的繁盛，同样无法盛大事业。卦辞讲"王假之"，明言只有圣明的王者才能达到这样丰盛伟大的地步，这与《大有》《大壮》等表示财富力量聚集兴盛的卦时又有区别。程颐说："天位之尊，四海之富，群生之众，王道之大，极丰之道其为王者乎？"只有德、位兼备的君王才能拥有这样美盛的局面。可是问题也正出于此，当时局丰隆盛大之时，人民富庶，事物殷盛，如想长盛不衰，治理起来的难度也在加大。"勿忧"，说明本来"有忧"，对比《泰》《晋》《夬》《家人》《升》等卦皆说"勿恤"，《丰》卦单说"勿忧"，仿佛有在极盛丰隆之时常人都安居乐业、无忧无虑，唯有圣君贤臣方为国计民生有所深忧，时刻思考当如何常葆丰时的深切意味。"宜日中"是《易经》作者提出的解决之道，明君之德如太阳正悬中天普照万物，造福百姓，那么这种盛大的局面才可以尽量常久地保持下去。事物的盈满与亏损、丰隆和衰败作为矛盾的两个方面相互依存，又相互转化《彖传》说的"日中则昃，月盈则亏"，老子说的"祸兮福之所倚，福兮祸之所伏"，都是在讲矛盾双方的转化问题，但他们却都忽略了或者没有明确表达出来转化的"条件性"。只有在天地运动不息的条件下才会出现日中日昃、月盈月亏；只有在人不能够做到警惕终始、谨慎小心的时候，福分才会转化成灾祸。如果能够做到"明以动"，以清醒务实的理性配合忧民爱物的德行，加之以踏实有效的行动，是完全可以阻止局面由"丰"向"衰"转化的，起码可以在尽量长久的时间内防止坏局面的到来。孔子有感于那个时代的现实，从人的德性方面着眼提出解决的方案，说："盛极则衰，乐极则悲，日中则移，月盈则亏，故高而能下，满而能虚，富而能俭，贵而能卑，智而能愚，勇而能怯，辩而能讷，博而能浅，明而能暗，是谓损而不极。能行此道，唯至德者及之。"（《说苑·敬慎》）这一总纲式的论说可谓至当，但是由于人们的自身素质、社会地位和受教育程度等各方面的差异，理性的光辉经常会受到蒙蔽，达不到"至德"的境界，所以会经常出现"日中见斗""日中见沫"等令人遗憾的现象，因而同心协力来造就盛大丰满的局面必须破除那些坏的因素，或去蔽自明，或虚心接受他人帮助，在不同状况下虽暗而求明，这是以下六爻要具体探讨的话题。

【原文】

初九：遇其配主①，虽旬②无咎，往有尚。

【译文】

初九：遇合相匹配之主，即使二者都是阳刚体质相均等也没有咎害，前往必受尊尚。

【注释】

① 配主：相匹配之主，指九四。
② 旬：均等。《释文》："均也。"

【品鉴】

初九跟九四都是阳爻，不是正应，在通常情况下都是同性相斥的敌应局势，但在共同造就美盛丰大之时的事业中二者必须明动相资，彼此配合。初九处在下卦"离"的下爻,有离明之德;九四处在上卦"震"的下爻,有震动之性,二者相互协调配合正好符合《象传》所讲的"明以动,故丰"的原则。

【原文】

六二:丰其蔀^①,日中见斗^②。往得疑疾,有孚发若,吉。

【译文】

六二:丰大遮蔽阳光的草席,太阳正悬中天却被遮住光明,以致能看到只有在夜里才能看到的北斗星。此时前往必有被猜忌的疾患,如能发挥自身的诚信(则能摆脱昏暗),可得吉祥。

【注释】

① 蔀(bù):覆盖于棚架上以遮蔽阳光的草席。比喻蔽障。
② 斗:北斗星。

【品鉴】

六二居中得正,是下卦离明之主,内怀贤明德行,在丰大之时应该上应六五,"明动相资",共谋大局。可是六五阴柔不正,处在震体中央,行动的才能不是很充沛,所以不能跟六二达成默契的互动配合。六二虽然身有明德而独自不能完成丰大伟业,故而有太阳光明被遮蔽的情形出现。北斗星是天上的大星,但只有在天色昏暗的条件下才能看得见,象征着六五柔弱之君。日中盛明的时候看到北斗,宛如在丰大的时候遇到柔弱的君主。暗主不能礼贤下士主动来求自己的贤明之才,自己要是这时候主动去往,很可能会被猜疑忌疾。那怎么办呢?如果能用自己至诚的心意感动激发主上的心志,让他能够信得过自己,那么接下来就可以发挥自己的离明之德和治国之才了。诸葛亮辅佐后主刘禅就同六二的情形相似。

【原文】

九三:丰其沛①,日中见沬②。折其右肱③,无咎。

【译文】

九三:丰大遮蔽阳光的幡幔,太阳正悬中天却被遮住光明,以致那些发着微光的小星都能看得到。若能像折其右臂一样屈己自守,可以免除灾祸。

【注释】

① 沛:通"旆",旗幡,布幔。
② 沬:通"昧",微光小星。
③ 肱(gōng):上臂,手臂由肘到肩的部分。《说文》:"肘臂节也。"

【品鉴】

九三的处境比起六二来要差很多,阳光被幡幔遮住,连昏暗的小星都看得见,光明被掩盖的程度可见一斑了。九三体刚得正,有离明之德,但上六居无位之地又处震动之终,昏庸得要命。这时候又应该怎么办?在此情况下九三切不可轻举妄动、有所作为、成就大事。在《明夷》卦的六二曾经有"夷于左股"的情况,左边大腿于行走来说不是非常重要,这里形容要像自伤右臂一样屈己自晦,可见时运不济之时不能施展才能,而应慎守保身。

【原文】

九四：丰其蔀，日中见斗，遇其夷主①，吉。

【译文】

九四：丰大遮蔽阳光的草席，太阳正悬中天却被遮住光明，以致能看到只有在夜里才能看到的北斗星。遇合同是阳刚的平衡之主，吉祥。

【注释】

① 夷主：夷，平也。夷主与配主意思相同，这里指初九。

【品鉴】

九四的爻象跟六二相同，但原因却不一样。六二身有离明之德，却不遇能行之君，所以英明被遮蔽，只有发挥内心诚信才能感化君主；九四作为上体震卦的主爻，有震动之性而无离明之德，并且居位不当，是自身存在着缺陷。九四有阳刚的品德，清楚自身的情况和外部的环境，知道如果能主动去寻找一个有离明之德的夷主与己相配合，就会弥补自身有动而无明的遗憾。显然这个"夷主"就是初九，在共同的理想追求下，二者达成一致，"明动相资"，都如其所愿，共成丰大之功业。

【原文】

六五：来章①，有庆誉，吉。

【译文】

六五：在丰满盛大之时，使天下贤才都来为国效力，必有福庆和美誉，吉祥。

【注释】

① 来章：即"使章来"，让天下章美之才皆来。

【品鉴】

六五是阴柔之才，居得尊位，为《丰》之主。自己的才力虽不能成就丰美，但如果能招致天下贤良章美有才能的君子而委任之，同样可以创造伟业。章美之才，主要指文明中正的六二，同时初九、九三、九四各有阳刚美质，也都是可以任用的栋梁之材。六五能人尽其用，一定能给国家带来福祉和庆誉。这一爻告诉我们的是，处于领导位置即使才力不足，但只要行虚己下贤之实，亦能得到庆誉吉祥。

【原文】

上六：丰其屋，蔀其家，闚①其户，阒②其无人，三岁不觌③，凶。

【译文】

上六：丰大房屋，遮蔽家室，从门缝往里窥视，寂静没有人踪，时过三年还不露面，如此深藏不见人必有凶险。

【注释】

① 闚（kuī）：同"窥"，从夹缝、小孔或隐蔽处偷看。

② 阒（qù）：寂静。《说文新附》："阒，静也。"

③ 觌（dí）：相见。《尔雅·释诂上》："觌，见也。"

【品鉴】

处在丰大之世，上六却表现出一番让人无法理解的行为。加高加固自己的房屋，甚至把门窗都遮蔽起来，把自己反锁在深宅大院，很长时间都不见一个人影出来活动。这到底是怎么回事？对此大致有两种解释。以汉代的干宝为代表的一派认为上六这是在说亡国之君，诸如秦始皇、隋炀帝等处在盛世而修阿房，造行苑，以致众叛亲离，国破家败。以现代高亨为代表的另一派则认为这是说历代权奸贪婪之臣，诸如唐之杨国忠，宋之秦桧，明之魏忠贤，清之和珅等等，丰极之时，势位炙手可热，蒙蔽君主，到败坏时则物蔀人藏，一切富厚势力都烟消云散，只得万世唾骂。也有二者都取的，如明代的来之德。以我来看，不如把上六看成是自己把自己跟社会隔离开来，自弃于世，自绝于人的典型代表。处在盛大丰隆之时，无论臣子还是君王都应致力于盛世的建设，有离明的献才华，能行动的献力量，在下位的求被任用，在上位的求得贤才，无论哪个位置、什么特点都要在天下昌明之时发挥自己的作用。只有上六把自我隔离封闭起来，躲在一所不见阳光的暗屋里，浑浑噩噩，这样的状态不得凶险才怪。

综观"丰大"之时，《丰》卦六爻皆以不应为善。初九、九四都是阳爻，前者"遇其配主""往有尚"，后者"遇其夷主，吉"。六二、六五都是阴爻，前者"有孚发若，吉"，后者"来章有庆誉，吉"。九三与上六为正应，三折右肱，上则甚凶。可见丰隆是盛之时，世事以同德相辅为善，而不取阴阳互应之说。丰盛至于穷极，必失所安，接下来是《旅》卦。

五十六

失居寄旅　柔顺持中 [旅]

旅是羁旅、行旅的意思。《序卦传》说："丰者大也。穷大者必失其居，故受之以旅。"丰大到了极点必将失却其所居，失去了居所，就成了在外羁旅之人。故而《丰》卦之后是《旅》卦。

古人安土重迁，几乎没有是为了开眼界去散心游玩的，而都有特定的目的。孔子周游列国，为了实现自己的政治主张；晋公子重耳旅居齐、楚、秦国等，为了避祸复国；太史公历遍名山大川，为了探究天下郡国利病；郦道元走遍千山万水，为了他的《水经注》作实地考察。这些行旅，无论主动被动，都不是一个轻松愉快的过程。汉代的宋玉在《九辩》中慨叹"廓落兮羁旅而无友生；惆怅兮而私自怜"，显然，在古时的"羁旅"生涯中，是充满了孤独和愁郁的。因而如何正确对待客居他处、人地生疏的境况，保持旅途顺利亨通，得其所愿，就是《旅》卦所要探讨的主题。

整个人生的历程又何尝不是一个漫漫的羁旅之途，有人称："人生天地间，忽如远行客"（《古诗十九首》），李白云："天地者，万物之逆旅"（《春夜宴桃李园序》），人生一世，哪个不是奔波于天地间的远客游子不断在旅程的颠沛坎坷、艰难困苦中追寻自己的人生目的。故而《旅》卦还蕴含着更深刻普遍的人生哲学意蕴，它告诉我们在"生命的旅程中"该如何更好地立身处世善待自己。

䷷旅：小亨，旅贞吉。

初六：旅琐琐，斯其所取灾。

六二：旅即次，怀其资，得童仆贞。

九三：旅焚其次，丧其童仆，贞厉。

九四：旅于处，得其资斧，我心不快。

六五：射雉，一矢亡，终以誉命。

上九：鸟焚其巢，旅人先笑后号咷。丧牛于易，凶。

【原文】

旅①：小亨②，旅贞吉。

【译文】

《旅》卦表示：柔顺小心地循礼而行可得亨通，行旅之中能够持守正道可得吉祥。

【注释】

① 旅：卦名。羁旅、行旅之义。《尔雅·释诂四》："旅，客也。"《尔雅·释宫》："旅，途也。"孔颖达说："旅者，客寄之名，羁旅之称；失其本居，而寄他方，谓之为旅。"

② 小亨：这里是说以柔顺之道处旅之时可致亨通。

五十六　失居寄旅　柔顺持中［旅］

【品鉴】

《旅》卦卦象下艮☶上离☲。艮为山，势止不动，犹如旅馆客舍；离为火，火动不止，犹如旅客来往。《大象传》说"山上有火"，又取火在山上逐草而燃，势不久留之象，象征"行旅之时"。有人把"小亨"解释为旅居在外只可以求得小亨通存身而已，无法求大通以干大事，也有一定道理。但是我认为不如把"小亨"看作是在外旅居的谦柔之人柔顺循礼可以得到亨通。阳刚为大，阴柔为小，柔顺获亨通，所以说"小亨"。《彖传》也讲"柔得中乎外而顺乎刚，止而丽乎明，是以小亨，旅贞吉也"，这是首先从爻象出发明确指称六五爻居于外卦之中位，上承刚爻上九，代表行旅之人居位适中，而且能够顺承阳刚。然后从卦体着眼下体艮为止，上体离为明，羁旅之人应该安静自守，又要向上附丽光明，守持正固才能得吉。春秋时期的晋公子重耳流亡国外，颠沛流离，曾在卫国向乡野之人乞讨饭食，行旅之艰辛可想而知。后来他依附齐桓公这样的有势力有威望有品德的大明之主，娶其女齐姜为妻，严格约束自己的行为坚守正道，行事适中不张扬，待人接物谨慎自谦，徐徐图谋东山再起，最终离开齐国后，重整旗鼓，成为同齐桓公齐名的春秋五霸之一。这是在羁旅之时"谦柔得亨"和"守正得吉"的典型例子。

【原文】

初六：旅琐琐①，斯②其所取灾。

【译文】

初六：行旅之初，举止行为猥琐卑贱，这是自我招致灾患。

【注释】

① 琐琐：猥琐卑贱的样子。

② 斯：帛书《周易》作"此"。二者意思相同。

【品鉴】

　　初六阴居阳位，是不当位之爻，虽然跟九四有正应，但自身本质柔弱，意志穷困，在行旅之时的一开始就被艰难困苦所吓倒，自暴自弃，无所作为，只去关心那些琐碎小事。卦辞说"柔顺可以得亨通"，绝不是这种没有志气没有追求的柔弱，所以初六的灾患完全是因为自己的性格行为缺陷自我招致而来的。

【原文】

　　六二：旅即次①，怀其资②，得童仆贞。

【译文】

　　六二：行旅之中就宿在适当的客栈，身上怀有足够的资财，拥有童仆照料生活，应该持守正道。

【注释】

① 次：客栈，旅舍。

② 资：资财。

【品鉴】

　　处在羁旅之时，六二能住进合适的客栈，带有钱物，有忠心的仆人照顾，可以安心休息，解除一天的疲倦，这样的处境已经是非常之好了。

为什么六二的境况会这么好？因为它本身具有柔顺中正的品德。柔顺是一种亲和的品性，既能与环境亲和，也就是说可以随遇而安不挑剔；又能跟他人亲和，即能够同周围的人和睦共处不自大自闭。这样自然可以跟旅途中遇到的形形色色的人心平气和地打交道了。并且，六二的柔顺还是"中正"的柔顺，过柔而不中就成了软弱，童仆不会跟随你；柔而不正则成了邪佞，即使暂时有点资财也会很快败坏光。六二"中正的柔顺"跟初六"猥琐的软弱"的对比很值得我们去体会。

【原文】

九三：旅焚其次，丧其童仆，贞厉。

【译文】

九三：行旅之中所就居的客栈被烧毁，童仆逃亡离走，应该持守正道以防危厉。

【品鉴】

九三的情况跟六二正相反，客舍被烧，童仆逃亡，自己陷入一片危险祸患之中。这是由于九三以刚居刚，认不清形势，处在多惧之位还躁动不安，刚愎自用，恃刚凌物，从根本上违反了"柔顺得亨"的处旅之道。居刚而用刚，在平常的处事中尚且不可，何况是在行旅之中？并且九三作为下体的唯一阳爻下比二阴，在此高调出头露面，犹如擅行向下施与恩惠，以羁旅在外的身份做这样的事情，就有侵夺主君权力的嫌疑了，必然会被在上位的人疑虑猜忌，因为这不是你应该干的事情，这么干了就有问题。

【原文】

九四：旅于处①，得其资斧②，我心不快。

【译文】

九四：行旅中得到暂时的住所（但未能安适），得到资财器用，但心中还是不甚畅快。

【注释】

① 处：暂时居留的处所。
② 资斧：即钱财。斧，铸成斧型的钱币。

【品鉴】

九四以阳居阴，不当位所以未能安适其所。但是九四有刚而能柔的优点，下又正应初六，有"得其资斧"之象。九四有阳刚之才，胸怀大志素有抱负，虽然有了暂时安栖的居所和可以充当旅费的资财，但这都不是自己所要追求的，它有更远的目标，所以虽然对行旅的处境来说挺不错，但内心的焦虑还没有缓解。

【原文】

六五：射雉①，一矢亡②，终以誉命③。

【译文】

六五：射猎野雉，损失了一支箭矢，但终将会（捕获它）得到美誉和爵命。

【注释】

① 雉：野鸡。

② 亡：损失。

③ 命：福禄爵命。

【品鉴】

《易经》中凡是说"终吉"的，言外之意都是起初的状况并不怎么理想。射猎野鸡，一开始有所损失，丢失了一支箭，象征着六五在旅途中遇到了挫折，好在损失不是太严重。六五是卦中的主爻，《象传》说"柔得中乎外而顺乎刚"，就是指它的良好品性，它以柔德居处在尊位，与六二没有结成正应，君臣之间并不默契，力量没有配合得很好，小有挫折，所以有"一矢亡"的象征。但它作为外卦"离"的唯一阴爻，是离明之主，又处在中位，能秉承中道，做人做事不温不火，稳健适中，上能顺从上九阳刚，下能亲比九三、九四两阳，又能主动去跟六二寻求配合之道，以温和亲切的人格魅力跟周围的各个群体达成了一致，形成凝聚力。有这些优点，故而最后能够获得美满的结果，取得美誉和爵命。

【原文】

上九：鸟焚其巢，旅人先笑后号咷①。丧牛于易②，凶。

【译文】

上九：鸟巢被烧，行旅之人先是得到高位而喜笑颜开，后遭殃祸而号咷大哭。就像在荒远的郊外丢失了牛，有凶险。

【注释】

① 号咷：悲伤大哭。
② 易：通"埸"，指荒远的郊外。

【品鉴】

上九以阳刚处于高亢之位，自以为高大而沾沾自喜，哪里知道在行旅之时只能以柔顺行事，不可自恃刚强，以羁旅之身居处高位容易被小人嫉妒险害而有凶险。就像搭建在高高树枝上的鸟巢很显眼，极容易遭人瞩目而被焚烧，也像在荒远的郊外丢失了牛，没有人去帮你找回来。结合下卦上爻九三来看，九三行事高调擅自向下施与恩惠而得嫉妒，旅舍被烧；上九以居穷高之地为乐，结果先笑后号咷。范仲淹总论全卦说："夫旅人之志，卑则自辱，高则见嫉；能执其中，可谓智矣。是故初'琐琐'而四'不快'者，以其处二体之下，卑以自辱者也；三'焚次'而上'焚巢'者，以其据二体之上，高而见嫉者；二'怀资'而五'誉命'，柔而不其中者。"这番话的绝大部分都是对的，但他同许多前贤时人一样在强调羁旅之中应该柔顺行事的同时，忽视了这种柔顺应该建立在内心刚健自强的基础之上，这种柔顺是行为上的不张扬不自大，不显山露水，而不是性格上的软弱、人云亦云、唯唯诺诺。九四以阳居阴，内怀阳刚之德，外行柔顺之事，处境就很不错，有住处得资财，它心里的不畅快，那是因为胸中远大抱负没有实现的苦闷。卦中虽然说的是行旅之时，通过九四跟其他各爻的对比，这又何尝不是人生旅途的喜乐忧愁、众生百态。

五十七

巽而持正 顺而有为 [巽]

巽的取象是风，风拂大地，无孔不入，所以巽有"入"的意思。《序卦传》说："巽者入也"，就是进入。风之所以能进入到万物之中，是因为它有"顺"的特点，从卦象上来看，一阴顺从、贴服在两阳之下也象征着"逊顺"之德。巽还有"齐"的意思，《说卦传》云："齐乎巽"，"齐也者，言万物之絜齐也"，从卦义上看，阴柔在内而阳刚进入去制约它，柔皆顺刚，都是受制而至于"齐"。

因此，"巽"的含义比较复杂，但《巽》卦的中心思想还是非常明确的，以风来比拟国家的政令与法制的推行。《系辞传》说："巽以行权"，施行国家权力应当像风拂大地一样无所不周。《象传》说："重巽以申命"，两个经卦巽重叠在一起，这就是"重巽"，也就是《大象传》讲的"随风"。在作者看来，巽在天为风，在人君为命，风是上天的号令，命是人君的号令，君主的施政纲领应该跟风入万物一样能深入民心。如何才能做到深入民心？那就应该顺从民意。只有君王首先顺从天下民众的愿望，想百姓之所想，急百姓之所急，切实为他们谋利，老百姓行事才会顺从上面的号令。否则，在上者不顺民意，在下者也必不从上愿。

但是这种上下相顺、刚柔相推的原理运用到实际运作中就很难做到恰如其分、合乎中道。下级逊顺过头就会流于趋炎附势，谄谀逢迎，丧失独立人格；上级逊顺过头就会变得没有主见，随波逐流，从而失却领导决策的功能。所以，《巽》卦讲的又是如何做到上下相顺的中道问题、恭敬逊顺与有所作为的中道关系问题，阴柔如何顺从阳刚、阳刚如何顺乎中正的问题。

䷸巽：小亨，利有攸往，利见大人。

初六：进退，利武人之贞。

九二：巽在床下，用史巫纷若，吉，无咎。

九三：频巽，吝。

六四：悔亡，田获三品。

九五：贞吉，悔亡，无不利，无初有终。先庚三日，后庚三日，吉。

上九：巽在床下，丧其资斧，贞凶。

【原文】

巽①：小亨，利有攸往，利见大人。

【译文】

《巽》卦表示：柔顺谨慎地循礼而行可得亨通，利于有所前往，利于晋见伟大人物。

【注释】

① 巽：卦名。《说文》："巽，具也。"认为巽字的本义是官员依次而跪，等候君王上朝的准备工作已经具备。这里已经蕴含了听命者顺从的意思。故而《广雅·释诂一》云："巽，顺也"，明确了它的引申义。

【品鉴】

《巽》卦讲国家立法教民之事，那么为什么立法教民要以柔为亨呢？这是因为在上者如果过分强硬严酷，就会变成高压政策，百姓在高压下不能安居乐业，政令必然难以推行亨通。在下者如果强硬不顺，就会变成抗命不遵，抗命则教令不得施行而难达亨通。所以，上下都要柔顺，刚顺乎柔，柔顺乎刚，结成双向互动的沟通关系才能共同得到亨通之理，共享和谐之治。但柔顺并不是完全被动地随波逐流，如果上级说什么下级就干什么，下级有什么意见上级都去采纳，那各方面就丧失了自己独立存在的价值，社会会变成毫无生气，也会乱成一锅粥。所以，这种巽顺实际上是一种非常主动地去寻求那种上下之间契合沟通的品行，具备这种优秀品行，才能利于有所前往，去建功立业，营建一种非常生动活泼、充满活力的政治局面。在《乾》卦的九二和九五爻辞中，都有"利见大人"，但二者的指称对象实际不一样。在我看来，这里的"利见大人"包含了那两处的意思在里面。在下位者利于晋见在高位的大人君王主动去谋求进步，不管是内在的知识智慧得以提高，还是外在的官禄爵位晋以提升，为国家社会贡献自己的才识。在上位者利于去会见有才华的大人贤才，主动地请他们出山辅佐，为国家政令的制定推行出一把力。此二者仍是统一在巽顺之时的有所作为上。因此，卦辞先说"柔顺可得亨通"，又鼓励说此时应该有所前往去建功立业，这一柔一刚毫不矛盾，而是相反相成，统一在刚柔并济把政令推行好的基础之上。

【原文】

初六：进退[1]，利武人之贞。

【译文】

初六：进退犹豫不决，利于勇武之人持守正道。

【注释】

①进退：指进退犹豫，不知应该如何是好。

【品鉴】

初六以阴爻处在重巽之最开始，地位卑下，性格懦弱，当在上位之大人申命行事，推行政令之时，因为自己本身过于柔弱自卑，从而患得患失，犹犹豫豫，不知所措。摆脱困境的办法，爻辞鼓励说要像勇武之人那样拿出勇气坚定意志，树立起对自己的信心。《巽》卦主要讲以谦逊柔顺之事，尤其以初六和六四两阴爻为主。初六位卑体弱，所以鼓励它勇敢起来，别太过于缩手缩脚。孔子曾与季文子对话。季文子说，遇事要三思而后行，孔子认为用不着那样，"再，斯可矣"，想两遍就可以了。孔子也鼓励他的弟子冉求再勇敢果断一点，因为冉求的性格比较柔弱，"求也退，故进之"。这一爻告诉我们，柔顺本是好事，但过了头就会遇事进退犹豫，手足无措，反而会误事，所以在形势需要的时候一定要刚毅果决起来。

【原文】

九二：巽在床下，用史巫①纷若②，吉，无咎。

【译文】

九二：逊顺卑弱躲在床下，如果能像史巫那样以谦卑向神灵祈福，可得吉祥，没有灾祸。

【注释】

① 史巫：古代事神代人祈祷者的合称，史指祝史，巫指巫觋（xí），《国语》讲："在女，曰巫；在男，曰觋。"

② 纷若：繁复的样子。

【品鉴】

九二以阳处阴，居于下体，也有巽顺过头之象。床是人们安处之所，"巽于床下"，是过于巽顺。人到了过于卑顺的程度，要么是因为胆怯恐惧，要么就是有别的意图，比如阿谀谄媚，无论是哪一种原因都有失于正道。人们不理解九二过于巽顺的外表到底是因为什么，所以会怀疑九二另有所图。其实九二有阳刚居中的美德，虽然处在柔位有巽顺过头的小毛病，但不是为邪作恶包藏祸心，因此如果能像史巫那样虔诚地向神灵祈福，让人们充分了解你真诚的内心，就可以免除咎害得到吉祥了。

【原文】

九三：频①巽，吝。

【译文】

九三：皱着眉头不情愿地顺从，有憾惜。

【注释】

① 频：通"颦"，皱着眉头。

【品鉴】

九三以刚居刚，不得中位，又处在上下皆巽的二体之交，以刚亢之志而居巽顺之时,本身有自己独立的想法,但又迫于形势的需要,要体现出阴柔顺从的行为,这种外表与内心的矛盾就是王弼在《周易略例》中所说的"体与情反,质与愿违",外在的行为不是自己本心真实情感的流露自然就会痛苦不安备受煎熬。其实,就九三自身来说,阳居阳位,当位得正,是表里如一的君子,而不是自欺欺人的小人,但是这样一位君子为什么会有"憾惜"之吝呢?关键还是在于它位置虽然居正而行事没有得"中",行事不得"中"是因为它没有能够以平和适中的心态去理解和处理巽顺之事。巽顺之道,贵在内心至诚,诚发乎于心,情才能流露于外,无论是刚顺柔还是柔顺刚,只有出于至诚之心,取得对方的信任,引起双方的共鸣,才能沟通刚柔之间的关系真正达成一致。

【原文】

六四:悔亡,田①获三品②。

【译文】

六四:悔恨消亡,田猎获得三品之物。

【注释】

① 田:田猎,打猎。
② 三品:品即"类",指三类田猎所获之物的效用,即供"干豆"(将干肉盛在祭器里祭祀),"宾客"(招待宾客的食品),"充庖"(供君王食用的珍贵食物)。这里的"三品"虚指所获众多。

【品鉴】

"悔亡"的言外之意是本来有悔,六四下乘九三,上承九五,夹在两阳之间，处在多惧之地，就像一位近君大臣面临纷繁复杂的局面，是很难处理的，稍不小心就会有悔恨产生。但六四很好地解决了这些问题，因为它抓住了一条很重要的原则，即是《小象传》说的"有功也"，能够在巽顺之时建功立业。初六柔弱自卑进退无恒，故而爻辞勉励它勇敢起来；六四也属阴爻，顺服在两阳之下，爻辞嘉许它有田获之功，可以"悔亡"。

可见巽顺之道一定要有所建树，不是说单纯谦卑顺从就万事大吉了。《周易折中》引郭雍的话说："'巽'之为道，岂柔弱畏懦之义哉？"正是讲巽顺之时一定要有所作为。

【原文】

九五：贞吉，悔亡，无不利，无初有终①。先庚②三日，后庚三日，吉。

【译文】

九五：持守正道可获吉祥，悔恨消亡，无所不利。政令推行一开始不很顺利，但有良好的结果。在象征"变更"的庚日前三天颁布新令，在其后三天实行新令，这样必获吉祥。

【注释】

① 无初有终：起初不顺利，最终有好结果。
② 庚：天干的第七位，已经过中，古人取象以表示变更。

【品鉴】

《象传》所说"刚巽乎中正而志行"就是指九五。九五以阳刚之才处在尊位,是申命行事的主导者。但在政令推行的过程中,一开始并不顺利,到后来才得以畅行,经历了一个"无初有终"的波折。这是因为九五以刚居刚,起初对巽顺之道的理解还不是很深刻,一开始就以刚直的特点来申命行教,犯了急躁冒进的错误,臣子一时难以接受。但九五毕竟有中正之德,能及时调整自己的行为,以刚顺柔,根据民众的接受程度,在法令颁布之际,反复叮咛,耐心劝说,最后终于取得成功。"先庚三日,后庚三日"讲的就是这个过程。"庚"日的前三天是"丁"日,有叮咛嘱咐的之义,"庚"日的后三天是"癸"日,有反复揆度之义,在申命行事之际,叮咛在前,揆度在后,如此谨慎耐心,怎能不得吉祥。

【原文】

上九:巽在床下,丧其资斧①,贞凶。

【译文】

上九:巽顺而屈居床下,连自身本来具有的阳刚之质也丢掉了,应当持守正道以防凶险。

【注释】

① 资斧:《汉书·王莽传》引此爻辞为"丧其齐斧",齐斧即利斧。这里喻指自身的阳刚美质。

【品鉴】

上九处在巽顺穷极之位,屈居床下过于卑顺,连象征自身阳刚之质的利斧都丢掉了,这样失去果决品德只知卑躬屈膝盲目顺从的人确实应该持守住中正之道以防凶险啊。

综观《巽》卦，讲的是"申命行事"，谦逊柔顺，然而这种谦顺之德绝不是因循悠缓，唯唯诺诺毫无生气。《系辞》曰："巽以行权"，行权申命，修敝举废，非阳刚之德不能成。所以"武人之贞"（初六）不可废，"三品之获"（六四）不可无，阳刚"资斧"（上九）不可丧。

五十八

刚柔有度 欣悦有节 [兑]

《序卦传》曰:"巽者入也,入而后说(悦)之,故受之以兑,兑者,说也。"不管做什么事,能做到人家心里,别人才会喜悦高兴。所以《巽》卦之后是《兑》卦。

兑为泽,《说卦传》云:"说万物者莫说乎泽。"泽水有养育、滋润万物之功效,有了泽水,才有人类和万物的喜悦和欢乐。《象传》称赞欣悦之情的重要意义说:"说以先民,民忘其劳;说以犯难,民忘其死",一句话,只要让老百姓满意、乐意,就不会有怨言,就是死也在所不辞。但是怎样去追求快乐欣悦,又怎样同别人分享共处喜悦之情,这就是《兑》卦要告诉我们的"欣悦"之道。

兑：亨，利贞。
初九：和兑，吉。
九二：孚兑，吉。悔亡。
六三：来兑，凶。
九四：商兑未宁，介疾有喜。
九五：孚于剥，有厉。
上六：引兑。

【原文】

兑①：亨，利贞。

【译文】

《兑》卦表示：能以欣悦的态度循礼而行必然亨通，(欣悦之时)守义才能得利，有信才能久固。

【注释】

① 兑：喜悦，欣悦，和悦。《说文》："兑，说（通"悦"，下同）也。"《释名·释天》："兑，悦也，物得备足，皆喜悦也。"

【品鉴】

一个人能以欣悦的态度遵循礼法去处事待人，也会得到别人对他的和颜悦色，以至亨通，这个道理比较好理解。卦辞所说的在欣悦之时要"利贞"，很耐人琢磨。我想可以从两方面来解读：其一，欣悦之情显然是恬淡柔和之质，犹如《兑》卦一阴进乎二阳之上，喜悦之情见乎其外。但柔和本身带不来喜悦，只有用诚信忠直之心去行柔和谦逊之事，内心诚实不虚伪，行义守信，待人逊顺不粗暴才能给人带来喜悦。这是"利贞"的一层含义。其二，坚决不可以邪佞阴柔去取悦于人，只有秉持正道，决绝邪谄才能成"欣悦"之至美；否则，偏离正德，只会给人带来凶害。这是"利贞"的另一层意思。

【原文】

初九：和①兑，吉。

【译文】

初九：心境平和地欣悦待人处事，吉祥。

【注释】

① 和：平和，和悦。

【品鉴】

《兑》卦六爻只有初九不比近阴柔，犹如无所偏私，无所偏私是"悦"道之正所以获吉。具体来看，初九因为体质阳刚，所以不邪谄；因为位置处下，所以无所求。初九能够随时顺处，心态平和，无所偏私，这样的欣悦之道，一定会带来吉祥。初九的重点落在一个"和"字上。来知德说："'和'，与《中庸》发而皆中节谓之'和'同。谓其所说者无乖戾之私，皆性情之正，道义之公也。"

【原文】

九二：孚兑，吉，悔亡。

【译文】

九二：心中饱含诚信地欣悦待人处事，吉祥，悔恨消亡。

【品鉴】

九二阳刚得中，就像心里面阳刚充实，饱含诚信，虽然有"位不正"的小瑕疵，也能消除之。六三阴柔不正，是邪妄小人，以不正之道来比近取悦九二，但九二有刚中之德，孚信充实，能够自守不失，小人不能妄悦之，所以能"吉"而"悔"之。

【原文】

六三：来①兑，凶。

【译文】

六三：（以柔媚）前来求得欣悦，凶险。

【注释】

① 来：《易经》以下卦为内，上卦为外；往下求谓"来"，向上行谓"往"。

【品鉴】

六三以阴居阳，处位不正；与上无应，所以往下来求二阳，以谋欣悦。欣悦是不可主动来求的，更不是以阴柔之道来求得的，像六三这样，以柔媚取悦，必致凶险。《周易折中》引王宗传曰："（六三）以不正之才，居两兑之间，左右逢迎，惟以容说为事。此小人之失者，故于兑为'凶'。"

【原文】

九四：商①兑未宁②，介③疾④有喜。

【译文】

九四：思量商度欣悦之事，内心未曾安宁平静；能够隔离弃绝谄佞者的求悦之道则有喜庆。

【注释】

① 商：思量，忖度。
② 宁：安定，安宁。
③ 介：隔，隔绝。
④ 疾：毛病，瑕疵。这里指六三之不足。

【品鉴】

九四本身有阳刚美质，但居于阴位，位不当所以情志不坚，有思量忖度，犹豫不决之心（商兑）。再加上近比六三，被它柔媚的姿态所吸引，心中去取交战不曾安宁（未宁）。"介疾有喜"是《易经》作者对九四的规导劝勉，也是我们应该从此爻中学到的要旨：如果溺陷于柔媚邪佞之中，凶险必随之而来；只有弃绝不正当的求悦之道才能得到喜庆。

【原文】

九五：孚于剥①，有厉。

【译文】

九五：信任削剥阳刚的小人，有凶厉。

【注释】

① 剥：剥落阳刚的小人，这里指上六。

【品鉴】

"剥"，是悦阴能剥阳。《小象传》说："孚于剥，位正当也。"这是用既愤慨又惋惜的口气来说的，"竟然被削剥阳刚的小人所引诱而相悦，真可惜了它所处的正当之位了！"

欣悦之时，自己不能以邪谄去求悦于人，更不能被奸佞者的巧言令色、柔行媚态所俘虏。以邪佞的欣悦之道去感动人，最为可怕，落入陷阱者阳刚正直之道不知不觉地被剥落。古之天子君王之所以剥丧天下，多是由于"孚于剥"的原因。明代扬简说："九五亲信上六柔媚不正之小人，故曰'孚于剥'。《剥》之为卦，小人剥君子，又剥丧其国家，故谓小人为剥。信小人，危后之道也。"诸葛亮在《出师表》中所说："远贤臣而亲小人，此后汉之所以倾颓也。"讲的就是"孚于剥"的恶劣后果。

【原文】

上六：引①兑。

【译文】

上六：引诱他人来相与欣悦。

【注释】

① 引：引诱。

【品鉴】

上六是成"悦"之主，以阴邪不正引诱其下两阳来相与为悦。由此我们可以看到，上六的危害性不仅在于其本身的阴邪不正，更在于它以巧言令色包藏着剥阳的祸心，用谄媚的手段引诱别人与它欣悦相处，落网者往往在不知不觉中罹患。上六的这种做法不一定能够得逞，所以九五应当警惧戒备，而此爻不言吉凶。

《兑》卦的六三以柔媚求悦于人得凶；上六以邪佞诱人来悦，蝇营狗苟，惹人厌恶。《周易折中》引蒋悌生曰："当说之时，刚则有节，柔则无度，故此卦初、二及四、五四爻，皆以刚阳而得吉。三上两爻，皆以阴柔而致凶。"由此可见，《易经》所提倡的欣悦之道一定要光明正大，也就是卦辞所说的"利贞"。

五十九

涣而求合 济散成聚 [涣]

"涣"是涣散、离散的意思。《序卦传》曰:"说而后散之,故受之以涣。涣者离也。"人在忧愁的时候,气血就结聚,在欣悦的时候,气血就疏散开来。所以,悦有"散"意,《兑》卦之后是《涣》卦。

有人认为涣散不好。但没有涣散,何来聚拢?不经历涣散,如何打破旧秩序,建立新世界?"疾风知劲草",不在涣散之时,怎能分辨得出是英雄豪杰还是龌龊小人?卦以《涣》为名,并非立义为"散乱",而是揭示如何合散为聚,"涣"而求"萃"。

䷺涣：亨，王假有庙。利涉大川，利贞。

初六：用拯马壮，吉。

九二：涣奔其机，悔亡。

六三：涣其躬，无悔。

六四：涣其群，元吉。涣有丘，匪夷所思。

九五：涣汗其大号，涣王居，无咎。

上九：涣其血，去逖出，无咎。

【原文】

涣①：亨，王假②有庙。利涉大川，利贞。

【译文】

《涣》卦表示：循礼而行可得亨通，君王通过祭祀神灵祖先而聚合人心，利于涉越大河巨流，此时守义才能有利，有信才能久固。

【注释】

① 涣：卦名。涣散，离披解散之义。《说文》："涣，流散也。"朱熹说："涣，散也，为卦下坎上巽，风行水上，离披解散之象，故为涣。"

② 假：借，借用。

【品鉴】

涣散之时为何卦辞还说"亨通"?《彖传》解释是因为"刚来而不穷,柔得位乎外而上同"。这是什么意思呢?根据卦变理论,凡是三阳三阴之卦都是由☷《否》卦和☷《泰》卦变来的。《涣》卦☷六爻三阳三阴正是由《否》卦变来。由外卦到内卦,谓之"来",《否》之九四下降到九二,以阳刚之德处在下卦中位,于上下两阴爻和睦相处,交往不穷,这就是"刚来而不穷";《否》之六二上升到原来九四的位置(也就是外卦的初爻),柔顺当位,承接、和同上面的两阳爻,这就是"柔得位乎外而上同"。由《涣》卦的卦变可以看出,阴阳虽涣散,但散而有条理,形散而神聚,只要能抓住关键要素,拯济涣散,促使其向聚合的方向转化,就能达到"亨通"的境界。

什么是化"涣"为"聚"的关键要素?卦辞提出了三点。其一,"王假有庙",通过精神信仰的力量凝聚人心。人们在伟大精神的感召下,能爆发出惊人的战斗力。汶川地震,大难来袭,振臂一呼,万众来聚,这就是中华民族精神力量的凝聚作用。其二,"利涉大川",聚合众人之力可以济难。"一根筷子轻轻被折断,十双筷子牢牢抱成团",连在一起的心是不可战胜的。其三,"利贞",必须有一颗正直、正义的心,守义、有信才能得利长久。在此拯济涣散、大是大非的波涛中如果想趁乱捞一把,搞歪的,搞怪的,只会葬送了自己。《周易折中》说:"不以正行之,则必有渎神犯难之事",此言极是。

【原文】

初六:用拯马壮①,吉。

【译文】

初六：借助强壮马匹的力量拯济涣散，吉祥。

【注释】

①用拯马壮：即"用壮马拯"。拯，拯济。详见《明夷》六二注释。

【品鉴】

程颐《程氏易传》说："六爻独初不云涣者，离散之势，辨之宜早，方始而拯之，则不至于涣也。"初六还处在"涣散"初始之时，如果能及时顺承九二阳刚，拯补自己阴柔弱质，可获吉祥。

【原文】

九二：涣奔①其机②，悔亡。

【译文】

九二：在涣散之时急往奔向可以凭借倚靠的几案，悔恨消亡。

【注释】

①奔：奔向，急往。
②机：通"几"。几案，凭借之处，程颐曰："俯凭以为安者。"

【品鉴】

合聚涣散要先固其本根。九二从外而来，居在下卦中央，是下卦之主，一定要先有所凭倚而安居，然后才能动而无失。这一爻实际上是告诉拯涣济难者若想使人合散为聚，就一定要首先提供给处于涣散中的人们可以凭借倚靠的条件或场所。

【原文】

六三：涣其躬①，无悔。

【译文】

六三：能够涣散自身（外出勤王），没有悔恨。

【注释】

① 躬：自身。

【品鉴】

《蹇》卦六二说："王臣蹇蹇，非躬之故。"当蹇难之时，能够忘身济蹇，与九五相应。《涣》卦六三也有着类似的意思。《小象传》说六三"志在外也"，就是指六三能够涣散、舍弃自身利益，勤劳王事的美德。《易经》中六三正应上九，很少能有吉祥的。但在《涣》时，六三正应于上九，有忘身徇上，役命为公之象，所以能得"悔之"。所以，这一爻的核心思想是提醒拯涣者要舍弃自身小利，阙然大公，一心为民。

【原文】

六四：涣其群①，元吉。涣有丘②，匪夷所思③。

【译文】

六四：能够涣散朋党小群体，大为吉祥。涣散中就包含着聚集，这不是平常人所能思虑到的。

【注释】

① 群：犹言"朋党"。

② 丘：山丘。山丘为土石之聚，此处可释为"聚"。《周易折中》引孔安国《书序》曰："丘，聚也。"

③ 匪夷所思：匪，"非"也；夷，"常"也。整句意为，不是常人所能思虑到的。

【品鉴】

《小象传》说："涣其群元吉，光大也。"能够无一毫私念，解散朋党小群，是为了聚合起更广大的群体，六四的品德真可谓光明正大。

《系辞传》在归纳《易经》中包含着四种"圣人之道"的时候说："以言者尚其辞"（言谈者崇尚它的意蕴深刻的卦爻辞），中华民族的许多成语典故就是从《易经》的卦爻辞中流传下来的，比如"匪夷所思"。这里是说，一般人只知道涣散就是涣散，却不知道涣散里面包含着合聚，散中有聚的道理真不是常人所能考虑到的。那些以私利结集在一起的朋党小团体，根本就不是真正的聚合，他们一旦分崩离析，真可谓是一团散沙。如果说六三爻告诉我们的是济"涣"之时要舍私循上，那么这一爻告诉我们，只有光明正大、大公无私不去搞小团体的君子才能服人聚众，真正化涣散为合聚。散中有聚、聚中有散的道理就在这里。

【原文】

九五：涣汗①其大号②，涣王居③，无咎。

【译文】

九五：能像浑身出汗一样发乎内心而广被远近地大声呼喊召唤，疏散王者的居积以聚合天下人心，没有灾祸。

【注释】

① 汗：出汗。朱熹说："圣人就人身上说一汗字为象，不为无意，盖人君之号令当出乎人君之中心，由中而外，由近而远，虽至幽至远之处无不被而及之。亦犹人身之汗，出乎中而浃于四体也。"

② 大号：大声呼喊。《周易折中》云："在常人则是哀痛迫切，写情书心也。在王者则是至诚恳恻，发号施令也。"

③ 王居：王者的居积，君主自己的财物。

【品鉴】

九五刚居尊位，大中至正，所以这一爻讲的是有德、有位的君王如何聚合天下涣散的民心。国家的号令如"汗"，发出就不收回，百姓信任你。王室的钱粮散发，大家吃饱穿暖，百姓拥护你。《系辞传》说："何以守位？曰仁。何以聚人？曰财。"用在这里很合适。不朝令夕改，不动摇、不折腾，就是对百姓的仁爱之心；让大家得到实实在在的利益，生活富裕起来，人心就能凝聚形成战斗力。这样的领导振臂一呼，哪个不愿意聚到一起？

【原文】

上九：涣其血①，去逖②出，无咎。

【译文】

上九：散去消除血光之灾，然后离去远走，没有灾祸。

【注释】

① 血：伤也。

② 逖（tì）：远离。《说文》曰："逖，远也。"《尚书·牧誓》有言："逖矣，西土之人。"也做"远"讲。

【品鉴】

大散正是大聚的前夜，经过艰苦的努力，涣散之世的血光与忧愁也即将消散。这时仍处在漩涡的中心恐怕有凶险，不如在功成事遂之后离去远走。如范蠡助越王勾践中兴大业，在涣散其灾害，去除其忧患后，即远走离去，泛舟江河以避身远害。故而《小象传》说"涣其血，远害也"。《涣》以离散为义，故至卦终而遂远离凶害。以远去离险以避难，这是君子明智的选择。王弼说："（上九）最远于害，不近侵克，散其忧伤，远出者也。散患于远害之地，谁将咎之哉！"

六十

行止有度 苦节不可 [节]

《序卦传》曰:"涣者离也,物不可终离,故受之以节。"事物不能终久无节制地涣发离散,所以接着是象征"节制"的《节》卦。

《杂卦传》说:"节,止也。"可见,《节》有"止"义。那么,它与《艮》卦的"止"有什么区别呢?《艮》卦的全部精髓在"时止时行",让人们该行的时候行,该止的时候止,重点落在行为"选择"上。《节》卦则是告诉人们行的时候应该做到什么"度",止的时候要落脚到哪里,适可而止,重点落在行为"控制"上。所以,孔颖达说:"节者,制度之名,节止之义。"朱熹说:"节,有限而止也。"卦辞中的"苦节不可贞"讲的也是要"适度"。

"节制"的意义很广泛。落实到物质文明的层面,我们一般说"节约""节俭";落实到精神文明的层面,我们一般说"节制""节止";落实到政治文明的层面,我们一般用"礼节"来表达。所以,《节》卦的"节制"之理蕴涵很丰富,我们在解读的时候要三个层次结合起来才能把握得更全面。

节：亨，苦节不可，贞。

初九：不出户庭，无咎。

九二：不出门庭，凶。

六三：不节若，则嗟若，无咎。

六四：安节，亨。

九五：甘节，吉。往有尚。

上六：苦节，贞凶，悔亡。

【原文】

节①：亨，苦节不可，贞。

【译文】

《节》卦表示：循礼而行，可致亨通。但不要过分刻苦地去节制，只有恪守信义，才能保持贞固之道。

【注释】

① 节：节制，节度。《说文》："节，竹约也。"段玉裁注："约，缠束也。竹节如缠束之状。"《广韵》："节，制也，止也。"

【品鉴】

"节制"的意义和重要性自古以来就在不断强调，如孔子说："敬事而信，节用而爱人。""知和而和，不以礼节之，亦不可行。"(《论语·学而》)因此，卦辞中说"循礼节制可致亨通"比较好理解。但是卦辞中的后一句"苦节不可贞"却经常容易被忽视。《易经》最重视"中"的德性，认为无论什么事情若失了"中"，过了"度"，就会变亨为凶。《象传》讲："天地节而四时成；节以制度，不伤财，不害民。"刚柔相节，生成春夏秋冬四时，冬不能无限长，需要以春节制，这是以刚节柔；夏也不能无限长，需要秋来节制，这是以柔节刚。如果天地无节，那么只会有漫冬长夏，哪里还有四时的分明。对于人类社会来说，君王制定适当的礼节制度，从而保证财富的使用更加合理，人民的生活更加殷实。"节制"过了头，不管是物质生活太贫乏，还是精神生活太单调，而或政治礼节太烦琐、制度太苛刻，人们以之为"苦"了，那么就会转化到它的反面，走入穷困之境。

【原文】

初九：不出户①庭，无咎。

【译文】

初九：待在家里不动，没有灾祸。

【注释】

① 户：在古代，户和门是有区别的，里面的、单扇的、较小的称为户，外面的、双扇的、较大的称为门。《说文》："户，护也。半门曰户，象形。"《玉篇》："户，所以出入也，在堂房曰户，在区域曰门。"

【品鉴】

初九处在节制之时的最开始，虽然体阳当位，上应六四，但见前有九二相隔，就知道应该节制慎守，不宜轻举妄动，《小象传》讲："知通塞也"；就是赞扬初九能"节"以其时。

《节》卦下兑上坎，兑为泽，为口，口是心的门户，心里的话都要通过口舌的大门讲出去。话应该怎么说，是很深的学问。有些话干脆一辈子烂在肚子里永远不要说，有些话不到该说的时候一定不要说，说出来就要坏事。孔子对此理解得很深刻，他说："乱之所生也，则言语以为阶。君不密则失臣，臣不密则失身，几事不密则害成。是以君子慎密而不出也。"

所以，初九不仅提醒我们不要乱动，还提醒我们不要乱说。

【原文】

九二：不出门①庭，凶。

【译文】

九二：不跨出门庭，有凶险。

【注释】

① 门："門"的简体字。象形，双扇开的大门。"户庭"一般指内院，"门庭"一般指街门。

【品鉴】

九二阳刚居中，前面两阴爻中通路畅，但它却拘于节制，该动的时候不动，自然有凶险。一个人有了学识，有了力量，又具备良好的外部环境，如果还深居不出，那就会出问题。同样，该你说话的时候你如果还缄口不言、默不作声，那不是太自私，就是太糊涂，再要么就是别有用心。

【原文】

六三：不节若①，则嗟②若，无咎。

【译文】

六三：不能适当节制，于是嗟叹自悔，这样没有过错。

【注释】

① 若：语气助词。
② 嗟：嗟叹。《玉篇》："嗟，嗟叹。"

【品鉴】

六三已经过中，处泽之溢，上又比邻坎险，位不正还下乘初、二两阳，是不知节制之象。如果栽了跟头之后能嗟叹连连，及时自省，可得"无咎"。《系辞》曰："无咎者，善补过也。"过而能改，《易经》以为善也。

【原文】

六四：安节，亨。

【译文】

六四：能够安然自若地去节制，亨通。

【品鉴】

要做到"安节"不容易。"安"是"安然自若"的状态，跟"勉力而行"的状态相对。前者如水流平地、波澜不惊，在安然顺处中去节制、去节俭；后者则有点气喘吁吁、勉为其难的意思。两相对比，高下殊明。程颐说："四顺承九五刚中正之道，是以中正为节也。以阴居阴，安于正也，当位为有节之象。下应于初，四体坎水也，水上溢为无节，就下有节也。如四之义，非强节之，安于节省也，故能致'亨'。节以安为善，强守而不安则不能常，岂能亨也。"意谓六四上承九五中正道，以阴居阴，安于"节制"，本身在坎水之下，下应于初九，有就下有节不至满溢之象。因而六四之"节"是安处泰然之"节"，节以安为善，故得"亨"。

【原文】

九五：甘①节，吉，往有尚。

【译文】

九五：适当节制让人感到甘美快乐，吉祥。以此前往，必受尊尚。

【注释】

① 甘：《说文》："美也。"《玉篇》："甘，甘心，快意也，乐也。"

【品鉴】

九五阳刚居中，处于尊位，是《节》卦的主爻。甘与苦相对。李光地《周易折中》讲九五得"甘"的原因说："水之止者苦，积泽为卤是也。其流者甘，山不出泉是也。五为坎主，水之源也。在井为冽，取其不泥也。在节为甘，取其不苦也。"于人君而言，让百姓在节制中享受到甘美，即不伤财，不害民。所以，"甘节"比"安节"的境界更高一层。高就高在九五居于尊位，已经超越了自身的"一己之安"，在广义的"节制"中让天下人都能感受到"节以制度，上下有分，秩序井然"的甘甜美好。

九五的高境界还在于它已经不把"节制"当成一种限制，反而在人伦节度的范围内享受到甘美快乐。"节制"到了这样的境界，就是心灵的自然流露了，自然而然的表达，没有一点刻意。大概孔子"七十而从心所欲不逾矩"的境界就与此相似吧。

【原文】

上六：苦节，贞凶，悔亡。

【译文】

上六：节制过分，就会让人感觉苦涩不堪忍受，持守正道以防凶险，悔恨可以消除。

【品鉴】

上六居《节》之极，象征"节制"到了极点。物质生活节俭到了极点，就成了吝啬；礼节制度节苛到了极点，就成了呆板；精神文化的领域节抑到极点，人就成了苦行僧。无论什么，到了人们不以为乐、反以为苦的地步，也就快有凶险了。但是宁俭勿奢，如能行之正道，行"节"的苦心也不可全盘否定，所以上六爻辞勉之以"悔亡"，微含着"劝其回头，化苦为甘"的意味。孔颖达将"苦节"分为"施人"和"修身"两处来评判，对苦节的正反两方面影响阐述甚明，他说："若以苦节施人，则是正道之凶，若以苦节修身，则俭约无妄，可得亡悔。"

综观《节》卦，六爻皆以当位为善，不当位为不善，故而《象传》有言："当位以节。"六爻又以两两相比者而相反。初九与九二相比，前者当位知通，"不出户庭""无咎"；后者不当位不知塞，"不出门庭"得"凶"。知通塞行止，可知"节"道矣。六三和六四相比，前者不当位为"不节"，后者当位为"安节"。九五与上六相比，前者当位得"甘节"，后者失位为"苦节"。这六爻不同的情状都有生动的取象根据。下卦泽为水之聚止，初、二两爻皆曰"不出"，六三失位不知其止而水溢泽上。上卦坎为水之流动，故六四得"安"，九五得"甘"，上六节而不止，流布过甚，有水流而竭之象，故得"苦节"。

六十一

诚实有信 孚乃化邦 [中孚]

"中孚"是中心诚信的意思。《序卦传》说:"节而信之,故受之以中孚。"用以节制的制度拟定以后,只有上下内心诚信才能切实推行,在上者能信守之,在下者则能信从之,这就是"节而信之"的含义。所以《中孚》卦继次于《节》卦之后。

诚信是中华民族的传统美德。孔子说:"人而无信,不知其可。"信誉是人的生命,人如果失了诚信,简直就是丧失了做人的根本。西晋哲学家傅玄说:"以信待人,不信思信;不信待人,信思不信。"对人诚实守信,即使别人原先不信任的,也会转为信任。相反,对人不讲信用,即使别人原先信任的,也会变成不信任。中国传统文化中关于诚信的名言和故事汗牛充栋,但多是零散的格言式的闪光真理,没有形成系统。《易经》中专讲诚信的《中孚》卦,从独特的视角用形象的语言来系统地告诉我们在现实生活中应该如何建立相互信赖的关系,以诚信来形成向心力和凝聚力,做到上尽天道,下成人功。

中孚：豚鱼吉。利涉大川，利贞。
初九：虞吉，有它不燕。
九二：鸣鹤在阴，其子和之。我有好爵，吾与尔靡之。
六三：得敌，或鼓或罢，或泣或歌。
六四：月几望，马匹亡，无咎。
九五：有孚挛如，无咎。
上九：翰音登于天，贞凶。

【原文】

中孚①：豚鱼②吉。利涉大川，利贞。

【译文】

《中孚》卦表示：内心至为诚信到能感化小猪小鱼，吉祥。有利于涉越大川巨流，守义才能获利，有信方能久固。

【注释】

① 中孚：卦名。中心诚信。《说文》："中，内也。""孚，卵孚也。从爪，从子。一曰信也。"徐锴系传曰："孚，信也，鸟之孚卵皆如其期，不失信也。"朱熹曾对"孚"字和"信"字的意义辨析得很精炼，他说："伊川云'存于中曰"孚"，见于事为"信"'，说的极好。因举《字说》'孚'字从爪从子，如鸟抱子之象；今之'乳'字，一

边从'孚',盖中所抱者,实有物也;中间实有物,所以人自信之。"②豚(tún)鱼:豚,小猪。说文:"豚,小豕也。"这里以小猪和小鱼比喻微小迟钝之物,连豚、鱼这样的小动物都能被诚信的品德感染,说明至诚之德可以感化一切。程颐说:"豚躁,鱼冥,物之难感者也。孚信能感于豚鱼,则无不至矣。"

【品鉴】

《象传》说:"中孚,柔在内而刚得中,悦而巽,孚乃化邦也。"《中孚》卦象下兑上巽,六三和六四两阴爻居于六爻中间,上下各两阳爻,这就是"柔在内"之象,就全体而言即是"中虚";九二和九五两阳爻分别居处于下体和上体的中位,这就是"刚得中",就上下二体来说即是"中实"。那么这一"虚"一"实"到底与"诚信之道"是什么关系呢?北宋程颐解释说:"中虚信之本,中实信之质。"讲得比较抽象,不好理解。到了南宋朱熹又对程颐的话做了说明:"只看虚实字,便见本质之异。中虚是无事时虚而无物,故曰中虚。自中虚中发出皆是实理,所以曰中实。"又说:"一念之间,中无私主,便谓之虚。事皆不妄,便谓之实。不是两件事。"清代曾国藩对这个问题讲得更加明了,他说:"人必中虚不着一物,而后能真实无妄。盖实者,不欺之谓也。人之所以欺人、所以自欺者,以心中别着私物也。不欺者,心无私着。是故天下之至诚,天下之至虚者也。灵命无着,物来顺应,是之谓虚,是之谓诚而已矣。"《中孚》卦象下兑为泽,上巽为木,以木作舟,行于泽水之上,《象传》说"'利涉大川',乘木舟虚也",正因为船只的中间虚空,可以载人,所以外在才有涉越大川巨流之实用,也只有人的内心之中不存一己之私,无有成见,做到"中虚",遇事才能实实在在,以诚实信守待人接物。

这一"虚"一"实","柔在内而刚得中",是讲只有具备这样的条件，中虚于内，将内心的私意成见都摒弃掉，才能达到诚信于外。人与人之间交往的普遍社会道德是这样，上升到政治权力伦理的运作中也是同样道理。国家制定的规章制度应该建立在诚信不欺的基础之上，君民上下之间的坦诚互信，人君以至诚之心对待百姓，百姓以至诚之心对待君主，双方至诚相感，上下交孚和睦，喜悦活泼相互巽顺，整个国家洋溢着一种相互信赖的气氛而同心同德，从而达到社会整体的和谐。因此象传说"孚乃化邦也"，"中孚以利贞，乃应乎天也"，这种以诚信被化邦国的美好德行是上应天道的。

【原文】

初九：虞①吉，有它不燕②。

【译文】

初九：安守诚信可获吉祥，别有所求就会不得安宁。

【注释】

① 虞：犹言"安"。《广雅》："虞，安也。"
② 燕：也是"安"的意思。孔颖达曰："燕，安也。"

【品鉴】

《中孚》卦义主要强调主体自身内心的诚实信守，不假外求，六爻都是无应则吉，有应则凶，所以初九和六四虽是阴阳正应关系，但却不宜向上擅动求应于六四，而是应该在"勿用"之位自安自守于诚信，这样才可得吉祥。"有它"，即心志不定，心志不定则惑而不安。惑而不安即"不燕"。初九与六四有正应关系，但处在《中孚》之时，孚在其中，无待于处，所以宜于自安自虞，无意于应六四则吉，若变其"中孚"之志，动而外求孚于六四，就会失其所安了。由此我们可以看到，《易经》特别注重"时"的把握，心中诚信表现于外也不是不受任何条件限制的，就像一个人虽然满怀诚信之心，如果在时机不成熟、形势不允许的情况下去轻易表露，那么也会引起些小麻烦。一句话，初九所处的位置和时机都不宜于动。

【原文】

九二：鸣鹤①在阴，其子和②之。我有好爵③，吾与尔靡④之。

【译文】

九二：仙鹤在树荫之下引颈鸣叫，它的孩子也自然心灵相通循声应和。我有一杯好酒，愿与你一同分享共饮它。

【注释】

① 鹤：仙鹤外形清高潇洒，洁白美丽，雌雄相随，步行规矩，情笃而不淫，具有很高的德性。古人多以鹤比喻具有高尚品德的君子。

② 和（hè）：应和。

③ 爵：盛酒的酒器，这里指代美酒。《说文》："爵，礼器也，象爵之形，中有酒，又持之也，所以饮。"

④ 靡：这里是共饮的意思。

【品鉴】

九二以诗一般的语言，勾画出一副和谐美妙的景象。九二居于六三和六四重阴之下，故曰"在阴"，它处境幽隐暗昧，但其刚中的美德自内向外散发着光辉，遁世而无闷，不慕求显贵闻达。这种淳朴至诚的品德定会克服时间和空间的距离得到具有同样美德之人的感应，就像仙鹤鸣叫于树荫之下，其子会在远处应和一样。"子"谓初九，二者同为阳爻，李光地曰："《易》例凡言'子'言'童'者，皆初之象。"九二内心具有阳刚充实的品德，与人交往诚恳互信，就像拥有一杯好酒，也不自己私藏起来，而是要跟朋友一同畅饮掉。

孔子在读到这一爻时感慨其表现出来的至诚感通之理说："君子居其室，出其言善，则千里之外应之，况其迩者乎！居其室，出其言不善，则千里之外违之，况其迩者乎！言出乎身，加乎民；行发乎迩，见乎远。言行，君子之枢机。枢机之发，荣辱之主也。言行，君子之所以动天地也，可不慎乎！"《中孚》卦六爻，唯九二与九五外无正应，有中实不假外求之象，故而孔子两言"居其室""况其迩者乎"，实是赞美君子之实得德实行，不虚务于远而切修于近，内心静晦无求而同道之人自来应和。

【原文】

六三：得①敌，或鼓或罢②，或泣或歌。

【译文】

六三：内心不诚而前遇劲敌，忽而击鼓进击，忽而停攻后退，忽而悲伤哭泣，忽而欢笑高歌。

【注释】

① 得：遇也。
② 罢：停止。《广韵·蟹韵》："罢，止也。"

【品鉴】

六三与上九有正应，在《中孚》之时，有应之象好比人心不能守于中，而是动于外。心动于外，则喜乐哀愁等情绪都要受牵累于外物，不能坦然自安。六三以阴柔之体处不正之位，又有外应，故而心意不诚，私念杂起，以阴居阳又好逞刚强。六四本来跟六三都是虚中成卦之主，跟六三关系不大，但六三却在患得患失之中把它看成是阻拦前路的敌人，要除之而后快。六四作为近君之大臣履正承尊，不是六三所能撼动的，六三贸然进攻不能奏效，只能罢止后退，又恐六四反攻，不禁忧惧哭泣，但见六四柔顺守正，不加侵害，又愁消欢歌起来。所以六三这样心意不诚没有内心持守的人，投机钻营的结果就是最后使自己进退失据，陷入一片张惶无措的尴尬境地。宋代刘牧分析六三这种不能自主的乖戾行为说："人惟信不足，故言行之间，变动不常如此。"可谓至当！

【原文】

六四：月几望①，马匹亡，无咎。

【译文】

六四：月亮将圆但还没有全满，良马丧失其配，不会招致灾祸。

【注释】

① 几望：月亮即将满圆。详见《归妹》卦六五注释。

【品鉴】

六四是成卦之主。它作为近君大臣履正当位，怀诚信之心以柔顺之德上承九五，体现出充实盛大的谦顺之德，这种品德既尽心竭力辅佐君主，又谦柔退处不自居功，犹如一轮明月满而不盈，美满得恰到好处。所以说"月几望"。初九与六四正应，犹如良马之配偶，但六四既然已经专诚事奉九五，就不应分心再去往应初九，也只有跟初九隔断联系，才能得到无咎的结果。所以说"马匹亡，无咎"。这就像一心为公的干部，踏上人民需要的岗位，往往会把自己家庭的事情放在后边，全心扑在工作上，这种美德就像六四明月一样散发着光辉，也像良马丧失其配，个人受到了损失，但国家和老百姓实实在在受到了实惠。

【原文】

九五：有孚挛如①，无咎。

【译文】

九五：用诚信之德牵系天下民众之心，没有灾祸。

【注释】

① 挛如：牵系连绵、联系紧密的样子。

【品鉴】

九五以阳刚之才居处尊位，既中且正，是一位以诚信团结国家、聚集人心的有德君主，也正是《象传》所说的"孚乃化邦"者。他用发自于内心的诚信之德去感召天下百姓，广系天下之心，使得上下内外都能以诚信相通相感，形成巨大的凝聚力和向心力，这种境况下哪还有咎害可言。

值得注意的是，为人君者的孚信，与普通百姓的特点不一样。普通百姓中有实德，不要动辄迁散于外，而应自守于心，如初九。为人君者则应该把孚被天下当成实德，所以必须要散发自己的孚信光辉固结天下。这是在下位者和在上位者要清醒认识到的。

【原文】

上九：翰音①登于天，贞凶。

【译文】

上九：高空飞鸟的鸣叫响彻天宇，虚声远闻而缺乏笃实，必须持守正道以防凶险。

【注释】

① 翰音：高飞之音。徒有声音高飞于天，而无诚信之实。王弼说："飞音者，音飞而实不从之谓也。"

【品鉴】

上九同九二的对比很鲜明。九二处在兑泽之中，两阴之下，所以说"在阴"，上九处在巽风之上，所以说"于天"。诚信发自内心，所以鹤鸣有其子应和，诚信伪装在外表，徒有高声，却不会让人相信，引起共鸣，只能导致凶险的后果了。这充分说明了中孚之道一定要内心笃诚，不要扬露于外，若自鸣其信，借以炫耀世人，就成了心存诈伪，失却了中孚的真谛。

在他卦，多以正应为吉，在《中孚》反以有正应为凶，因为《中孚》卦义，主于中有实德，不假外求，这是值得我们特别注意的。综观六爻，初九与六四正应，初九若安然自处，无意于六四则吉，若有求"它"之心则"不燕"。六三与上九正应，上九处信之终，只图虚名，忠笃内丧，六三与之相应，不能自主，进退失常。九二与九五没有正应关系，九二处于幽暗之中，无心感通于外物，而同志之人自来应和，九五居于尊位，刚健中正，有中孚之实，故能固结天下之人心。由此我们可以看到，《易经》特别关注修身求内，特别重视主体的内在精神修养（如初九、九二），但同时也特别强调主体的内在道德要落脚于外在的经世外王，要心系天下（如九五）。我们认为，《易经》这种以内在精神修养为手段，以改造客观世界为目的的思想，为后世儒家所继承吸收，并成为儒家学派的一个基本特征。《中孚》卦中所透显出的基本精神与儒家"内圣外王"的思想品格是一致的。

六十二

处下居柔 小事可过 [小过]

《序卦传》曰："有其信必行之，故受之以小过。"人之履行诚信，不妨小有过越，实践中果决地履行职责，稍过中道也无妨。所以《中孚》卦之后是《小过》卦。

"小过"有三层意思：其一，卦象中四阴二阳，阴盛阳衰，力量对比失衡，阴相对阳为"小"，故有"阴柔小者势力过越强盛"之义；其二，做大事需要非凡的胆略和强硬的手段，不是本质柔顺的人可以做成的，卦中四阴爻柔软巽顺，只适合做些日用常行之小事，所以卦名也含有"小事可以过越"的意思；其三，在某些谦慈柔惠事情的处理上，小有过越，超过正常，在中道的基础上稍进一步，矫枉过正，但绝对不能超出限度，含有"所过者小"的意思，《大象传》说"君子以行过乎恭，丧过乎哀，用过乎俭"，正是对此极好的阐释。

《彖传》说《小过》卦形"有飞鸟之象"。的确，卦中两阳爻居中间如鸟身，四阴爻分居上下如鸟翼，整体犹同一只展翅翱翔的飞鸟。卦爻辞也总以飞鸟做比喻，说明"小过"之理必须运用于处置柔小之事，"可小事，不可大事"；并且"过越"的本质要体现于谦恭卑柔，自贬退后一步，像飞鸟一样"不宜上，宜下"。

䷽小过：亨，利贞。可小事，不可大事。飞鸟遗之音，不宜上，宜下，大吉。

初六：飞鸟以凶。

六二：过其祖，遇其妣，不及其君，遇其臣，无咎。

九三：弗过防之，从或戕之，凶。

九四：无咎，弗过遇之。往厉，必戒。勿用，永贞。

六五：密云不雨，自我西郊，公弋取彼在穴。

上六：弗遇过之，飞鸟离之，凶，是谓灾眚。

【原文】

小过：亨，利贞。可小事，不可大事。飞鸟遗①之音，不宜上，宜下，大吉。

【译文】

《小过》卦表示：循礼可得亨通，守义才能获利，有信才能久固。此时只可以做小事，不可以做大事。就像飞鸟留下悲哀的啼鸣，不宜向上强飞，宜于向下栖息。大为吉祥。

【注释】

①遗：遗留。朱骏生《六十四卦经解》曰："遗，存也。"

【品鉴】

《小过》与《大过》的含义相反。《大过》四个阳爻聚在中间，两端阴爻势力柔弱，阳刚过头而失却了阴柔的辅助，象征"栋桡之世"，所以需要以非凡的胆略克制阳刚，才能拯救衰亡。《小过》则是四阴爻分散两端，阳刚的力量弱小，这就需要克制阴柔的势力，使之"小有过越"，离刚柔相济的"中道"尽量近一点，才可以达到亨通。小事，是指日用行常之事；大事，是指关系天下国家之事。在阴柔势力占主导地位的"小过"之时，五之君位和二之臣位都由阴爻来居处，君臣俱弱，魄力不足，岂可以进行拨乱反正、兴师征伐等大事。但二者又都柔而得中，能够自我克制，出处皆行中道，所以在小事上可得吉祥。卦辞说"飞鸟遗之音"，讲飞鸟翱翔于天，而哀鸣能闻于地上，说明它所飞不高，故有"小过"之义。小鸟往上逆风而飞，不会有凭倚安适的地方，只有顺势向下，还山集谷，才能找到伴侣，安居栖息。所以卦辞告诉我们的是个体处在阴柔过盛而阳刚不足之时，且不可好高骛远，逆势强飞，而应该像飞鸟一样，顺势而为，向下安栖，寻求吉祥之道。

【原文】

初六：飞鸟以凶。

【译文】

初六：飞鸟硬是逆势向上，就会有凶险。

【品鉴】

初六居处在《小过》之始，如同飞鸟之翼。它体质柔弱，居位不当，又好用刚强，一心想高飞上行，上应九四，哪里知道在"小过"之时

"不宜上，宜下"，应该主于谦柔卑顺，往上疾飞只能罹凶。李光地《周易折中》说："初于时则未过，于位则处下，如鸟之正当栖宿者，乃不能自禁而飞。其凶也，岂非自取乎？"

【原文】

六二：过其祖①，遇其妣②，不及其君，遇其臣，无咎。

【译文】

六二：超过祖父，得遇祖母，不敢向上超越君主，往下得以遇合良臣，没有灾祸。

【注释】

① 祖：祖父。这里指九四。
② 妣（bǐ）：祖母。这里指六五。

【品鉴】

九三阳爻居于六二之上，为其父。九四阳爻和六五阴爻又居其上，分别为祖、为妣。六二体质柔弱，如果想向上逆行强飞，超过三、四两阳去遇合六五妣母，会困难重重而得凶。特别五爻又是君位，臣子如果过越君主，就会有犯上之嫌，所以只可"遇"，不可"过"。六二居中当位能够做出正确的判断，不往上强飞，而往下顺行，遇到与之同类的初六，初六居于六二之下，是六二之"臣"，此时不宜上飞，向下得"遇其臣"，故可"无咎"。所以，六二是"小过"之时柔巽处事、顺时下飞而得以免除咎害的典型和榜样。故而王宗传说："六二或过或不及，皆适当其时与分，而不愆于中焉，此在过之道为无过也，故曰'无咎'。"李光地也赞扬六二曰："小过之义主于过恭过俭，妻道也，臣道也。二当其位，而有中正之德，故能权衡于过不及而得其中，于六爻为最善。"

【原文】

九三：弗过防①之，从②或戕③之，凶。

【译文】

九三：不过分加以小心防备，恐怕会有人随之戕害，有凶险。

【注释】

① 过防：过，过分，过于，超过平常。过防，犹言"加倍小心"。

② 从：随之而来，从而。

③ 戕：害。《玉篇·戈部》："戕，杀也。"

【品鉴】

在小过之时，做什么事都要矫枉过正，超过正常，然后才能得"中道"之正。亦即朱熹所讲："小过之时，事每当过，得后得中。"九三阳刚当位，为众阴嫉妒而欲加以戕害，然而九三以自恃刚强，忽视"小"事，只顾上行，不肯加倍小心防范，最终遇害得凶。这一爻告诉我们的是，一定要谨小慎微，能勤小物，方能避免大患。

【原文】

九四：无咎，弗过①遇②之。往厉，必戒。勿用，永贞。

【译文】

九四：没有咎害。不过分刚强，向下行得有所遇。往上走有危厉，务必自戒。不要有所用事，利于长久的持守正道。

【注释】

① 弗过：这里指九四阳居阴位，不过分刚强。
② 遇：指遇合初六。

【品鉴】

九四跟九三同是阳爻，但九四"无咎"，九三得"凶"，行为后果截然相反。这是因为，九四以刚居柔，善于用柔顺之道去调整自己的行为，不过于刚强，也不想着去超越六五，而是顺行下飞，去遇合初六，得到正应。它正是遵循了在"小过"之时"宜下不宜上"的行为准则，从而避免了咎害。但是它处在不正之位，大环境又阴盛阳衰，所以仍然要时刻警惕，加倍小心，切切不可轻举妄动。

【原文】

六五：密云不雨，自我西郊，公弋①取彼在穴②。

【译文】

六五：浓云密布却不成雨，从我们城邑的西边郊外升起，王公弋射获取藏身洞穴里的害兽。

【注释】

① 弋（yì）：古人用弓射禽鸟，用尾部不系丝绳的箭射叫"射"或

"弓射",用尾部系有丝绳(缴)的箭射叫"弋"或"弋射"。《诗经·郑风·女曰鸡鸣》"将翱将翔,弋凫与雁",郑玄注曰:"弋,缴射也。"

② 彼在穴:犹言"那些藏在洞穴中的害兽"。

【品鉴】

六五和六二都是柔而得中,二者相互配合能够在小事的处理上获得成功,在小过之时,对于维护形势的稳定起到了关键的作用。但是两爻同属阴柔,不能结成正应,犹如虽有密云而象征着阴阳和合的雨水却降不下来。这也是此时"可小事,不可大事"的根本原因。但是六五柔中,居于尊位,还是可以做一些比如矫除弊害之类的积极事情的,他用本来向上射取禽鸟的弋箭向下去射除隐伏在洞穴里的害兽,也符合了"宜下不宜上"的原则。爻辞虽然不言吉凶,但肯定的态度已经很明显了。

【原文】

上六:弗遇过之,飞鸟离①之,凶,是谓灾眚②。

【译文】

上六:不能遇合阳刚而超过阳刚,正像飞鸟不停上飞而被射杀,有凶险,这样的情形就叫灾殃祸患。

【注释】

① 离:通"罹"。遭受苦难不幸称为"罹"。
② 灾眚(shěng):灾殃祸患。祸自外来曰灾,祸自内生曰眚。

【品鉴】

上六处小过之终，犹如飞鸟之翼，逆势上行，高飞远举，没有遇合族群又失去依托之处，必定遭受射杀。就像有些人不明白"小有过越"的原则，只知不停上溯，不知适可而止，结果罹凶一样。上六的"弗遇过之"跟九四的"弗过遇之"恰恰相反，九四不过于刚强去超越六五，而是顺而下行遇合初六而得无咎，上六已经到了亢极不可进之位，还不能自我克制，主动去与在下之阳刚遇合，反而背道而驰，完全违反了"宜下不宜上"的原则，只能招致灾害。

《小过》的总体形势要求人们的行为"宜下，不宜上"。先看两阳爻，九三居下卦之上，以刚居刚，不能识时自下，故得"或戕之"。九四居上卦之下，刚而能柔，向下得所遇而"无咎"。六五、上六两爻乘凌于三四两阳爻之上，《象传》所谓"逆上"就是指此二爻。六五没有罹凶的原因在于能以柔居中，但它已经在整体上违背了《小过》"不宜上"的宗旨，虽有补救也只能"密云不雨"。初六与六二处在三四两阳之下，即《象传》所讲"下顺"。六二柔中得正，把握住小过之时"宜下"的精神主旨"不及其君，遇其臣"，得到无咎。初六最处卦下，犹如鸟在栖息之时，总体形势不错，但却志欲上行，不能自禁从而得"凶"。可见，《小过》之时，凡是违背"不可大事"和"不宜上"两条原则的必致凶险。

六十三

万事皆成 居安思危 [既济]

"既济"就是已经渡济，用渡水已竟象征事情已经成功。《既济》卦是第六十三卦，《易经》六十四卦中的倒数第二卦，表示一个循环的结束，它的下一卦《未济》又象征着新的开端和起点。这个次序反映了《易经》作者对宇宙人生的一个整体看法，在作者看来，世间万事万物皆从《乾》《坤》开始，历经中间六十卦之展开，到《既济》完成，一个过程到此结束了。所以《杂卦传》说："既济，定也。"定是安定、稳定的意思。在《既济》卦中，三阳三阴各正其位又彼此应和，象征着秩序与和谐的完美结合。追求这种和谐的秩序，达到社会系统的稳定平衡，是贯通《易经》始终的核心价值观。《乾·彖》说："乾道变化，各正性命，保合太和，乃利贞。首出庶物，万国咸宁。""太和"即最高境界的和谐，社会各系统各得性命之正，有条不紊又团结协作，彼此沟通，表现出旺盛的生命力和强大的创造力，是最理想的状态。

但是事物发展到《既济》之时是不是就永久消除了矛盾，再也停滞不前了呢？不是这样的。凡事发展到极点，就会向它相反的方向转化。日中则昃，月盈则亏，天地盈虚，与时消息，这是大自然的规律，也是人类社会的规律，《易经》鼓励我们在逆境中应当刚健有为，奋进不止，发挥"自强不息"的精神，困而求其通；也提醒我们在"既济"之世的顺境中时时警惕，居安思危，保持清醒的头脑，以忧患之心，思忧患之故，防止事情向不好的方向发展。《既济》卦作为治世顺时的典型代表，更是从始至终都特别强调这种"安而不忘危，存而不忘亡，治而不忘乱"的忧患意识。

䷾既济：亨小，利贞。初吉，终乱。
初九：曳其轮，濡其尾，无咎。
六二：妇丧其茀，勿逐，七日得。
九三：高宗伐鬼方，三年克之，小人勿用。
六四：繻有衣袽，终日戒。
九五：东邻杀牛，不如西邻之禴祭，实受其福。
上六：濡其首，厉。

【原文】

既济①：亨小②，利贞。初吉，终乱。

【译文】

《既济》卦表示：柔小者也能获得亨通，此时守义才能获利，有信才能久固。功成之日起初吉祥，最终将导致危乱。

【注释】

① 既济：卦名。表示渡水已经成功。《释文》引郑玄说："既，已也，尽也；济，度也。"《周易正义》说："济者，济渡之名；既者，皆尽之称。万事皆济，故以'既济'为名。"

② 亨小：即"小亨"，柔小者亨通。

【品鉴】

　　《既济》卦下离☲上坎☵，水在火上，食物能因此得以煮成，象征着"事情已经成功"。《既济》之时，连柔小者都已得亨通，刚大者自不待言。柔小者若不亨通，说明还有未济，也不成其为《既济》卦了。卦中六爻刚柔皆得正当位，各得其所，当此之时，非正不利，所以卦辞说"守义才能得利，有信才能久固"。关于"初吉终乱"，这是作者诫勉事情成功之后应当慎为守成，否则将致危乱。《象传》说："'初吉'，柔得中也。'终止则乱'，其道穷也。"指出"起初能得吉祥"的原因是"柔得中"，实际上也包含了"刚得中"的意思在里面了，言外之意是柔者尚能得中，何况刚者，跟卦辞说"柔小者亨通"已经隐含着"刚大者必定亨通"是一个道理。这句话是实指六二和九五，分别居于两体之中，能行中道又得正相应，在刚柔相济的中道配合中一定能够得到吉祥。《象传》将卦辞的"终乱"解释得更加清楚明白，说"终止则乱"，这就一方面指明了事情发展至终必乱的矛盾转化客观规律，另一方面也更朗显出"乱"的产生主要是由于主观停滞不前、懈怠放松的缘故，如果能常葆警醒的头脑、清明的理性，安而不忘危，存而不忘亡，时刻警惕，就会有效防止危乱的发生了。《易经》作者已设危辞诫勉，但其上下数千年历史，历代王朝更迭变换，都在不断上演"初吉终乱"的情景。秦自孝公开始变法励精图治，传及六世，延续百余年，至秦始皇明君良将上下一心，扫荡六合，建统一之功，可谓是"刚柔得中"获"初吉"；然而其在"既济"之后，大肆暴虐，广修阿房，穷兵黩武，二世胡亥三年而亡，可谓"终止则乱其道穷"。其后各代兴替大同小异，都在不断为"初吉终乱"加厚注脚。

【原文】

初九：曳①其轮，濡其尾②，无咎。

【译文】

初九：往后曳拽车轮，故意沾湿尾巴，没有灾祸。

【注释】

① 曳：曳拽，往后拖。
② 濡其尾：濡，沾湿。此处初九"濡其尾"与上六"濡其首"，以及《未济》卦"小狐濡尾"一样，都是以小狐渡河打比喻。狐之为物，渡河必掀起尾巴使之不沾水面才能速济，尾巴若被沾湿，行动就会受限不能速渡。

【品鉴】

初九阳刚当位，上应六四，居《既济》之初，本来可以乘胜追击，高歌猛进，追求更大的胜利。但它却采取克制的做法，取象拖曳车轮、沾湿尾巴，以防止向前行进太快而失之匆忙急躁。在事成之始，能够如此警醒谨慎，脚踏实地，这是明智的选择，自然不会有灾祸。朱熹《周易本义》说："既济之初，谨戒如是，无咎之道，占者如是则'无咎'矣。"

【原文】

六二：妇丧①其茀②，勿逐，七日③得。

【译文】

六二：妇人丧失了车茀，不用寻找，不久就会失而复得。

【注释】

① 丧：丢失，丧失。

② 茀（fú）：车蔽，古代妇女乘车不露于世，车之前后设障以自隐蔽，称为"茀"。

③ 七日：这里是虚指，以一个日序周期来比喻时间短。

【品鉴】

《象传》讲的"柔得中"就是指六二，六二体柔，有妇人之象，上应九五，柔顺中正，所以在"丧茀"之后能静俟等待，不急于有所行动。就国事而言，在成功之后，不可过于张皇苛扰，应该像六二一样柔顺守正，与民休息。《诗经·大雅·民劳》曾吟咏道："民亦劳止，迄可小康。惠此中国，以绥四方。"意思就是希望国家能够终止对人民的不断纷扰劳顿，那样就可以接近理想的小康社会了。西周、西汉的初建即是采取与民休息的政策，人民和国家确实并受其惠。而秦、隋建国后反其道而行之，皆不旋踵而亡。《系辞传》说《易经》"其称名也小，其取类也大"，这里用"丧茀勿逐"来比拟"与民休息"实在是精彩至极。

【原文】

九三：高宗①伐鬼方②，三年③克之，小人勿用。

【译文】

九三：殷商高宗征伐鬼方，持续三年之久终于获胜，小人不可任用。

【注释】

① 高宗：殷商君王。

② 鬼方：国名，我国古代西北地区的少数民族之一。

③ 三年：这里也是虚指，形容时间长。

【品鉴】

　　高宗是殷商的中兴之主，国家在经过一番整顿之后，内臻承平，国势富强，鬼方尚未归服，于是兴兵讨伐，经过三年苦战终于取得胜利。《小象传》说："三年克之，惫也"，虽对高宗清除不利因素维持稳定平衡给予了肯定，但言外之意也表露了三年的苦战毕竟劳民伤财，损耗国力，使人民疲惫不堪。仔细体会，《小象传》的说法似乎包含着两层意思在里面：第一层意思，征伐是国之大事，兴兵用武不可不慎重，不到万不得已不要轻易使用，西汉淮南王刘安曾上书云："周易曰'高宗伐鬼方，三年而克之。'鬼方，小蛮夷；高宗，殷之盛天子也。以盛天子伐蛮夷，三年而后克，言用兵不可不重也。"（《汉书·严助传》）正与此意相合。第二层意思紧承第一层意思而来，还是认为治国的良策应该是"思患而豫防之"，深谋远虑，谋划全局，在平和安定中推行德政，孔子曾称赞尧之韶乐"尽美矣，又尽善矣"，说舜之武乐"尽美矣，未尽善也"（《论语·八佾》），重点强调的也是这一层意思，说明武力的使用不是最佳选择。总体来说，这两层意思相辅相成，又存在着细微的差别，《小象传》的解释非常经典，很值得仔细体会。

【原文】

　　六四：繻①有衣袽②，终日戒。

【译文】

六四：华美的衣服有可能变成破败的棉絮，应当整天戒备。

【注释】

① 繻（rú）：彩色的丝织品，这里指代华美的衣服。《说文》："繻，缯采色。"

② 袽（rú）：败絮，这里指代破衣服。《玉篇·衣部》："袽，所以塞舟漏也。"《周易集解》引虞翻曰："袽，败衣也。"

【品鉴】

六四居于近君之位，处在多惧之地，正逢下体与上体交替转化之际，正是祸患多发之时，所以一定要保持警省的头脑，这样才能常葆"初吉"，不使其转化成"终乱"。

【原文】

九五：东邻杀牛，不如西邻之禴祭①，实受其福。

【译文】

九五：东边邻国杀牛举行盛大祭祀之礼，不如西边邻国以诚心举行微薄之禴祭，能够实实在在地享受到神灵的赐福。

【注释】

① 禴祭：薄祭。详见《萃》卦六二注释。

【品鉴】

有人说东邻指的是殷商，西邻指的是周朝的大本营西岐，有人说这是虚指，犹言这边、那边。从爻象上看是很明白的，东邻指九五阳刚，西邻之六二阴柔，六二大业初成之时，兢兢业业，励精图治，心怀虔诚之情，即使举行微薄的祭礼也能切实承受到神灵的福泽。其实，那不是神灵的福泽，而是自己敬慎修德、常省不懈所带来的理想结果。相对于六二，九五已经上升到至尊之位，《既济》之时享国日久，处在功成业就的阶段，这就往往容易飘飘然居功自傲，得意洋洋于所取得的成就，连举行祭祀之礼都流于形势，不诚心祭拜，至于国政民疾，恐怕就更不会去关心。在这种状态下，"终乱"的恶果恐怕很快就要降临到头上了。就一般理解而言，《既济》是功成事就之时，九五又是此卦的至尊之爻，应该是一片太平盛世的理想图景，但爻辞却以西邻的警省自励对比东邻的骄奢陶醉，提醒人们在成功之时千万不要忘乎所以，由此可见，《易经》的辩证思维和忧患精神正是时时贯穿于全篇始终。明人扬简概括此爻思想说："既济盛极而衰至，君子当思患豫防，持盈以虚，保益以损。六四已有'终日'之'戒'矣，而况于五乎？'西邻'之时，守以损约，故终受福。"

【原文】

上六：濡其首，厉。

【译文】

上六：小狐渡河沾湿头部，十分危险。

【品鉴】

《小象传》说:"濡其首厉,何可久也",事成之后若不审慎,这份功业怎么能保持得长久呢?上六不知反省,继续着九五的错误,那么等待它的必定是灭顶之灾。正如欧阳修所说:"人情处危则虑深,居安则意怠,而患常生遇怠忽也。是以君子'既济',则思患而豫防之也。"(《易童子问》)

六十四

终始相续　生生不已 [未济]

这是《易经》的最后一卦，居六十四卦之终。《序卦传》说："物不可终穷，故受之以未济。终焉。"《既济》卦讲渡河已竟，事情已成，但万事皆在运动变易，没有穷尽，事情总要向前发展，曾经的成功只是新事业的起点，在追求的道路上永远是"未济"。所以，昭示"终始相续，生生不已"的《未济》卦居于最后。

《既济》和《未济》相反相承，"成"与"未成"既相对立又相统一。在成功之中往往隐藏着失败的隐患，所以"思患而预防之"是既济之时应该重点考虑的事情；在事情未成之际也包含着成功的机遇，所以在未成之日如何求之，怎样去把蕴涵其中的亨通之理转化成现实之质，取得成功就是《未济》卦所要探讨的问题了。《未济》卦告诉我们，即使能取得一时一事的成功，但在人生进取的道路上却没有人能一劳永逸达到"成功"的终点。对于通篇强调自强不息、积极进取精神的《易经》来说，前进之路永远没有尽头，事业追求永远没有止境，以《未济》为终，似乎也是对"易者，变也"这一贯穿全书始终的思想精髓之极好说明，启示着人们永远以"未成功"为起点去追寻新的成功之路。

另外，就像《乾》和《坤》、《泰》和《否》、《损》和《益》不可分割一样，《未济》和《既济》也一定要联系起来研读，两相参照，才会把其中的内旨理趣理解得透彻明白。

☲☵ 未济：亨。小狐汔济，濡其尾，无攸利。

初六：濡其尾，吝。

九二：曳其轮，贞吉。

六三：未济，征凶。利涉大川。

九四：贞吉，悔亡。震用伐鬼方，三年有赏于大国。

六五：贞吉，无悔。君子之光，有孚，吉。

上九：有孚于饮酒，无咎。濡其首，有孚失是。

【原文】

未济：亨。小狐汔①济，濡②其尾，无攸利。

【译文】

《未济》卦表示：循礼而行可得亨通。像小狐渡河接近成功之时，却不小心沾湿了尾巴，这样是无所利益的。

【注释】

① 汔：接近，几乎，差不多。

② 濡：沾湿。

【品鉴】

《未济》卦象与《既济》相反，《既济》卦是下离☲上坎☵，火性炎上，水性润下，二者相交，六爻皆当位，又如同火在下边把食物煮熟了，象征着事业已成。《未济》卦是下坎☵上离☲，水火不交，背道而驰，六爻皆不当位，象征着事业未成。由此可见，《未济》卦的一个突出缺点是阴阳皆失位不当，不能人尽其才，才尽其用，正常的秩序遭到了破坏，组织结果方面陷入了混乱。但是《未济》还有另外一个突出优点，就是六爻上下刚柔之间能彼此应和，相互关系和谐融洽，这说明未济之中有可济之理。如果能够按照中道的原则加以合理的调整，发挥氛围和谐融洽的优点，克服阴阳不当位的缺点，在敦实笃信、同心同德的信念基础上建立起各正其位的秩序，那事业就达到非常成功的境界了。

《未济》之时需要做的工作很多，卦辞单挑了一点最重要也是最容易忽视的问题来加以强调，那就是"在事情没完成之前，一定要慎终如始"。作者打了一个非常形象的比喻，以一只小狐渡河为例，强调在事情未成之前来不得丝毫大意，应该尽量避免像这只可爱的小动物那样，经过千般努力几乎就要到对岸了，可是太过疏忽，大尾巴沾湿了，很可能全身也会被变得沉重的尾巴拖进水里，功败垂成，太可惜了。《韩诗外传》云："官怠于有成，病加于小愈，祸生于懈惰，孝衰于妻子。查此四者，慎终如始。"说的正是卦辞中的道理。官员在刚站稳脚跟事业还未大成的时候就以为万事大吉开始松懈怠慢起来往往会出问题，疾患往往容易在身体大病初愈还未痊愈之时乘虚而入，灾祸都是因为大意怠惰漫不经心招致而来，对父母的孝道往往因为成人之后有了妻子儿女而转移了注意力，不能保持得像一开始那样。做官的以为这个位置我肯定能接上班而懈怠于工作，经商的以为这个订单绝对跑不了而懈怠于沟通，为学的以为这个名牌大学肯定能读上而懈怠于用功，在离成功一步之遥时大意，往往会在最后重要环节上出致命的问题。总之，不管做什么事，记住不到最后成功之时，绝不要以为这已经是囊中之物而放松努力。

【原文】
　　初六：濡其尾，吝。

【译文】
　　初六：小狐渡河沾湿了尾巴，有憾惜。

【品鉴】
　　读到《未济》之初六，大家一定能够想起《既济》之初九，同样都是"小狐濡尾"，为什么彼处获"无咎"，此处却有"吝"呢？《既济》初九阳刚得正，处离明之体，在事情成功的初始阶段能够知道缓图而不轻进，这样稳扎稳打的做法必然没有咎害。《未济》初六居在卦始，本身处在坎险之下，在事未成之时又不能谨慎持中，反而急于求济，盲目前行准备上应九四，自然会有"濡尾之吝"而不能成功到达彼岸。

【原文】
　　九二：曳其轮，贞吉。

【译文】
　　九二：往后拖曳车轮不使猛进，持守正道可得吉祥。

【品鉴】
　　"濡其尾"和"曳其轮"共同存在于《既济》卦的初九爻，在《未

《济》卦将其分开了，实际上初六的"濡其尾"是就盲目前行的后果来说的，九二的"曳其轮"是就谨慎守中的主体选择来说的，二者并不是并列对等的关系。但正是这两者的对比，才更加显豁出两种行为选择所造成的结果完全不一样。九二体阳居中，吸取初六的教训，深知其位不正，又身处坎险之中，在这种情况下不适宜有大动作，所以能够自曳其轮，克制自己，从而得吉。

【原文】

六三：未济，征凶，利涉大川。

【译文】

六三：事情尚未成功，此时急于进取必有凶险。利于涉越大川巨流。

【品鉴】

六三既说"征凶"，又说"利涉大川"，让人不要动，又让人动，似乎有些矛盾。其实，古人用词是极为讲究的，通观《易经》全篇，"征"的运用全部是"往外征发"的意思，六三的"往外征发"是为了去上应上九，但此时六三阴柔失正，自身没有足够的能力去济渡求进，如果不量力而勉强前行，势必丧身罹难。但在未济之时还是要努力求济，不可毫无作为，如果六三能够下比九二刚健之大臣，上承九四近君之良相，就有摆脱坎险，向成功进一步进发的希望。所以，"征凶"并不是不让动，而是提醒要适当其时地"动"，充分利用周围有利因素地"动"。

【原文】

九四：贞吉，悔亡。震[1]用伐鬼方，三年有赏于大国。

【译文】

九四：持守正道可得吉祥，悔恨消亡。以雷霆之势征伐鬼方，经过三年奋战最终成功，被封赏为大国诸侯。

【注释】

①震：这里用作副词，起修饰作用，犹言"以雷霆之势"。

【品鉴】

九四已过卦中，朝着"既济"的方向继续努力。但是事情的发展并不一帆风顺，九四不当位，所以只有持守正道，坚持不懈地努力修正自己、提升自己才能得到悔恨消亡。再者，九四以阳刚之体，居近君之位，担当着匡时济难的重大责任，别人可以懈怠退缩，但九四绝不可以，在事未成之际必须发挥自己阳刚勇猛的特点，就像以雷霆之势征伐鬼方那样，去跟困难作战，即使坎坷再多，时间再长，也不能改移求济的志向，这样最终一定会成功。总之，九四的做法是由它本身的条件和所处的时间、位置所决定的。此时求济的重任落在它的肩上，必须要由它来承担。

【原文】

六五：贞吉，无悔；君子之光，有孚，吉。

【译文】

六五：持守正道可得吉祥，没有悔恨。这是君子身上散发的光辉，心怀诚信必得吉祥。

【品鉴】

　　六五位居至尊，是《未济》卦的主爻，发挥着核心作用。它体禀"离明"，柔而得中，下与九二阳刚得中之大臣结成正应，又有九四忠良勇敢的近臣辅佐身边，能够刚柔并济，和谐适中，浑身洋溢散发着感染众人合力济渡的诚信光辉，有这样的核心领导，既济的到来一定指日可待。

【原文】

　　上九：有孚于饮酒，无咎。濡其首，有孚，失是。

【译文】

　　上九：怀着必胜的信念举杯庆贺，没有咎害。但若沉湎于酒，将如小狐渡水沾湿头部，虽有诚信，但显然有失正道。

【品鉴】

　　上九居处《未济》之极，开始向"既济"转化，在此前景光明、形势大好的情况下，可以饮酒庆贺。但是如果沉湎于酒，就会转向其反面，重演小狐濡首的悲剧，正道尽失，既济又转成未济。

　　《即济》卦卦辞说："初吉终乱"，《未济》卦下卦"吝"（初六）、"征凶"（六三），上卦吉（九四、六五）、无咎（上九），初乱终吉。就卦体而言，《即济》卦下离上坎，出明而至险；《未济》卦下坎上离，出险而至明。就卦义而言，济者于始必乱于终，乱于始者必济于终，这是天道的规律，也是人道的规律。

参考书目

1. 《诸子集成》，上海书店，1986年影印版。
2. 《诸子百家丛书》，上海古籍出版社，1990年版。
3. 《十三经注疏》，中华书局，1980年版。
4. 司马迁：《史记》，中华书局，1959年版。
5. 班固：《汉书》，中华书局，1962年版。
6. 范晔：《后汉书》，中华书局，1965年版。
7. 李鼎祚：《周易集解》，中国书店，1984年版。
8. 孔颖达：《周易正义》，北京大学出版社，1999年版。
9. 朱熹：《周易本义》，天津古籍出版社，1986年版。
10. 李光地：《周易折中》，巴蜀书社，1998年版。
11. 李道平：《周易集解纂疏》，中华书局，1994年版。
12. 孙星衍：《周易集解》，上海书店，1988年版。
13. 邓球柏：《帛书周易校释》，湖北人民出版社，2002年版。
14. 段玉裁：《说文解字注》，上海古籍出版社，1981年版。
15. 朱骏声：《说文通训定声》，武汉市古籍书店，1983

年版。

16. 顾野王：《玉篇》，中国书店，1983 年版。

17. 陆德明：《经典释文》上海古籍出版社，1985 年版。

18. 王念孙：《广雅疏证》，中华书局，1983 年版。

19. 程颢、程颐：《二程集》，中华书局，1981 年版。

20. 黎靖德编：《朱子语类》，中华书局，1994 年版。

21. 《闻一多全集》，开明书店，1948 年版。

22. 《郭沫若全集》历史编 1，人民出版社，1982 年版。

23. 《郭沫若全集》历史编 3，人民出版社，1984 年版。

24. 楼宇烈：《王弼集校释》，中华书局，1980 年版。

25. 高亨：《周易古经今注》，中华书局，1984 年版。

26. 高亨：《周易大传今注》，齐鲁书社，1979 年版。

27. 高亨：《周易杂论》，齐鲁书社，1979 年 7 月版。

28. 李镜池：《周易探源》中华书局，1978 年版。

29. 李镜池：《周易通义》，中华书局，1981 年版。

30. 尚秉和：《周易尚氏学》，中华书局，1980 年版。

31. 金景芳：《周易讲座》，吉林大学出版社，1987 年版。

32. 朱伯崑：《易学哲学史》上册，北京大学出版社，1986 年版。

33. 刘大钧：《周易经传白话解》，大孚书局，1997 年版。

34. 黄寿祺、张善文：《周易译注》，上海古籍出版社，1989 年版。

35. 李学勤：《周易溯源》，巴蜀书社，2006 年版。

后记

记得最早讲授《周易》这门课程是 1988 年的上半年，屈指算来，已经 34 年了。那时我还在兰州大学师从著名哲学家刘文英先生攻读中国哲学专业硕士学位。在一次讨论课上，刘先生突然对我们说："兰大的《周易》课一直没有开出来，你们谁能给本科生讲讲《周易》？"也许是初生牛犊的缘故，我竟自告奋勇地说："让我试试吧！"因为按照当时的规定，研究生在读期间必须要有教学实习这一环节。我之所以慨然允诺，部分原因是要完成培养方案规定的这一教学任务。

现在，很多人都说《周易》是一部难读的书，还有人说《周易》是一本"天书"，但是，那时候我并没有这种感觉（当然那时候《周易》也不像现在这样"热"），相反，因为兴趣的原因，还颇有几份"轻松"和"惬意"。记得从刘先生那里领来任务后，我马上就跑到新华书店买了高亨先生的《周易古经今注》和《周易大传今注》捧读。后来又买到了大本的《十三经注疏》和影印本《周易本义》。这就是我初学《周易》(也可以说是最早给学生讲授《周易》)时的全部家当。

为了备课，那年的春节是在学校里度过的。值得欣慰的是，经过一个寒假的努力，待新学期开学登上讲台时，竟颇有几分游刃有余的自得和感觉。不知什么原因，下课后有学生问："老师研究《周易》有 20 多年了吧?"我哑言无所对,因为那一年我刚满23岁。还记得一个小花絮是,我每次上课,中国哲学教研室的杨子彬教授都来听讲,他是我的老师,深爱孔子哲学,对《周易》也兴致颇高。有一次课间休息室时,可能是学生忘记了擦黑板,杨先生便拿起黑板擦,一板一眼地擦起来,我赶紧跑去示意我来做,不承想他很认真地说:"我听你的课,就得我来擦!"30多年过去了,杨先生也已鹤驭,但每每想起他,这一感人的细节总是浮现在我眼前。

2004年7月,我有幸进入北京大学哲学系中国哲学教研室博士后流动站,师从著名哲学家陈来先生。在陈先生的支持和帮助下,2005年秋季我第一次为北京大学哲学系的本科生讲授"易学哲学"。2006年我被聘为马克思主义学院教授后,又面向全校本科生开《周易》公共选修课,主要是讲《易经》。由于担心选课的人太多,杨立华教授建议我把课程名称定为"周易精读",我欣然采纳。后来"周易精读"又成为全校本科生的通选课。2017年学校从通识课程中遴选全校的通识核心课,我申报的"周易古经与先秦诸子"课程荣幸入选。时间过得真快,从2005年给哲学系本科生讲授"易学哲学"开始算起,我在北大讲周易课已经17年了。这期间,不断有学生和朋友建议我把讲义整理出来,一些听过我课的学生甚至一遍遍地催促,遗憾的是很长一段时间内并未如愿。原因是我从大学开始就酷爱马克思主义和中华优秀传统文化,两者于我皆为至爱,无法割舍。由于我在工作中绝大部分时间和精力都用在了马克思主义理论的教学和研究上,周易和中华优秀传统文化就成了我教学和研究中的一个很小的内容和领域。这是一方面的原因。另一方面,古今解《易》之书已有两三千种,我一直在想,如果不能在一定程度上超越前人和时贤,仅仅在数量上再增加一本,终究是一件毫无意义的事情,于是,周易书稿的出版就一拖再拖。2008年初,蒙张兄加才教授举荐,中国民主法制出版社的同仁希望出版我的周易讲稿。于是,在董艺博士的帮助下,我们合作出版了我研究周易的第一部著作《大道之源：＜易经＞》。转眼间，这已经是10多年前的事情了。

2021年上半年，中国出版集团研究出版社赵卜慧、朱唯唯诸同仁怀弘扬中华优秀文化之宏愿，探马克思主义与中华优秀传统文化结合之路径，策划推出"中国古典哲学名著研读书系"，本书忝列其中，不胜荣幸之至。

《周易》一书，号为难读。一句话，甚至一个字，就会有各种不同的理解。试举一例，《小畜》卦之上九："既雨既处，尚德载。妇贞厉。月几望，君子征凶。"就这么一个"载"字，实现了20世纪《周易》研究之"哥白尼式革命"的四位大师：闻一多、郭沫若、高亨、李镜池，竟然公理婆理，莫衷一是。闻一多训"载"为"菑"（初耕反草为"菑"），所以，闻先生认为这一爻说的是"雨后耕田"的故事。李镜池训"载"为"栽"（就是栽种的意思），认为这一爻讲的是雨后栽种庄稼的故事。高亨训"载"为"乘也"，认为这一爻说的是雨后坐上了车子。郭沫若则把"尚德载"后面的标点，放到了"妇贞厉"一语的"妇"字之后，训为"尚德载妇"，因此，便认定这一爻讲的是雨后娶媳妇的故事。类似的情况在《易经》中实屡见不鲜，无怪乎历史学家赵俪生先生在一次《周易》课上，感慨地说："自古至今，凡讲《周易》者，讲到最后未有不胡说八道者。"赵先生此话显是戏言，但告诉我们一个道理，这就是，要想真正把《周易》（尤其是《易经》）讲对、讲通、讲透，不是一件容易的事情。

本书的整理和写作并不像想象得那样轻松。句读之标点，字句之疏解，义理之阐释，既不拘成说，又不存心求异，惟文句之真意是从。由于本人学识所限，纰漏、错讹与不妥处，恐不能免。这是我深感对不起读者诸君处。纠误补漏，惟有俟诸来日了。

孙熙国

2022年3月于北大燕园